Schriften zum Vergaberecht

Herausgegeben von

Prof. Dr. Martin Burgi,
Ludwig-Maximilians-Universität München
Prof. Dr. Hermann Pünder, LL.M. (Iowa),
Bucerius Law School Hamburg

Band 41

Robin Ricken

Beurteilungsspielräume und Ermessen im Vergaberecht

Zur Dogmatik der Entscheidungsspielräume öffentlicher Auftraggeber

Nomos

Die Deutsche Nationalbibliothek verzeichnet diese Publikation in der Deutschen Nationalbibliografie; detaillierte bibliografische Daten sind im Internet über http://dnb.d-nb.de abrufbar.

Zugl.: Bochum, Univ., Diss., 2013

ISBN 978-3-8487-1162-8 (Print)
ISBN 978-3-8452-5313-8 (ePDF)

1. Auflage 2014

Meinem Großvater

BVerwG, U 13.12.12, NVwZ 13, 507 m. Anm. [illegible] /
[illegible]

Vorwort

Die vorliegende Arbeit wurde im Wintersemester 2013/2014 von der Juristischen Fakultät der Ruhr-Universität Bochum als Dissertation angenommen. Sie entstand größtenteils während meiner Tätigkeit am Lehrstuhl für Deutsches und Europäisches Öffentliches Recht, Wirtschaftsverfassungs- und Wirtschaftsverwaltungsrecht. Gesetzgebung, Rechtsprechung und Literatur konnten bis Frühsommer 2014 berücksichtigt werden.

Mein tiefempfundener Dank gilt meinem verehrten Doktorvater Herrn Professor Dr. *Martin Burgi*, welcher bei der Betreuung dieser Arbeit eben jenes Gleichgewicht zwischen unterstützender Anregung, kritischer Reflexion und wissenschaftlichem Freiraum zu erreichen vermochte, das sich jeder Doktorand wünscht. Herrn Professor Dr. *Markus Kaltenborn* danke ich für die zügige Erstellung des Zweitgutachtens.

Ich bin voller Freude, dass die vorliegende Arbeit in der renommierten Reihe "Schriften zum Vergaberecht" erscheint und danke den Herausgebern Professoren Dres. *Martin Burgi* und *Hermann Pünder*, LL.M. (Iowa) für die wohlwollende Aufnahme.

Die Jahre als wissenschaftlicher Mitarbeiter an der Ruhr-Universität Bochum waren geprägt von großer Kollegialität und freundschaftlichem Miteinander. Für diese schöne Zeit danke ich neben vielen anderen insbesondere Frau Dr. *Ilse-Dore Gräf*, Frau Dr. *Pamela Hölbling*, Frau Dr. *Frauke Koch*, Herrn *Hinnerk Gölnitz*, Herrn Dr. *Jörg Henkel* und Herrn Dr. *Markus Segeth*. Frau *Brigitta Knust* als gute Seele des Sekretariats stand uns mit Rat und Tat stets zur Seite.

Meine Eltern, Frau *Christa Ricken* und Herr *Jörg Ricken*, haben meine Ausbildung bis hin zur Promotion mit Geduld und Wohlwollen begleitet und mir vieles ermöglicht. Dafür gilt ihnen mein inniger Dank. Schließlich hat Frau *Cathérine Lefor* vieles ertragen und mich oft entbehren müssen, damit diese Arbeit ihren Abschluss finden konnte. Als wäre dies nicht schon Opfer genug, hat sie mit großem Fleiß und großer Akribie die Mühe des Korrekturlesens auf sich genommen. Ihre Unterstützung kann in jeder Hinsicht nicht hoch genug angerechnet werden. Gewidmet ist die Arbeit meinem Großvater *Günter Goehrt*, der ihren Abschluss leider nicht mehr erlebt hat.

Essen, im Juli 2014 *Robin Ricken*

Inhaltsverzeichnis

Abkürzungsverzeichnis

ABl. EU	Amtsblatt der Europäischen Union
Abs.	Absatz
a.E.	am Ende
AEUV	Vertrag über die Arbeitsweise der Europäischen Union vom 9. Mai 2008 (ABl. EU Nr. C 115/47), zuletzt geändert durch Änderungsbeschluss 2012/419/EU vom 11. Juli 2012 (ABl. EU Nr. L 204/131)
a.F.	alte Fassung
Anm.	Anmerkung
AO	Abgabenordnung i.d.F. der Bekanntmachung vom 1. Oktober 2002 (BGBl. I, S. 3866; 2003 I, S. 61), zuletzt geändert durch Gesetz vom 18. Dezember 2013 (BGBl. I, S. 4318)
AöR	Archiv des öffentlichen Rechts
Art.	Artikel
AtG	Gesetz über die friedliche Verwendung der Kernenergie und den Schutz gegen ihre Gefahren (Atomgesetz) i.d.F. der Bekanntmachung 15. Juli 1985 (BGBl. I, S. 1565), zuletzt geändert durch Gesetz vom 28. August 2013 (BGBl. I, S. 3313)
(Bln)AVG	Berliner Ausschreibungs- und Vergabegesetz vom 8. Juli 2010 (GVBl., S. 399), zuletzt geändert durch Gesetz vom 5. Juni 2012 (GVBl., S. 159)
Az.	Aktenzeichen
B.-W.	Baden-Württemberg, baden-württembergisch
BADG	Gesetz über Bodenabfertigungsdienste auf Flugplätzen vom 11. November 1997 (BGBl. I, S. 2694)
BADV	Verordnung über Bodenabfertigungsdienste auf Flugplätzen vom 10. Dezember 1997 (BGBl. I, S. 2885), zuletzt geändert durch Verordnung vom 10. Mai 2011 (BGBl. I, S. 820)
BayObLG	Bayerisches Oberstes Landesgericht

BayWG	Bayerisches Wassergesetz vom 25. Februar 2010 (GVBl. S. 66, ber. S. 130), zuletzt geändert durch Gesetz vom 8. April 2013 (GVBl. S. 174)
BayWG 1994	Bayerisches Wassergesetz in der Fassung der Bekanntmachung vom 19. Juli 1994 (GVBl. S. 822) (außer Kraft)
Bd.	Band
BDSG	Bundesdatenschutzgesetz i.d.F. der Bekanntmachung vom 14. Januar 2003 (BGBl. I, S. 66), zuletzt geändert durch Gesetz vom 14. August 2009 (BGBl. I, S. 2814)
Beschl. v.	Beschluss vom
BGB	Bürgerliches Gesetzbuch i.d.F. der Bekanntmachung vom 2. Januar 2002 (BGBl. I, S. 42, ber. S. 2909 und BGBl. I 2003, S. 738), zuletzt geändert durch Gesetz vom 17. Dezember 2013 (BGBl. 2014 I, S. 110)
BGBl.	Bundesgesetzblatt
BGH	Bundesgerichtshof
BGHZ	Entscheidungen des Bundesgerichtshofs in Zivilsachen
BKR	Richtlinie des Rates vom 26. Juli 1971 über die Koordinierung der Verfahren zur Vergabe öffentlicher Bauaufträge (71/305/EWG – Baukoordinierungsrichtlinie) (ABl. EG Nr. L 185/5)
BNotO	Bundesnotarordnung i.d.F. der Bekanntmachung vom 24. Februar 1961 (BGBl. I, S. 97), zuletzt geändert durch Gesetz vom 23. Juli 2013 (BGBl. I, S. 2586)
BVerfG	Bundesverfassungsgericht
BVerfGE	Entscheidungen des Bundesverfassungsgerichts
BVerwG	Bundesverwaltungsgericht
BVerwGE	Entscheidungen des Bundesverwaltungsgerichts
BWGZ	Die Gemeinde (Zeitschrift des Gemeindetags Baden-Württemberg)
CR	Computer und Recht
ders.	derselbe
EGMR	Europäischer Gerichtshof für Menschenrechte
EGV	Vertrag zur Gründung der Europäischen Gemeinschaft vom 25. März 1957 (gültig bis 30. November 2009)

EMRK	Konvention zum Schutz der Menschenrechte und Grundfreiheiten i.d.F. der Bekanntmachung vom 22. Dezember 2010 (BGBl. II, S. 1198) als Neubekanntmachung der Europäischen Menschenrechtskonvention vom 4. November 1950 (BGBl. 1952 II, S. 685, ber. S. 953)
EuG	Gericht (vormals Gericht erster Instanz)
EuGH	Europäischer Gerichtshof
EuR	Zeitschrift Europarecht
EUV	Vertrag über die Europäische Union vom 13. Dezember 2007 (ABl. EU Nr. C 306/1; ber. ABl. EU 2008 Nr. C 111/56, ABl. EU 2009 Nr. C 290/1, ABl. EU 2011 Nr. C 378/3), zuletzt geändert durch EU-Beitrittsakte 2013 vom 9. Dezember 2011 (ABl. EU 2012 Nr. L 112/21)
EuZW	Europäische Zeitschrift für Wirtschaftsrecht
Fn.	Fußnote
FStrG	Bundesfernstraßengesetz i.d.F. der Bekanntmachung vom 28. Juni 2007 (BGBl. I, S. 1206), zuletzt geändert durch Gesetz vom 31. Mai 2013 (BGBl. I, S. 1388, geänd. durch Art. 1b Gesetz vom 24. Mai 2014, BGBl. I, S. 538)
GastG	Gaststättengesetz i.d.F. der Bekanntmachung vom 20. November 1998 (BGBl. I, S. 3418), zuletzt geändert durch Gesetz vom 7. September 2007 (BGBl. I, S. 2246)
GenTG	Gentechnikgesetz i.d.F. der Bekanntmachung vom 16. Dezember 1993 (BGBl. I, S. 2066), zuletzt geändert durch Gesetz vom 7. August 2013 (BGBl. I, S. 3154)
GewArch	Gewerbearchiv
GG	Grundgesetz für die Bundesrepublik Deutschland vom 23. Mai 1949 (BGBl. I, S. 1), zuletzt geändert durch Gesetz vom 11. Juli 2012 (BGBl. I, S. 1478)
GRCh	Charta der Grundrechte der Europäischen Union vom 12. Dezember 2007 (ABl. EU Nr. C 303/1)
GVBl.	Gesetz- und Verordnungsblatt
GVG	Gerichtsverfassungsgesetz i.d.F. der Bekanntmachung vom 9. Mai 1975 (BGBl. I, S. 1077), zuletzt geändert durch Gesetz vom 23. April 2014 (BGBl. I, S. 410)

GWB	Gesetz gegen Wettbewerbsbeschränkungen i.d.F. der Bekanntmachung vom 26. Juni 2013 (BGBl. I, S. 1750; ber. S. 3245), zuletzt geändert durch Gesetz vom 7. August 2013 (BGBl. I, S. 3154)
HStR	Handbuch des Staatsrechts
Hrsg.	Herausgeber
insb.	insbesondere
InsO	Insolvenzordnung vom 5. Oktober 1994 (BGBl. I, S. 2866), zuletzt geändert durch Gesetz vom 31. August 2013 (BGBl. I, S. 3533)
i.S.d.	im Sinne des
JMStV	Staatsvertrag über den Schutz der Menschenwürde und den Jugendschutz in Rundfunk und Telemedien vom 10. September 2002
Kap.	Kapitel
KG	Kammergericht (Berlin)
KrW-/AbfG	Kreislaufwirtschafts- und Abfallgesetz vom 27. September 1994 (BGBl. I, S. 2705) (außer Kraft)
L	nur Leitsatz (bei Rechtsprechungsfundstellen)
LKR	Richtlinie 93/36/EWG des Rates über die Koordinierung der Verfahren zur Vergabe öffentlicher Lieferaufträge (Lieferkoordinierungsrichtlinie) vom 14. Juni 1993 (ABl. EG Nr. L 199/1)
LuftVG	Luftverkehrsgesetz i.d.F. der Bekanntmachung vom 10. Mai 2007 (BGBl. I, S. 698), zuletzt geändert durch Gesetz vom 7. August 2013 (BGBl. I, S. 3154)
MDR	Monatsschrift für Deutsches Recht
MMR	MultiMedia und Recht
M.-V.	Mecklenburg-Vorpommern
NJOZ	Neue Juristische Online Zeitschrift
NJW	Neue Juristische Wochenschrift

NJW-RR	Neue Juristische Wochenschrift. Rechtsprechungs-Report Zivilrecht
NordÖR	Zeitschrift für öffentliches Recht in Norddeutschland
NRW	Nordrhein-Westfalen
NVwZ	Neue Zeitschrift für Verwaltungsrecht
NVwZ-RR	Neue Zeitschrift für Verwaltungsrecht. Rechtsprechungsreport
NZI	Neue Zeitschrift für das Recht der Insolvenz und Sanierung
OBG	Gesetz über Aufbau und Befugnisse der Ordnungsbehörden – Ordnungsbehördengesetz i.d.F. der Bekanntmachung vom 13. Mai 1980 (GVBl. NRW., S. 528), zuletzt geändert durch Gesetz vom 8. Dezember 2009 (GVBl. NRW., S. 765, ber. S. 793)
ÖVfGH	Österreichischer Verfassungsgerichtshof
OLG	Oberlandesgericht
OVG	Oberverwaltungsgericht
OWiG	Gesetz über Ordnungswidrigkeiten i.d.F. der Bekanntmachung vom 19. Februar 1987 (BGBl. I, S. 602), zuletzt geändert durch Gesetz vom 10. Oktober 2013 (BGBl. I, S. 3786)
PBefG	Personenbeförderungsgesetz i.d.F. der Bekanntmachung vom 8. August 1990 (BGBl. I, S. 1690), zuletzt geändert durch Gesetz vom 14. Dezember 2012 (BGBl. I, S. 2598)
PolG NRW	Polizeigesetz des Landes Nordrhein-Westfalen i.d.F. der Bekanntmachung vom 25. Juli 2003 (GVBl. NRW., S. 441), zuletzt geändert durch Gesetz vom 21. Juni 2013 (GVBl. NRW., S. 375)
PostG	Postgesetz vom 22. Dezember 1997 (BGBl. I, S. 3294), zuletzt geändert durch Verordnung vom 7. August 2013 (BGBl. I, S. 3154)
(Bln)RDG	Gesetz über den Rettungsdienst für das Land Berlin vom 8. Juli 1993 (GVBl., S. 313), zuletzt geändert durch Gesetz vom 4. März 2005 (GVBl., S. 125)
Rdnr.	Randnummer

RettG NRW	Gesetz über den Rettungsdienst sowie die Notfallrettung und den Krankentransport durch Unternehmen (Rettungsgesetz NRW) vom 24. November 1992 (GVBl. NRW., S 458), zuletzt geändert durch Gesetz vom 18. Dezember 2012 (GVBl. NRW., S. 670)
RL	Richtlinie
RMRL	Richtlinie des Rates vom 21. Dezember 1989 zur Koordinierung der Rechts- und Verwaltungsvorschriften für die Anwendung der Nachprüfungsverfahren im Rahmen der Vergabe öffentlicher Liefer- und Bauaufträge (89/665/EWG) (Rechtsmittelrichtlinie) (ABl. EG Nr. L 395/33), zuletzt geändert durch Richtlinie 2007/66/EG des Europäischen Parlaments und des Rates vom 11. Dezember 2007 (ABl. EU Nr. L 335/31)
RöV	Verordnung über den Schutz vor Schäden durch Röntgenstrahlen (Röntgenverordnung) i.d.F. der Bekanntmachung vom 30. April 2003 (BGBl. I, S. 604), zuletzt geändert durch Verordnung vom 4. Oktober 2011 (BGBl. I, S. 2000)
SchfHwG	Gesetz über das Berufsrecht und die Versorgung im Schornsteinfegerhandwerk (Schornsteinfeger-Handwerksgesetz) vom 26. November 2008 (BGBl. I, S. 2242), zuletzt geändert durch Gesetz vom 5. Dezember 2012 (BGBl. I, S. 2467)
SG	Gesetz über die Rechtsstellung der Soldaten (Soldatengesetz) i.d.F. der Bekanntmachung vom 30. Mai 2005 (BGBl. I, S. 1482), zuletzt geändert durch Gesetz vom 28. August 2013 (BGBl. I, S. 3386)
sog.	sogenannte/r
StGB	Strafgesetzbuch i.d.F. der Bekanntmachung vom 13. November 1998 (BGBl. I, S. 3322), zuletzt geändert durch Gesetz vom 23. April 2014 (BGBl. I, S. 410)
StrWG NRW	Straßen- und Wegegesetz des Landes Nordrhein-Westfalen i.d.F. der Bekanntmachung vom 23. September 1995 (GVBl. NRW, S. 1028; ber. 1996, S. 81, 141, 216, 355; 2007, S. 327), zuletzt geändert durch Gesetz vom 20. Mai 2014 (GVBl. NRW., S. 294)

TKG	Telekommunikationsgesetz vom 22. Juni 2004 (BGBl. I, S. 1190), zuletzt geändert durch Gesetz vom 7. August 2013 (BGBl. I, S. 3154)
TVgG – NRW	Gesetz über die Sicherung von Tariftreue und Sozialstandards sowie fairen Wettbewerb bei der Vergabe öffentlicher Aufträge (Tariftreue- und Vergabegesetz Nordrhein-Westfalen) vom 10. Januar 2012 (GVBl. NRW. 2012, S. 17)
UVPG	Gesetz über die Umweltverträglichkeitsprüfung i.d.F. der Bekanntmachung vom 24. Februar 2004 (BGBl. I, S. 94), zuletzt geändert durch Gesetz vom 25. Juli 2013 (BGBl. I, S. 2749)
VergabeR	Vergaberecht. Zeitschrift für das gesamte Vergaberecht
VG	Verwaltungsgericht
VGH	Verwaltungsgerichtshof
vgl.	vergleiche
VgV	Vergabeverordnung i.d.F. der Bekanntmachung vom 11. Februar 2003 (BGBl. I, S. 169), zuletzt geändert durch Verordnung vom 15. Oktober 2013 (BGBl. I, S. 3584)
VHB (2008)	Vergabe- und Vertragshandbuch für Baumaßnahmen des Bundes
VK	Vergabekammer
VKR	Richtlinie 2004/18/EG des Europäischen Parlaments und des Rates vom 31. März 2004 über die Koordinierung der Verfahren zur Vergabe öffentlicher Bauaufträge, Lieferaufträge und Dienstleistungsaufträge (Vergabekoordinierungsrichtlinie) (ABl. EG Nr. L 134/114), zuletzt geändert durch Verordnung (EU) Nr. 1336/2013 der Kommission vom 13. Dezember 2013 (ABl. EU Nr. L 335/17)
VwGO	Verwaltungsgerichtsordnung i.d.F. der Bekanntmachung vom 19. März 1991 (BGBl. I, S. 686), zuletzt geändert durch Gesetz vom 10. Oktober 2013 (BGBl. I, S. 3786)
VwVfG	Verwaltungsverfahrensgesetz i.d.F. der Bekanntmachung vom 23. Januar 2003 (BGBl. I, S. 102), zuletzt geändert durch Gesetz vom 25. Juli 2013 (BGBl. I, S. 2749)

VwVfG NRW	Verwaltungsverfahrensgesetz für das Land Nordrhein-Westfalen i.d.F. der Bekanntmachung vom 12. November 1999 (GVBl. NRW., S. 602), zuletzt geändert durch Gesetz vom 20. Mai 2014 (GVBl. NRW., S. 294)
WISO	Wirtschafts- und sozialpolitische Zeitschrift
ZfBR	Zeitschrift für deutsches und internationales Bau- und Vergaberecht
ZHR	Zeitschrift für das gesamte Handelsrecht und Wirtschaftsrecht
Ziff.	Ziffer
ZIP	Zeitschrift für Wirtschaftsrecht
ZLW	Zeitschrift für Luft- und Weltraumrecht
ZPO	Zivilprozessordnung i.d.F. der Bekanntmachung vom 5. Dezember 2005 (BGBl. I, S. 3202; BGBl. 2006 I, S. 431; BGBl. 2007 I, S. 1781), zuletzt geändert durch Gesetz vom 10. Oktober 2013 (BGBl. I, S. 3786)
z.T.	zum Teil

1. Teil Die Verwaltung zwischen Entscheidungsfreiheit und Gesetzesbindung

A. Einleitung

An die staatliche Verwaltung werden durch die moderne Industrie- und Dienstleistungsgesellschaft komplexe Anforderungen gestellt. Sie muss in einer gewaltigen Vielzahl von Einzelfällen angemessene Lösungen finden, die Gesellschaft, Wirtschaft, Technik und Forschung in einer globalisierten und vernetzten Welt gerecht werden. Der Gesetzgeber kann dabei nicht jedes Detail regeln, sondern ist grundsätzlich auf die Schaffung eines von der Verwaltung auszufüllenden Rahmens verwiesen. Andernfalls würde sich die Grenze zwischen Legislativ- und Exekutivfunktion vollständig auflösen und ginge der Kodifikationstypus des allgemeinen Gesetzes zugunsten von Einzelfall- und Maßnahmegesetzen verloren[1]. Abgesehen von der willentlichen Ausweitung oder Einschränkung gesetzlicher Steuerung stößt der Gesetzgeber auch durch die Komplexität der zu treffenden Entscheidungen und Unsicherheiten bezüglich der Entscheidungsgrundlage unweigerlich an natürliche Grenzen seines Steuerungsvermögens. Er ist hier darauf beschränkt, das Regelungsziel festzulegen und dessen optimale Durchsetzung in der Lebenswirklichkeit der Verwaltung zu überlassen[2]. Wenn aber der Verwaltung die Einzelfallentscheidung innerhalb des gesetzlichen Rahmens obliegt, so besteht zwischen der gesetzlichen Steuerung der Verwaltung einerseits und der Gestaltungsfreiheit des Verwaltungshandelns andererseits ein Spannungsverhältnis. Je komplexer die Entscheidungssituation ist, desto drängender muss dieses Verhältnis austariert werden. Daher muss der Gesetzgeber für die Verwaltung Leitlinien und einen Handlungsrahmen schaffen, den Anstoß zu autoritativer

---

1 Zum Begriff des »allgemeinen Gesetzes« *Herzog/Grzeszick*, in: Maunz/Dürig, Komm. z. GG, Art. 20 VI. Rdnr. 6. Eine »gesetzliche Übersteuerung des Verwaltungshandelns« beklagt schon jetzt *Schuppert*, Verwaltungswissenschaft, S. 463 f.

2 *Pache*, Tatbestandliche Abwägung und Beurteilungsspielraum, S. 466.

oder kooperativer Konkretisierung des Gemeinwohls geben oder Mittel zur indirekten Steuerung zur Verfügung stellen[3].

Das angesprochene Spannungsverhältnis findet sich in allen Bereichen und Formen der Verwaltung. Der moderne Staat hat sich unter dem Einfluss der Ziele eines effektiven Verwaltungshandelns und einer sparsamen Verwendung öffentlicher Mittel von der Vorstellung gelöst, grundsätzlich Waren eher selbst herstellen und Leistungen eher selbst erbringen zu müssen. Eine bedeutende Entwicklungslinie des Verwaltungsorganisationsrechts verläuft daher entlang der verschiedentlich ausgeprägten Einbeziehung Privater in die staatliche Aufgabenerfüllung[4]. Der Private kann dabei als Zulieferer von Waren an die Verwaltung oder Erbringer von Leistungen gegenüber der Verwaltung auftreten. Er kann aber ebenso Waren unmittelbar im Auftrag der Verwaltung an die Bürger liefern oder ihnen gegenüber im Rahmen eines solchen Dreiecksverhältnisses Leistungen erbringen. Unabhängig von der Ausgestaltung im Einzelfall wird die Verwaltung hier zum öffentlichen Auftraggeber. Als solcher muss sie regelmäßig zwischen verschiedenen Angeboten von Unternehmen auswählen. Je umfangreicher und komplexer der Beschaffungsgegenstand ist, desto anspruchsvoller ist auch die Entscheidung zugunsten eines Angebots und zulasten der konkurrierenden Angebote. Auch in diesen Entscheidungskonstellationen entsteht das beschriebene Spannungsverhältnis zwischen gesetzgeberischer Steuerung und Gestaltungsfreiheit der Verwaltung. Zusätzlich komplexer wird das Bild, wenn man der Verwaltung zuzurechnende private Einheiten in die Betrachtung einbezieht.

Im Folgenden sollen Entscheidungsfreiheit und Gesetzesbindung der als öffentlicher Auftraggeber agierenden Verwaltung untersucht werden. Dabei sollen zunächst einige Überlegungen zu Freiheiten und Bindungen allgemein im Verwaltungsrecht und speziell im Recht der öffentlichen Auftragsvergabe, dem sog. Vergaberecht, angestellt werden, um die Ziele der vorliegenden Untersuchung zu konkretisieren (Kapitel B.). Sodann werden die verwaltungsrechtlichen Lehren vom Beurteilungs- und vom Ermessensspielraum als überkommene Lösungsansätze für das angesprochene Spannungsverhältnis im allgemeinen Verwaltungsrecht dargestellt (Kapitel C.). Die vergaberechtliche Nachprüfungspraxis wird in Kapitel D. auf ihren Umgang mit Entscheidungsfreiheiten öffentlicher Auftraggeber hin analysiert. Diese soll im weiteren Gang der Darstellung der Recht-

3 *Bullinger*, in: Geis/Lorenz (Hrsg.), FS Maurer, S. 565 (565).

4 *Burgi*, in: Erichsen/Ehlers (Hrsg.), AllgVerwR, § 10 Rdnr. 7.

sprechung zu anderen Verteilungssituationen außerhalb des Vergaberechts gegenüber gestellt werden, um Gemeinsamkeiten und Unterschiede zu ermitteln (Kapitel E.). Wenn die Rechtsprechungspraxis innerhalb und außerhalb der vergaberechtlichen Nachprüfung erfasst ist, gilt es, den rechtlichen Rahmen für vergaberechtliche Entscheidungsspielräume zu bestimmen und konkrete Vorgaben herzuleiten (Kapitel F.), die in einem letzten Schritt auf die einzelnen Entscheidungssituationen im Vergaberecht übertragen werden können (Kapitel G.).

B. Verwaltungs- und Vergaberecht zwischen Freiheit und Bindung

I. Verwaltung zwischen Gestaltungsfreiheit und Gesetzesbindung

Die Verwaltung ist gem. Art. 20 Abs. 3 GG an Gesetz und Recht gebunden. Die gesetzlichen Vorgaben haben für sie also eine zwingende Bindungswirkung. Damit ist jedoch noch nichts gesagt über den Umfang der Gesetzesregeln und ihre Steuerungstiefe. Das Spannungsverhältnis zwischen demokratisch legitimiertem Gesetzgeber und der Verwaltung findet einen ersten Ankerpunkt in der Wesentlichkeitstheorie des Bundesverfassungsgerichts (BVerfG) zur Bestimmung der Reichweite des Gesetzesvorbehalts und der erforderlichen Regelungsdichte[5]. Danach muss der Parlamentsgesetzgeber in grundlegenden normativen Bereichen alle wesentlichen Entscheidungen selbst treffen, insbesondere bei der Ausübung von Grundrechten[6].

Neben die rechtsstaatliche Bindung an Gesetz und Recht und den Vorbehalt des Gesetzes tritt die eigenständige Stellung der Exekutive im gewaltengegliederten Verfassungsstaat, welche mit Blick auf eine flexible und sachangemessene Aufgabenerledigung die Einräumung von spezifischen Gestaltungsspielräumen fordert[7]. Die gerichtliche Kontrolle muss einen Weg finden, dem Adressaten administrativer Entscheidungsakte einen effektiven Rechtsschutz zu gewährleisten, wie er in Art. 19 Abs. 4 GG verbürgt ist, ohne die Entscheidungskompetenz der Verwaltung zu negieren. Die Gerichte müssen dabei gem. Art. 20 Abs. 3 GG die gesetzgeberische Entscheidungszuteilung wahren[8] und die Rechtsschutzgarantie des Art. 19 Abs. 4 GG berücksichtigen, die den administrativen Entscheidungsspielräumen aber auch Grenzen setzt. Gerade die Rechtsschutzgarantie des Art. 19 Abs. 4 GG setzt administrativen Entscheidungsspielräumen aber auch Grenzen. Wo der Rechtsschutz nicht mehr als effektiv anzusehen ist, sind diese überschritten. Vor diesem grundrechtlichen Hintergrund kann eine reduzierte gerichtliche Kontrolldichte nur die begründete Ausnahme, nie aber die Regel sein[9]. Es ist eine wesentliche Aufgabe

5 BVerfGE 40, 237 (248 ff.); 49, 89 (126 f.); 95, 267 (307 f.).

6 Zur Wesentlichkeitstheorie Dreier/*Schulze-Fielitz*, GG II, Art. 20 (Rechtsstaat) Rdnr. 113 ff. m.w.N.

7 *Voßkuhle*, JuS 2008, 117.

8 *Bullinger*, in: Geis/Lorenz (Hrsg.), FS Maurer, S. 565 (565 f.).

9 *Maurer*, Allg. VerwR, § 7 Rdnr. 56 u. 62.

der Verwaltungsrechtswissenschaft, Freiräume des Verwaltungshandelns als solche zu benennen und nicht durch die Schaffung kontrollierbarer Maßstäbe wieder zurückzudrängen[10].

Es wird deutlich, dass das Spannungsverhältnis zwischen Steuerung und Gestaltungsfreiheit tatsächlich ein Doppelproblem ist[11]. Das Bild muss ergänzt werden um das Verhältnis der Verwaltung zur Verwaltungsgerichtsbarkeit. Gesetzgeberisch anerkannte Gestaltungsspielräume sind weitgehend wertlos, wenn die Verwaltungsgerichte jede Entscheidung vollumfänglich wieder aufheben oder abändern. Flexibilität der Entscheidungsfindung und Problemlösungskompetenz werden sonst zu leeren Hüllen. Dies hat auch in der Interaktion mit dem Bürger als Entscheidungsadressaten große Bedeutung.

Gestaltungsspielräume und Entscheidungsfreiheit sind daher deutlich geprägt durch die Bedingungen der jeweiligen Sachmaterie. Die Reichweite ihrer Anerkennung ist unterschiedlich und hat sich im Laufe der Zeit gewandelt. Es gibt Entscheidungssituationen, in denen die Verwaltung wesentlich effizienter und sachgerechter entscheiden kann. Dies kann begründet sein etwa durch die Besonderheit einer bestimmten Situation oder die fachliche Kompetenz und große Sachnähe einer entscheidenden Person oder eines entscheidenden Gremiums. Es spricht vieles dafür, die behördliche Beurteilung nicht der vollen gerichtlichen Überprüfung zu unterwerfen, weil das Gericht diese bloß durch eigene subjektive Wertvorstellungen ersetzen würde. Zu einer besseren Rechtsfindung wäre dadurch nichts beigetragen. Letztlich geht es auch um die Frage der Verantwortung für Entscheidungen im gewaltengegliederten Verfassungsstaat. Diese liegt zuallererst bei der Verwaltung[12]. Dies sei an einigen Beispielen verdeutlicht.

Anschaulich wird die Notwendigkeit der Anerkennung von Entscheidungsspielräumen der Verwaltung bei der Beurteilung hochkomplexer Fragestellungen wie der Einhaltung einer nach dem Stand von Wissenschaft und Technik erforderlichen Vorsorge gegen mögliche Schäden durch eine kerntechnische Anlage gem. § 7 Abs. 2 Nr. 3 AtG. Die Entscheidung über das Vorliegen dieser Voraussetzung ist das Ergebnis umfangreicher Prüfungen und einer Prognoseentscheidung unter Bewertung

---

10 *Möllers*, in: Hoffmann-Riem/Schmidt-Aßmann/Voßkuhle (Hrsg.), Grundlagen des Verwaltungsrechts I, § 3 Rdnr. 6.

11 *Schuppert*, Verwaltungswissenschaft, S. 520.

12 *Bachof*, JZ 1955, 97 (99 f.).

der damit verbundenen Risiken durch die zuständige Genehmigungsbehörde. Das Bundesverwaltungsgericht (BVerwG) ist in diesem Zusammenhang davon ausgegangen, dass die Vorschrift eine bestmögliche Risikovorsorge verlange und die mit der Risikoermittlung und –bewertung verbundenen Unsicherheiten nach dem Sinngehalt der einschlägigen Norm von der Verwaltung zu tragen seien. Sie sei besser geeignet, eine optimale Gefahrenabwehr und Risikovorsorge zu gewährleisten, womit ihre Letztentscheidungskompetenz nicht nur verfassungsrechtlich zulässig sei, sondern gerade einen besonders effektiven und dynamischen Grundrechtsschutz und sachgerechte Lösungen im Einzelfall gewährleiste. Nach Auffassung des BVerwG rechtfertigt es Art. 19 Abs. 4 GG nicht, dass die Gerichte die vom Gesetzgeber geschaffene Kompetenzzuweisung überspielen und ihre eigenen Wertungen an die Stelle derjenigen der Verwaltung setzen[13].

Als Beispiel für eine Verteilungssituation sei das Personenbeförderungsrecht genannt. Nach §§ 2 Abs. 1, 13 PBefG bedarf einer Genehmigung, wer mittels Taxen Personen geschäftsmäßig befördern will[14]. Dabei sind in § 13 Abs. 4 PBefG Versagungsgründe normiert, durch die sichergestellt werden soll, dass eine Genehmigung nicht erteilt wird, wenn dadurch die Existenz und Funktionsfähigkeit des örtlichen Taxengewerbes bedroht wird[15]. Ob aber das öffentliche Verkehrsinteresse durch die Erteilung weiterer Taxengenehmigungen beeinträchtigt wird, weil es zu einer ernstlichen Gefahr für die Funktionsfähigkeit des örtlichen Taxengewerbes kommen kann, obliegt der Entscheidung der zuständigen Verwal-

---

13 BVerwGE 72, 300 (315 ff.).

14 Vgl. dazu schon *Bachof*, JZ 1955, 97 (97) in Bezugnahme auf BVerwGE 1, 92.

15 Das BVerfG hat diese Möglichkeit als mit Art. 12 Abs. 1 GG vereinbar erklärt, da bei verfassungskonform enger Auslegung gewährleistet werden kann, dass eine Genehmigungsversagung nur dann erfolgt, wenn das wichtige Interesse der Allgemeinheit an der Existenz- und Funktionsfähigkeit des Taxengewerbes als überragend wichtiges Gemeinschaftsgut im Sinne der Drei-Stufen-Lehre (begründet in BVerfGE 7, 377 [403, 405 ff.]) nachweisbar oder höchstwahrscheinlich einer schweren Gefahr ausgesetzt ist, siehe BVerfGE 11, 168 (186 ff.). Kritisch dazu *Frotscher/Kramer*, Wirtschaftsverfassungs- und Wirtschaftsverwaltungsrecht, § 19 Rdnr. 582 ff., die sowohl verfassungsrechtliche Bedenken aufgrund der Intensität des Grundrechtseingriffs als objektive Berufszulassungsregelung und der konkurrenzschützenden Wirkung der Vorschrift anmelden als auch die Konformität mit der Niederlassungsfreiheit des Art. 49 AEUV und der Dienstleistungsfreiheit des Art. 56 AEUV bezweifeln.

tungsbehörde[16]. Sie hat eine prognostische Einschätzung zu treffen, ob das örtliche Taxengewerbe weitere Genehmigungen verträgt oder nicht. Das Gesetz sieht in § 13 Abs. 4 S. 3 PBefG zu dem Zweck einer besseren Beurteilung durch die Behörde und einer Verhinderung von Beeinträchtigungen vor, dass die Behörde vor Erteilung neuer Genehmigungen einen Beobachtungszeitraum einschalten soll, innerhalb dessen keine Genehmigungen erteilt werden[17]. Damit ist allein die Verwaltungsbehörde nach Abschluss hinreichender Beobachtung des örtlichen Taxengewerbes in der Lage, diese Prognoseentscheidung angemessen zu treffen.

Diese Beispiele beziehen sich auf tatbestandliche Spielräume. Daneben gibt es Freiräume auf der Rechtsfolgenseite, wenn also die Tatbestandsvoraussetzungen erfüllt sind und es nunmehr darum geht, für den Einzelfall eine konkrete Rechtsfolge zu bestimmen. Eine strikte Bindung an eine bestimmte Rechtsfolge als Ausdruck stringenter gesetzgeberischer Steuerung des Verwaltungshandelns ist notwendig, wenn die Erfüllung des gesetzlichen Tatbestandes letztlich nur zu einer bestimmten Rechtsfolge führen kann, etwa wenn zu befürchten ist, dass ein Gastwirt dem verbotenen Glücksspiel oder der Unsittlichkeit Vorschub leisten wird und ihm aufgrund dessen eine Gaststättenerlaubnis nicht ohne Gefahr für Dritte erteilt werden kann, siehe § 4 Abs. 1 Nr. 1 GastG[18]. Jedoch ist bei der Bestimmung der Rechtsfolgen oftmals eine größere Flexibilität der Verwaltungsbehörden hinsichtlich einer im Einzelfall sachangemessenen und die Belange der verschiedenen Parteien möglichst umfassend berücksichtigenden Lösung erforderlich. Diese wird erreicht, indem der Verwaltung die entsprechende Letztentscheidungsbefugnis zu- und den Gerichten eine entsprechende kontrollierende Letztentscheidungsbefugnis aberkannt wird[19]. Durch die Einräumung von Ermessen wird somit letztlich erreicht, dass die Verwaltung unter Berücksichtigung der gesetzlichen Zielvorstellungen

16 BVerwGE 79, 208 (213 f.).

17 Auch die Einrichtung und Aufrechterhaltung des Beobachtungszeitraums obliegt der behördlichen Beurteilung, da es sich um ein Mittel handelt, eine mögliche Funktionsbeeinträchtigung sichtbar zu machen und zu verhindern. Voraussetzung ist allerdings, dass die Auswirkungen der vorangegangenen Zulassungen zumindest geeignet sein können, die Funktionsfähigkeit des örtlichen Taxengewerbes zu beeinträchtigen, vgl. BVerwGE 64, 238 (241 ff.); OVG Berlin, GewArch 2000, 338 (339).

18 *Metzner*, GastG, § 4 Rdnr. 1.

19 *Jestaedt*, in: Erichsen/Ehlers (Hrsg.), Allg. VerwR, § 11 Rdnr. 55 f.

Einzelfallgerechtigkeit herstellen kann[20]. Besonders deutlich wird dies bei den polizeilichen Generalklauseln in den Landespolizeigesetzen[21], welche der Polizei sowohl ein Handlungs- als auch ein Auswahlermessen einräumen, um den in nahezu unbestimmter Vielzahl denkbaren Gefahren jeweils sachangemessen und einzelfallgerecht begegnen zu können[22]. Der Gesetzgeber könnte vorab generell-abstrakt gar nicht entscheiden, wann ein Einschreiten erforderlich und verhältnismäßig ist und mit welchen Mitteln sinnvollerweise vorgegangen werden soll.

II. Öffentliche Auftragsvergabe zwischen Gestaltungsfreiheit und Gesetzesbindung

1. Die Entwicklung der öffentlichen Auftragsvergabe

Wer sich der Frage von Freiheit und Bindung der öffentlichen Hand im Bereich der Vergabe öffentlicher Aufträge zuwendet, der muss sich notwendig zunächst kurz die Entwicklung der staatlichen Beschaffungstätigkeit vor Augen führen.

Auf den ersten Blick mag es so erscheinen, als sei das Recht der Vergabe öffentlicher Aufträge eine Erscheinung der jüngeren Zeit, denn erst in den letzten 20 Jahren hat dieses Rechtsgebiet das Interesse von Wissenschaft und Praxis in größerem Umfang auf sich gezogen und die Gerichte beschäftigt. Jedoch hat die staatliche Beschaffung von Waren und Leistungen schon im Alten Rom stattgefunden[23]. Das moderne Vergabewesen nimmt seinen Ausgang im aufkommenden Wirtschaftsliberalismus der ersten Hälfte des 19. Jahrhunderts als Reaktion auf unlautere Machenschaften, Schiebung und Bestechung im freihändigen Staatseinkauf. Nachdem zunächst die deutschen Länder Verdingungsordnungen für ihre Gebiete erlassen und durch Reformen weiterentwickelt hatten, folgte 1926

20 *Maurer*, Allg. VerwR, § 7 Rdnr. 13.

21 Z.B. § 8 Abs. 1 PolG NRW. Ergänzend sei darauf hingewiesen, dass für die unbestimmten Rechtsbegriffe auf der Tatbestandsseite der Generalklauseln (»Gefahr«, »öffentliche Sicherheit«) die Anerkennung von Beurteilungsspielräumen abgelehnt wird. Hier besteht folglich ein umfassendes gerichtliches Nachprüfungsrecht; vgl. *Dietlein*/Burgi/Hellermann, ÖffR NRW, § 3 Rdnr. 45 f.

22 *Pieroth/Schlink/Kniesel*, Polizei- und OrdnungsR, § 7 Rdnr. 5 ff.

23 Zum Einkaufsverfahren der Lizitation im Altertum *Gandenberg*, Die Ausschreibung, S. 22.

der Erlass einer einheitlichen »Verdingungsordnung für Bauleistungen (VOB)« für das gesamte Deutsche Reich, ausgearbeitet durch den vom Reichstag eingesetzten Reichsverdingungsausschuss. 1936 wurde auch eine »Verdingungsordnung für Leistungen – ausgenommen Bauleistungen (VOL)« erlassen. Diese Verdingungsordnungen bestehen, wenn auch in stark gewandelter Form, bis heute fort[24].

Sie betreffen im wiedervereinigten und in den europäischen Binnenmarkt integrierten Deutschland wirtschaftliche Vorgänge im Wertbereich von 200 bis 250 Milliarden Euro pro Jahr[25]. Die öffentlichen Beschaffer in Europa wenden ca. 18 % des Bruttoinlandsprodukts (BIP) für die staatliche Auftragsvergabe auf[26]. Die wirtschaftliche Bedeutung der staatlichen Beschaffungstätigkeit im sozialen Rechtsstaat moderner Prägung und ihre Integrationskraft für die Schaffung eines europäischen Binnenmarktes hat zu umfassenden gesetzgeberischen Aktivitäten der Europäischen Gemeinschaft (EG), heute Europäische Union (EU), geführt, die das deutsche Recht der Auftragsvergabe grundlegend verändert haben. Durch den Erlass verschiedener Richtlinien war der deutsche Gesetzgeber gezwungen, abhängig von unionsrechtlich vorgegebenen Wertgrenzen die Stellung des Vergabewesens als Bestandteil des rein staatsinternen Haushaltsrechts zu überarbeiten und mit einem wirksamen Rechtsschutzsystem zu versehen. Nach einem missglückten Umsetzungsanlauf[27] fand das Vergaberecht oberhalb der Schwellenwerte schließlich durch das Vergaberechtsänderungsgesetz (VgRÄG) vom 26. August 1998[28] eine neue Heimat in den §§ 97 ff. GWB. Die »haushaltsrechtliche Lösung« war der »kartellrechtlichen Lösung« gewichen[29]. Mit der Konzeption im Rahmen des Gesetzes gegen Wettbewerbsbeschränkungen wollte der Gesetzgeber dem gewandelten Verständnis der Vergaberegeln entsprechen und die wettbewerbli-

24 Einen geschichtlichen Überblick zum Submissionswesen gibt *Gandenberg*, Die Ausschreibung, S. 22 ff. Siehe zur Entwicklung des bundesdeutschen Vergaberechts etwa auch Hk-VergabeR/*Fehling*, § 97 GWB Rdnr. 7 ff.

25 *Bungenberg*, in: Loewenheim/Meessen/Riesenkampff, Kartellrecht, Vor §§ 97 ff. Rdnr. 2.

26 Vgl. die Angaben der *Europäischen Kommission*, KOM (2011) 895 endg., S. 3.

27 Zur Europarechtswidrigkeit des ersten Umsetzungsversuchs durch Gesetz vom 26. November 1993 (BGBl. I, S. 1928) EuGH, Urt. v. 11. August 1995 – Rs. C-433/93, Slg. 1995, I-2303, Rdnr. 25 f. – »Kommission./.Bundesrepublik Deutschland«.

28 BGBl. I, S. 2512.

29 Guter Überblick zu diesem Wandel bei *Pietzcker*, ZHR 162 (1998), 427 (428 ff.).

che Bedeutung des heutigen Vergaberechts betonen[30]. Die Einführung des § 97 Abs. 7 GWB (»Die Unternehmen haben Anspruch darauf, dass der Auftraggeber die Bestimmungen über das Vergabeverfahren einhält«) stellt einen Paradigmenwechsel im deutschen Vergaberecht dar[31]. Die Anzahl der Nachprüfungsanträge bei den Vergabekammern des Bundes und der Länder (§§ 107 ff. GWB) lag nach der Implementierung des neuen Rechtsschutzsystems im Jahre 1999 noch bei bescheidenen 395, stieg sodann aber rasch an und liegt seit dem Jahre 2002 jeweils zwischen etwa 800 und 1.000 Anträgen jährlich, bisweilen sogar deutlich darüber[32]. Durchschnittlich jede fünfte Entscheidung der Vergabekammern wurde in den letzten zehn Jahren mit der sofortigen Beschwerde gem. §§ 116 ff. GWB vor den Oberlandesgerichten angegriffen[33].

2. Das Regelungssystem der §§ 97 ff. GWB

Die Entwicklung von der haushaltsrechtlich bestimmten Vergabe öffentlicher Aufträge hin zum wettbewerbsrechtlichen GWB-Vergaberecht (bisweilen auch als »Kartellvergaberecht« bezeichnet) wurzelt in den Vorgaben des europäischen Primär- und Sekundärrechts. Auch seit der Umsetzung in den §§ 97 ff. GWB wurden weitere Reformen wesentlich durch das Unionsrecht angestoßen und bestimmt. Nunmehr hat der EU-Gesetzgeber eine weitere grundlegende Reformierung des europäischhen Vergaberechts beschlossen. Nach mehrjähriger Erarbeitungs- und Beratungsphase ist am 28. März 2014 ein neues Richtlinienpaket verkündet worden. Neben einer Richtlinie über die öffentliche Auftragsvergabe[34]

30 BT-Drs. 13/9340, S. 12 f.

31 *Bungenberg*, in: Loewenheim/Meessen/Riesenkampff, Kartellrecht, Vor §§ 97 ff. Rdnr. 14 ff.

32 Bisheriger Höchststand im Jahre 2004 mit insgesamt 1.493 Nachprüfungsanträgen, letzte verfügbare Zahl aus dem Jahre 2013 mit 817 Anträgen. Die Jahresstatistiken nach § 129a GWB (zuvor § 22 VgV a.F.) sind einsehbar auf der Seite des Bundesministeriums für Wirtschaft und Technologie unter www.bmwi.de in der Rubrik »Statistische Meldungen zum öffentlichen Auftragswesen« (zuletzt abgerufen am 24. Juni 2014).

33 Basierend auf den Zahlen der Jahre 2004 bis 2013; vgl. die Jahresstatistiken unter www.bmwi.de (zuletzt abgerufen am 24. Juni 2014).

34 Richtlinie 2014/24/EU des Europäischen Parlaments und des Rates vom 26. Februar 2014 über die öffentliche Auftragsvergabe und zur Aufhebung der

enthält es eine neue Richtlinie über die Sektorenauftragsvergabe[35] und zudem erstmals eine Richtlinie zur bislang sekundärrechtlich nicht geregelten Konzessionsvergabe[36]. Die drei Richtlinien sind am 17. April 2014 in Kraft getreten und müssen größtenteils binnen zwei Jahren von den Mitgliedstaaten umgesetzt werden. Dieser Umsetzungsprozess wird das deutsche Vergaberecht ein weiteres Mal erheblich beeinflussen. Für die Vergabe öffentlicher Bau-, Liefer- und Dienstleistungsaufträge gilt die Vergabekoordinierungsrichtlinie aus dem Jahre 2004 noch bis zum 18. April 2016 fort, Art. 91 UAbs. 1 RL 2014/24/EU. Da das derzeit geltende GWB-Vergaberecht auf der VKR basiert, wird allein diese der folgenden Darstellung zugrundegelegt[37].

Die §§ 97 ff. GWB gelten für die Vergabe von Aufträgen durch die in § 98 GWB bestimmten Auftraggeber. Der Anwendungsbereich wird jedoch auf öffentliche Aufträge i.S.d. § 99 GWB beschränkt, welche die in § 2 Abs. 1 S. 1 VgV i.V.m. Art. 7 Richtlinie 2004/18/EG (Vergabekoordinierungsrichtlinie – VKR) festgelegten Auftragswerte erreichen oder überschreiten[38]. Ausgenommen von §§ 97 ff. GWB sind unabhängig vom Auftragswert öffentliche Aufträge nach §§ 100 Abs. 2 bis 8, 100a, 100b und 100c GWB. Die Vergabeverordnung (VgV) basiert auf der Verordnungsermächtigung der §§ 97 Abs. 6, 127 Nr. 1 GWB. Ihr kommt eine Scharnierfunktion zu, indem sie die Anwendung der von »Vergabe- und Vertragsausschüssen«[39] erarbeiteten Vergabeordnungen bestimmt und ihnen

---

Richtlinie 2004/18/EG (ABl. EU Nr. L 94/65). Insoweit wird von der »Basisvergaberichtlinie« gesprochen; vgl. *Jaeger*, NZBau 2014, 259.

35 Richtlinie 2014/25/EU des Europäischen Parlaments und des Rates vom 26. Februar 2014 über die Vergabe von Aufträgen durch Auftraggeber im Bereich der Wasser-, Energie- und Verkehrsversorgung sowie der Postdienste und zur Aufhebung der Richtlinie 2004/17/EG (ABl. EU Nr. L 94/243)

36 Richtlinie 2014/23/EU des Europäischen Parlaments und des Rates vom 26. Februar 2014 über die Konzessionsvergabe (ABl. EU Nr. L 94/1).

37 Einführung in die neue Basisvergaberichtlinie bei *Jaeger*, NZBau 2014, 259; noch zu den Richtlinienentwürfen *Summa*, NZBau 2012, 729.

38 Für Liefer- und Dienstleistungsaufträge grundsätzlich 207.000 Euro, für Bauaufträge 5.186.000 Euro.

39 Die VOB wird erarbeitet und fortgeschrieben durch den Deutschen Vergabe- und Vertragsausschuss für Bauleistungen (DVA), die VOL durch den Deutschen Vergabe- und Vertragsausschuss für Lieferungen und Dienstleistungen (DVAL) und die VOF durch den Ausschuss zur Erarbeitung der Vergabeordnung für freiberufliche Leistungen. Die Ausschüsse stehen unter Federführung des für das Bauwesen zuständigen Bundesministeriums (VOB und VOF) bzw. des für die Wirtschaft zuständigen Bundesministeriums (VOL und VOF).

durch diese starre Verweisung die Rechtsqualität von Rechtsverordnungen vermittelt[40]. Durch die Regelungskette vom GWB (§§ 97 Abs. 6, 127 Nr. 1) über die VgV (§§ 4 bis 6) zu den detaillierten Vorgaben der VOB/A, VOL/A und VOF zählen damit auch letztere zum bindenden Regelungsrahmen des Vergaberechts. Den dreistufigen Regelungsaufbau aus GWB, VgV und Vergabeordnungen bezeichnet man als Kaskadenprinzip[41]. Daneben bestehen in den Bundesländern zum Teil flankierende und ergänzende Vorschriften zur Vergabe öffentlicher Aufträge, die ebenfalls zum vergaberechtlichen Regelungsrahmen zählen[42].

Das GWB-Vergaberecht ist geprägt durch ein enges Korsett von Verfahrensvorschriften und einem Nachprüfungsverfahren, welches deren Verletzung effektiv entgegentreten soll. Beabsichtigt ist ein hohes Maß an Entscheidungsrichtigkeit durch Verfahren und Verfahrenskontrolle. Dabei normiert § 97 GWB die unionsrechtlich determinierten Grundgedanken des heutigen Vergaberechts und bestimmt damit Auslegungsleitlinien für die konkretisierenden Einzelbestimmungen. Nach § 97 Abs. 1 und 2 GWB sind Vergabeverfahren offen, transparent und nichtdiskriminierend auszugestalten. Die vornehmliche Berücksichtigung des Mittelstandes wird in Abs. 3 festgelegt, die Grundsätze der Auswahl geeigneter Unternehmen

---

40 Unterhalb der Schwellenwerte kommt den Vergabeordnungen hingegen der Rechtscharakter von Verwaltungsvorschriften zu. Da hier die Vergabeverordnung nicht gilt, werden sie mittels innerdienstlicher Weisungen für verbindlich erklärt; vgl. OLG Schleswig, NZBau 2000, 263 (264); Hk-VergabeR/*Pache*, § 55 BHO Rdnr. 116 ff.

41 Näher zum Kaskadenprinzip etwa *Bungenberg*, in: Loewenheim/Meessen/Riesenkampff (Hrsg.), Kartellrecht, Vor §§ 97 ff. – Einführung Rdnr. 17 ff; *Ziekow*, Öffentliches Wirtschaftsrecht, S. 152 ff.; Überlegungen zur Zukunft des Kaskadenprinzips stellt *Knauff*, NZBau 2010, 657 an.

42 Vgl. etwa das Gesetz über die Vergabe öffentlicher Aufträge im Freistaat Sachsen (Sächsisches Vergabegesetz – SächsVergabeG) vom 14. Februar 2013 (SächsGVBl. S. 109), das Hamburgische Vergabegesetz (HmbVgG) vom 13. Februar 2006 (HmbGVBl. S. 57), § 18 des im Freistaat Bayern erlassenen Gesetzes über die Förderung der mittelständischen Unternehmen sowie der Freien Berufe (Mittelstandsförderungsgesetz – MfG) vom 20. Dezember 2007 (GVBl. S. 926) oder das Gesetz über die Sicherung von Tariftreue und Sozialstandards sowie fairen Wettbewerb bei der Vergabe öffentlicher Aufträge (Tariftreue- und Vergabegesetz Nordrhein-Westfalen – TVgG-NRW) vom 10. Januar 2012 (GVBl. NRW., S. 17). Näher zur Befugnis der Landesgesetzgeber hinsichtlich der Aufstellung weitergehender Anforderungen an öffentliche Auftraggeber gem. § 97 Abs. 4 S. 3 GWB *Ziekow*, in: ders./Völlink (Hrsg.), Vergaberecht, § 97 Rdnr. 102 ff.

und des wirtschaftlichsten Angebots sowie die Zulässigkeit sozialer, umweltbezogener und innovativer Aspekte in den Abs. 4 und 5. Zentrale Vorschrift für den Rechtsschutz der Bieter ist § 97 Abs. 7 GWB, nach dem die Unternehmen einen Anspruch darauf haben, dass der Auftraggeber die Bestimmungen über das Vergabeverfahren einhält[43]. Die über §§ 97 Abs. 6, 127 GWB, §§ 4 bis 6 VgV in das Vergaberecht einbezogenen Vergabeordnungen enthalten darauf aufbauend detaillierte Verfahrensvorgaben.

Mit diesem engmaschigen Regelungsrahmen geht eine Reduzierung von Gestaltungs- und Entscheidungsfreiheiten öffentlicher Auftraggeber einher. Es sind in jüngerer Zeit vermehrt Stimmen laut geworden, die Handlungs- und Ermessensspielräume der Vergabestellen im Interesse einer haushalts- und aufgabengerechten Beschaffung wieder verstärkt betonen wollen[44]. Das Vergaberecht sei zu kompliziert, zu umfangreich und überfordere durch seine Komplexität sowohl kleinere Gemeinden als auch kleine und mittelständische Unternehmen. Es bewirke damit entgegen seinen Absichten (vgl. § 97 Abs. 3 GWB) einen Nachteil für den Mittelstand und habe überdies durch Unsicherheiten aufgrund komplexer Vergaberegeln und Verzögerungen durch kostspielige Nachprüfungsverfahren negative Auswirkungen für die Volkswirtschaft. Die starren und bürokratischen Regelungen zum Schutz des lauteren Wettbewerbs würden paradoxerweise dazu führen, dass seine Vorteile (zumindest teilweise) gerade nicht zum Tragen kämen[45]. Das damit angesprochene Spannungsverhältnis zwischen Freiheit und Bindung öffentlicher Auftraggeber, welches aus dem allgemeinen Verwaltungsrecht bekannt ist[46], bedarf der näheren Betrachtung.

---

43 Zu den in § 97 GWB niedergelegten Grundsätzen des Vergaberechts etwa Hk-VergabeR/*Fehling*, § 97 Rdnr. 3 ff.; *Ziekow*, in: ders./Völlink (Hrsg.), Vergaberecht, § 97 GWB Rdnr. 1 f.

44 Nachweise bei *Antweiler*, VergabeR 2011, 306 (306 f.).

45 Zu diesen Kritikpunkten *Bungenberg*, Vergaberecht im Wettbewerb der Systeme, S. 8 f.; *Pukall*, VergabeR 2006, 586 (587 f.); *Pietzcker*, NVwZ 2007, 1225 (1226 f.); *Burgi/Gölnitz*, DÖV 2009, 829 (830); *Frister*, VergabeR 2011, 295 (295 ff.).

46 Siehe oben unter I.

3. Gestaltungsfreiheit und Gesetzesbindung öffentlicher Auftraggeber

Die Gestaltung eines Vergabeverfahrens und die Auswahl eines Angebots verlangen zahlreiche Entscheidungen des öffentlichen Auftraggebers.

a) Gestaltungsbedürftige und ergebnisoffene Entscheidungen

Beispielhaft seien einige Entscheidungssituationen, die im Verlauf eines Vergabeverfahrens auftreten, kurz skizziert.

Zunächst kann schon die Bestimmung des Beschaffungsbedarfs sinnvoll nur durch den öffentlichen Auftraggeber erfolgen. Daher wird man eine noch näher zu bestimmende Gestaltungs- und Entscheidungsfreiheit kaum ablehnen können. Gleichwohl muss die Beachtung gesetzlicher Vorgaben gesichert werden[47].

Nach § 97 Abs. 4 S. 1 GWB werden Aufträge an fachkundige, leistungsfähige sowie gesetzestreue und zuverlässige Unternehmen vergeben. Diese unbestimmten Rechtsbegriffe erfordern eine Konkretisierung und inhaltliche Ausgestaltung. Die Vergabestelle muss festlegen, welche Eigenschaften eines Auftragnehmers für die Erfüllung des zu vergebenden Auftrags von besonderem Gewicht sind und welche in den Hintergrund treten können. Sie muss entscheiden, welche Nachweise sie von den Bietern verlangen will, um das Vorliegen dieser Eigenschaften zu prüfen, und ob die vorgelegten Nachweise im konkreten Einzelfall deren Vorliegen tatsächlich belegen oder aber der Bieter als ungeeignet auszuschließen ist.

Insbesondere die Wertung der eingereichten Angebote kann eine komplexe Abwägung erfordern. Die sich stellenden Fragen der gerichtlichen Kontrolldichte sind dabei bisweilen denjenigen im Verwaltungsrecht nicht unähnlich. Zu denken ist etwa an Präsentationen durch die Bieter, wie sie vor allem im Verhandlungsverfahren mit vorgeschaltetem Teilnahmewettbewerb auftreten[48]. Die Ausgangslage weist Parallelen zu einer Prüfungssituation auf[49]. Die Situation während der Präsentation, der vermittelte

47 Etwa hinsichtlich der Inhaberschaft von Lizenzen zur Erbringung bestimmter Postdienstleistungen gem. § 5 Abs. 1 PostG oder hinsichtlich der Einhaltung des Datengeheimnisses gem. § 5 Satz 2 BDSG bei der Vergabe von Aufträgen zur Erbringung von Postdienstleistungen an Private; vgl. hierzu *Burgi*, VergabeR 2007, 457 (459 f.).

48 Anschaulich jüngst OLG München, ZfBR 2013, 73.

49 OLG München, VergabeR 2008, 574 (577).

Gesamteindruck und der Vergleich mit den anderen Bietern kann im vergaberechtlichen Nachprüfungsverfahren nicht wiederholt werden. Eine neuerliche Bewertung durch die Vergabekammer oder den Vergabesenat würde eine Ungleichbehandlung zwischen Beschwerdeführer und Konkurrenten hervorrufen, die in Konflikt mit dem Gleichbehandlungsgebot geriete[50]. Ebenso wie bei der Prüfungsentscheidung kann die Wertung hier gerade auf der umfassenden Erfahrung und vergleichenden Betrachtung durch die mit der Entscheidung betrauten Personen beruhen.

Zentrale Vorschrift des Kartellvergaberechts ist § 97 Abs. 5 GWB. In Umsetzung von Art. 53 Abs. 1 VKR wird dort bestimmt, dass der Zuschlag auf das wirtschaftlichste Angebot zu erteilen ist[51]. Das wirtschaftlichste Angebot ist ein unbestimmter Rechtsbegriff, der bei jeder Auftragsvergabe konkretisiert werden muss. Dies geschieht anhand vorab festzulegender, zu gewichtender und bekanntzumachender Zuschlagskriterien. Der öffentliche Auftraggeber kann dadurch bestimmen, welche Leistungsbestandteile für ihn besonders wichtig sind. Dabei geht es um mehr als um den niedrigsten Preis. Es ist unionsrechtlich vielmehr unzulässig, den öffentlichen Auftraggeber per Gesetz alleine auf das Kriterium des niedrigsten Preises zu verpflichten[52]. Damit werde diesen die Möglichkeit genommen, die Art und Besonderheit des jeweiligen Auftrags zu berücksichtigen und über die Wahl entsprechender Zuschlagskriterien die Auswahl des besten Angebots zu gewährleisten. So kann etwa die Beschaffung von Personalcomputern bei einem besonders günstigen Bieter letztlich wirtschaftlich ungünstiger sein, wenn jede Aktualisierung der installierten Programme oder jede Fehlerbehebung einzeln bezahlt werden muss. Die Beurteilung des öffentlichen Auftraggebers ist hier von zentraler Bedeutung. Eine vollständige Ersetzung dieser Beurteilung durch eine Nachprüfungsinstanz erscheint mit Sinn und Zweck einer kosten- und zeiteffizienten wirtschaftlichen Vergabe kaum vereinbar zu sein. Zudem ist zu beachten, dass der öffentliche Auftraggeber möglicherweise über einen längeren Zeitraum mit dem Auftragnehmer zusammenarbeiten muss.

---

50 Siehe zu diesem Gedanken im Prüfungsrecht BVerfGE 84, 34 (49 ff.); 84, 59 (78 ff.).

51 Die VKR lässt den Mitgliedstaaten ein Wahlrecht dahingehend, ob der Zuschlag auf das wirtschaftlich günstigste Angebot (Art. 53 Abs. 1 lit. a)) oder auf das Angebot mit dem niedrigsten Preis (Art. 53 Abs. 1 lit. b)) erteilt werden soll. Der Bundesgesetzgeber hat sich insoweit für die erste Alternative entschieden.

52 EuGH, Urt. v. 7. Oktober 2004 – Rs. C-247/02, Slg. 2004, I-9215, Rdnr. 39 ff. – »Sintesi«.

Vor dem Hintergrund einer reibungslosen und gut koordinierten Aufgabenerledigung wäre es nicht zweckdienlich, der Vergabestelle einen Vertragspartner aufzuzwingen. Auch dies spricht für Letztentscheidungskompetenzen der öffentlichen Auftraggeber.

Ein Verfahren zur Vergabe eines Bauauftrags kann bei Vorliegen der Tatbestandsvoraussetzungen des § 17 VOB/A-EG (2012)[53] ohne Zuschlagserteilung aufgehoben werden. Nach dem Wortlaut (»Die Ausschreibung kann aufgehoben werden, wenn…«) ist diese Entscheidung nicht zwingend, d.h. der Auftraggeber kann den Zuschlag trotz des Vorliegens eines Aufhebungsgrundes erteilen. Die gerichtliche Kontrolle dieser Entscheidung muss jedoch näher bestimmt werden.

b) Zu beachtende Bindungen und Einschränkungen

Die in diesen Entscheidungssituationen vermeintlich bestehende Gestaltungsfreiheit des öffentlichen Auftraggebers steht in einem Spannungsverhältnis zu vergaberechtlichen Bindungen.

Zunächst sind die Zielsetzungen des unionsrechtlich determinierten GWB-Vergaberechts zu beachten. Erstens geht es um eine wirtschaftliche und öffentliche Mittel schonende Beschaffung staatlicherseits benötigter Waren und Dienstleistungen. Zweitens soll die Vergabe dieser Aufträge in einem wettbewerblichen, offenen, transparenten und nichtdiskriminierenden Verfahren erfolgen (vgl. Art. 2 VKR und § 97 Abs. 1 und 2 GWB) und so der Verwirklichung des europäischen Binnenmarktes Vorschub leisten[54]. Weitergehend haben die sekundärrechtlichen Vorgaben des Unionsrechts den Bietern zur effektiven Schaffung und Durchsetzung eines Vergabebinnenmarktes[55] subjektive Rechte auf Einhaltung der Vergabere-

---

53 Eine vergleichbare Regelung findet sich für die Vergabe von Leistungen in § 20 VOL/A-EG (2009).

54 Aus verfassungsrechtlicher Perspektive sind diese Ziele Ausfluss des in Art. 114 Abs. 2 GG wurzelnden Wirtschaftlichkeitsprinzips. Es verlangt, dass die durch Abgaben erzielten staatlichen Einnahmen möglichst optimal zur Aufgabenerfüllung eingesetzt werden müssen, um den Umfang der Verwaltungskosten so gering wie möglich zu halten. Es beinhaltet zwei Teilelemente, den Nutzenmaximierungs- und den Kostenminimierungsgrundsatz; siehe dazu Dreier/*Heun*, GG III, Art. 114 Rdnr. 29; *Wolff/Bachof/Stober/Kluth*, VerwR I, § 18 Rdnr. 40.

55 Gestützt auf die Verwirklichung der Warenverkehrs-, Niederlassungs- und Dienstleistungsfreiheit und der primärrechtlichen Bestimmungen zum Binnen-

geln verschafft, welche im Wege des Primärrechtsschutzes geltend gemacht werden können, § 97 Abs. 7 GWB[56]. Der Verwirklichung dieser Ziele dienen die detaillierten Regelungen zur Vergabe öffentlicher Aufträge in den §§ 97 ff. GWB, der VgV und den Vergabeordnungen[57]. Dies geschieht um den Preis eines Verlusts an Einfachheit, Flexibilität und Spontanität bei der staatlichen Beschaffung. Ein öffentlicher Auftraggeber muss diese Regelungsziele bei der Auslegung und Anwendung des Vergaberechts fortwährend beachten und darf keine ihnen zuwiderlaufenden Entscheidungen treffen.

Kontrollfreiheit oder reduzierte Kontrolle von Entscheidungsspielräumen trägt die Gefahr in sich, dass politische oder unsachliche Gesichtspunkte in die Vergabeentscheidung einfließen können[58]. Wird ein Auftrag letztlich aufgrund solcher Einflüsse nicht auf das wirtschaftlichste Angebot erteilt, werden die Ziele des vergaberechtlichen Regelungssystems verfehlt. Dies ist daher unbedingt zu vermeiden.

Besondere Aufmerksamkeit verlangt die mit einer Reduzierung der gerichtlichen Kontrolldichte einhergehende Beschränkung auf die Überprüfung bestimmter Fehler[59]. Vor dem Hintergrund der zähen und durch den Europäischen Gerichtshof (EuGH) erzwungenen Einführung eines effektiven Primärrechtsschutzes im deutschen Vergaberecht[60] sind Einschränkungen kritisch zu prüfen. § 97 Abs. 7 GWB findet seinen unionsrechtlichen Hintergrund ausdrücklich in der Vergabekoordinierungsrichtlinie und der Richtlinie 89/665/EWG (Rechtsmittelrichtlinie – RMRL), vgl.

---

markt; vgl. *Dreher*, in: ders./Stockmann, Kartellvergaberecht, Vor §§ 97 ff. Rdnr. 5.

56 Darin besteht eine ganz wesentliche Änderung im Vergleich zur vormals geltenden »haushaltsrechtlichen Lösung«, welche durch das Vergaberechtsänderungsgesetz (VgRÄG) herbeigeführt wurde. Das Fehlen subjektiver Bieterrechte war europarechtswidrig, siehe EuGH, Urt. v. 11. August 1995 – Rs. C-433/98, Slg. 1995, I-2303 – »Kommission./.Bundesrepublik Deutschland«.

57 Kein Privatunternehmer würde sich aus wirtschaftlichen Überlegungen einem vergleichbar starren Einkaufsregime unterwerfen; vgl. *Pietzcker*, ZHR 162 (1998), 427 (432).

58 Es darf nicht übersehen werden, dass ein bedeutendes Ziel des Vergaberechts die Korruptionsprävention ist; vgl. Kompaktkommentar VergR/*Gädigk*, 18. Los Einführung Rdnr. 1 ff.

59 Siehe für das verwaltungsrechtliche Ermessen § 114 S. 1 VwGO; dazu ausführlich unten Teil C.

60 EuGH, Urt. v. 11. August 1995 – Rs. C-433/93, Slg. 1995, I-2303, Rdnr. 25 f. – »Kommission./.Bundesrepublik Deutschland«.

Art. 1 Abs. 1 UAbs. 3 RMRL. Die VKR nennt den effektiven Rechtsschutz zwar nicht ausdrücklich, setzt ihn aber ihrem gesamten Regelungszusammenhang nach voraus[61].

An dieser Stelle muss auch auf das nationale Verfassungsrecht hingewiesen werden. Die Rechtsschutzgarantie des Art. 19 Abs. 4 GG sichert nicht nur den generellen Zugang zu den Gerichten bei einer Rechtsverletzung durch die öffentliche Gewalt, sondern auch die Effektivität des Rechtsschutzes. Um diesen Anforderungen gerecht zu werden, müssen die Gerichte grundsätzlich den angegriffenen Akt öffentlicher Gewalt vollständig in tatsächlicher und rechtlicher Hinsicht überprüfen. Ähnliche Anforderung stellt der allgemeine Justizgewährungsanspruch aus Art. 20 Abs. 3 GG i.V.m. den Grundrechten für Rechtsverletzungen, die nicht von der öffentlichen Gewalt ausgehen, auf[62]. Eine Bindung der Gerichte an Tatsachenfeststellungen und Wertungen der Verwaltung ist ebenso grundsätzlich ausgeschlossen wie eine bloße Vertretbarkeitskontrolle[63]. Dies gilt zunächst ebenso bei der Kontrolle von Verwaltungsentscheidungen, die auf der Auslegung und Anwendung unbestimmter Rechtsbegriffe beruhen[64]. Entscheidungsspielräume öffentlicher Auftraggeber sind daher auch auf ihre Verfassungskonformität hin zu überprüfen.

III. Ausgangslage und Ziele der Darstellung

Bereits diese ersten Überlegungen zeigen, dass die Anerkennung von Gestaltungs- und Entscheidungsspielräumen im Vergaberecht ebenso wie im allgemeinen Verwaltungsrecht in einem Spannungsverhältnis zu anderen Grundsätzen und gesetzlichen Vorgaben steht. Erschwerend treten im Vergaberecht Unsicherheiten hinzu, die durch das ungewöhnliche Rege-

61 *Dreher*, in: Immenga/Mestmäcker, Wettbewerbsrecht: GWB, § 97 Rdnr. 276 f.; zur Rechtslage unter der Bau- und der Lieferkoordinierungsrichtlinie siehe, EuGH, Urt. v. 11. August 1995 – Rs. C-433/93, Slg. 1995, I-2303, Rdnr. 25 f. – »Kommission./.Bundesrepublik Deutschland«, denen der Gerichtshof ebenfalls eine solche Aussage entnommen hat.

62 Das BVerfG sieht Vergabestellen nicht als Träger öffentlicher Gewalt i.S.d. Art. 19 Abs. 4 GG und wendet daher die Vorgaben des allgemeinen Justizgewährungsanspruchs an; vgl. BVerfGE 116, 135 (149 ff.). Dazu auch BVerfGE 107, 395 (401) und *Maurer*, Staatsrecht I, § 8 Rdnr. 35.

63 BVerfGE 84, 34 (49).

64 BVerfGE 84, 34 (49 f.).

lungsgeflecht aus GWB, Vergabeverordnung und Vergabeordnungen, die Aufnahme natürlicher und juristischer Personen des Privatrechts in den Kreis der öffentlichen Auftraggeber (§ 98 Nr. 2, 4, 5 und 6 GWB)[65] sowie den Verfahrensabschluss mittels privatrechtlichem Vertrag hervorgerufen werden. Schon die Zuordnung zum Öffentlichen Recht oder zum Privatrecht ist nicht ohne Weiteres möglich, wenn sie überhaupt gelingen kann. Ebenso verhält es sich mit der Frage nach der Grundrechtsbindung öffentlicher Auftraggeber. Daran anschließend stellt sich die Frage, inwieweit verwaltungsrechtliche Grundsätze für das Handeln öffentlicher Auftraggeber gelten. Drängend werden diese Fragen, wo vergaberechtliche Regelungslücken geschlossen werden müssen. Für das Vergaberecht unterhalb der Schwellenwerte wird seit geraumer Zeit intensiv diskutiert, inwieweit das allgemeine Verwaltungsrecht anwendbar ist, ob sich aus den Grundrechten Schutzgehalte für die Auftragsvergabe entnehmen lassen und ob ordentliche oder Verwaltungsgerichte für die gerichtliche Kontrolle zuständig sind. Die meisten dieser Fragen stellen sich aber nicht nur für das unterschwellige Vergaberecht, wo ein Rechtsschutzsystem entsprechend der §§ 97 Abs. 7, 102 ff. GWB fehlt, sondern auch dort, wo das GWB-Vergaberecht Regelunslücken aufweist. Dabei ist auf eine dogmatisch zutreffende Systembildung und Einfugung in den Rahmen der Wirtschaftsverfassung besonderer Wert zu legen, um das Vergaberecht nicht zu einem von allgemeinen Entwicklungen abgekoppelten Sonderrecht werden zu lassen[66].

Eine gesetzgeberische Auseinandersetzung mit dem skizzierten Spannungsverhältnis zwischen Freiheit und Bindung fehlt im deutschen Vergaberecht. Den §§ 10 und 40 VwVfG sowie § 114 VwGO vergleichbare Vorschriften finden sich weder im GWB noch in der VgV oder den Vergabeordnungen. Die Nachprüfungsinstanzen müssen daher andere Kontrollmaßstäbe heranziehen, um einen Ausgleich zwischen Entscheidungsfreiheit und Gesetzesbindung der Vergabestellen zu finden. Dabei haben sie das Europa- und das nationale Verfassungsrecht zu beachten und sich die Frage zu stellen, inwieweit die verwaltungsrechtliche Dogmatik der Entscheidungsspielräume Anhaltspunkte bieten kann. Ist eine größere Gestaltungsfreiheit für öffentliche Auftraggeber verbunden mit einer Redu-

65 Mit dem Ziel einer Unterbindung von Umgehungen des Vergaberechts durch Privatisierungsmodelle; vgl. *Dreher*, in: Immenga/Mestmäcker, Wettbewerbsrecht: GWB, § 98 Rdnr. 18 ff.

66 Zu dieser Gefahr auch *Burgi*, WiVerw 2007, 173 (173).

zierung des vergaberechtlichen Rechtsschutzes unions-, verfassungs- und einfachrechtlich zulässig? Wie gehen die Vergabekammern und –senate in ihren Entscheidungen mit diesen Fragen um?

Die auftretenden Fragen administrativer Entscheidungsfreiheit sind der Verwaltungsrechtswissenschaft seit langer Zeit bekannt und dennoch bis heute zum Teil nicht zufriedenstellend beantwortet. Somit trifft das komplexe Regelungsgeflecht des unionsrechtlich determinierten GWB-Vergaberechts auf offene Fragen des nationalen Verfassungs- und Verwaltungsrechts. Sorgsam wird zu prüfen sein, ob verwaltungsrechtliche Lösungsansätze für das Vergaberecht fruchtbar gemacht werden können, um »das Rad nicht neu zu erfinden«, wo dies nicht geboten ist.

Die vorliegende Arbeit untersucht den Rechtsrahmen aus unions-, verfassungs- und einfachrechtlichen Vorgaben für die Lösung des Spannungsverhältnisses zwischen Bindung und Freiheit öffentlicher Auftraggeber bei den im Rahmen eines Vergabeverfahrens zu treffenden Entscheidungen. Sie überprüft dabei insbesondere die Heranziehung verwaltungsrechtlicher Grundsätze auf ihre (zumindest teilweise) Übertragbarkeit in das Regelungssystem des Vergaberechts und erarbeitet Grundsätze und Leitlinien zur Beantwortung der aufgeworfenen Fragen. Ihr Ziel ist ein rechtssicherer Umgang der Vergabestellen und der Nachprüfungsinstanzen mit Entscheidungsspielräumen im Vergaberecht, welcher begründet durch die wirtschaftliche Bedeutung des öffentlichen Auftragswesens für die Volkswirtschaft und die Marktteilnehmer ebenso wie durch sein rechtspolitisches Steuerungspotenzial unerlässlich ist.

C. *Regelungstypen und Entscheidungsspielräume im Verwaltungsrecht*

Das Gewaltenteilungsprinzip des Grundgesetzes trennt die Legislative, Exekutive und Judikative voneinander und weist ihnen verschiedene Aufgaben im strukturierten öffentlichen Entscheidungsprozess zu[67]. Nach Art. 20 Abs. 3 GG sind die vollziehende Gewalt und die Rechtsprechung an Gesetz und Recht gebunden. Der damit ausgesprochene Vorrang des Gesetzes formuliert sowohl den Vorrang des parlamentarischen Gesetzes gegenüber allen anderen, nicht in der Form des Parlamentsgesetzes erlassenen staatlichen Rechtsnormen als auch die Gesetzmäßigkeit des Verhaltens der Exekutive und Judikative[68]. Damit verbunden ist der Vorbehalt des Gesetzes, der allerdings nicht in Art. 20 Abs. 3 GG geregelt ist[69], sondern sich aus dem Demokratie- und dem Rechtsstaatsprinzip ergibt[70]. Dieser schon im 19. Jahrhundert bekannte Verfassungsgrundsatz verlangte zunächst lediglich, dass Eingriffe in Freiheit und Eigentum einer gesetzlichen Grundlage bedürfen[71]. Dem modernen Sozialstaat wird diese Beschränkung auf die Eingriffsverwaltung nicht gerecht. Das Bundesverfassungsgericht hat daher die Wesentlichkeitstheorie entwickelt, nach der das staatliche Handeln in grundlegenden Bereichen einer Legitimation durch förmliche Gesetze bedarf, in denen der parlamentarische Gesetzgeber alle wesentlichen Entscheidungen selbst trifft[72]. Das bedeutet allerdings keinen Totalvorbehalt des Gesetzes, da nach dem Gewaltenteilungsprinzip der Exekutive ein Bereich der Eigenverantwortung zukommen muss, mit dem eine Beschränkung auf den bloßen Gesetzesvollzug unvereinbar wäre[73].

Hier müssen der Verwaltung im öffentlichen Entscheidungsprozess aufgrund ihrer eigenständigen Stellung Entscheidungsspielräume verbleiben, um ihr eine flexible und sachangemessene Aufgabenerledigung zu ermöglichen[74]. Die Bestimmung dieser Entscheidungsspielräume stellt sich als komplexe Materie zwischen den Polen der Rechtsbindung und

---

67 *Schmidt-Aßmann*, Das allgemeine Verwaltungsrecht als Ordnungsidee, S. 179 ff.
68 *Herzog/Grzeszick*, in: Maunz/Dürig, Komm. z. GG, Art. 20 VI. Rdnr. 72 ff.
69 A.A. BVerfGE 40, 237 (248 f.); 49, 89 (126).
70 *Maurer*, Staatsrecht I, § 8 Rdnr. 20; *ders.*, Allg. VerwR, § 6 Rdnr. 4 ff.
71 *Maurer*, Allg. VerwR, § 2 Rdnr. 5.
72 Etwa BVerfGE 98, 218 (251 f.).
73 BVerfGE 98, 218 (251 f.); *Ehlers*, in: Erichsen/ders., Allg. VerwR, § 2 Rdnr. 42.
74 Vgl. *Voßkuhle*, JuS 2008, 117. Zu den zahlreichen Versuchen einer Beschreibung solcher Entscheidungsspielräume in der Vergangenheit *Ibler*, Rechtspflegender Rechtsschutz, S. 430 ff., der von »Verwaltungsvorbehalten« spricht.

Kontrolle einerseits und der Flexibilität, Sachangemessenheit sowie Verfahrensvereinfachung und Verfahrensbeschleunigung andererseits dar. Ihre Geschichte ist wechselvoll und abhängig vom Vertrauen in die Verwaltung, welches insbesondere durch den nationalsozialistischen Missbrauch gelitten hatte[75]. Daraus erklärt sich die teilweise Enge der Entscheidungsspielräume im europäischen Vergleich der Rechtsordnungen. Andererseits musste eine bisweilen allzu vornehme Zurückhaltung der Rechtsprechung bei bestimmten Verwaltungsentscheidungen eingegrenzt werden. Daraus ist ein nicht immer stimmiges und in vielen Fragen umstrittenes »Gefüge« entstanden, dessen systematische Erfassung Ziel dieses Abschnitts ist. Der Begriff »Entscheidungsspielraum« ist dabei als eine Sammelbezeichnung für die verschiedenen Erscheinungsformen behördlicher Freiheiten bei der Rechtsanwendung zu verstehen.

I. Die systematische Einteilung der verwaltungsrechtlichen Entscheidungsspielräume

1. Die verschiedenen Arten von Rechtsnormen

In der Rechtswissenschaft wird zwischen Regeln mit definitivem Charakter und Prinzipien ohne definitiven Charakter (auch Finalprogramme oder Optimierungsgebote genannt) unterschieden. Regeln bedürfen der Subsumtion, Prinzipien der Abwägung[76].

a) Regeln

Klassisches Beispiel für eine Regel ist ein zweigliedrig aufgebauter konditional gefasster Rechtssatz bestehend aus Tatbestand und Rechtsfolge (»Wenn..., dann...«). Wenn der Tatbestand erfüllt ist, dann tritt die bestimmte Rechtsfolge ein[77]. Der Rechtsanwender muss zunächst den Sach-

75 Dazu *Rode*, Ermessenslehre, S. 16 f.

76 Vgl. *Ehlers*, in: Erichsen/ders., Allg. VerwR, § 2 Rdnr. 8. Aus der rechtstheoretischen Diskussion stellvertretend *Koch/Rüßmann*, Juristische Begründungslehre, S. 97 ff.

77 »Immer dann, wenn ein konkreter Sachverhalt S den Tatbestand T verwirklicht, gilt für diesen Sachverhalt die Rechtsfolge R«; vgl. *Larenz*, Methodenlehre, S. 256.

verhalt ermitteln, sodann den gesetzlichen Tatbestand auslegen und dessen Inhalt feststellen. In einem dritten Schritt ist im Wege der Subsumtion zu bestimmen, ob der ermittelte Sachverhalt die gesetzlichen Tatbestandsmerkmale erfüllt. Zuletzt ist die von der Rechtsnorm angeordnete Rechtsfolge festzustellen[78].

Das damit vorausgesetzte, heute jedoch vielfach nicht mehr vorhandene Vertrauen in die vorab programmierbare Wirkung von Recht lässt sich ein Stück weit kompensieren durch die Formulierung von Spielräumen mittels unbestimmter Rechtsbegriffe und Entscheidungsoptionen. Damit einher geht die Delegation der Schaffung hinreichend bestimmter Regeln an die Verwaltung und an die Gerichte[79]. Die Vorprogrammierung der Verwaltungsentscheidung kann somit auf der Tatbestands- ebenso wie auf der Rechtsfolgenseite gelockert werden. Die trotz Widerständen bis heute überwiegend vertretene Einteilung der administrativen Entscheidungsfreiheit in Beurteilungs- und Ermessensspielräume baut auf dieser konditionalen Normstruktur auf.

aa) Tatbestand

Tatbestandsmerkmale einer Rechtsnorm können inhaltlich eindeutig sein, und zwar entweder der Sache nach, wie etwa Orts- oder Zeitangaben, oder rechtlich, da ihr Inhalt durch Gesetze und Rechtsprechung abgegrenzt wird, wie etwa die Begriffe Sache, Eigentum oder Gewerbe. Wieder andere Begriffe wie »Einbruch der Dämmerung« sind zwar nicht bestimmt, aber im Einzelfall bestimmbar. Der Tatbestand eines Gesetzes kann aber auch unbestimmte Rechtsbegriffe enthalten, deren Sinngehalt regelmäßig erst durch Auslegung zu ermitteln ist. Bei der Auslegung und Anwendung unbestimmter Rechtsbegriffe kann ein Beurteilungsspielraum bestehen.

---

78 Siehe *Maurer*, Allg. VerwR, § 7 Rdnr. 3.

79 Zu dieser Motivation für die Schaffung von Entscheidungsspielräumen *Franzius*, in: Hoffmann-Riem/Schmidt-Aßmann/Voßkuhle (Hrsg.), Grundlagen des Verwaltungsrechts I, § 4 Rdnr. 13 ff.

bb) Rechtsfolge

Auf der Rechtsfolgenseite eines konditionalen Rechtssatzes kann eine Verwaltungsbehörde bei Erfüllung des Tatbestandes an eine bestimmte Rechtsfolge gebunden sein, sog. durch bestimmte Rechtssätze gebundene Verwaltung[80]. Ihr können allerdings auch Alternativen eingeräumt werden. Dabei kann es ihr sowohl überlassen sein, ob sie überhaupt tätig werden will[81], als auch, welche Maßnahmen sie im konkreten Fall ergreifen will[82].

b) Prinzipien

Zu den Prinzipien gehören die final formulierten Rechtssätze, die lediglich die zu erreichenden Ziele abstecken, nicht jedoch den konkreten Weg zu deren Erfüllung. In anderen europäischen Rechtsordnungen und im europäischen Verwaltungsrecht treten sie teilweise als dominierende Regelungsform auf[83]. Im deutschen Verwaltungsrecht sind sie historisch bedingt weniger ausgeprägt und finden sich insbesondere als Zweckprogramme im Bereich staatlicher Planung[84]. Solche Zweckprogramme verzichten auf eine regelförmige Programmierung und enthalten Ziele, Leitlinien und Belange, die in einem Abwägungsprozess zu gewichten und gegeneinander wie untereinander abzuwägen sind. An die Stelle der Bindung von Rechtsfolgen an bestimmte tatbestandliche Voraussetzungen tritt eine Zielvorgabe, die mit der Auswahl möglicher Maßnahmen verknüpft wird[85]. Es geht dabei nicht um kognitive Rechtserkenntnis und Subsumtion, sondern um volitive Gestaltung gesetzlicher Direktiven[86]. Der kom-

---

80 *Wolff/Bachof/Stober/Kluth*, VerwR I, § 31 Rdnr. 5.

81 Dann spricht man vom sog. Entschließungsermessen.

82 Dies wird zumeist als Auswahlermessen bezeichnet; vgl. zum Begriff des Ermessens und seinen Erscheinungsformen *Maurer*, Allg. VerwR, § 7 Rdnr. 7.

83 Zur finalen Normstruktur im französischen und britischen Verwaltungsrecht sowie im europäischen Umweltrecht *Breuer*, AöR (2002), 523 (542 ff., 553 ff. und 556 ff.).

84 Klassische Beispiele sind Bebauungspläne, Raumordnungspläne, Landschaftspläne oder Krankenhausbedarfspläne ebenso wie Luftreinhalte- oder Lärmminderungspläne.

85 *Franzius*, in: Hoffmann-Riem/Schmidt-Aßmann/Voßkuhle (Hrsg.), Grundlagen des Verwaltungsrechts I, § 4 Rdnr. 15 f.

86 *Breuer*, AöR 127 (2002), 523 (527).

plexe Umfang staatlicher Planungsentscheidungen lässt detaillierte gesetzliche Vorgaben nicht zu, zumal Planung ohne Gestaltungsfreiheit ein Widerspruch in sich wäre[87]. Es erfolgt eine nur schwach ausgeprägte Steuerung durch ein Planungsgesetz als Finalprogramm, welches durch die Planungsbehörde im konkretisierenden Plan eine Feinsteuerung erhält[88]. Im Fall eines Widerstreits beachtlicher Belange muss die Planungsbehörde entscheiden, ob sachgerechte, d.h. an den Planungsleitsätzen orientierte und hinreichend gewichtige Gründe es rechtfertigen, einen der Belange hinter den anderen zurücktreten zu lassen[89]. Daher spielt im Bereich der planerischen Staatstätigkeit die Abwägung eine zentrale Rolle. Die hier bestehenden Entscheidungsspielräume bezeichnet man als Planungsspielräume[90].

aa) Planungsziele

Final formulierte Rechtssätze definieren Planungsziele, die durch das Verwaltungshandeln erreicht oder zumindest berücksichtigt werden sollen[91]. So enthalten etwa Fachplanungsgesetze allgemeine Planungsziele, denen ein Vorhaben dienen muss, um zugelassen werden zu können[92]. Diese Planungsziele bilden die Grundlage der vorzunehmenden Abwägung bei der Planaufstellung. Ihre Auslegung und Anwendung unterliegt regelmäßig der vollen gerichtlichen Kontrolle[93].

bb) Planungsermessen

Das Planungsermessen der gestalterisch entwickelnden Verwaltung ist nur in beschränktem Umfang justitiabel. Dem von der Planung betroffenen Bürger steht jedoch ein subjektiv-öffentliches Recht zu, dass seine beachtlichen Belange fehlerfrei in die Abwägung eingestellt und gewichtet wer-

---

87 BVerwGE 34, 301 (309).

88 *Brohm*, NVwZ 1988, 794 (796 f.).

89 BVerwG, DVBl. 1975, 492 (495).

90 *Wolff/Bachof/Stober/Kluth*, VerwR I, § 31 Rdnr. 71 ff.

91 Anschauliches Beispiel ist § 1 Abs. 5 u. 6 BauGB; vgl. zu diesen Planungszielen *Stüer*, Bau- und Fachplanungsrecht, Rdnr. 1312 ff.

92 *Bonk/Neumann*, in: Stelkens/Bonk/Sachs (Hrsg.), VwVfG, § 74 Rdnr. 2-3.

93 BVerwGE 34, 301 (308).

den[94]. Dementsprechend hat sich ein eigenes Prüfungsraster, die sog. Abwägungsfehlerlehre, herausgebildet, mit der sich Gestaltungsentscheidungen der Verwaltung auf bestimmte Abwägungsfehler hin gerichtlich überprüfen lassen. Es besteht eine strukturelle Ähnlichkeit mit der Beurteilungs- und der Ermessensfehlerlehre, weshalb als Prüfungsmaßstab § 114 VwGO herangezogen werden kann[95]. Es lassen sich verschiedene Abwägungsfehler unterscheiden[96]. Ein Abwägungsausfall liegt vor, wenn überhaupt keine Abwägung stattgefunden hat. Wird ein erheblicher öffentlicher oder privater Belang nicht in die Abwägung eingestellt, so spricht man von einem Abwägungsdefizit. Wird ein solcher erheblicher Belang von der Planungsbehörde zwar gesehen, aber in seiner Bedeutung verkannt und nur unzureichend in die Abwägung eingebracht, so liegt eine Abwägungsfehleinschätzung vor[97]. Im Rahmen der Abwägung kommt es vor, dass von zwei kollidierenden Belangen der eine hinter den anderen zurücktreten muss. Wenn allerdings der Ausgleich zwischen den kollidierenden Belangen in einer Weise vorgenommen wird, die zur objektiven Gewichtung einzelner Belange außer Verhältnis steht, so liegt eine Abwägungsdisproportionalität vor[98].

cc) Sonderfall: Regulierungsermessen

Als weitere Erscheinungsform ist das sog. Regulierungsermessen hinzugetreten. Das Bundesverwaltungsgericht hat diese Figur in Anlehnung an das Planungsermessen bei Entscheidungen der Bundesnetzagentur über die Zugangsverpflichtungen und Entgeltregulierungen gegenüber den Netzbetreibern, welche untrennbar mit einer umfassenden Abwägung verbunden seien, anerkannt[99]. Eine solche umfassende und komplexe Abwägung ver-

---

94 BVerwG, DVBl. 1983, 898; NJW 1999, 592 (593).

95 BVerwGE 34, 301 (309); 45, 309 (314 f.); grundsätzlich zustimmend auch *Eyermann/Rennert*, VwGO, § 114 Rdnr. 4 ff., 34, 41, allerdings mit deutlicher Betonung der sachgebotenen strukturellen Abgrenzung zwischen Ermessensfehlerlehre und Abwägungsfehlerlehre.

96 Zu deren Bezeichnung siehe *Wolff/Bachof/Stober/Kluth*, VerwR I, § 31 Rdnr. 73 ff.

97 Siehe etwa OVG NRW, NWVBl. 2001, 185 (187).

98 Vgl. zur Abwägungsfehlerlehre anschaulich Dietlein/Burgi/*Hellermann*, ÖffR NRW, § 4 Rdnr. 79 ff.

99 BVerwGE 130, 39 (Rdnr. 28 ff.); 131, 41 (Rdnr. 47).

binde sich mit einer Ermessensentscheidung über die Wahl der Maßnahme. Ob es sich tatsächlich um eine neue dogmatische Figur handelt oder lediglich um eine Form der Koppelung von Beurteilungsspielraum und Ermessen, ist nicht abschließend geklärt[100].

c) Zwischenfazit

Im Verwaltungsrecht finden sich sowohl konditional wie final formulierte Rechtssätze. Beide Regelungstypen kennen Entscheidungsspielräume, die in ihrer Struktur und ihrer gerichtlichen Überprüfbarkeit einige Ähnlichkeiten aufweisen, aber auch von Unterschieden geprägt sind[101]. Differenzierende Bezeichnungen und Systematisierungsversuche führen zu einer dogmatisch unübersichtlichen Ausgangslage[102]. Die bestehenden Unterschiede erfordern jedenfalls eine Auseinandersetzung mit dem Regelungstypus der im Einzelfall zu untersuchenden Rechtsnormen.

d) Regelungstypus der vergaberechtlichen Rechtssätze

Um die Dogmatik vergaberechtlicher Entscheidungsspielräume zu ermitteln, verlangt die getroffene Feststellung zunächst eine Zuordnung der vergaberechtlichen Normstrukturen zu den Kategorien »konditionale Rechtssätze« und »finale Rechtssätze«.

Ziel des Vergaberechts ist die wirtschaftliche Beschaffung benötigter Waren und Dienstleistungen durch die öffentliche Verwaltung, der Weg ist die Durchführung eines Vergabeverfahrens und die Einhaltung der normierten Vorgaben für die inhaltliche Entscheidung. Ergebnis des Verfahrens ist also eine konkret-individuelle Beschaffungsentscheidung. Passend dazu lassen einige vergaberechtliche Vorschriften deutlich ein »Wenn-Dann-Schema« erkennen. So bestimmt § 19 Abs. 3 lit. a) VOL/A-EG (2009) sinngemäß: »*Wenn* Angebote nicht die geforderten oder nach-

100 Kritisch zu einer Anlehnung an die Dogmatik des planungsrechtlichen Abwägungsgebbots BeckOK Bader/Ronellenfitsch/*Aschke* VwVfG § 40 Rdnr. 28. Insgesamt zum Regulierungsermessen *Proelss*, AöR 136 (2011), 402.

101 So auch *Eyermann/Rennert*, VwGO, § 114 Rdnr. 4 ff.

102 Siehe nur die seitenlange Aufzählung bei *Ibler*, Rechtspflegender Rechtsschutz, S. 432 ff.

geforderten Erklärungen und Nachweise enthalten, *dann* sind sie auszuschließen«. Es handelt sich eindeutig um eine konditional strukturierte Rechtsnorm, die an einen bestimmten Tatbestand (fehlende Nachweise und Erklärungen) eine klar umschriebene Rechtsfolge (obligatorischer Ausschluss vom Vergabeverfahren) knüpft. Einen eigenen Entscheidungsspielraum des öffentlichen Auftraggebers gewährt hingegen § 19 Abs. 4 VOL/A-EG (2009), der sich so lesen lässt: »*Wenn* Bieter als Bewerber von der Teilnahme am Wettbewerb hätten ausgeschlossen werden können (§ 6 Abs. 6 VOL/A-EG [2009]), *dann* können ihre Angebote ausgeschlossen werden.« Hier knüpft sich an den Tatbestand (Möglichkeit des Ausschlusses von der Teilnahme am Wettbewerb gem. § 6 Abs. 6 VOL/A-EG [2009]) die Möglichkeit für den öffentlichen Auftraggeber, eine bestimmte Rechtsfolge zu wählen (fakultativer Ausschluss des Angebots vom Vergabeverfahren). Beispiele für konditional strukturierte Vergaberechtsregeln lassen sich auch an anderer Stelle finden, etwa bezüglich der Zuverlässigkeit eines Bewerbers (vgl. nur § 6 Abs. 4 bis 6 VOL/A-EG [2009]), des Nachweises der Eignung (etwa § 7 Abs. 2 VOL/A-EG [2009]) oder der Aufhebung eines Vergabeverfahrens (§ 20 VOL/A-EG [2009]).

Gerade zentrale Vorschriften des Vergaberechts zur Bietereignung und Zuschlagserteilung lassen sich allerdings weniger eindeutig zuordnen. So bestimmt § 97 Abs. 4 GWB, dass Aufträge an fachkundige, leistungsfähige sowie gesetzestreue und zuverlässige Unternehmen vergeben werden. Nach § 97 Abs. 5 GWB wird der Zuschlag auf das wirtschaftlichste Angebot erteilt. Die Auswahl geeigneter Unternehmen und der Zuschlag auf das wirtschaftlichste Angebot könnten möglicherweise eher Zielbestimmungen denn konditionale Entscheidungsvorgaben sein. Die Übersetzung nicht explizit als Konditionalprogramme formulierter Rechtssätze in ein »Wenn-Dann-Schema« ist zwar oftmals möglich und wird im Kontext gerichtlicher Urteilsfindung aus Praktikabilitätsgründen gefordert[103], darf aber auf keinen Fall überspannt werden[104]. Die eine Differenzierung der Entscheidungsspielräume bevorzugende Ansicht muss sich ohnehin des

103 *Larenz*, Methodenlehre, S. 256 (jeder Rechtssatz enthalte eine »Geltungsanordnung«).

104 Zur Vorsicht mahnt etwa *Vesting*, Rechtstheorie, S. 20.

Vorwurfs erwehren, sie presse Rechtsnormen künstlich in ein »Wenn-Dann-Schema«, welches diesen eigentlich gar nicht innewohne[105].

Es müssen verschiedene Parameter in den Blick genommen werden, um die Programmierung des Vergaberechts bestimmen zu können. Erstens stellt sich dem Gesetzgeber auf europäischer ebenso wie auf nationaler Ebene die Schwierigkeit, einen Vorgang normieren zu müssen, der im Privatrecht weitgehend ungeregelt ist, nämlich die Auswahl des Vertragspartners. Die zu treffende Entscheidung kann aufgrund ihrer Komplexität und einzelfallabhängiger Besonderheiten gar nicht sinnvoll strikt vorprogrammiert werden, weil sie durch die öffentliche Hand im konkreten Einzelfall anhand des Beschaffungsbedarfs getroffen werden muss.

Zweitens basiert das deutsche Kartellvergaberecht der §§ 97 ff. GWB auf dem europäischen Vergaberecht und damit auf einem Rechtssystem, das für finale Normstrukturen wesentlich offener ist als die deutsche Rechtsordnung. Die europäischen Vorgaben müssen in das nationale Recht inkorporiert werden[106]. Dieser Prozess gelingt selten nahtlos. Vor diesem Hintergrund können die Unklarheiten der Regelungsprogrammierung im Vergaberecht nicht auf das gesetzliche Leitbild einer abgewogenen Verwirklichung gesetzlich umschriebener, potenziell konfliktbehafteter Ziele, Leitgedanken und Belange zurückgeführt werden[107]. Vielmehr sind die öffentlichen Auftraggeber klar und eindeutig zur Auswahl des wirtschaftslichsten Angebots verpflichtet. Untermauert wird dies durch den Wortlaut des Art. 53 Abs. 1 VKR (»Der öffentliche Auftraggeber wendet […] bei der Erteilung des Zuschlags folgende Kriterien an…«). Damit geben Art. 53 VKR ebenso wie die oftmals eindeutig konditional programmierten Vergabeordnungen bereits vor, welche Kriterien Beachtung finden können. Auswahl und Gewichtung von Zuschlagskriterien sind Hilfsschritte auf dem Weg zur Ermittlung des (zwingend auszuwählenden) wirtschaftlichsten Angebots, nicht aber eigentlicher Verfahrensgegenstand. Zweckprogramme sind hingegen weniger auf die Schaffung von Rechten und Pflichten denn auf die Herstellung von Nutzen und Wirkung gerichtet und machen das Recht zu einem Lernprozess zwischen de-

105 Diesen Vorwurf erhebt etwa *Jestaedt*, in: Erichsen/Ehlers (Hrsg.), Allg. VerwR, § 11 Rdnr. 15.

106 Zu den Schwierigkeiten, die dies im Umweltrecht hervorruft, ausführlich *Breuer*, AöR 127 (2002), 523.

107 *Breuer*, AöR 127 (2002), 523 (527).

nen, welche die Ziele setzen, und jenen, die sie ausgestalten und umsetzen[108].

Das Vergaberecht der §§ 97 ff. GWB darf daher nicht als finales Zweckprogramm missverstanden werden. Durch das Verständnis als konditionale Rechtssätze werden die Vergaberegeln keineswegs konditional überformt, sondern die vorhandenen Regelungsstrukturen aufgegriffen[109].

2. Die Strukturierung der Entscheidungsspielräume bei konditionalen Rechtssätzen

a) Die Trennung von Beurteilungsspielraum und Ermessen

Die Aufgliederung einer Rechtsnorm in Tatbestand und Rechtsfolge hat die Strukturierung verwaltungsrechtlicher Entscheidungsspielräume beeinflusst[110]. Die Trennung zwischen Beurteilungsspielraum auf der Tatbestands- und Ermessen auf der Rechtsfolgenseite hat sich allerdings erst im Laufe des 20. Jahrhunderts in der deutschen Verwaltungsrechtslehre durchgesetzt[111]. Bis in die zweite Hälfte des 19. Jahrhunderts hinein wurde Ermessen noch als Bereich der Staatstätigkeit angesehen, in dem die Souveränität des Monarchen und der ihm zugeordneten Verwaltung ohne Einschränkungen durch Eingriffe der Volksvertretung und ohne gerichtliche Kontrolle uneingeschränkt bestand und in dem deshalb die monarchische Verwaltung zur Entwicklung und Verwirklichung eigener Zielvorstellungen berechtigt war. Die Phänomene Ermessen und unbestimmter Rechtsbegriff wurden unter einem weiten Ermessensbegriff zusammengefasst. Der durchaus erkannten Unterschiedlichkeit wurde durch eine Differenzierung zwischen »Tatbestands-« und »Rechtsfolgenermessen« respektive

---

108 *Franzius*, in: Hoffmann-Riem/Schmidt-Aßmann/Voßkuhle (Hrsg.), Grundlagen des Verwaltungsrechts I, § 4 Rdnr. 15 f.

109 Ähnlich *Wollenschläger*, Verteilungsverfahren, S. 564 f., der von offenen Programmnormen spricht, die mit unbestimmten Rechtsbegriffen operieren und damit die Frage nach Beurteilungsspielräumen heraufbeschwören würden. Durch diese Aussage wird die der konditionalen Programmierung eigene Einteilung in Beurteilungs- und Ermessensspielräume für Verteilungsentscheidungen angenommen, ohne dies weiter zu thematisieren.

110 Guter Überblick bei *Maurer*, Allg. VerwR, § 7 Rdnr. 7 u. 26.

111 Zur Unterscheidung zwischen Ermessen und unbestimmtem Rechtsbegriff *Reuß*, DVBl. 1953, 649 sowie *ders.*, DÖV 1954, 557. Anders noch etwa BVerwGE 1, 92 (96).

»kognitivem« und »volitivem« Ermessen Rechnung zu tragen versucht[112]. Erst in den 50er Jahren des letzten Jahrhunderts führte die sich durchsetzende Überzeugung von der strukturbedingten Unterschiedlichkeit des unbestimmten Rechtsbegriffs einerseits und des Ermessens andererseits dazu, dass eine klare Trennung zunehmend anerkannt wurde[113]. Ermessen sei dann gegeben, wenn das Gesetz der Verwaltungsbehörde für den Fall des Vorliegens der Tatbestandsvoraussetzungen eine Freiheit des Handelns einräume[114]. Von einem Beurteilungsspielraum infolge des Vorliegens eines unbestimmten Rechtsbegriffs könne hingegen nur gesprochen werden, wenn der Behörde ein Spielraum hinsichtlich der Beurteilung eben dieses Handelns eingeräumt sei[115]. Der Vollzug einer Rechtsnorm setze einen zweistufigen Erkenntnisakt voraus. Zunächst müsse der Sinn des Tatbestandes im Wege der Auslegung richtig erfasst und sodann der so klargestellte Erkenntnis-Tatbestand auf die gegebene konkrete Wirklichkeit projiziert werden. Für Willensentschließungen, wie sie die Ermessensausübung prägen würden, sei dabei kein Raum[116]. Zudem passe die Definition des Ermessens als Wahl zwischen mehreren rechtlich zulässigen Entscheidungen, welche sich an Zweckmäßigkeitsgründen (§ 68 Abs. 1 S. 1 VwGO) unter Abwägung der öffentlichen Belange und der Interessen des Einzelnen orientiere[117], nicht für den Beurteilungsspielraum, bei dem die Behörde nicht ihr Verhalten wähle, sondern sich die verschiedenen Möglichkeiten ihres Verhaltens allein als Folge der verschiedenen Beurteilungsmöglichkeiten ergebe[118].

---

112 *Pache*, Tatbestandliche Abwägung und Beurteilungsspielraum, S. 52 f.

113 Siehe etwa *Ule*, DVBl. 1953, 497 (Fn. 20); *Reuß*, DÖV 1954, 55 (55) (Anm. zu VGH Stuttgart, Karslruher Senat, Entsch. v. 16. Januar 1953 – Az.: 3 K 335/52 – und VGH Freiburg, Entsch. v. 30. Juli 1953 – Az.: 38/51).

114 Einengend *Rupp*, NJW 1969, 1273 (1275).

115 Der Gedanke eines gerichtsfesten Beurteilungsspielraums im Zusammenhang mit unbestimmten Rechtsbegriffen wurde wesentlich geprägt von *Bachof*, JZ 1955, 96 (98 ff.); anders noch *Reuß*, DÖV 1954, 55 (56 f.) (Anm. zu VGH Stuttgart, Karslruher Senat, Entsch. v. 16. Januar 1953 – Az.: 3 K 335/52 – und VGH Freiburg, Entsch. v. 30. Juli 1953 – Az.: 38/51), der die Ablehnung der Nachprüfung durch ein Gericht als verfassungswidrige Rechtsverweigerung ansah.

116 So etwa *Reuß*, DÖV 1954, 55 (55) (Anm. zu VGH Stuttgart, Karslruher Senat, Entsch. v. 16. Januar 1953 – Az.: 3 K 335/52 – und VGH Freiburg, Entsch. v. 30. Juli 1953 – Az.: 38/51), der den Tatbestand einer Rechtsnorm als rein kognitives Gebilde bezeichnet, welches alleine das Erkenntnis-, nicht aber das Willensvermögen anspreche.

117 *Sachs*, in: Stelkens/Bonk/ders. (Hrsg.), VwVfG, § 40 Rdnr. 13.

118 *Bachof*, JZ 1955, 97 (98).

b) Kritik an der Trennung von Beurteilungsspielraum und Ermessen

Diese Einteilung der Entscheidungsspielräume ist nicht ohne Kritik geblieben[119]. Sowohl Beurteilungsspielraum als auch Ermessen würden der Konkretisierung offener Normen durch die Verwaltung dienen und damit vergleichbare, letztlich sogar weitgehend austauschbare Funktionen erfüllen. Die Ausübung von Ermessen stelle schließlich eine Ergänzung des Tatbestandes dar, den die Behörde nach Opportunitätsgesichtspunkten um weitere Gesichtspunkte anreichere, welche sie für die Setzung einer Rechtsfolge als relevant einstufe. Eine eindeutige und trennscharfe Abgrenzung beider Vorgänge sei somit nicht möglich[120]. Die Fehlvorstellung von der Absolutheit der vorgenommenen Differenzierung offenbare sich bei den Koppelungsvorschriften. Es handele sich daher um eine an ihren Rändern teilweise fließende und mithin in bestimmten Teilen gar austauschbare Einteilung. Die Gesetzesformulierung entscheide über die Zuordnung eines Entscheidungsspielraumes zum unbestimmten Rechtsbegriff oder zum Ermessen und durch eine bloße Umformulierung könne diese Zuordnung verändert werden, ohne dass sich der inhaltliche Sinn der Vorschrift ändere[121].

Auch die Unterscheidung zwischen konditional und final formulierten Rechtssätzen wird zum Gegenstand der Kritik. Zunächst sei schon die vorgenommene klare Unterscheidung nicht zutreffend, weil durch Umformulierungen konditionale Strukturen in Finalprogramme eingebettet werden könnten und weil auch tatsächlich gleitende Übergänge und Vermischungen in Rechtsnormen zu finden seien. Die Unterscheidung von Planungsermessen und sonstigem Verwaltungsermessen wird daher in Frage gestellt[122]. Gerade die Notwendigkeit der Bildung besonderer Kategorien des Ermessens, welche einer gesonderten dogmatischen Behandlung zugeführt würden, zeige, dass die von der überwiegenden Ansicht vorgenommene Abgrenzung und Entgegensetzung letztlich nicht überzeu-

---

119 Siehe etwa *Ehmke*, »Ermessen« und »unbestimmter Rechtsbegriff«, S. 23 ff.; aus jüngerer Zeit *Pache*, Tatbestandliche Abwägung und Beurteilungsspielraum, S. 108 ff., 449 ff., 453 ff., insbesondere S. 482 f.; *Jestaedt*, in: Erichsen/Ehlers (Hrsg.), Allg. VerwR, § 11 Rdnr. 12 ff.

120 *Herdegen*, JZ 1991, 747 (748 f.).

121 Gute Zusammenfassung der Kritikpunkte bei *Jestaedt*, in: Erichsen/Ehlers (Hrsg.), Allg. VerwR § 11 Rdnr. 12 ff.

122 *Pache*, Tatbestandliche Abwägung und Beurteilungsspielraum, S. 479 ff.

gen könne[123]. Das allgemeine Verwaltungsermessen könne vielmehr als Ermächtigung zur (normzweckgebundenen) Tatbestandsergänzung angesehen werden. Das Planungsermessen sei als Ermächtigung zur (normzweckgebundenen) Tatbestandsbildung zu verstehen[124], womit die auch nach dieser Ansicht anerkannten Unterschiede keineswegs tiefgreifender struktureller und kategorialer Art seien, sondern eher eine Frage der Dosierung und des Grades administrativer Entscheidungsfreiheit[125]. Die strikte Trennung von Beurteilungsspielraum und Ermessen sondere den administrativen Entscheidungsfreiraum zudem von vornherein von den verwandten Fragestellungen des judikativen, gubernativen und legislativen Entscheidungsfreiraums ab und verhindere somit das Erkennen möglicherweise bestehender allgemeiner Strukturen. Der unbestimmte Rechtsbegriff sei als zentrales Abgrenzungsmerkmal zum (Rechtsfolgen-) Ermessen ungeeignet, weil alle abstrakt-generellen Rechtsbegriffe mehr oder weniger unbestimmt seien und er mangels eines Gegenbegriffs in Form des bestimmten Rechtsbegriffs keine aussagekräftige Aus- wie Eingrenzungsfunktion innehabe. Man finde ihn ebenso auf der Tatbestands- wie auf der Rechtsfolgenseite. Dass er einen Beurteilungsspielraum eröffne, sei hier wie dort nicht zwingend[126].

Die Differenzierung zwischen »gebundener Verwaltung« und »Ermessensverwaltung« sei zwar nützlich für eine erste grobe Einteilung, sie erwecke aber den unzutreffenden Eindruck, es würden zwei voneinander klar zu unterscheidende Bereiche der Verwaltung existieren. Diese Gegenüberstellung sei zu entschärfen[127].

c) Verschränkungen

Auch Anhänger der differenzierenden Lösung erkennen an, dass Verschränkungen zwischen unbestimmtem Rechtsbegriff und Ermessen vor-

---

123 Als weiterer Beleg dafür werden normkonkretisierende Verwaltungsvorschriften genannt, die sich ebenfalls nicht nahtlos in das abgrenzende Schema einfügen lassen würden, *Herdegen*, JZ 1991, 747 (749).

124 Vgl. dazu *Koch/Rüßmann*, Juristische Begründungslehre, S. 85 ff., 91 ff.

125 *Schmidt-Aßmann*, in: Maunz/Dürig, Komm. z. GG, Art. 19 Abs. 4 Rdnr. 186 ff.; *Jestaedt*, in: Erichsen/Ehlers (Hrsg.), Allg. VerwR, § 11 Rdnr. 18.

126 *Jestaedt*, in: Erichsen/Ehlers (Hrsg.), Allg. VerwR, § 11 Rdnr. 17.

127 *Jestaedt*, in: Erichsen/Ehlers (Hrsg.), Allg. VerwR, § 11 Rdnr. 17.

kommen[128]. Ebenso wird die Ähnlichkeit des Beurteilungsspielraums zum Ermessensspielraum nicht geleugnet[129]. Eine besondere Herausforderung stellen Rechtssätze dar, die auf der Tatbestandsseite einen unbestimmten Rechtsbegriff und auf der Rechtsfolgenseite eine Ermessensermächtigung enthalten[130], weil hier Auswirkungen der einen Seite auf die andere bestehen können[131]. So können bereits bei der Anwendung des unbestimmten Rechtsbegriffs alle für das Ermessen maßgeblichen Gesichtspunkte zu berücksichtigen sein, weshalb für eine Ermessensentscheidung kein Raum mehr verbleibt[132]. Dieses Phänomen wird teilweise als »Ermessensschwund« bezeichnet[133]. Die inhaltliche Konkretisierung des unbestimmten Rechtsbegriffs könne auch unlösbar mit der Ermessensausübung verknüpft sein, so dass sie eigentlich dem Ermessen zuzurechnen sei und von diesem »aufgesogen« werde[134].

d) Stellungnahme

Obwohl die Differenzierung zwischen unbestimmtem Rechtsbegriff und Ermessen nicht unumstritten ist, sollte gleichwohl an ihr festgehalten werden.

---

128 Etwa *Maurer*, Allg. VerwR, § 7 Rdnr. 52 ff.

129 Dies kommt deutlich zum Ausdruck bei *Wolff/Bachof/Stober/Kluth*, VerwR I, § 31 Rdnr. 28 ff., die für die eingeschränkte gerichtliche Prüfung im Rahmen des Beurteilungsspielraums eine an die Ermessensfehlerlehre angeglichene Klassifikation und Terminologie wählen (Beurteilungsausfall, Beurteilungsunterschreitung, Beurteilungsüberschreitung, Beurteilungsmissbrauch). Damit werden die Ähnlichkeiten auch in den gewählten Begriffen klar erkennbar.

130 Sog. Koppelungsvorschriften oder Mischtatbestände, vgl. zu ihnen etwa *Pache*, Tatbestandliche Abwägung und Beurteilungsspielraum, S. 49 ff.

131 Etwa *Maurer*, Allg. VerwR, § 7 Rdnr. 48 ff.

132 So ist etwa für § 35 Abs. 2 BBauG (heute: § 35 Abs. 2 BauGB) angenommen worden, beim Fehlen entgegenstehender öffentlicher Interessen (Erfüllung des Tatbestandes unter Konkretisierung des unbestimmten Rechtsbegriffs der »öffentlichen Interessen«) sei die Versagung der Baugenehmigung (ablehnende Ermessensentscheidung) rechtswidrig; BVerwGE 18, 247 (250). Dabei darf allerdings nicht verkannt werden, dass die Entscheidung maßgeblich geprägt ist durch die grundrechtlichen Anforderungen des Art. 14 Abs. 1 GG und die dort verankerte »Baufreiheit«; dazu *Hufen*, Grundrechte, § 38 Rdnr. 9.

133 *Maurer*, Allg. VerwR, § 7 Rdnr. 49.

134 BVerwGE 72, 1 (4 f.) (»einheitliche Ermessensentscheidung«); *Maurer*, Allg. VerwR, § 7 Rdnr. 50.

Den Kritikern der Differenzierung ist zuzugestehen, dass die Entscheidungsspielräume und ihre Fehlerlehren Gemeinsamkeiten aufweisen[135]. Sie alle sind Ausdrucksformen diskretionären Verwaltungshandelns[136], bei denen das Gesetz die Entscheidungsfindung nicht hinsichtlich des Ergebnisses, sondern nur hinsichtlich materieller Richtpunkte finaler Qualität vorgibt. Daher erscheint auch eine Annäherung der gerichtlichen Kontrolle in Anknüpfung an § 114 VwGO sinnvoll[137]. Sie unter einen einheitlichen Ermessensbegriff fassen zu wollen, würde jedoch die Besonderheiten der tatsächlichen und rechtlichen Wirklichkeit negieren und die Augen vor den bestehenden Unterschieden verschließen. Deren Bestehen kann auch die Lehre vom einheitlichen Ermessen nicht leugnen und differenziert zwischen Tatbestands- und Rechtsfolgeermessen bzw. zwischen kognitivem und voluntativem Ermessen. Dennoch werden sie gleichgestellt, indem ihr Wesen in der Abwägung unterschiedlicher Belange mit wertendem Einschlag gesehen wird[138].

Koppelungsvorschriften stellen zwar eine besondere dogmatische Herausforderung für die Differenzierung zwischen Beurteilungsspielraum und Ermessen dar[139], verlangen jedoch nicht, diese deshalb aufzugeben. In ihnen hat der Gesetzgeber beide Arten von Entscheidungsspielräumen in einer Norm verbunden, wodurch identische Gesichtspunkte sowohl auf der Tatbestands- als auch auf der Rechtsfolgenseite relevant werden. Dennoch können beide Erscheinungsformen der Entscheidungsfreiheit nach ihren Regeln behandelt werden[140]. Werden bei der Auslegung des unbestimmten Rechtsbegriffs alle auch für das Ermessen bedeutsamen Gesichtspunkte maßgeblich, führt dies zu der verwaltungsrechtlich auch in anderen Konstellationen bekannten Ermessensreduzierung auf Null.

Gegen eine Vereinheitlichung sprechen zudem verfassungsrechtliche Gesichtspunkte. Art. 19 Abs. 4 GG macht eine grundlegende Aussage zugunsten der Letztentscheidungskompetenz der Gerichte, indem er einen

135 *Wolff/Bachof/Stober/Kluth*, VerwR I, § 31 Rdnr. 73 ff. Dies gilt auch für Abwägungsspielräume; vgl. *Pünder*, in: Erichsen/Ehlers (Hrsg.), Allg. VerwR, § 14 Rdnr. 19 ff.

136 Zum Begriff *Hoffmann-Riem*, in: ders./Schmidt-Aßmann/Voßkuhle, Grundlagen des Verwaltungsrechts I, § 10 Rdnr. 75.

137 *Eyermann/Rennert*, VwGO, § 114 Rdnr. 4 ff., insb. Rdnr. 7.

138 *Herdegen*, JZ 1991, 747 (750).

139 *Maurer*, Allg. VerwR, § 7 Rdnr. 48 ff.

140 So auch *Sachs*, in: Stelkens/Bonk/ders. (Hrsg.), VwVfG, § 40 Rdnr. 36; *Maurer*, Allg. VerwR, § 7 Rdnr. 48.

grundsätzlich bestehenden Anspruch auf effektive gerichtliche Kontrolle aller Maßnahmen der öffentlichen Gewalt in tatsächlicher und rechtlicher Hinsicht enthält[141]. Den Gerichten kommen daher im Grundsatz eigene zureichende Prüfungs- und Entscheidungsbefugnisse zu, ohne an die Feststellungen und Wertungen der Verwaltungsbehörden gebunden zu sein[142]. Die Konkretisierung unbestimmter Rechtsbegriffe bildet zunächst keine Ausnahme[143]. Aus dem Umstand, dass Art. 19 Abs. 4 GG eine zu schützende Rechtsposition voraussetzt, darf nicht geschlossen werden, Beurteilungsspielraum und Ermessen würden keine Beeinträchtigung des Gewährleistungsgehalts darstellen, weil diese erst dann anzunehmen sei, wenn das Handeln der Verwaltung durch Gesetz oder Recht fremdprogrammiert sei[144]. Die Ausgestaltung des Rechtswegs und die Intensität der gerichtlichen Kontrolle sind Fragen des Art. 19 Abs. 4 GG[145]. Die Intensität der gerichtlichen Kontrolle erfährt eine erhebliche Beschränkung, wenn das Gericht eine behördliche Maßnahme nicht oder nicht vollständig überprüft, weil es einen Entscheidungsspielraum der Verwaltung anerkennt. Man kann die Rechtsschutzgarantie des Grundgesetzes als Teil des Rechtsstaatsprinzips[146] nicht beliebig zugunsten behördlicher Freiheiten zurückdrängen und relativieren. Einschränkungen müssen rechtfertigungsbedürftige Ausnahmen bleiben. Anerkannt ist die Kontrollrestriktion nur bei Vorliegen entsprechender gesetzlicher Ermächtigungsnormen. Erst dadurch kommt der maßgebliche gesetzgeberische Wille zum Ausdruck, der Verwaltung einen Spielraum bei der Erfüllung einer gesetzlichen Aufgabe zu belassen[147]. Zur Rechtfertigung kann angeführt werden, dass bereits die materiell-rechtliche Bindung der öffentlichen Gewalt objektiv und damit auch die Reichweite des betroffenen subjektiven Rechtes eine entsprechende Einschränkung erfährt[148]. Um die verfassungsrechtlichen

---

141 Die geschützte Rechtsposition wird von Art. 19 Abs. 4 GG allerdings vorausgesetzt; BVerfGE 84, 34 (49).

142 BVerfGE 15, 275 (282); 35, 263 (274); 103, 142 (156) (»…eine Bindung der Gerichte an die von der Exekutive getroffenen Feststellungen und Wertungen sind dem Grundgesetz fremd«); Dreier/*Schulze-Fielitz*, GG I, Art. 19 IV Rdnr. 116 m.w.N.

143 BVerfGE 73, 339 (372); 84, 34 (49 f.).

144 So aber *Jestaedt*, in: Erichsen/Ehlers (Hrsg.), Allg. VerwR, § 11 Rdnr. 38.

145 BVerfGE 84, 34 (49).

146 Näher ausgeführt bei *Maurer*, Staatsrecht I, § 8 Rdnr. 23 ff.

147 BVerfGE 61, 82 (111); 88, 40 (56); 103, 142 (156 f.).

148 Sachs/*ders.*, GG, Art. 19 Rdnr. 146.

Anforderungen des Art. 19 Abs. 4 GG zu erfüllen, bleibt die volle gerichtliche Überprüfung der Regelfall. Sie wird auch nicht begrenzt durch ein faktisches Freisein der Verwaltungsbehörden von gerichtlicher Kontrolle aufgrund von durch Zeithaushalt und personelle Leistungsfähigkeit der Gerichte gesetzten faktischen Grenzen[149]. Gleiches gilt für Subsumtionsschwierigkeiten[150]. Besonders komplizierte Sachverhalte kann das Gericht mit externer Hilfe, insbesondere Sachverständigen, aufklären, um eine adäquate gerichtliche Kontrolle zu ermöglichen[151].

Es ist festzuhalten, dass die schrankenlose Gewährleistung des Art. 19 Abs. 4 GG[152] eine Differenzierung zwischen gesetzlich eingeräumtem Ermessen, bei dem eine Zurücknahme gerichtlicher Kontrolle anerkannt ist, und unbestimmten Rechtsbegriffen, bei denen die Zurücknahme gerichtlicher Kontrolle unter Anerkennung eines Beurteilungsspielraums die eng umgrenzte Ausnahme ist, verlangt. Ein einheitliches Ermessen auf der Tatbestands- und auf der Rechtsfolgenseite trägt die Gefahr einer verfassungsrechtlich problematischen Einschränkung gerichtlicher Kontrolle des Exekutivhandelns in sich. Dabei erscheint eine gerichtliche Kontrolle gerade bei unbestimmten Rechtsbegriffen notwendig und trägt zur Konkretisierung und Weiterentwicklung des Rechts bei[153].

Die zum Teil vorgebrachte Behauptung, die Einordnung von Beurteilungsspielräumen als eng zu begrenzende Ausnahme vom prozessualen Letztentscheidungsrecht der Gerichte treffe deshalb nicht zu, weil es sich im Rahmen eines einheitlichen Ermessens vielmehr um eine vom Gesetz verliehene materiell-rechtliche Gestaltungsbefugnis bei der Konkretisierung des Gesetzes handele, ist abzulehnen. Der als Beleg vorgebrachte Verweis auf dispositive Rechtsnormen des BGB, die von den Beteiligten selbst gestaltet werden könnten, wobei diese Gestaltung nicht von einem

149 BVerfGE 35, 263 (274); 40, 272 (275); 104, 220 (231 f.); 108, 341 (347 f.); 112, 185 (207 f.), wobei das BVerfG teilweise nicht auf Art. 19 Abs. 4 GG, sondern auf den aus dem Rechtsstaatsprinzip abzuleitenden allgemeinen Justizgewährleistungsanspruch (vgl. zu ihm Sachs/*ders.*, GG, Art. 20 Rdnr. 162); *Wolff/Bachof/Stober/Kluth*, VerwR I, § 31 Rdnr. 19; Sachs/*ders.*, GG, Art. 19 Rdnr. 11 sprechen von einem dem Einzelnen gewährleisteten umfassenden gerichtlichen Rechtsschutz. Anders aber *Bullinger*, in: Geis/Lorenz (Hrsg.), FS Maurer, S. 574.

150 *Wolff/Bachof/Stober/Kluth*, VerwR I, § 31 Rdnr. 6, die die Anerkennung eines »arbiträren Ermessens« in solchen Fällen ausdrücklich ablehnen.

151 *Maurer*, Allg. VerwR, § 7 Rdnr. 61.

152 *Maurer*, Staatsrecht I, § 8 Rdnr. 33.

153 *Maurer*, Allg. VerwR, § 7 Rdnr. 59 f.

Zivilgericht selbst auslegend konkretisiert werden könne[154], verkennt die besondere verfassungsrechtliche Stellung des Rechtsschutzes gegen Akte der öffentlichen Gewalt durch Art. 19 Abs. 4 GG. Die Ausgangslage bei dispositiven Vorschriften des Bürgelichen Rechts ist eine gänzlich andere. Wenn die Beteiligten im Rahmen eines bürgerlich-rechtlichen Rechtsverhältnisses bestimmte Rechtsnormen, die nicht zwingend sind, als für sich nicht maßgeblich betrachten und stattdessen eigene Gestaltungen ihrer rechtlichen Beziehung vornehmen, so ist dies geprägt durch die das Bürgerliche Recht beherrschende Privatautonomie. Die Vertragsparteien treffen die Vereinbarungen freiwillig, weil sie diese als für sich vorteilhaft ansehen. Dass in diesem Fall der mit der rechtlichen Kontrolle befasste Richter nicht seine Wertungen und Erwägungen an die Stelle derjenigen der Beteiligten setzen darf, ist solange ohne Zweifel, wie gewisse Mindeststandards, etwa §§ 134, 138 BGB, eingehalten werden. Von einer privatautonomen Entscheidung und Hingabe eigener Rechtspositionen kann keine Rede sein, wenn dem Bürger durch die öffentliche Gewalt etwas auferlegt oder versagt wird.

II. Unbestimmter Rechtsbegriff und Beurteilungsspielraum

Bei der dogmatischen Erfassung verwaltungsrechtlicher Entscheidungsspielräume auf der Tatbestandsseite von Rechtsnormen ist eine Differenzierung zwischen dem Vorliegen eines unbestimmten Rechtsbegriffs und der Anerkennung eines Beurteilungsspielraums erforderlich. Denn keineswegs folgt aus der Verwendung eines unbestimmten Rechtsbegriffs im Gesetzestext immer eine eingeschränkte gerichtliche Kontrolle. Im Gegenteil haben die Verwaltungsgerichte bei der Anwendung unbestimmter Rechtsbegriffe durch die Verwaltung grundsätzlich eine vollständige Rechtskontrolle durchzuführen, die sich sowohl auf die Bestimmung des Sinngehalts der Rechtsnorm als auch auf die Feststellung der Tatsachengrundlagen und die Anwendung auf die im Einzelfall festgestellten Tatsachen erstreckt[155]. Dies ist typische, herkömmliche und anerkannte Aufgabe der Gerichte[156].

154 *Bullinger*, in Geis/Lorenz (Hrsg.), FS Maurer, S. 570.

155 BVerwGE 94, 307 (309).

156 Dreier/*Schulze-Fielitz*, GG I, Art. 19 IV, Rdnr. 116; *Sieckmann*, DVBl. 1997, 101.

Für die Anerkennung eines gerichtlicher Kontrolle entzogenen Entscheidungsspielraums müssen weitere Voraussetzungen vorliegen. Das Vorliegen eines unbestimmten Rechtsbegriffs ist notwendige, aber nicht hinreichende Bedingung für die Anerkennung eines Beurteilungsspielraums. Zunächst ist das Augenmerk auf die Erscheinungsform des unbestimmten Rechtsbegriffs zu legen.

1. Der unbestimmte Rechtsbegriff

Auf der Tatbestandsseite zahlreicher Rechtsnormen des öffentlichen Rechts finden sich sog. unbestimmte Rechtsbegriffe. Darunter versteht man Rechtsbegriffe, die sich durch eine besondere Vagheit auszeichnen und dadurch ein erhöhtes Maß an Interpretationsbedürftigkeit bei der Rechtsanwendung aufweisen. Diese Unbestimmtheit ermöglicht es, dass verschiedene, aber ähnliche Lebenssituationen erfasst werden können. Unbestimmte Rechtsbegriffe treten daher auf, wenn der Gesetzgeber das Gesetz nicht bestimmter hat fassen können oder wollen, um die Anwendung der abstrakten Rechtsnorm auf die konkreten Sachverhalte der Realität zu erleichtern und eine Anpassung an komplexe und vorab kaum absehbare Einzelfälle zu ermöglichen. Damit wird auch dem Grundrechtsschutz Rechnung getragen, da eine situationsangemessene Reaktion der Verwaltungsbehörden eine bestmögliche Beachtung der Grundrechte des einzelnen Bürgers bewirkt. Dies dient insbesondere der Einzelfallgerechtigkeit und dem Grundsatz der Verhältnismäßigkeit[157].

Verfassungsrechtlich sind unbestimmte Rechtsbegriffe zulässig, soweit die Grundsätze der Normenklarheit und Justitiabilität gewahrt werden und der Betroffene die Rechtslage erkennen und sein Verhalten danach ausrichten kann. Das BVerfG erkennt ausdrücklich an, dass die Verwendung unbestimmter Rechtsbegriffe trotz der mit ihnen verbundenen Vagheit und Auslegungsbedürftigkeit zur weitestmöglichen Erlangung von Einzelfallgerechtigkeit erforderlich ist[158]. Die Auslegungsbedürftigkeit einer Rechtsvorschrift oder eines Rechtsbegriffs stellt die verfassungsrechtlich gebotene Bestimmtheit nicht generell in Frage. Die damit verbundene Ausfüllung unbestimmter Rechtsbegriffe anhand gesetzgeberischer Ziel-

---

157 *Wolff/Bachof/Stober/Kluth*, VerwR I, § 31 Rdnr. 13.

158 BVerfGE 3, 225 (243); 13, 153 (161 f.); 49, 89 (133 ff.); 78, 214 (226); BVerwGE 72, 73 (77).

setzungen ist eine herkömmliche und anerkannte Aufgabe der Rechtsanwendungsorgane[159]. Entscheidend ist nicht, dass sich der Regelungsgehalt einer Rechtsnorm nicht unmittelbar aus dem Gesetzeswortlaut ergibt, sondern dass er sich unter Heranziehung der allgemein anerkannten Auslegungsgrundsätze ermitteln lässt[160]. Erst jenseits dieser Grenze ist von einem Verstoß gegen das aus dem Rechtsstaatsprinzip abgeleitete Bestimmtheitsgebot auszugehen. Um diese Grenze im Einzelfall ermitteln zu können, sind letztlich der jeweils zu regelnde Sachbereich, das Ausmaß der Grundrechtsbetroffenheit, die Erkennbarkeit für die Betroffenen und die Art des Verhaltens, zu dem die Verwaltung ermächtigt wird, zu betrachten[161].

Auf der Grundlage des Vorbehalts des Gesetzes, des rechtsstaatlichen Bestimmtheitsgebots und der Rechtsschutzgarantie des Grundgesetzes ist grundsätzlich anzunehmen, dass der Gesetzgeber auch mit einer Rechtsnorm, die im Tatbestand einen unbestimmten Rechtsbegriff enthält, eine vollständige Regelung der betroffenen Materie erreichen will, welche die Verwaltungsbehörden unter Heranziehung der anerkannten Auslegungsgrundsätze zu ermitteln haben. Ziel des Gesetzgebers bleibt es, dass die Anwendung einer solchen Rechtsnorm nur zu einer einzigen richtigen, den Vorgaben des Gesetzes entsprechenden Entscheidung führt[162].

2. Das Bestehen eines Beurteilungsspielraums

Rechtswissenschaft und Rechtsprechung haben in den vergangenen Jahrzehnten viel Mühe darauf verwandt zu bestimmen, wann der Verwaltung ausnahmsweise ein Beurteilungsspielraum eingeräumt ist. In seltenen Fällen lässt sich einer Rechtsnorm unmittelbar und eindeutig eine Beurteilungsermächtigung entnehmen. Wo dies nicht der Fall ist, muss nach anderen Kriterien gefragt werden.

---

159 BVerfGE 79, 106 (120); 80, 103 (108); 81, 70 (88); BVerwGE 72, 73 (77).

160 BVerfGE 82, 209 (224 f.).

161 Sachs/*ders.*, GG, Art. 20 Rdnr. 126 ff.; *Pache*, Tatbestandliche Abwägung und Beurteilungsspielraum, S. 36; *Wolff/Bachof/Stober/Kluth*, VerwR I, § 31 Rdnr. 14.

162 *Pache*, Tatbestandliche Abwägung und Beurteilungsspielraum, S. 36 f.

a) Normierung von Beurteilungsspielräumen

Die Vorteile einer eindeutigen Normierung von Beurteilungsspielräumen liegen in der Rechtsklarheit und Rechtssicherheit. Das Spannungsverhältnis zwischen der Erforderlichkeit von Entscheidungsspielräumen für eine effiziente und flexible Verwaltung und der auch verfassungsrechtlich gebotenen Verantwortung des Gesetzgebers für die Normierung aller wesentlichen Entscheidungen gerade mit Blick auf den Grundrechtsschutz wird hier zu einem Ausgleich gebracht, da die Letztentscheidungsverantwortung durch die Legislative im einzelnen und sachgebietsspezifisch festgelegt wird[163].

Ein anschauliches Beispiel für die Normierung eines Beurteilungsspielraums stellt § 71 Abs. 5 S. 2 GWB dar, nach dem die Würdigung der gesamtwirtschaftlichen Lage im Rahmen von Beschwerdeverfahren gegen kartellbehördliche Verfügungen gem. §§ 63 ff. GWB der Überprüfung durch die Oberlandesgerichte entzogen ist und letztverantwortlich den zuständigen Kartellbehörden obliegt. Allerdings wird unter Verweis auf Art. 19 Abs. 4 GG teilweise eine verfassungskonform restriktive Auslegung dahingehend verlangt, dass eine Gerichtskontrolle nur in denjenigen Fällen ausgeschlossen sei, in denen die Kartellbehörde keine Grundrechte des Klägers beeinträchtigen könne[164]. Ungeachtet der Erforderlichkeit dieser Einschränkung kann jedoch festgehalten werden, dass § 71 Abs. 5 S. 2 GWB einen der wenigen Fälle darstellt, in denen die gerichtliche Nachprüfungskompetenz ausdrücklich vom Gesetzgeber ausgeschlossen worden ist[165]. Weitere Beispiele finden sich in § 10 Abs. 2 S. 2 TKG, § 3a S. 4 UVPG und § 20 Abs. 3 S. 1 JMStV, teilweise unter ausdrücklicher Erwähnung eines Beurteilungsspielraums[166].

In abgeschwächter Form lassen sich Beurteilungsermächtigungen auch aus bestimmten Gesetzesformulierungen (»nach behördlicher Bestätigung« oder »nach Auffassung der Behörde«) entnehmen[167].

---

163 *Pache*, Tatbestandliche Abwägung und Beurteilungsspielraum, S. 38 f.; *Wolff/Bachof/Stober/Kluth*, VerwR I, § 31 Rdnr. 17.

164 Nach *Ibler*, Rechtspflegender Rechtsschutz, S. 447 f.; einschränkend auch *Schmidt*, in: Immenga/Mestmäcker, Wettbewerbsrecht: GWB, § 71 Rdnr. 44.

165 Vgl. auch *Pache*, Tatbestandliche Abwägung und Beurteilungsspielraum, S. 39.

166 Vgl. *Schoch*, in: Hoffmann-Riem/Schmidt-Aßmann/Voßkuhle (Hrsg.), Grundlagen des Verwaltungsrechts III, § 50 Rdnr. 286.

167 NdsOVG, DVBl. 1991, 1004 (1005) zu § 8 NdsGO a.F.; *Kellner*, DÖV 1962, 572 (577) zu §§ 9 Nr. 3 i.V.m. 5 Abs. 1 DRiG

Es muss festgehalten werden, dass Rechtsnormen, bei denen der Wortlaut auf eine ausdrückliche Normierung eines Beurteilungsspielraumes durch den Gesetzgeber hinweist, die seltene Ausnahme sind. Umso drängender müssen Maßstäbe zur Bestimmung der Kontrolldichte bei der Auslegung und Anwendung unbestimmter Rechtsbegriffe gefunden werden.

b) Bemühungen um die Schaffung einer verwaltungsprozessualen Vorschrift

Abgesehen von der Möglichkeit einer fachgesetzlichen Einräumung von Beurteilungsspielräumen ist in der Vergangenheit[168] immer wieder über den Erlass einer Rechtsvorschrift in der Verwaltungsgerichtsordnung nachgedacht worden, die flächendeckend für alle Teilbereiche des öffentlichen Rechts bei Vorliegen eines unbestimmten Rechtsbegriffs oder zumindest dann, wenn die Rechtsanwendung mit Wertungen und Prognosen verbunden ist, einen Beurteilungsspielraum einräumt. Der Inhalt dieser Bestimmung sollte der Regelung über das behördliche Ermessen in § 114 VwGO ähneln und wie dieser der Verwaltung einen Entscheidungsfreiraum durch Einschränkung der gerichtlichen Kontrolle eröffnen. Die Befürworter eines solchen Vorgehens versprachen sich davon eine Entlastung der Verwaltungsgerichte, eine Beschleunigung verwaltungsgerichtlicher Verfahren und eine Stärkung der Stellung der Verwaltung gegenüber der Verwaltungsgerichtsbarkeit[169]. Die letzte umfangreichere Diskussion zur generellen Regelung von Beurteilungsspielräumen in der Verwaltungsgerichtsordnung fand Mitte der 1990er Jahre statt. Der vom mecklenburg-vorpommerschen Justizministerium ausgearbeitete Vorschlag zur Normierung eines § 114a VwGO[170] definierte zunächst, wann einer Be-

---

168 Siehe schon *Bachof*, JZ 1955, 97 (101 f.) zum Vorschlag des Bundesrates (BT-Drs. Nr. 462, 2. Wahlperiode), einen § 114a in die VwGO einzufügen, dessen Absatz 2 anordnen sollte, dass im Falle einer Einschränkung oder Bindung der Verwaltungsbehörde durch einen unbestimmten Rechtsbegriff Rechtswidrigkeit nur insoweit vorliege, als die Beurteilung dieses Begriffes dem Sinn des Gesetzes widerspreche.

169 Vgl. *Pache*, Tatbestandliche Abwägung und Beurteilungsspielraum, S. 185.

170 Art. 3 des Entwurfs eines Gesetzes zur Rechtsvereinfachung und Beschleunigung des Aufbaus in den neuen Bundesländern (Rechtsvereinfachungs- und Aufbaubeschleunigungsgesetz) des Justizministeriums Mecklenburg-Vorpommern, abgedruckt in *Rudolf von Benningsen Stiftung*, 8. Bonner Fachgespräch: Beurteilungsspielraum der Behörden und richterliche Kontrolldichte; Hannover 1994, S. 49

hörde überhaupt ein Beurteilungsspielraum zusteht, nämlich wenn die Anwendung eines unbestimmten Rechtsbegriffs Abwägungen, Prognosen oder Wertungen erfordert. Das Gericht sollte demnach prüfen, ob der Verwaltungsbehörde ein Beurteilungsspielraum zusteht sowie, ob die gesetzlichen Grenzen der Beurteilungsermächtigung überschritten sind oder von ihr in einer dem Zweck der Ermächtigung nicht entsprechenden Weise Gebrauch gemacht wurde. Dieser Entwurf konnte sich jedoch nicht durchsetzen[171]. Daraufhin wurde wieder der Vorschlag laut, sich zumindest vorübergehend auf den Erlass bereichsspezifischer Regelungen in einzelnen Fachgesetzen zu beschränken, wobei dies zum Teil nur als erster Schritt gesehen wurde, dem zu einem späteren Zeitpunkt eine generelle Regelung folgen müsse, um den weitgehend unsicheren Umgang mit Beurteilungsspielräumen verbindlich zu klären und die Entscheidungsprärogative der Verwaltung zu stärken[172].

c) Lösungsansätze der Rechtswissenschaft

In der Rechtswissenschaft hat es verschiedene Ansätze zur Klärung der Frage gegeben, wann die Anwendung eines unbestimmten Rechtsbegriffs durch die Verwaltung gerichtlich nicht vollständig überprüfbar ist. Auf einige Ansätze soll überblicksartig eingegangen werden.

Grundlegend hat sich *Bachof* in seiner Lehre vom Beurteilungsspielraum mit dem Verhältnis von Ermessen und unbestimmtem Rechtsbegriff befasst[173]. Seiner Ansicht nach sind Beurteilungsspielräume nur auf der

---

ff.; siehe auch den Antrag der CDU/CSU-Bundestagsfraktion »Freiheit wagen – Bürokratie abbauen« vom 1. Juli 2003, BT-Drs. 15/1330, S. 3.

171 Vgl. dazu *Gerhardt*, in: Schoch/Schneider/Bier (Hrsg.), VwGO, Vorb § 113 Rdnr. 28; *Grupp*, in: ders./Ronellenfitsch (Hrsg.), FS Blümel, S. 139 (139 ff.); *Pache*, Tatbestandliche Abwägung und Beurteilungsspielraum, S. 186 ff. *Schmidt-Aßmann/Groß*, NVwZ 1993, 617 (622) halten ein solches Vorgehen für verfassungsrechtlich unzulässig; ablehnend auch *Papier*, in: Isensee/Kirchhof (Hrsg.), HStR VIII § 177 Rdnr. 77 (fehlende Regelungskompetenz des Bundesgesetzgebers); *Sendler*, NJW 1986, 1084 (1086). Ablehnung wegen kompetenzieller Unzulässigkeit auch bei *Bamberger*, VerwArch 93 (2002), 217 (226).

172 Zu dieser Entwicklung *Pache*, Tatbestandliche Abwägung und Beurteilungsspielraum, S. 186 ff.

173 *Bachof*, VVDStRL 12 (1954), 37; JZ 1955, 97; 1958, 290; 1972, 641; VVDStRL 34 (1976), 276.

Ebene der Subsumtion, nicht aber bei der Auslegung unbestimmter Rechtsbegriffe[174] oder der Ermittlung des Sachverhalts vorstellbar, weil erstere eine originäre Aufgabe der Gerichte sei und letztere Fragen der Beweiswürdigung durch das Gericht betreffen würde[175]. Eine gerichtlich nicht korrigierbare Norminterpretation der Behörde sei einer einheitlichen Rechtsanwendung abträglich[176]. *Bachof* stellt auf die Unterscheidung zwischen »Erfahrungsbegriffen« und »Wertbegriffen« ab. Erfahrungsbegriffe würden Erfahrungsfragen betreffen. Jedenfalls in der Theorie habe der Gesetzgeber bei ihnen nur eine Entscheidung als zutreffend angesehen, die sich anhand von Erfahrungstatsachen objektiv entscheiden lasse. Wertbegriffe seien hingegen unbestimmte Rechtsbegriffe, deren Anwendung auf den konkreten Einzelfall eine subjektive Wertung der Verwaltungsbehörde verlange. Der Gesetzgeber überlasse durch ihre Verwendung der Behörde die Beantwortung der Frage, ob die den Sachverhalt bildenden Tatsachen diesem Begriff unterfallen würden. Der Spielraum eigener Beurteilung ergebe sich durch die notwendige Zugrundelegung eigener subjektiver Wertvorstellungen. Die gerichtliche Kontrolle führe nun dazu, dass jede Gerichtsinstanz ihre Wertvorstellung an die Stelle derjenigen der Verwaltung setze, ohne dass dadurch der Rechtmäßigkeit der Entscheidung Vorschub geleistet werde[177]. Diese Sichtweise gelte in gewissen Umfang jedoch auch für die Erfahrungsbegriffe. Die Beantwortung der Frage, ob bestimmte Tatsachen einem Erfahrungsbegriff unterfallen würden oder nicht, sei oftmals mit einer Prognose verbunden, für die letztlich die entscheidende Verwaltungsstelle die Verantwortung trage. Erst die Probe auf das Exempel erweise die Richtigkeit einer solchen Prognose. Es sei angesichts dessen unangemessen, wenn das überprüfende Gericht dennoch seine Sicht auf die behördliche Entscheidung anwende. Daraus hat *Bachof* den Schluss gezogen, auch bei Erfahrungsbegriffen könne ein Beurteilungsspielraum im Einzelfall umso eher angenommen werden, desto geringer die praktische Möglichkeit einer eindeutigen Beurteilung des Sachverhalts und desto größer die Verantwortung der Behörde bei der Entscheidung sei[178]. Dies gelte, wenn die Ermittlung des Vorhandenseins der

174 Ablehnend zu diesem Begriff und stattdessen von unbestimmten Gesetzesbegriffen sprechend *Bachof*, VVDStRL 12 (1954), 37 (67).

175 *Bachof*, JZ 1955, 97 (98 f.).

176 So auch *Papier*, in: Blümel/Merten/Quaritsch (Hrsg.), FS Ule, S. 235 (242).

177 Instruktiv *Bachof*, JZ 1955, 97 (99 f.).

178 *Bachof*, JZ 1955, 97 (100), der schon damals anregte, Erfahrungsbegriffe mit Beurteilungsspielraum im Wortlaut der Rechtsvorschrift, etwa durch den Zusatz

normativen Voraussetzungen des Verwaltungshandelns angesichts der beschränkten menschlichen Erkenntnismöglichkeiten praktisch nicht mit hinreichender Sicherheit erfolgen könne, weil der unbestimmte Begriff auf Zukunftserwartungen beruhe oder die Verantwortlichkeit einer Behörde auf deren besonderem Sachverstand gründe[179].

Auch *Ule*s Vertretbarkeitslehre[180] beruht auf einer Trennung von Beurteilungsspielraum und Ermessen und auch sie sieht die Einschränkung gerichtlicher Kontrolle bei Vorliegen unbestimmter Rechtsbegriffe als begründungsbedürftige Ausnahme an. Ausnahmefälle würden vorliegen, wenn der Richter erkennen müsse, dass verschiedene Beurteilungen und Wertungen unter einen unbestimmten Rechtsbegriff gefasst werden können und er die von der Verwaltung getroffenen Werturteile durch seine eigenen Wertungen ersetzen würde[181]. *Ule* unterscheidet drei Stufen rechtlicher Gebundenheit der Verwaltung, die absolute Bindung durch bestimmte Begriffe und feste Tatbestände, die absolute Freiheit durch gesetzliche Ermessensermächtigungen zur freien Entscheidung und als Mittel zwischen diesen beiden Polen die unbestimmten Rechtsbegriffe, bei denen die Verwaltung relativ gebunden, aber auch relativ ungebunden sei[182]. Die unbestimmten Rechtsbegriffe würden sich wiederum in deskriptive (oder auch faktische) und normative unterteilen. Die erstgenannten würden keines Werturteils zwischen Begriffsbestimmung und Feststellung des Sachverhalts bedürfen, woraus eine umfassende Bindung und volle gerichtliche Kontrolle folge. Die Anwendung normativer unbestimmter Rechtsbegriffe hingegen würde eine ergänzende, nicht durch die Norm vorgezeichnete

»nach pflichtmäßiger Beurteilung der Behörde«, kenntlich zu machen. *Reuß*, DÖV 1954, 55 (56 f.) (Anm. zu VGH Stuttgart, Karlsruher Senat, Entsch. v. 16. Januar 1953 – Az.: 3 K 335/52 – und VGH Freiburg, Entsch. v. 30. Juli 1953 – Az.: 38/51) hatte die Ablehnung der gerichtlichen Nachprüfung bei Vorliegen unbestimmter Rechtsbegriffe noch als »verfassungswidrige Rechtsverweigerung« angesehen.

179 *Bachof*, VVDStRL 12 (1954), 37 (70 f.).

180 *Ule*, in: Bachof/Drath/Gönnewein/Walz (Hrsg.), GS Jellinek, S. 309; *ders.*, DVBl. 1973, 756; VerwArch 76 (1985), 1; in Abkehr von der Lehre von der Doppeldeutigkeit des unbestimmten Begriffs in Verwaltungsgesetzen, wie sie etwa von *Jellinek*, Gesetz, Gesetzesanwendung und Zweckmäßigkeitserwägung, S. 30 ff., 159 ff. vertreten wurde.

181 *Ule*, in: Bachof/Drath/Gönnewein/Walz (Hrsg.), GS Jellinek, S. 309 (328); siehe auch *Pache*, Tatbestandliche Abwägung und Beurteilungsspielraum, S. 65 (Fn. 51).

182 *Ule*, in: Bachof/Drath/Gönnewein/Walz (Hrsg.), GS Jellinek, S. 309 (315).

subjektive Beurteilung verlangen, welches objektive Werturteil zutreffend sei. Der Grundsatz vollständiger gerichtlicher Kontrolle beruhe auf dem Umstand, dass letztlich auch hinter dem normativen unbestimmten Rechtsbegriff eine einzige zutreffende Entscheidung stehe, weil das zu ermittelnde Werturteil nicht nach den subjektiven Vorstellungen des einzelnen Rechtsanwenders, sondern nach den in der Rechtsordnung verkörperten Vorstellungen und Wertungen zu bestimmen sei. Bei der Überprüfung der Anwendung eines unbestimmten Rechtsbegriffs könne das Gericht jedoch zu einer abweichenden Beurteilung kommen. Bei Beantwortung der Frage, ob die gerichtliche Wertung besser sei als diejenige der Behörde, sei es im Zweifel angebracht, einem vertretbaren Urteil der Verwaltung zu folgen und es nicht durch eine ebenso fragliche Wertung des Richters zu ersetzen. Zu prüfen sei dann nur, ob die Werturteile der Behörde ohne Verletzung von Denkgesetzen oder allgemeinen Erfahrungssätzen zustande gekommen seien[183]. Jeder über diese Selbstbeschränkung der verwaltungsgerichtlichen Rechtsprechung hinausgehende Ansatz gerate mit dem Verfassungsrecht in Konflikt. Denn die Verwendung unbestimmter Rechtsbegriffe stehe mit dem Vorbehalt des Gesetzes, welcher für den Erlass jedes belastenden Verwaltungsaktes gesetzlich bestimmte Voraussetzungen verlange, in einem Spannungsverhältnis,[184].

Der Grundsatz der umfassenden gerichtlichen Kontrolle mit Beurteilungsspielräumen als Ausnahmeerscheinungen hat sich im Laufe der Zeit in der Rechtswissenschaft verbreitet durchgesetzt. Begründet wird dies insbesondere mit der umfassenden Gesetzesbindung der Verwaltung und der Verwaltungsgerichte aus Art. 20 Abs. 3 GG und dem Grundsatz des effektiven Rechtsschutzes aus Art. 19 Abs. 4 GG. Eine Einschränkung der gerichtlichen Kontrolldichte wird vor diesem Hintergrund nur für verfassungsrechtlich zulässig gehalten, wenn der Gesetzgeber sie im materiellen Recht angelegt habe, indem er der Verwaltung Entscheidungen und Werturteile abverlange, ohne ein hinreichend bestimmtes Entscheidungsprogramm vorzugeben. Hier stoße die gerichtliche Kontrolle an ihre Grenzen

---

183 Für unbestimmte Rechtsbegriffe im Zivil- oder Strafrecht sei dies eine seit langem anerkannte Aufgabe der Gerichte, wie die umfangreiche Rechtsprechung zu §§ 138, 242 BGB belege; *Ule*, in: Bachof/Drath/Gönnewein/Walz (Hrsg.), GS Jellinek, S. 309 (326). Kritisch zu diesem Ansatz etwa *Sachs*, in: Stelkens/Bonk/ders. (Hrsg.), VwVfG, § 40 Rdnr. 150.

184 *Ule*, in: Bachof/Drath/Gönnewein/Walz (Hrsg.), GS Jellinek, S. 309 (325 ff.).

und hier sei die Verwaltung zur Letztentscheidung berufen[185]. Es spielen somit Fragen der Kompetenzabgrenzung zwischen Exekutive und Judikative eine zentrale Rolle, während die Rechtsmethodik in den Hintergrund tritt[186]. Diese normative Ermächtigungslehre zwingt allerdings zu der bis heute nicht überzeugend geglückten Bestimmung, wann eine solche Letztentscheidungsermächtigung zugunsten der Verwaltung durch das Gesetz ausgesprochen wird[187]. Während der Wortlaut zumeist wenig hilft, ist nach Sinn und Zweck des materiellen Rechts zuf fragen und darauf abzustellen, ob die Rechtsprechung an ihre Funktionsgrenzen stößt oder ob Verfahrensvorschriften Anhaltspunkte liefern. Dem Einwand, der Gesetzgeber habe sich bei Erlass vieler Vorschriften überhaupt keine Gedanken hinsichtlich der Kontrolldichte gemacht, begegnet *Schmidt-Aßmann* mit dem Hinweis, auf den historischen Willen des Gesetzgebers komme es bei der Auslegung weit weniger an als auf systematische Kriterien[188].

Das Vorliegen eines unbestimmten Rechtsbegriffs kann somit eine gesetzliche Kompetenzzuweisung an die Verwaltung zur Konkretisierung des Rechtssatzes mit der Folge reduzierter gerichtlicher Kontrolle bedeuten, muss dies aber nicht notwendigerweise[189]. Vielmehr müssen weitere Anhaltspunkte vorliegen, deren bis heute unklare Bestimmung eine offene Wunde des Verwaltungsrechts darstellt. Es bedarf daher der Auslegung der Rechtsvorschrift unter Anwendung allgemeiner Auslegungsmethoden[190], insbesondere unter Einsatz der systematischen, teleologischen und verfassungskonformen Auslegung[191].

---

185 BVerwGE 62, 86 (98); 94, 307 (309); 100, 221 (225); *Kopp/Schenke*, VwGO, § 114 Rdnr. 24; *Schmidt-Aßmann*, in: Maunz/Dürig (Hrsg.), Komm. z. GG, Art. 19 Abs. 4 Rdnr. 185 ff.; *Ossenbühl*, in: Bender/Breuer/ders./Sendler (Hrsg.), FS Redeker, S. 55 (63); *ders.*, DVBl. 1974, 309; *Tettinger*, DVBl. 1982, 421 (422); *Bullinger*, JZ 1984, 1001 (1005 ff.); *Wahl*, NVwZ 1991, 409 (410).

186 *Papier*, in: Blümel/Merten/Quaritsch (Hrsg.), FS Ule, S. 235 (244).

187 Siehe nur *Ossenbühl*, in: Bender/Breuer/ders./Sendler (Hrsg.), FS Redeker, S. 55 (63).

188 *Schmidt-Aßmann*, in: Maunz/Dürig, Komm. z. GG, Art. 19 Abs. 4 Rdnr. 187; dem folgend *Kopp/Schenke*, VwGO, § 114 Rdnr. 24.

189 *Badura*, in: Püttner (Hrsg.), FS Bachof, S. 184 ff.; *Kirchhof*, NJW 1986, 2279 (2279); *Bamberger*, VerwArch 93 (2002), 217 (227); kritisch zur Aussagekraft des unbestimmten Rechtsbegriffs *Ibler*, Rechtspflegender Rechtsschutz, S. 183 f.

190 *Larenz*, Methodenlehre, S. 320 ff.

191 *Schmidt-Aßmann/Groß*, NVwZ 1993, 617 (623).

Einen ergänzenden Ansatz zur Ermittlung von Beurteilungsspielräumen stellen funktionell-rechtliche Begründungen dar[192]. Hinter diesen Überlegungen steht der Versuch, bei der Kompetenzabgrenzung zwischen Verwaltung und Verwaltungsgerichtsbarkeit deren spezifische Leistungsfähigkeit und die damit verbundenen Funktionsgrenzen ebenso mit zu beachten wie den Umstand, dass bestimmte Entscheidungen beim Umgang mit unbestimmten Rechtsbegriffen aus der Natur der Sache heraus den Verwaltungsgerichten funktional entzogen sind. Entscheidend soll die verfassungsimmanente funktionelle oder funktionell-rechtliche Abgrenzung der Kompetenzen sein, wobei eine generelle Bestimmung von Voraussetzungen und Reichweite des Beurteilungsspielraumes nicht möglich sei. Vielmehr müsse eine sachgebietsabhängige Gewichtung der Genauigkeit der gesetzlichen Maßstäbe, der bereichsspezifischen Rechtsschutznotwendigkeiten, der administrativen Kompetenz zu eigenverantwortlicher Sachwalterschaft, der jeweiligen Organisation der zur Entscheidung zuständigen Behörde und sonstiger funktionell relevanter Gesichtspunkte vorgenommen werden[193]. Nach dieser Ansicht besteht ein Beurteilungsspielraum der Verwaltung, wenn die Verwaltung unter Heranziehung aller in Betracht kommender normativer Gesichtspunkte nach ihrer Ausstattung, ihren Ressourcen, ihrem Entscheidungsverfahren oder sonstiger spezifischer Kriterien besser als die Verwaltungsgerichtsbarkeit zur Wahrnehmung einer Letztentscheidungsbefugnis geeignet sei[194].

Dieser Ansatz hat sich im Umwelt- und Technikrecht als besonders relevant herausgestellt, da in diesen Rechtsbereichen besonders komplexe Risikoermittlungs- und Bewertungsvorgänge erforderlich sind, deren Kontrolle die Gerichte vor kaum zu überwindende Herausforderungen stellt[195]. Die Rechtsprechung hat die Zulässigkeit gerichtsfester Behördenentscheidungen der Verwaltung auf dem Gebiet des Umweltrechts wesentlich an der von der zuständigen Behörde zu treffenden Einschätzung entwickelt, ob im Rahmen einer atomrechtlichen Genehmigung die nach dem Stand von Wissenschaft und Technik erforderliche Vorsorge gegen Schäden bei Errichtung und Betrieb einer Atomanlage getroffen worden ist, wie sie

---

192 Siehe dazu im Überblick *Schuppert*, DVBl. 1988, 1191; *Schulze-Fielitz*, JZ 1993, 772.

193 Vgl. die Auflistung bei *Schmidt-Aßmann*, VVDStRL 34 (1976), 253.

194 *Pache*, Tatbestandliche Abwägung und Beurteilungsspielraum, S. 78.

195 Etwa für die Risikoermittlung und –bewertung im Rahmen einer Freisetzungsgenehmigung nach § 14 Abs. 1 S. 1 Nr. 1 GenTG; siehe *Kniesel/Müllensiefen*, NJW 1999, 2564 (2568).

von § 7 Abs. 2 Nr. 3 AtG verlangt wird[196]. Nach den funktionell-rechtlichen Überlegungen der Gerichte soll nach den einschlägigen Rechtsnormen des Fachrechts die Verwaltung die Verantwortung für die mit Unsicherheiten und Zweifelsfragen behafteten Risikoermittlungen und –bewertungen tragen. Dies sei für einen optimalen Grundrechtsschutz und eine bestmögliche Gefahrenvorsorge im Einzelfall aufgrund der erheblich besseren Eignung der Verwaltung außerordentlich wünschenswert[197]. Daraus ist die Anerkennung normkonkretisierender Verwaltungsvorschriften erwachsen, indem sich die Gerichte von der Herleitung und Rechtfertigung einzelfallbezogener administrativer Beurteilungsspielräume gelöst haben und ihre Überlegungen auf die generalisierende Ausfüllung des Konkretisierungsspielraums durch Verwaltungsvorschriften übertragen haben[198].

d) Lösungsansätze der Rechtsprechung

Auch in der Rechtsprechung fehlt ein durchgehend überzeugender Ansatz zur Bestimmung von Beurteilungsspielräumen. Vielmehr bemüht insbesondere das BVerfG verschiedene Ansätze zur Ermittlung von Beurteilungsermächtigungen und ist bei einer fallgruppenorientierten Entscheidungsfindung geblieben[199]. Obgleich diese Rechtsprechung durch immer wieder auftretende »Wellenbewegungen«[200] gekennzeichnet ist, lassen sich Grundpositionen erkennen, die für die Bestimmung von Beurteilungsspielräumen hilfreich sind. Es hat zahlreiche Versuche gegeben, die Entwicklung der Rechtsprechung zu systematisieren und rechtsdogmatisch einzufassen, die jedoch vorliegend nicht umfassend dargestellt werden können. Es gilt daher, sich auf die zu ermittelnden Grundansätze zu konzentrieren.

Die normative Ermächtigungslehre hat auch in der Rechtsprechung Anklang gefunden. In seinem »Sasbach-Beschluss«[201] betont das Bundesverfassungsgericht zwar den Grundsatz der vollständigen gerichtlichen Kon-

196 BVerfGE 49, 89; 61, 82; BVerwGE 72, 300.
197 BVerfGE 49, 89 (134 ff.).
198 BVerwGE 72, 300 (320 f.).
199 Dazu *Sachs*, in: Stelkens/Bonk/ders. (Hrsg.), VwVfG, § 40 Rdnr. 160.
200 *Schoch*, in: Hoffmann-Riem/Schmidt-Aßmann/Voßkuhle (Hrsg.), Grundlagen des Verwaltungsrechts III, § 50 Rdnr. 252.
201 BVerfGE 61, 82.

trolle, schränkt aber ein, dies gelte unbeschadet normativ eröffneter Gestaltungs-, Ermessens- und Beurteilungsspielräume[202]. Diesen Ansatz hat das Gericht in nachfolgenden Entscheidungen wiederholt[203]. Das Bundesverwaltungsgericht hatte bereits zuvor betont, die Frage des Bestehens von Beurteilungsermächtigungen sei anhand des materiellen Rechts zu entscheiden[204]. Auf dieser Grundlage sind verschiedene Fallgruppen anerkannter Beurteilungsspielräume entwickelt worden, auf die im Folgenden kurz einzugehen ist.

aa) Prüfungsentscheidungen und prüfungsähnliche Entscheidungen

Durch zwei Grundsatzentscheidungen des BVerfG[205] ist das Prüfungsrecht in den Fokus der Betrachtung gerückt[206]. Dabei geht es um Prüfungsentscheidungen unterschiedlichster Art, z.B. die Entscheidung über das Abitur, das Staatsexamen, die Meister- oder die Steuerberaterprüfung, sowie um prüfungsähnliche Entscheidungen[207]. Ausgehend von einem Grundsatzurteil des BVerwG aus dem Jahre 1959[208] beschränkten sich die Verwaltungsgerichte zunächst auf eine reine Verfahrens- und Evidenzkontrolle und erkannten einen Beurteilungsspielraum sowohl hinsichtlich fachwissenschaftlicher Beurteilungen als auch hinsichtlich prüfungsspezifischer Wertungen an. Gegenstand der gerichtlichen Kontrolle waren daher nur die Einhaltung der maßgeblichen Verfahrensvorschriften, die Zugrundelegung eines zutreffenden Sachverhalts, die Einhaltung allgemein anerkannter Bewertungsmaßstäbe sowie das Nichtvorliegen sachfremder Erwägungen[209]. Hingegen wurde die Behauptung, ein Prüfer habe eine objektiv zutreffende oder zumindest vertretbare Antwort als falsch bewertet, unter Hinweis auf den bestehenden Beurteilungsspielraum nicht überprüft und konnte folglich nicht zur Aufhebung der Prüfungsentschei-

202 BVerfGE 61, 82 (111).
203 BVerfGE 88, 40 (56); 103, 142 (156 f.).
204 BVerwGE 59, 213 (215 f.).
205 BVerfGE 84, 34 und 84, 59; dazu *Rux*, MDR 1991, 711.
206 Siehe etwa *Rozek*, NVwZ 1992, 343.
207 Darunter fasst man etwa die Entscheidung über die Versetzung eines Schülers in die nächsthöhere Klasse; vgl. BVerwG, NVwZ 2007, 227.
208 BVerwGE 8, 272.
209 Dazu *Schramm*, Beurteilungen, S. 8 f.; *Maurer*, Allg. VerwR, § 7 Rdnr. 43.

dung führen[210]. Begründet wurde diese Haltung mit der Unmöglichkeit der Wiederholung einer Prüfungssituation. Der Prüfer habe im Rahmen eines höchstpersönlichen Urteils und im Gegensatz zum Richter mit der Möglichkeit des Vergleichs zu anderen Prüfungskandidaten seine Entscheidung zu treffen und dabei auch fachlich-wissenschaftliche und, im schulischen Bereich, pädagogische Maßstäbe anzulegen[211].

Das BVerfG hat zu Beginn der 1990er Jahre in den genannten Entscheidungen[212] diese von den Verwaltungsgerichten praktizierte reduzierte Kontrolle von Prüfunsgentscheidungen zumindest hinsichtlich berufsbezogener Prüfungen für verfassungswidrig erklärt. Sie sei sowohl mit der Berufsfreiheit des Art. 12 Abs. 1 GG als auch mit dem allgemeinen Gleichheitssatz des Art. 3 Abs. 1 GG und dem Gebot effektiven Rechtsschutzes aus Art. 19 Abs. 4 GG unvereinbar. Es müsse zwischen prüfungsspezifischen Wertungen und fachwissenschaftlicher Richtigkeitskontrolle differenziert werden. Nur für erstere sei ein Beurteilungsspielraum anzunehmen, da der anfechtende Kandidat bei einer vollständigen gerichtlichen Kontrolle des Prüfungsergebnisses eine von der konkreten Prüfungssituation und dem Vergleich mit den anderen Prüfungskandidaten losgelöste Bewertung erlange. Dies würde gegen Art. 3 Abs. 1 GG verstoßen. Im Übrigen bestünden hingegen keine Einschränkungen des Kontrollrahmens. Der Vorwurf des Beschwerdeführers, eine von ihm gegebene zutreffende oder vertretbare Antwort sei zu Unrecht als falsch gewertet worden, unterliegt somit der uneingeschränkten verwaltungsgerichtlichen Kontrolle.

Auch wenn die Heranziehung des Art. 3 Abs. 1 GG als Begründung für diese Lösung nicht immer als vollständig überzeugend angesehen worden ist, ist das gefundene Ergebnis unter Einbeziehung der übrigen, schon vom BVerwG angeführten Gründe, als akzeptabel angenommen worden[213]. Die Rechtsprechung hat daher im Grundsatz bis heute daran festgehalten und sie aufgrund vergleichbarer Fragestellungen auch auf prüfungsähnliche Entscheidungen, insbesondere im Schulbereich, angewandt[214]. Eine Ten-

---

210 Siehe zu dieser Rechtsprechung des BVerwG *Seebass*, NVwZ 1992, 609 (614 f.).

211 *Schramm*, Beurteilungen, S. 23 ff.; zum pädagogischen Beurteilungsspielraum *Beaucamp/Seifert*, NVwZ 2008, 261 (264).

212 BVerfGE 84, 34; 84, 59.

213 *Maurer*, Allg. VerwR, § 7 Rdnr. 43.

214 Etwa BVerwGE 91, 262; OVG Bremen, Urt. v. 8. Dezember 2010 – Az.: 2 A 86/10, Rdnr. 53 ff. (juris); VG Augsburg, Urt. v. 16. Mai 2006 – Az.: Au 3 K

denz hin zu einem wieder großzügigeren Umgang mit der Annahme von Beurteilungsspielräumen ist nicht ersichtlich[215].

bb) Beamtenrechtliche Entscheidungen

Hinsichtlich beamtenrechtlicher Beurteilungen[216] hat die Rechtsprechung einen ähnlichen Begründungsansatz gewählt[217], was aufgrund der strukturellen Ähnlichkeit zu Prüfungsentscheidungen nahelag. Verfassungsrechtlich gewährleistet das grundrechtsgleiche Recht aus Art. 33 Abs. 2 GG gleichen Zugang zu jedem öffentlichen Amte nach Eignung, Befähigung und fachlicher Leistung des Bewerbers. Dabei ist zum einen zu beachten, dass die Bewertung der nach dieser Verfassungsnorm maßgeblichen persönlichen Merkmale der Bewerber nur anhand des von dem Dienstherrn selbst festgelegten Anforderungsprofils erfolgen kann[218]. Objektive Wertmaßstäbe treten demgegenüber zurück. Zum anderen ist nach Ansicht des BVerwG nur der Dienstherr in der Lage, den Gleichbehandlungsanspruch im Hinblick auf den Zugang zu den von ihm eingerichteten öffentlichen Ämtern zu wahren und durchzusetzen[219]. Teilweise wird nicht ausgeschlossen, dass die Gerichte ihre Entscheidungspraxis weiter ausdifferenzieren und Beurteilungsspielräume im Ergebnis enger fassen könnten[220].

05.1431, Rdnr. 16 ff. (juris); *Pache*, Tatbestandliche Abwägung und Beurteilungsspielraum, S. 128.

215 *Beaucamp/Seifert*, NVwZ 2008, 261 (263 f.). Die Parameter gerichtlicher Kontrolle sind lediglich im festgelegten Rahmen weiterentwickelt worden; vgl. *Pache*, Tatbestandliche Abwägung und Beurteilungsspielraum, S. 132 ff.; *Maurer*, Allg. VerwR, § 7 Rdnr. 43 jeweils m.w.N.

216 Darunter sind etwa die dienstliche Beurteilung eines Beamten durch seinen Vorgesetzten, die Beurteilung der Bewährung eines Beamten auf Probe oder die Entscheidung über den Aufstieg aufgrund einer Leistungs- und Eignungsbewertung zu verstehen.

217 Vgl. nur BVerfG, DVBl. 1981, 1053; BVerwGE 15, 39 (40 f.); 80, 224 (225 f.); 93, 279 (279 f.).

218 BVerwGE 115, 58 (60 f.).

219 BVerwGE 106, 263 (267).

220 So *Jestaedt*, in:Erichsen/Ehlers (Hrsg.), Allg. VerwR, § 11 Rdnr. 48.

cc) Entscheidungen weisungsfreier Gremien und Ausschüsse

Eine weitere Fallgruppe anerkannter Beurteilungsspielräume sind wertende Entscheidungen weisungsfreier, mit Sachverständigen und/oder Interessenvertretern besetzter Gremien und Ausschüsse[221]. Begründet wird dies mit den Besonderheiten einer spezifisch künstlerischen oder wissenschaftlichen Bewertung, die nur durch ein in entsprechender Weise besetzes Gremium erfolgen könne. Den Gerichten stehe es nicht zu, die pluralistisch gebildete Wertung durch eine eigene zu ersetzen[222]. Allerdings hat die Rechtsprechung diese Beurteilungsspielräume auf wissenschaftliche und künstlerische Bewertungen begrenzt und klargestellt, dass bei ohne weiteres nachvollziehbaren Bewertungsentscheidungen allgemeiner Art, auch wenn sie besonderen Sachverstand erfordern, eine volle gerichtliche Kontrolle stattfindet[223]. Selbst für die Bundesprüfstelle für jugendgefährdende Schriften hat das BVerfG die vollständige gerichtliche Überprüfung der im Rahmen der verfassungsrechtlichen Vorgaben des Art. 5 Abs. 3 GG anzustellenden Wertungen gefordert und damit in der Literatur und der verwaltungsgerichtlichen Rechtsprechung für erhebliche Unsicherheiten gesorgt[224].

dd) Prognoseentscheidungen

Eine wichtige Rolle spielen Beurteilungsspielräume bei Prognoseentscheidungen der Verwaltung, wie sie z.B. im Umwelt- und Technikrecht ebenso erforderlich werden wie im Wirtschaftsverwaltungsrecht[225]. Die Begründung für die weitgehende Freistellung solcher Ent-

221 Ein bekanntes Beispiel hierfür ist die für die Indizierung jugendgefährdender Medieninhalte zuständige Bundesprüfstelle für jugendgefährdende Medien (vormals Bundesprüfstelle für jugendgefährdende Schriften).

222 BVerfGE 83, 130 (147 f.); BVerwGE 91, 211 (215 ff.) und 223 (226 f.); *Hufen*, VerwProzessR, § 25 Rdnr. 38 m.w.N.

223 Etwa BVerwG, NVwZ 1991, 268 zur Ablehnung eines Beurteilungsspielraums bei der Prüfung der Sachkunde für die Bestellung eines öffentlichen Sachverständigen nach § 36 Abs. 1 GewO.

224 BVerfGE 83, 130 (148); siehe dazu *Pache*, Tatbestandliche Abwägung und Beurteilungsspielraum, S. 140 f.

225 Als Beispiel sei hier nur die Beurteilung der zuständigen Verwaltungsbehörde genannt, ob die Genehmigung des Verkehrs mit Taxen eine Bedrohung der Funktionsfähigkeit des Taxengewerbes i.S.d. § 13 Abs. 4 PBefG darstellt.

scheidungen von gerichtlicher Kontrolle liegt in der inhaltlichen Unsicherheit solcher technischer, wirtschaftlicher oder sozialer Wertungen oder darin, dass die Bewertungen mit politischen Vorstellungen verknüpft sind. Sie erfordern Wahrscheinlichkeitsurteile über die zukünftige Entwicklung anhand bekannter Tatsachen und Erfahrungssätze. Speziell im Umwelt- und Technikrecht erfordern zunehmend komplexere wissenschaftlich-technische Entwicklungen Risikobewertungen, die durch wertende und prognostische Elemente gekennzeichnet sind. Eine rein reaktive staatliche Gefahrenabwehr ist bei dem heutigen Stand der Technik und dem damit verbundenen teilweise hohen Gefahrenpotenzial[226] nicht mehr ausreichend. Der Staat muss darauf etwa im Atom-, Immissionsschutz-, Gentechnik- oder Arzneimittelrecht mit einer offensiv gestaltenden Risikovorsorge reagieren. Beurteilungsspielräume ergeben sich hier insbesondere durch sachgesetzliche Besonderheiten der betroffenen Regelungsmaterie im Zusammenwirken mit der Struktur des anwendbaren Gesetzes und den organisatorischen und prozeduralen Vorkehrungen im Verfahren des Zustandekommens der jeweiligen Entscheidung[227]. Prognoseentscheidungen und Risikobewertungen werden aufgrund ihrer strukturellen Ähnlichkeit und insbesondere durch das verbindende Element eines hohen Maßes an kognitiver Unsicherheit und Ungewissheit in einer Fallgruppe zusammengefasst[228].

ee) Entscheidungen verwaltungspolitischer Art

Schließlich sind Beurteilungsspielräume auch bei Entscheidungen bezüglich einzelner, dem unbestimmten Rechtsbegriff vorgegebener Faktoren, insbesondere verwaltungspolitischer Art, anerkannt, weil anderenfalls über die gerichtliche Kontrolle der Anwendung des unbestimmten Rechtsbegriffs auch die verwaltungspolitischen Entscheidungen, die vom Einzelfall unabhängig erfolgen und nicht nach rechtlichen, sondern auch nach

---

226 Man denke nur an den Betrieb von Kernkraftwerken, bei dem Fehler und unvorhergesehene Ereignisse katastrophale Folgen für tausende von Menschen haben können.

227 Vgl. hierzu nur BVerwGE 72, 300 (316 ff.).

228 *Pache*, Tatbestandliche Abwägung und Beurteilungsspielraum, S. 143 (Fn. 135); *Maurer*, Allg. VerwR, § 7 Rdnr. 41.

wirtschaftlichen, politischen und sonstigen relevanten Gesichtspunkten zu erfolgen haben, einseitig rechtlich determiniert würden[229].

3. Gegenstand des Beurteilungsspielraums und verbleibende Kontrollbefugnisse der Gerichte

Die Anerkennung eines Beurteilungsspielraums hat keine vollständige Freiheit von gerichtlicher Kontrolle zur Folge[230]. Vielmehr bestehen weiterhin sowohl in formeller als auch in materieller Hinsicht Kontrollbefugnisse. Diese beschränken sich allerdings auf Rechtsfragen, wohingegen die Gerichte nicht die Zweckmäßigkeit oder sachliche Richtigkeit der Verwaltungsentscheidung zu beurteilen haben. Der Bestand der zu prüfenden Rechtsfragen ist dabei weitgehend anerkannt[231].

Zunächst ist zu fragen, ob die der behördlichen Entscheidung zugrunde liegende materielle Rechtsnorm in verfassungsrechtlich zulässiger Weise einen Beurteilungsspielraum überhaupt begründet. In diesem Zusammenhang ist zu prüfen, ob die Auslegung des unbestimmten Rechtsbegriffs unter Beachtung allgemeiner Regeln und Vorgaben zutreffend erfolgt ist[232]. Hier können die soeben angestellten Erwägungen zu den verschiedenen Lösungsansätzen wie etwa der normativen Ermächtigungslehre herangezogen werden.

Liegen die Voraussetzungen einer administrativen Letztentscheidungsbefugnis vor, so hat das Gericht in einem nächsten Schritt festzustellen, ob der zugrundeliegende Sachverhalt von der Behörde vollständig und zutreffend ermittelt worden ist und alle entscheidungsrelevanten Gesichtspunkte berücksichtigt worden sind[233]. Zudem kann überprüft werden, ob die einschlägigen Verfahrensvorschriften Beachtung gefunden haben.

229 Siehe hierzu *Schmidt-Aßmann*, in: Maunz/Dürig (Hrsg.), Komm. z. GG, Art. 19 Abs. 4 Rdnr. 202.

230 Dies wäre verfassungsrechtlich nicht zulässig, siehe nur BVerfGE 84, 34 (53 ff.); 84, 59 (77 ff.); BVerwGE 72, 195 (206).

231 Siehe etwa BVerfGE 84, 34 (53 ff.); BVerwGE 97, 128 (129); *Eyermann/Rennert*, VwGO, § 114 Rdnr. 78; *Jestaedt*, in: Erichsen/Ehlers (Hrsg.), Allg. VerwR, § 11 Rdnr. 54; *Voßkuhle*, JuS 2008, 117 (118). Mit abweichender Terminologie, aber letztlich vergleichbarem Ergebnis *Wolff/Bachof/Stober/Kluth*, VerwR I, § 31 Rdnr. 28 ff.

232 BVerwGE 97, 128 (129).

233 Vgl. nur *Eyermann/Rennert*, VwGO, § 114 Rdnr. 78, 80.

Der eigentliche Beurteilungsvorgang unterliegt nur dahingehend einer gerichtlichen Kontrolle, dass die Verwaltungsentscheidung frei von Willkür und sachfremden oder unsachlichen Erwägungen und unter Beachtung zwingender rechtlicher Vorgaben nachvollziehbar ergangen sein muss. Ob hier nur das allgemeine Willkürverbot oder das Gebot verhältnismäßiger Gleichbehandlung gilt, richtet sich danach, wie stark sich eine Ungleichbehandlung von Personen oder Sachverhalten auf die Ausübung grundrechtlich geschützter Freiheiten nachteilig auswirken kann[234]. Im Übrigen bleibt die Zuordnung des tatsächlichen Lebensvorgangs zu dem unter Heranziehung der rechtlich relevanten Wertungsmaßstäbe ausgefüllten Beurteilungsspielraum gerichtlicher Kontrolle entzogen[235].

4. Zusammenfassung

Zusammenfassend kann festgehalten werden, dass Kontrollbeschränkungen bei unbestimmten Rechtsbegriffen begründungsbedürftige Ausnahmen darstellen. Es bedarf bei jeder bisher nicht anerkannten Annahme eines Beurteilungsspielraums einer eingehenden Herleitung und Begründung, was insbesondere durch die damit verbundene Beeinträchtigung des effektiven Rechtsschutzes bedingt wird[236]. Ein über einzelne Fallgruppen oder den Einzelfall hinausgehender Ansatz hat sich weder in der Rechtsprechung noch in der Literatur durchsetzen können. Zwei Ansätzen kommt eine hervorgehobene Bedeutung zu. Die normative Ermächtigungslehre stellt auf die Auslegung des materiellen Rechts ab, bei der es weniger auf den historisch zu belegenden Willen des Gesetzgebers ankommt, sondern auf alle Eigenheiten der betroffenen Rechtsvorschrift[237]. Daneben können funktionell-rechtliche Gesichtspunkte bei der Bestimmung von Beurteilungsspielräumen hilfreich sein. Bei ihnen spielen ähnli-

234 *Eyermann/Rennert*, VwGO, § 114 Rdnr. 81. Allgemein zum Willkürverbot und der sog. neuen Formel des BVerfG Sachs/*Osterloh,* GG, Art. 3 Rdnr. 13 ff.

235 Siehe zu diesem Prüfungsumfang der Verwaltungsgerichte auch *Pache,* Tatbestandliche Abwägung und Beurteilungsspielraum, S. 47 ff.

236 Siehe zu den verfassungsrechtlichen Vorgaben Sachs/*ders.*, GG, Art. 19 Rdnr. 146.

237 Etwa auf die Art der Regelung, die betroffene Sachmaterie, die Ausgestaltung des Verfahrens oder die Entscheidungsträger.

che Kriterien eine Rolle[238], etwa der wertende oder prognostische Charakter einer Verwaltungsentscheidung, ob sie unvertretbar oder nicht wiederholbar ist, ob ein besonderer Vorbehalt oder eine besondere Verantwortung der Exekutive anzunehmen sind oder ob eine nachträgliche bewertende Abänderung durch das Gericht das Gebot der Chancengleichheit verletzen würde. Auch die Weisungsfreiheit der Verwaltung in bestimmten Bereichen oder das jeweils vorgesehene Verwaltungsverfahren können zur Begründung herangezogen werden[239]. Die Rechtsprechung zieht beide Ansätze heran[240], die bei der Ermittlung von Beurteilungsspielräumen belastbare Ergebnisse versprechen. Die Anerkennung eines Beurteilungsspielraums führt zu einer Reduzierung der gerichtlichen Kontrolle auf eine Überprüfung hinsichtlich bestimmter Beurteilungsfehler.

III. Das verwaltungsrechtliche Ermessen

1. Begriff und Grundlagen

Das VwVfG bezeichnet in § 40 zwar die inneren und äußeren Ermessensgrenzen, soweit sie der gerichtlichen Kontrolle unterliegen, definiert aber nicht den Begriff des Verwaltungsermessens als solchen[241]. Lediglich der schleswig-holsteinische Landesgesetzgeber hat in § 73 LVwG Schl.-Hol. die Mühe auf sich genommen, das pflichtgemäße Ermessen zu definieren und zwar vorbehaltlich besonderer Rechtsvorschriften als Entscheidung der Behörde im Rahmen der ihr erteilten Ermächtigung nach sachlichen Gesichtspunkten unter Abwägung der öffentlichen Belange und der Interessen der einzelnen Personen über die von ihr zu treffenden Maßnahmen. Die Ausübung von Ermessen bedarf einer gesetzlichen Ermächtigung, was

238 Auf die zunehmende Bedeutung der anzuwendenden Kriterien bei der Ermittlung von Beurteilungsspielräumen weist auch *Sachs*, in: Stelkens/Bonk/ders. (Hrsg.), VwVfG, § 40 Rdnr. 159 hin.

239 Vgl. *Pache*, Tatbestandliche Abwägung und Beurteilungsspielraum, S. 41. Siehe als Beispiel für die Prüfung, ob ein Beurteilungsspielraum hinreichend begründet werden kann, BVerfGE 88, 40 (57 ff.).

240 Der Ermächtigungslehre zuneigend BVerfG, NJW 1981, 2683; BVerfGE 61, 82 (111); andererseits BVerfGE 64, 261 (279).

241 Davon zu unterscheiden sind das gesetzgeberische Ermessen (siehe dazu *Lerche*, Übermass und Verfassungsrecht, S. 86 ff.; *Grabitz*, Freiheit und Verfassungsrecht, S. 52 ff.) und das richterliche Ermessen (dazu *Rode*, Deutsche Ermessenslehre, S. 30 f.).

angesichts der mit der Ermessensausübung verbundenen Einschränkung gerichtlicher Kontrolle nach § 114 VwGO nicht verwundern kann. Die Motivation zur Einräumung solcher Ermessensspielräume liegt insbesondere darin, der Verwaltung Freiraum für taktische Überlegungen zu eröffnen[242] und Möglichkeiten zu sachangemessenen und zweckdienlichen Ausnahmen vom Regelfall zu schaffen[243]. Die Bezeichnung »das Ermessen« ist insoweit unpräzise, als es ein einheitliches Ermessen nicht gibt. Vielmehr tritt es in ganz verschiedenen Erscheinungsformen auf und wird mit unterschiedlichen Bezeichnungen belegt[244]. Diese Vielfalt an Ermessensformen hat zu Versuchen einer Typisierung und Systematisierung herausgefordert, auf die im Rahmen der vorliegenden Arbeit nicht im Einzelnen eingegangen werden kann. Allerdings sollen die bedeutsamsten Differenzierungen kurz angesprochen werden. Wenn von »dem Ermessen« gesprochen wird, ist regelmäßig das Ermessen bei materiellen Verwaltungsentscheidungen (sog. materielles Ermessen) gemeint. Davon zu unterscheiden ist das Verwaltungsermessen bei Verfahrensentscheidungen (sog. Verfahrensermessen) i.S.d. § 10 VwVfG, welches mit einigen Besonderheiten auf der Grundlage des materiellen Ermessens aufbaut. Es soll daher im Anschluss an die Grundzüge des materiellen Ermessens kurz dargestellt werden.

a) Materielles Ermessen

Das materielle Ermessen lässt sich zunächst weiter ausdifferenzieren. So ist das Entschließungs- vom Auswahlermessen zu unterscheiden. Von einem Entschließungsermessen spricht man, wenn der Verwaltungsbehörde

242 Dies hat besondere Bedeutung im Polizeirecht, wenn auf – oftmals überraschend auftretende – Gefahren adäquat reagiert werden muss; siehe für Nordrhein-Westfalen § 3 PolG NRW.

243 Als Beispiel diene hier die Regelung in § 16 Sicherheitsüberprüfungsgesetz (SÜG) NRW, nach der in Ausnahmefällen die zuständige Stelle ermächtigt ist, einer betroffenen Person vor Abschluss der Sicherheitsüberprüfung die Vornahme sicherheitsempfindlicher Tätigkeiten zu erlauben, wenn bestimmte Voraussetzungen erfüllt sind.

244 So etwa »pflichtgemäßes Ermessen«, »freies Ermessen«, »Dispensermessen«, »Versagungsermessen«, »Auswahlermessen«, »Handlungsermessen«, »Organisationsermessen«, »Rücknahmeermessen«, »Verfahrensermessen« usw.; vgl. zu den teilweise feinen Differenzierungen des Ermessens *Rode*, Deutsche Ermessenslehre, S. 31 ff.

der Handlungsentschluss überlassen ist, von einem Auswahlermessen, wenn sie zwischen verschiedenen rechtmäßigen Maßnahmen wählen kann[245]. Zum Teil wird auch noch die Entscheidung, gegen wen eine Maßnahme gerichtet wird, als Störerauswahlermessen gesondert genannt[246].

Weniger deutlich stellt sich die Unterscheidung zwischen freiem und pflichtgemäßem Ermessen dar. Das pflichtgemäße Ermessen bewegt sich im Rahmen des Zwecks der Ermessensermächtigung und den Vorgaben der gesamten Rechtsordnung. Da die Verwaltung jedoch immer den Zweck der sie zu einem bestimmten Verhalten ermächtigenden Norm und die Vorschriften der gesamten Rechtsordnung zu beachten hat, wird nicht klar, unter welchen Voraussetzungen von einem freien Ermessen gesprochen werden kann. Seine Existenz ist daher verschiedentlich gänzlich abgelehnt worden unter Hinweis darauf, dass allenfalls in bestimmten Bereichen Ermessensspielräume besonders großzügig ausgestaltet sein können[247]. Bisweilen wird jedoch die Ausübung von Ermessen im Rahmen des Begnadigungsrechts im Straf- und Disziplinarrecht als eine Ausnahme anerkannt, weil hier eine »Gestaltungsmacht besonderer Art« vorliege und daher auch Art. 19 Abs. 4 GG nicht gelte[248].

Einen besonderen Fall stellen die sogenannten »Soll«-Vorschriften dar. Eine solche Rechtsvorschrift bestimmt entweder, dass die Behörde etwas tun oder unterlassen soll, oder sie trifft für den Regelfall eine Anordnung bzw. lässt für Ausnahmefälle ein Abweichen zu[249]. Die Verwaltung ist somit zunächst an eine bestimmte Entscheidung gebunden. Nur in atypischen Fällen kann nach insoweit eröffnetem pflichtgemäßem Ermessen eine vom vorgesehenen Normalfall abweichende Rechtsfolge gesetzt werden, wobei das Vorliegen eines atypischen Sachverhalts voller gerichtli-

---

245 *Sachs*, in: Stelkens/Bonk/ders. (Hrsg.), VwVfG, § 40 Rdnr. 46; *Wolff/Bachof/Stober/Kluth*, VerwR I, § 31 Rdnr. 45.

246 Zum Störerauswahlermessen im Polizei- und Ordnungsrecht *Dietlein*/Burgi/Hellermann, ÖffR NRW, § 3 Rdnr 124 ff.

247 *Sachs*, in: Stelkens/Bonk/ders. (Hrsg.), VwVfG, § 40 Rdnr. 53.

248 BVerfGE 25, 352 (361 f.). Siehe dazu auch *Brinktrine*, Verwaltungsermessen, S. 88.

249 Als Beispiel seien § 20 Abs. 2 S. 1 BImSchG (»Die zuständige Behörde soll anordnen, dass eine Anlage, die ohne die erforderliche Genehmigung errichtet, betrieben oder wesentlich geändert wird, stillzulegen oder zu beseitigen ist«) und § 12 Abs. 6 S. 2 WPflG (»In Ausnahmefällen, in denen die Einberufung eine unzumutbare Härte bedeuten würde, kann er auch darüber hinaus zurückgestellt werden«) genannt.

cher Kontrolle unterliegt. Ein atypischer Sachverhalt liegt vor, wenn er derart vom Regelfall abweicht, dass die für die Rechtsfolge im Regelfall maßgeblichen Gründe aufgehoben sind[250].

Umstritten ist die Annahme eines intendierten Ermessens. Dieses soll dann vorliegen, wenn allgemein formulierte Ermessensermächtigungen dahin auszulegen sind, dass die Ermessensausübung im Regelfall in eine bestimmte Richtung festgelegt ist. Eine solche Auslegung zugunsten einer grundsätzlichen Handlungspflicht wird bisweilen angenommen, wenn es um die Beseitigung rechts- oder ordnungswidriger Zustände sowie die Aufrechterhaltung oder Wiederherstellung rechtmäßiger Situationen geht. Das BVerwG hat sich auf die Grundsätze der Gesetzmäßigkeit der Verwaltung und der Wirtschaftlichkeit und Sparsamkeit sowie auf einschlägige Gesetzesvorschriften[251] berufen, um ein intendiertes Ermessen in Fällen eines Rückforderungsanspruchs des Staates gegen den Einzelnen zu rechtfertigen[252]. Ein intendiertes Ermessen soll auch dort anzunehmen sein, wo Verfassungs- oder Gemeinschaftsrecht eine bestimmte Rechtsfolge zumindest für den Regelfall verlangen, etwa bei der Berührung von Grundrechtspositionen, wobei eine sachliche Rechtfertigung der Ermessensbeschränkung verlangt wird[253]. Die Figur des intendierten Ermessens hat jedoch Widerspruch erfahren, da es sich um einen Übergriff der Gerichte in die Handlungsspielräume der Verwaltung handele. Es bestehe die Gefahr, dass die mit der Ermessensausübung verbundenen Abwägungspflichten und Verfahrensvorgaben und ihre gerichtliche Kontrolle kaum noch zum Tragen kämen[254]. Es erscheint daher angebracht, das intendierte Ermessen nicht zu extensiv anzuwenden, um insbesondere den Willen des Gesetzgebers zu beachten, der regelmäßig durch die Formulierung einer allgemeinen Ermessensermächtigung gerade keine Vorgaben für eine bestimmte Ermessensausübung gemacht hat[255]. In einzelnen Fällen kann der gesetz-

---

250 Siehe zu den »Soll«-Vorschriften *Sachs*, in: Stelkens/Bonk/ders. (Hrsg.), VwVfG, § 40 Rdnr. 26 ff.

251 Siehe etwa §§ 48, 49, 49a VwVfG, § 87 Abs. 2 Satz 3 BBG, § 12 Abs. 2 S. 3 BBesG, § 52 Abs. 2 S. 3 BeamtVG.

252 Siehe exemplarisch BVerwGE 105, 55 (57 f.); des Weiteren BVerwGE 92, 169 (170 f.); 108, 1 (17 f.).

253 BayVGH, NVwZ-RR 2004, 879 (881).

254 *Sachs*, in: Stelkens/Bonk/ders. (Hrsg.), VwVfG, § 40 Rdnr. 30.

255 Wenn der Gesetzgeber das Ermessen in eine bestimmte Richtung lenken und nur in Ausnahmefällen Abweichungen zulassen will, steht ihm das soeben dargestell-

geberische Wille jedoch auch dahin verstanden werden, dass trotz allgemeiner Ermessensformulierung die Entscheidung für den Regelfall in einer bestimmten Richtung vorgegeben sein soll. Es bedarf hier aber einer gründlichen Auslegung und eines gewissen argumentativen Aufwands zur Rechtfertigung dieser Annahme. Eine schleichend um sich greifende Zurückdrängung behördlicher Entscheidungsfreiräume über den Weg des intendierten Ermessens ist nicht hinnehmbar, weshalb eine zurückhaltende Annahme dieser Figur angezeigt ist[256].

b) Verfahrensermessen

Die Formulierung des § 40 VwVfG (»…nach ihrem Ermessen *zu handeln…*«[Hervorhebung durch *Verf.*])[257] beschränkt sich nicht auf die Ermessensausübung im Rahmen der materiellen Entscheidung, sondern umfasst auch Ermessen bei der Verfahrensgestaltung. Man spricht hier von Verfahrensermessen, welches seinen Ausgangspunkt insbesondere im Grundsatz der Nichtförmlichkeit des Verwaltungsverfahrens des § 10 VwVfG hat[258]. Das Verfahrensermessen eröffnet einen Spielraum bei der Anwendung von Verfahrensrecht und der tatsächlichen Durchführung und Gestaltung von Verfahren sowie der Verwirklichung von Verfahrensgerechtigkeit entsprechend der im und durch Verfahren betroffenen Rechte und weiterer von der Verwaltung zu berücksichtigender Ziele im Einzelfall[259]. In § 10 S. 2 VwVfG sind, vorbehaltlich spezialgesetzlicher Regelungen, die Grundsätze eines einfachen, zweckmäßigen und zügig durchzuführenden Verwaltungsverfahrens niedergelegt. Die verfahrensgestaltende Behörde hat dabei darauf zu achten, dass der eingesetzte Verfahrensaufwand in einem vernünftigen Verhältnis zu Bedeutung und Gewicht

---

te Instrument der »Soll«-Vorschrift zur Verfügung; vgl. *Pabst*, VerwArch 93 (2002), 540 (559).

256 Zum Ganzen *Pabst*, VerwArch 93 (2002), 540.

257 Anders noch § 36 des Entwurfs für ein VwVfG aus dem Jahr 1973 (»Ist die Behörde ermächtigt, nach ihrem Ermessen *zu entscheiden…* [Hervorhebung durch *Verf.*]).

258 *Schmitz*, in: Stelkens/Bonk/Sachs. (Hrsg.), VwVfG, § 10 Rdnr. 16 ff.; *Brinktrine*, Verwaltungsermessen, S. 85 f.; *Hill*, NVwZ 1985, 449 (»Generalklausel des Verfahrensermessens«, vgl. S. 450).

259 *Hill*, NVwZ 1985, 449 (450).

der zu erwartenden Entscheidung steht[260]. Verfahrensermessen ist dabei nicht zu verwechseln mit rechtlich ungebundener Verfahrensherrschaft der Verwaltungsbehörde, die schon durch die formellen Anforderungen der §§ 11 ff. VwVfG und die zu beachtenden Verfahrensgrundsätze nicht bestehen kann[261]. Seine Ermächtigung findet das Verfahrensermessen in einer Vielzahl einzelner Bestimmungen des VwVfG, erkennbar zumeist an der Formulierung (»kann«, »soll«, »ist befugt«)[262]. Ein Anspruch auf eine bestimmte Verfahrensgestaltung oder auf die Durchführung einer bestimmten Verfahrensart besteht grundsätzlich nicht, es sei denn, das Ermessen ist auf Null reduziert oder es bestehen Verwaltungsvorschriften, die über Art. 3 Abs. 1 GG die Behörde zu einer bestimmten Verfahrensgestaltung zwingen. Ansonsten können die Verfahrensbetroffenen allenfalls einen Anspruch auf ermessensfehlerfreie Entscheidung geltend machen[263]. Ein Anspruch auf Durchführung eines Verwaltungsverfahrens besteht hingegen jedenfalls dann, wenn die Behörde auf Antrag tätig werden muss[264].

2. Die Verfassungsmäßigkeit von Ermächtigungen zur Ermessensausübung

Das Ermessen hat zwar in § 40 VwVfG im Gegensatz zum Beurteilungsspielraum eine gesetzliche Normierung erfahren, jedoch setzt diese Vor-

---

260 *Schmidt-Aßmann*, in: Hoffmann-Riem/ders./Voßkuhle (Hrsg.), Grundlagen des Verwaltungsrechts II, § 27 Rdnr. 104.

261 *Schneider*, in: Hoffmann-Riem/Schmidt-Aßmann/Voßkuhle (Hrsg.), Grundlagen des Verwaltungsrechts II, § 28 Rdnr. 24.

262 Etwa zur Auswahl des Verfahrens, zur Hinzuziehung von Personen in § 13 Abs. 1 Nr. 4, Abs. 2 VwVfG, zur Art und Weise der Akteneinsicht in § 29 VwVfG oder zur Anordnung von Fristen in § 31 VwVfG; vgl. zu diesen und weiteren Beispielen BeckOK Bader/Ronellenfitsch/*Gerstner-Heck* VwVfG § 10 Rdnr. 9; *Schmitz*, in: Stelkens/Bonk/Sachs (Hrsg.), VwVfG, § 10 Rdnr. 16. Ob im Rahmen der Leistungsverwaltung das Ermessen bei der Wahl der Handlungsform (Verwaltungsakt, öffentlich-rechtlicher Vertrag oder privatrechtlicher Vertrag) als Verfahrens- oder materielles Ermessen anzusehen ist, wird unterschiedlich gesehen; für Verfahrensermessen *Schmitz*, in: Stelkens/Bonk/Sachs (Hrsg.), VwVfG, § 10 Rdnr. 16; für materielles Ermessen *Ritgen*, in: Knack/Henneke, VwVfG, § 10 Rdnr. 12; vermittelnd *Hill*, NVwZ 1985, 449 (449 f.; Verfahrensermessen im weiteren Sinne).

263 *Schmitz*, in: Stelkens/Bonk/Sachs (Hrsg.), VwVfG, § 10 Rdnr. 18; *Hill*, NVwZ 1985, 449 (452).

264 *Hill*, NVwZ 1985, 449 (452).

schrift das Bestehen einer Ermessensermächtigung voraus und sagt nichts über deren Verfassungsmäßigkeit aus. Vielmehr muss die Ermessen einräumende Rechtsnorm ihrerseits daraufhin geprüft werden, ob sie die verfassungsrechtlichen Grenzen einhält. Diese ergeben sich unmittelbar aus den Grundrechten der von einer Ermessensentscheidung betroffenen Bürger und aus dem Rechtsstaatsprinzip des Art. 20 Abs. 2 S. 2, Abs. 3 GG.

Zunächst kann festgehalten werden, dass die höchstrichterliche Rechtsprechung die Einräumung von Ermessen grundsätzlich als verfassungsgemäß anerkannt hat[265]. Damit ist allerdings noch nichts über die Vereinbarkeit der Ermesseneinräumung mit Verfassungsrecht und einfachem Recht im einzelnen Fall gesagt. Hier bestehen einige, insbesondere verfassungsrechtliche Vorgaben, die Ermessensermächtigungen Grenzen ziehen. Es darf nicht außer Acht gelassen werden, dass die Ermessensermächtigungen der Verwaltung in weitem Umfang im Bereich der Eingriffsverwaltung bestehen. Nimmt man die Grundrechte der betroffenen Bürger mit in den Blick, so wird deutlich, dass zwischen diesen und den eingreifenden Ermessensakten ein Spannungsverhältnis besteht, welchem eine verfassungsrechtliche Bedeutung zukommt.

In diesem Zusammenhang spielt der Vorbehalt des Gesetzes eine wesentliche Rolle. Gemeinsam mit dem Bestimmtheitsgebot und den Grundrechten lässt sich die Forderung formulieren, dass eine gesetzliche Ermächtigung zum Erlass einer belastenden hoheitlichen Maßnahme, die in das Ermessen der Verwaltung gestellt ist, nach Inhalt, Zweck und Ausmaß hinreichend bestimmt und begrenzt sein muss. Auch wenn der Behörde ein gewisser Freiraum bei der Entscheidung eröffnet ist, so muss der denkbare Eingriff für den Bürger doch vorhersehbar sein, damit er sich darauf entsprechend einstellen kann[266]. So darf etwa der Gesetzgeber eine

265 BVerfGE 8, 274 (326); 9, 137 (146 ff.); 49, 89 (145 f.); BVerwGE 56, 254 (259). In der Literatur ist diese Annahme auf breite Zustimmung gestoßen, siehe nur *Sachs*, in: Stelkens/Bonk/ders. (Hrsg.), VwVfG, § 40 Rdnr. 16 und *Brinktrine*, Verwaltungsermessen, S. 76 ff. Aussagen des BVerfG (E 20, 150 [157 f.]) hatten zwischenzeitlich jedoch zu einer Kontroverse in der Literatur darüber geführt, ob das Gericht jedes Ermessen im Grundrechtsbereich für verfassungswidrig erklären wolle; vgl. dazu *Schmidt-Salzer*, VerwArch 60 (1969), 261 (268); *Brohm*, JZ 1995, 369 (369 f.) in Bezug auf *Menger/Erichsen*, VerwArch 58 (1967), 278 (280 ff.). Das BVerfG selbst hat dies als ein Missverständnis seiner Rechtsprechung bezeichnet und das Ermessen auch in Grundrechtsbereichen als zulässig erachtet, BVerfGE 49, 89 (145 f.).

266 *Brinktrine*, Verwaltungsermessen, S. 79.

Genehmigung im Falle eines Verbots mit Erlaubnisvorbehalt nicht dem freien Ermessen der zuständigen Behörde überlassen, sondern muss die Genehmigungsvoraussetzungen und Versagungsgründe festlegen und so die Entscheidungsfreiheit der Verwaltung begrenzen. Dies ist umso bedeutender, weil das vom Bürger begehrte Verhalten sehr oft eine Ausübung grundrechtlich geschützter Freiheiten darstellt, die durch eine Genehmigungsversagung vereitelt wird.

Als Beispiel für die besonderen Schwierigkeiten eines Ermessensspielraums im Rahmen eines präventiven Verbots mit Erlaubnisvorbehalt sei das Versagungsermessen des § 7 Abs. 2 AtG angeführt. Das BVerfG[267] hat dazu ausgeführt, der Gesetzgeber habe auch auf dem Gebiet des Atomrechts die sich aus dem Vorbehalt des Gesetzes ergebende Pflicht, die generellen Genehmigungsvoraussetzungen selbst festzulegen. Die mit Kernenergieanlagen verbundenen potenziellen Gefahren seien aber so hoch, dass es verfassungsrechtlich nicht zu beanstanden sei, der Genehmigungsbehörde ein Versagungsermessen für diejenigen Fälle einzuräumen, in denen besondere und unvorhergesehene Umstände die Verweigerung der Genehmigungserteilung erforderlich machen, obwohl die Genehmigungsvoraussetzungen eigentlich erfüllt seien. Der Umstand, dass die Genehmigung eigentlich zu erteilen wäre, weist aber schon darauf hin, dass ein Versagungsermessen nur in Ausnahmefällen und zudem nur aus Gründen ausgeübt werden darf, die mit den in § 1 AtG normierten Schutzzecken im Zusammenhang stehen[268].

Auch § 31 Abs. 2 BauGB zeigt auf, wie der Gesetzgeber seiner Pflicht nachkommt, dem behördlichen Ermessen einen Rahmen zu geben, indem er Voraussetzungen aufstellt, unter denen überhaupt die Befreiung eines Vorhabens von den Festsetzungen des Bebauungsplans in Betracht kommt[269].

Die angestellten Erwägungen gelten keineswegs nur für die Eingriffsverwaltung, weil der Vorbehalt des Gesetzes auch im Bereich der Leistungsverwaltung verlangt, dass der Gesetzgeber die wesentlichen, d.h. Grundrechte beeinflussenden Entscheidungen selbst zu treffen hat. Dies hat auch Auswirkungen auf die gesetzliche Regelungsdichte und führt dazu, dass der Gesetzgeber es etwa nicht dem uneingeschränkt freien Ermes-

267 BVerfGE 49, 89 (145 ff.).

268 Siehe dazu *Kloepfer*, Umweltrecht, § 15 Rdnr. 62 ff.

269 Vgl. *Battis/Krautzberger/Löhr*, BauGB, § 31 Rdnr. 27 ff.

sen der Verwaltung überlassen darf, knappe Güter und Ressourcen zu verteilen[270].

3. Die Einräumung von Ermessen

Die Bandbreite der möglichen Rechtsbindung der Verwaltung bei der Setzung von Rechtsfolgen reicht von einer strikten Bindung über Ausnahmemöglichkeiten in atypischen Einzelfällen bis hin zum pflichtgemäßen Ermessen, bei dem die Verwaltungsbehörde im Rahmen verfassungsrechtlicher Vorgaben selbst darüber befinden kann, ob sie handeln will und/oder welche Rechtsfolge sie setzen will. Entscheidende Bedeutung kommt nun aber der Frage zu, wie das Vorliegen der verschiedenen Bindungsintensitäten erkannt werden kann.

Diese Frage lässt sich zunächst scheinbar einfach beantworten. Die betreffende Rechtsnorm muss nach den klassischen Kriterien ausgelegt werden[271]. Erster Anhaltspunkt ist dabei der Wortlaut der Norm. Manche Vorschriften enthalten selbst das Wort »Ermessen« wie etwa § 22 VwVfG. Auch die Worte »kann«, »darf«, »soll«, »ist befugt« und ähnliche weisen auf eine Ermessensermächtigung hin. Neben dem Wortlaut ist aber in der Regel auf weitere Gesichtspunkte Rücksicht zu nehmen. Insbesondere Vorgaben des Verfassungsrechts können letztlich zu einem anderen Ergebnis führen.

Enthält eine Rechtsnorm keines der Ermessen indizierenden Worte, so kann die weitere Auslegung gleichwohl dazu kommen, dass eine Ermessensermächtigung vorliegt. Dies ist im Zweifel insbesondere dann anzunehmen, wenn eine Vorschrift nur allgemein den Erlass einer Erlaubnis vorschreibt, ohne Voraussetzungen für die Erlaubniserteilung vorzugeben, oder wenn sie nur allgemein zum Erlass eines Verwaltungsaktes ermächtigt[272]. Es ist davon auszugehen, dass der Gesetzgeber der Behörde hier die Möglichkeit belassen wollte, die Umstände des Einzelfalles selbst abzuwägen und eine verhältnismäßige Lösung zu finden und deshalb auf

---

270 Siehe BVerfGE 33, 303 (345 ff.) zur Studienplatzvergabe; 57, 295 (327). Siehe auch *Brinktrine*, Verwaltungsermessen, S. 80 f.

271 Zu den klassischen juristischen Auslegungsmethoden zählen die sprachlich-grammatische, die rechtshistorische, die logisch-systematische und die teleologische Methode; siehe dazu *Larenz*, Methodenlehre, S. 320 ff.

272 *Kopp/Ramsauer*, VwVfG, § 40 Rdnr. 19.

Vorgaben im Einzelnen verzichtet hat. Als Beispiel sei hier § 18 Abs. 1 und 2 StrWG NRW genannt, welcher nur allgemein festlegt, dass die über den Gemeingebrauch hinausgehende Benutzung einer Straße eine erlaubnispflichtige Sondernutzung darstellt und die Erlaubnis nur auf Zeit und auf Widerruf erteilt werden darf. Das Wort »Ermessen« oder eines der anderen Schlüsselwörter werden nicht erwähnt und dennoch ist allgemein anerkannt, dass sich hier ein Ermessensspielraum für die zuständige Behörde eröffnet. Die Ausgleichs- und Verteilungsfunktion der Sondernutzungserlaubnis verlangt gerade, dass die Umstände des jeweiligen Einzelfalles und die Interessen der verschiedenen Straßennutzer umfassend gegeneinander abgewogen werden und die Erlaubnis anhand des Ergebnisses dieses Abwägungsvorganges entweder erlassen oder versagt wird. Jedenfalls liegt es an der Erlaubnisbehörde, dies zu entscheiden. Auch in den Fällen behördlicher Vergabe und Verteilung nur begrenzt zur Verfügung stehender Güter, Kapazitäten und Ressourcen ist bei einer Überzahl an Bewerbern von einer Ermächtigung der Verwaltung auszugehen, eine gerechte Verteilung nach pflichtgemäßem Ermessen vorzunehmen. Wohl bekanntestes Beispiel ist die Vergabe von Studienplätzen, doch auch für die Zulassung von Nutzern zu einer kommunalen Einrichtung nach § 70 GewO oder den landesrechtlichen Vorschriften der Gemeindeordnungen wie § 8 Abs. 2 GO NRW ist anerkannt, dass sie bei einer übergroßen Zahl an potenziellen Nutzern im Ermessen der Gemeinde steht[273].

Auch wenn eine Rechtsnorm sprachliche Hinweise auf das Vorliegen eines Ermessensspielraums enthält, kann die weitere Auslegung dazu führen, dass von einer strengen Bindung der Behörde auszugehen ist. Bekannt geworden sind die Fälle des sog. »Ermächtigungs-« oder »Kompetenz-Kann«[274], in denen der Ausdruck »kann« nicht als Einräumung von Ermessen zu verstehen ist, sondern als Zuweisung einer Kompetenz, welche die Behörde bei Vorliegen der übrigen Voraussetzungen auszuüben hat.

Aber auch in Rechtsvorschriften, in denen sich der Ausdruck »kann« doch auf die Entscheidungsfreiheit der Behörde bezieht, kann eine weitergehende Auslegung insbesondere durch Einbeziehung verfassungsrechtlicher Überlegungen zur Annahme einer Verpflichtung der Verwaltung zu einer bestimmten Entscheidung führen. Teilweise ist dies generell anzu-

---

273 Siehe etwa zum Auswahlermessen des Veranstalters bei Platzmangel im Rahmen des § 70 Abs. 3 GewO Tettinger/Wank/*Ennuschat*, GewO, § 70 Rdnr. 35 ff.

274 BVerwGE 23, 25 (29); 44, 339 (342); vgl. auch *Maurer*, Allg. VerwR, § 7 Rdnr. 9.

nehmen, teilweise sind die besonderen Umstände des Einzelfalles zu beachten. Einen großen Einfluss haben in diesem Zusammenhang die Grundrechte. Keinesfalls darf die Bestimmung des Inhalts eines Grundrechts oder der Umfang einer Grundrechtsbeschränkung dem Ermessen der Verwaltung überlassen bleiben. Die Rechtsprechung hat ein Ermessen bei präventiven Verboten mit Erlaubnisvorbehalt teilweise mit Verweis auf die grundrechtlichen Freiheiten des die Erlaubnis begehrenden Bürgers abgelehnt[275]. Andere Stimmen haben bei deren Vorliegen jedoch lediglich angenommen, das Gebot der Gesetzmäßigkeit der Verwaltung verlange hier, dass das ermächtigende Gesetz die Grenzen des behördlichen Ermessens selbst festlege[276]. Eindeutiger sieht die Bewertung bei restriktiven Verboten mit Dispensvorbehalt aus, weil hier ein grundsätzlich nicht gewünschtes Verhalten, wie etwa das Tragen einer Schusswaffe, in Ausnahmefällen doch zugelassen wird, was eine Prüfung und Bewertung der Behörde hinsichtlich der Umstände des Einzelfalles erfordert.

Eine im individuellen Einzelfall zu prüfende Einschränkung des dem Wortlaut nach vorliegenden Ermessens ist die Ermessensreduzierung auf Null. Eine solche liegt vor, wenn von den verschiedenen zur Verfügung stehenden Möglichkeiten zur Ausübung des Ermessens nur eine Alternative rechtmäßig ist. Diese Reduzierung der Entscheidungsmöglichkeiten kann insbesondere wiederum durch die Einwirkung der Grundrechte und sonstiger verfassungsrechtlicher Vorgaben bedingt sein. Der Behörde verbleibt hier jedenfalls kein Spielraum, sie muss sich für die einzig rechtmäßige Alternative entscheiden[277].

---

275 BVerfGE 80, 137 (161); BVerwGE 18, 247 (250); BVerwG, NVwZ 1993, 2395 (2396).

276 *Wolff/Bachof/Stober/Kluth*, VerwR I, § 46 Rdnr. 39. Für § 7 Abs. 2 AtG ist auch das BVerfG wiederum von einem zulässigerweise eingeräumten Ermessen ausgegangen, vgl. BVerfGE 49, 89 (145 ff.).

277 Siehe dazu nur *Rode*, Deutsche Ermessenslehre, S. 83 ff.; *Maurer*, Allg. VerwR, § 7 Rdnr. 24. Ein gutes Beispiel ist die Erlaubnis von Wahlplakaten politischer Parteien im Wahlkampf, welche als straßenrechtliche Sondernutzung zu qualifizieren ist. Die dafür erforderliche Erlaubnis steht grundsätzlich, wie vorgehend ausgeführt, im Ermessen der zuständigen Behörde. Insbesondere Art. 21 GG vermittelt in dem besonderen Fall der Wahlwerbung jedoch einen Anspruch auf Erteilung der erforderlichen Erlaubnis. Das eigentlich etwa für § 18 StrWG NRW anerkannte Ermessen wird auf Null reduziert, weil nur die Erlaubniserteilung rechtmäßig ist. Siehe für diese Fälle BVerwGE 47, 280 (283 f.).

Die Besonderheiten der sog. »Soll«-Vorschriften und die umstrittene Figur des intendierten Ermessens sind bereits erläutert worden[278]. Zumindest die »Soll«-Vorschriften lassen sich weitgehend recht einfach anhand des Wortlauts oder der Formulierung der entsprechenden Rechtsnormen erkennen. Das intendierte Ermessen, sofern man es überhaupt anerkennen will, lässt sich hingegen nur durch Auslegung der allgemein formulierten Ermessensermächtigungen erkennen.

Aber auch die gegenteilige Konstellation ist denkbar, in der eine als strikte Bindung formulierte Rechtsnorm durch Auslegung als Ermessensermächtigung zu verstehen ist. Dies kann sowohl verfassungsrechtliche als auch normsystematische Gründe haben. Allerdings ist die Umdeutung bindend formulierter Rechtsvorschriften in Ermessensermächtigungen als seltene Ausnahme zu verstehen[279].

4. Grenzen des Ermessens und gerichtliche Kontrollbefugnisse

Ermessen meint für eine an Gesetz und Recht gebundene Verwaltung niemals die Ermächtigung zu willkürlichen oder beliebigen Entscheidungen oder die Freiheit von jeglichen rechtlichen Bindungen[280]. Verdeutlicht wird dies in § 40 VwVfG, der die ermächtigte Verwaltungsstelle darauf verpflichtet, das eingeräumte Ermessen entsprechend dem Zweck der Ermächtigung auszuüben und die gesetzlichen Grenzen des Ermessens zu beachten. Unter den gesetzlichen Grenzen des Ermessens sind die die Ermessensausübung bestimmenden Rechtsvorschriften gemeint, die gleichsam eine äußere Grenze darstellen. Der Zweck der Ermessensermächtigung ist hingegen als innere Grenze der Ermessensausübung anzusehen. Ermessen ist also stets mit der materiell-rechtlichen Pflicht zur pflichtgemäßen Ermessensausübung verbunden. Dabei geht es alleine um die Rechtmäßigkeit der Ermessensentscheidung, nicht aber um ihre Zweckmäßigkeit. Auch eine unzweckmäßige Ermessensentscheidung ist nicht ermessensfehlerhaft, sondern rechtmäßig und gerichtlich nicht zu bean-

278 Siehe oben unter 1. a).

279 Siehe dazu OVG NRW, NuR 1986, 34 (35); *Brinktrine*, Verwaltungsermessen, S. 48 f.

280 Dazu oben unter III. 2. und BVerfGE 18, 353 (363); *Sachs*, in: Stelkens/Bonk/ders. (Hrsg.), VwVfG, § 40 Rdnr. 53.

standen, sofern keine rechtlichen Fehler vorliegen[281]. Zweifel an der Zweckmäßigkeit oder Richtigkeit einer Ermessensentscheidung sind daher nicht Prüfungsgegenstand. Eine unzweckmäßige oder unrichtige Ermessensausübung führt nicht zur Rechtswidrigkeit des Verwaltungsaktes[282].

Sind von den Handlungsoptionen alle bis auf eine ermessensfehlerhaft und damit rechtswidrig, so reduziert sich das Ermessen auf Null und die Behörde hat die eine nicht ermessensfehlerhafte Handlungsoption zwingend zu wählen. Angesichts der gesetzgeberischen Zielsetzung einer Eröffnung von Handlungsspielräumen kann dies jedoch nur eine Ausnahme sein[283]. Besteht die Wahl zwischen verschiedenen Handlungsmöglichkeiten, kann eine Reihe von Fehlern auftreten, die man als Ermessensfehler bezeichnet. Diese sind nach wohl überwiegender Ansicht von sog. Vorermessensfehlern zu unterscheiden. Als solche bezeichnet man Rechtsverletzungen, die bei Gelegenheit der Anwendung von Ermessensvorschriften begangen werden und von der eigentlichen Ermessensausübung unabhängig sind, weil sie auch bei gebundenen Entscheidungen auftreten können. Sie sind gerichtlich voll überprüfbar. Ein einheitlicher Katalog der Vorermessensfehler besteht nicht[284].

Für die ermessensfehlerfreie Gestaltung des Verfahrens sind die Vorgaben des § 10 S. 2 VwVfG zu beachten, die als innere Grenze der Ermessensausübung anzusehen sind (»Zweck der Ermächtigung«, § 40 VwVfG). Mit der zweckmäßigen Verfahrensdurchführung wird der Verwaltung verbindlich auferlegt, ihre Entscheidung an normativ verbindlichen Verfahrenszwecken auszurichten (etwa Vereinfachung und Beschleunigung, Rationalität und Wirtschaftlichkeit des Verfahrens, Herbeiführung einer bestmöglichen Entscheidung unter Wahrung und Verwirklichung der

---

281 Anderes gilt für das Widerspruchsverfahren gem. §§ 68 ff. VwVfG und ihm verwandte verwaltungsinterne Kontrollverfahren wie dem Vorverfahren nach § 78 SGG, bei denen eine umfassende Kontrolle der Recht- und Zweckmäßigkeit unter allen denkbaren Gesichtspunkten durch die Widerspruchsbehörde stattfindet, wobei diese die gleichen Prüfungs- und Entscheidungsbefugnisse hat wie die Ausgangsbehörde; vgl. *Dolde/Porsch*, in: Schoch/Schneider/Bier (Hrsg.), VwGO, § 68 Rdnr. 36. Der Unterschied ist darin zu sehen, dass im Falle des Widerspruchsverfahrens kein Gericht als Teil der Judikative die Erwägungen der Verwaltung bewertet, sondern eine übergeordnete Stelle der Exekutive selbst die Prüfung vornimmt.

282 *Ruffert*, in: Knack/Henneke, VwVfG, § 40 Rdnr. 18.

283 *Sachs*, in: Stelkens/Bonk/ders. (Hrsg.), VwVfG, § 40 Rdnr. 102a ff.

284 *Brinktrine*, Verwaltungsermessen, S. 102 ff.; *Wolff/Bachof/Stober/Kluth*, VerwR I, § 31 Rdnr. 58.

Rechte des Bürgers). Wo diese Zwecke kollidieren und der Gesetzgeber keine abschließende Lösung dieser Kollisionen getroffen hat, ist es Aufgabe der Verwaltung, nach ihrem pflichtgemäßen Ermessen alle Zwecke hinreichend zu würdigen und weitestmöglich zu beachten. Die verlangte Einfachheit des Verfahrens darf nicht darüber hinwegtäuschen, dass andere Verfahrensziele im Einzelfall gerade eine weitergehende Förmlichkeit zur Sicherung von Rechten der Verfahrensbetroffenen erforderlich machen können[285].

Verwaltungsprozessuale Spiegelvorschrift ist § 114 VwGO, nach dessen Satz 1 im Falle einer gesetzlichen Ermessensermächtigung das Verwaltungsgericht prüft, ob der Verwaltungsakt oder die Ablehnung oder Unterlassung des Verwaltungsaktes rechtswidrig ist, weil die gesetzlichen Grenzen des Ermessens überschritten sind oder von dem Ermessen in einer dem Zweck der Ermächtigung nicht entsprechenden Weise Gebrauch gemacht ist. Damit wird das (begrenzte) Prüfprogramm des Gerichts festgelegt (Prüfung auf das Vorliegen von Ermessensfehlern) und es werden unter Aufgreifen der Terminologie des § 40 VwVfG die Fälle der Rechtswidrigkeit eines Ermessensverwaltungsaktes genannt[286]. Der Wortlaut des § 114 S. 1 VwGO (»...prüft das Gericht *auch*, ob...«) ist dabei wenig geglückt, weil nicht deutlich wird, ob der Gesetzgeber damit zum Ausdruck bringen wollte, dass neben den sonstigen Rechtmäßigkeitsvoraussetzungen, deren Prüfung § 113 Abs. 1 S. 1 und Abs. 5 VwGO verlangen, auch eine Nachprüfung der Einhaltung der Ermessensgrenzen vorzunehmen ist[287], oder ob das »auch« als ein »nur« zu lesen ist, weil es gerade um eine Restriktion der gerichtlichen Kontrolldichte geht[288].

5. Die Ermessensfehlerlehre

Auf der Grundlage von § 40 VwVfG und § 114 VwGO hat sich eine Ermessensfehlerlehre entwickelt, die trotz kleinerer Unterschiede in den

---

285 *Hill*, NVwZ 1985, 449 (451 f.).

286 Der Erlass eines ermessensfehlerhaften Verwaltungsakts stellt zugleich eine Amtspflichtverletzung dar; *Wolff/Bachof/Stober/Kluth*, VerwR I, § 31 Rdnr. 51.

287 *Brinktrine*, Verwaltungsermessen, S. 101 mit Fn. 50.

288 *Hufen*, VerwProzessR, § 25 Rdnr. 22.

Darstellungen einen festen Kanon möglicher Ermessensfehler beinhaltet[289].

a) Die einzelnen Ermessensfehler

aa) Ermessensnichtgebrauch

Von einem Ermessensnichtgebrauch spricht man, wenn ein zu vollziehendes Gesetz eine Ermessensermächtigung enthält, die vollziehende Behörde aber kein Ermessen ausgeübt hat[290]. Abzugrenzen ist dies von dem Fall, dass sich die Behörde im Rahmen ihres Entschließungsermessens entscheidet, nicht tätig zu werden. Nichthandeln der Behörde deutet nicht zwingend auf einen Ermessensnichtgebrauch hin, sondern kann im Gegenteil gerade Ausdruck der Ermessensbetätigung sein. Die Behörde muss sich lediglich ihrer Auswahlmöglichkeiten bewusst sein, hinreichende Erwägungen über die zu treffende Entscheidung auf der Grundlage aller wesentlichen Tatsachen anstellen und dies in ihrer Begründung verdeutlichen[291]. Handelt die Behörde auf Weisung eines Vorgesetzten oder einer Aufsichtsbehörde, kommt es darauf an, ob der Anweisende das Ermessen ordnungsgemäß ausgeübt hat[292]. Kein Ermessensnichtgebrauch ist anzunehmen, wenn die Entscheidung anhand ermessenslenkender Verwaltungsvorschriften ergeht, die auf generellen Ermessenserwägungen beruhen, sofern der Einzelfall keine wesentlichen Besonderheiten und Abweichungen vom Regelfall aufweist[293]. Bei »Soll«-Vorschriften reduziert sich

289 So werden in vielen Abhandlungen drei Fehlerkategorien gebildet (vgl. nur *Kopp/Ramsauer*, VwVfG, § 40 Rdnr. 85 ff.; *Wolff/Bachof/Stober/Kluth*, VerwR I, § 31 Rdnr. 57 ff.), in anderen Einteilungen finden sich vier Kategorien (siehe etwa *Maurer*, Allg. VerwR, § 7 Rdnr. 19 ff., der zusätzlich Ermessensfehler durch Missachtung verfassungsrechtlicher Vorgaben und Grundsätze, insbesondere dem Verhältnismäßigkeitsgrundsatz, in einer eigenen Gruppe aufführt).

290 Andere Begriffe hierfür sind Ermessensmangel, Ermessensunterlassung, Ermessensunterschreitung oder Ermessensausfall, vgl. *Wolff/Bachof/Stober/Kluth*, VerwR I, § 31 Rdnr. 59.

291 OVG Rh.-Pf., NJW 1989, 1878 (1878 f.); OVG NRW, NWVBl. 1992, 404; *M. Redeker*, in: K. Redeker/v.Oertzen, Verwaltungsgerichtsordnung, § 114 Rdnr. 15; *Ruffert*, in: Knack/Henneke, VwVfG, § 40 Rdnr. 48 ff.

292 *Kopp/Ramsauer*, VwVfG, § 40 Rdnr. 87.

293 *Ruffert*, in: Knack/Henneke, VwVfG, § 40 Rdnr. 50.

die Abwägung der Verwaltung auf die Prüfung, ob ein atypischer Sonderfall gegeben ist, während für den Regelfall die Rechtsfolge vorgegeben ist.

bb) Ermessensfehlgebrauch

Ein Ermessensfehlgebrauch (auch Ermessensdefizit) liegt vor, wenn der in § 40 VwVfG und § 114 S. 1 VwGO genannte Zweck der Ermessensermächtigung und damit die innere Ermessensgrenze (bewusst oder unbewusst) missachtet wird. Dies ist der Fall, wenn die Behörde nicht alle für den Sachverhalt relevanten Tatsachen in ihre Ermessenabwägung aufgenommen oder nicht gegebene Tatsachen oder sachfremde Erwägungen in ihre Überlegungen einbezogen hat. Ebenso als Ermessensfehlgebrauch anzusehen ist ein Verstoß gegen den Gleichheitsgrundsatz, indem die Verwaltung von ihrer bisherigen rechtmäßigen Verwaltungspraxis ohne Änderung wesentlicher tatsächlicher Umstände oder Vorliegen besonderer Gründe des Einzelfalls abweicht. Keine Verletzung der durch Art. 3 Abs. 1 GG außenwirksamen Selbstbindung der Verwaltung liegt allerdings vor, wenn die Behörde die Unrechtmäßigkeit oder Unzweckmäßigkeit ihrer bisherigen Praxis erkennt und nunmehr abstellen will[294]. Als Ermessensfehlgebrauch einzustufen ist aber eine Ermessensbetätigung mit dem Ziel der Wahrnehmung von Aufgaben, für welche die Behörde nicht zuständig ist oder die von der die Ermessensbefugnis einräumenden Vorschrift nicht erfasst werden, sog. Koppelungsverbot[295].

cc) Ermessensüberschreitung

Von einer Ermessensüberschreitung spricht man, wenn sich die Verwaltungsbehörde nicht an den durch die Ermessensermächtigung gesetzten Rahmen hält, wenn sie also die gesetzlichen Grenzen des Ermessens nicht einhält. Dies ist der Fall, wenn sie die Ermächtigungsnorm und zugehörige Regelungen sowie alle sonstigen normativen Regelungen nicht einhält. Eine Ermessensüberschreitung liegt vor, wenn die Behörde rechtsirrtümlich oder im Bewusstsein der Rechtswidrigkeit eine Maßnahme trifft, die

294 *Wolff/Bachof/Stober/Kluth*, VerwR I, § 31 Rdnr. 62.
295 BGH, NJW 1972, 1657; BVerwGE 42, 331 (339); OVG NRW, NWVBl. 2007, 64; *Ruffert*, in: Knack/Henneke, VwVfG, § 40 Rdnr. 56.

vom Gesetz nicht vorgesehen ist, gesetzliche Ermessensbegrenzungen verkennt oder gegen zwingende gesetzliche Vorschriften verstößt[296]. Zu den äußeren Ermessensgrenzen zählen auch die die gesamte Rechtsordnung erfassenden verfassungsrechtlichen Anforderungen. Hervorzuheben sind die zwingenden Gebote des Rechtsstaats wie der Grundsatz des Vertrauensschutzes und der vielfach mit Grundrechtsbeeinträchtigungen verbundene Grundsatz der Verhältnismäßigkeit[297]. Eine Ermessensentscheidung ist unverhältnismäßig und damit ermessensfehlerhaft, wenn die durch die Entscheidung hervorgerufenen Beeinträchtigungen der Rechtspositionen eines Betroffenen nicht durch die damit zulässigerweise verfolgten Interessen gerechtfertigt werden können. Auch eine Ermessensentscheidung, die zu einer verfassungsrechtlich nicht zu rechtfertigenden Verletzung von Grundrechten führt, stellt eine Ermessensüberschreitung dar[298].

b) Ermessensfehler und Fehlerfolgen beim Verfahrensermessen

Fehler können gleichermaßen bei der Ausübung des Verfahrensermessens auftreten. Ein Fehler bei der Ausübung des materiellen Ermessens führt bei der Anfechtungsklage zur Aufhebung des Verwaltungsakts (§§ 113 Abs. 1 S. 1, 114 VwGO), bei der Verpflichtungsklage bei Vorliegen der Spruchreife zur Verpflichtung zum Erlass des beantragten Verwaltungsakts (§§ 113 Abs. 5 S. 1, 114 VwGO), andernfalls zur Verpflichtung zur Neubescheidung unter Beachtung der Rechtsauffassung des Gerichts (§§ 113 Abs. 5 S. 2, 114 VwGO). Da dem Verwaltungsverfahren im deutschen Recht klassischerweise eine »dienende Funktion« beigemessen wird[299], bestehen hier Besonderheiten hinsichtlich der Aufhebbarkeit des Verwaltungsakts. Ein Verfahrens(ermessens)fehler führt nicht zwingend zur Aufhebung. Zunächst sind Verfahrenshandlungen grundsätzlich nicht isoliert gerichtlich angreifbar (§ 44a VwGO) und zudem im Falle ihrer Fehlerhaftigkeit heilbar (§ 45 VwVfG) und gegebenenfalls sogar im Er-

---

296 BVerwGE 34, 241 (246 f.); 94, 202 (207); GewArch 1988, 188 (191); BayVGH, BayVBl. 1973, 440 (441); *Ruffert*, in: Knack/Henneke, VwVfG, § 40 Rdnr. 58.

297 *Sachs*, in: Stelkens/Bonk/ders. (Hrsg.), VwVfG, § 40 Rdnr. 82 ff.

298 Vgl. zum Ganzen sehr übersichtlich *Kopp/Ramsauer*, VwVfG, § 40 Rdnr. 91 ff. m.w.N.

299 *Schmidt-Aßmann*, in: Hoffmann-Riem/ders./Voßkuhle (Hrsg.), Grundlagen des Verwaltungsrechts II, § 27 Rdnr. 64 f.

gebnis unbeachtlich (§ 46 VwVfG)[300]. Für die Heilung von Verfahrensermessensfehlern ist jedenfalls § 45 Abs. 1 Nr. 3 bis 5 VwVfG relevant, wonach die erforderliche Anhörung eines Beteiligten nachgeholt, der Beschluss eines Ausschusses, dessen Mitwirkung erforderlich ist, nachträglich gefasst und die erforderliche Mitwirkung einer anderen Behörde nachgeholt werden kann[301]. Nach § 46 VwVfG ist ein Verwaltungsakt bei bestehendem Verfahrensermessen nicht alleine deshalb aufzuheben, weil er unter Verletzung von Vorschriften über das Verfahren oder unter Missachtung des Zwecks der Ermächtigung zustande gekommen ist, wenn offensichtlich ist, dass die Verletzung die Entscheidung in der Sache nicht beeinflusst hat[302]. Dies hat zur Folge, dass bei materiell gebundenen Entscheidungen der Verwaltung der Verfahrens(ermessens)fehler in der Regel nicht zur Aufhebung des formell rechtswidrigen Verwaltungsaktes führt, soweit die Verwaltungsentscheidung materiell rechtmäßig ist[303]. Bei einer materiellen Ermessensentscheidung oder einem vom Gesetz eingeräumten Beurteilungsspielraum kann hingegen im Regelfall nicht ausgeschlossen werden, dass die Verwaltung bei Einhaltung des Verfahrens zu einer anderen Entscheidung hätte kommen können, weshalb der Verfahrensfehler zur Aufhebung des Verwaltungsaktes führt, es sei denn, der Fehler hat sich nachweislich nicht auf das Ergebnis ausgewirkt[304]. Allerdings muss der Kläger positiv nachweisen, dass ohne Verfahrensfehler die behördliche Sachentscheidung anders ausgefallen wäre[305].

6. Zusammenfassung

Die Sicherheit der Rechtsanwendungs- und Kontrollinstanzen im Umgang mit materiellem und Verfahrensermessen ist im Ergebnis ungleich höher als beim Beurteilungsspielraum. Dies liegt zum einen an der gesetzlichen

---

300 *Schoch*, in: Hoffmann-Riem/Schmidt-Aßmann/Voßkuhle (Hrsg.), Grundlagen des Verwaltungsrechts III, § 50 Rdnr. 298 ff.; *Hill*, NVwZ 1985, 449 (452); *Lange*, NJW 1992, 1193 (1194).

301 *Lange*, NJW 1992, 1193 (1194).

302 *Schmitz*, in: Stelkens/Bonk/Sachs (Hrsg.), VwVfG, § 10 Rdnr. 22.

303 *Kopp/Ramsauer*, VwVfG, § 46 Rdnr. 30; *Hill*, NVwZ 1985, 449 (452).

304 *Kopp/Ramsauer*, VwVfG, § 46 Rdnr. 32 ff.; *Hill*, NVwZ 1985, 449 (452 f.).

305 Kritisch dazu *Gerhardt*, in: Schoch/Schneider/Bier (Hrsg.), VwGO, § 114 Rdnr. 48; *Schoch*, in: Hoffmann-Riem/Schmidt-Aßmann/Voßkuhle (Hrsg.), Grundlagen des Verwaltungsrechts III, § 50 Rdnr. 301 ff.

Normierung des Ermessens in den §§ 10, 40 VwVfG und § 114 VwGO, zum anderen an der – zumindest meistens – guten Erkennbarkeit des Vorliegens einer Ermächtigungsnorm anhand des Gesetzeswortlauts. Im Einzelnen bestehen aber auch hier offene Streitfragen, wie die Diskussionen zum »Kompetenz-Kann«[306] oder zum intendierten Ermessen[307] zeigen.

Zum Umgang mit Ermessensvorschriften kann festgehalten werden, dass diese zunächst einer auslegenden Betrachtung von Reichweite und Inhalt der Ermächtigung unterliegen. Schwierigkeiten können sich insbesondere dort ergeben, wo in einer Koppelungsvorschrift Ermessen mit einem Beurteilungsspielraum zusammentrifft[308]. Wo die Verwaltung zu einer Ermessensentscheidung ermächtigt ist, erfolgt eine gerichtliche Kontrolle auf das Vorliegen von in Rechtsprechung und Literatur weitgehend akzeptierter Ermessensfehler. Streitigkeiten bestehen hier eher auf dem »Nebenkriegsschauplatz« der zutreffenden Fehlerkategorisierung. Beim Verfahrensermessen sind die Heilungs- und Unbeachtlichkeitsvorschriften zu beachten, die gegebenenfalls die Folgenlosigkeit eines Verfahrensermessensfehlers bewirken können.

306 Vgl. oben unter 3. und *Maurer*, Allg. VerwR, § 7 Rdnr. 9.
307 BVerwGE 92, 169 (170 f.); 105, 55 (57 f.); 108, 1 (17 f.).
308 Dazu oben unter I. 2. c) und d).

2. Teil Die Behandlung von Entscheidungsspielräumen in der Rechtsprechung zum GWB-Vergaberecht und zu anderen Verteilungsentscheidungen

D. *Die vergaberechtliche Rechtsprechung zu Entscheidungsspielräumen – eine analytische Darstellung*

I. Problemaufriss

Vergaberechtliche Nachprüfungsentscheidungen, die sich mit Entscheidungsspielräumen öffentlicher Auftraggeber befassen, sind Legion[309]. Ihnen fehlt in aller Regel aber die in der verwaltungsgerichtlichen Rechtsprechung und im verwaltungsrechtlichen Schrifttum gängige Differenzierung und Ausformung der Rechtsinstitute Beurteilungsspielraum und Ermessen. Dies ist keineswegs Ergebnis einer intensiven Auseinandersetzung mit der Idee eines einheitlichen Ermessensspielraums auf Tatbestands- und Rechtsfolgenseite[310]. Vielmehr prägen dogmatische Unsicherheiten und Uneinigkeiten das Bild. Eine eingehendere Prüfung der entscheidungserheblichen Rechtsvorschriften unter Anwendung der normativen Ermächtigungslehre sucht man zumeist ebenso vergebens wie eine Auseinandersetzung mit der Frage nach einer Ermessensermächtigung. Dies wohlgemerkt vor dem Hintergrund einer deutlichen Rechtsschutzverkürzung für den Kläger, wenn die gerichtliche Überprüfung mit dem nicht selten pauschalen Hinweis auf das Bestehen eines gerichtlicher Kontrolle nur bedingt unterliegenden Entscheidungsspielraums endet. Erwägungen hinsichtlich der Effektivität des gewährten Rechtsschutzes sind regelmäßig nicht Gegenstand der Entscheidungsgründe.

---

309 Eine Kombination der Suchbegriffe »Vergaberecht« und »Beurteilungsspielraum« bei einer juris-Recherche ergibt in der Suchkategorie »Rechtsprechung – Wettbewerbs- und Immaterialgüterrecht« stolze 609 Treffer. Die Kombination »Vergaberecht« und »Ermessen« bringt es in dieser Suchkategorie gar auf 1.302 Treffer (letzte Abfrage am 8. März 2013).

310 Dazu etwa *Maurer*, Allg. VerwR, § 7 Rdnr. 47 ff. m.w.N. und ausführlich oben C. I. 2.

Zu Beginn sei folgendes Beispiel genannt: In einem Beschluss vom 13. September 2005 hat das OLG Brandenburg[311] auf den Antrag eines Ingenieursbüros, die Auftraggeberin zur Vergabe von bautechnischen Planungsleistungen zu verpflichten, festgestellt, bei der Wertung im VOF-Verfahren sei dem Auftraggeber ein Beurteilungsspielraum eröffnet, dessen Ausfüllung der Überprüfung durch die Vergabenachprüfungsinstanzen weitgehend entzogen sei. Das Gericht sieht die Kompetenz der Nachprüfungsinstanz auf die Überprüfung hinsichtlich des Vorliegens von Beurteilungsfehlern begrenzt. Im Folgenden spricht der erkennende Senat allerdings davon, das Ermessen der Auftraggeberin könne nicht durch ein gerichtliches Ermessen ersetzt werden und eine Ermessensreduzierung werde daher in der Praxis so gut wie nie vorkommen. Das Gericht verwendet die Begriffe Beurteilungsspielraum und Ermessen ersichtlich deckungsgleich. Hinsichtlich einer gesetzlichen Ermächtigung der Vergabestelle oder der Angabe der zugrundeliegenden Rechtsvorschriften begnügt sich das OLG mit einem Verweis auf einen Beschluss des Bayerischen Obersten Landesgerichtes, der wiederum weitere Nachweise enthält[312]. Es kann kaum zur Erklärung genügen, dass die Antragstellerin ihrerseits in dem Antrag gem. § 107 GWB an die Vergabekammer auf Nachprüfung der Vergabeentscheidung erklärt hatte, eine ermessensfehlerfreie Vergabe des Auftrages sei nur an sie möglich, weil bei ihr als bisher tätigem Unternehmen bereits in erheblichem Umfang Leistungen eines Bauabschnitts abgerufen worden seien und allein sie daher wesentlich geeigneter, leistungsfähiger und zuverlässiger i.S.v. § 4 Abs. 1 VOF (2006) (jetzt § 2 Abs. 1 VOF [2009]) sei[313].

Betrachtet man die gerichtlichen Ausführungen genauer, so wird deutlich, dass das OLG Brandenburg einen zutreffenden Aspekt beleuchtet, den es aber dogmatisch ungenau einordnet. Den Zuschlag für Aufträge zur Erbringung freiberuflicher Leistungen sollte nach § 16 Abs. 4 VOF (2006) derjenige Bewerber erhalten, der aufgrund der ausgehandelten Auftragsbedingungen im Rahmen der vorgegebenen Auftragskriterien die bestmögliche Leistung erwarten ließ[314]. Unter der zu erwartenden bestmöglichen Leistungserbringung ist nichts anderes zu verstehen als unter dem

311 OLG Brandenburg, VergabeR 2006, 261.

312 BayObLG, Beschluss vom 10. September 2001 – Az. Verg 14/01, Rdnr. 12 (juris).

313 OLG Brandenburg, VergabeR 2006, 261 (262).

314 Jetzt ganz ähnlich § 11 Abs. 6 VOF (2009).

wirtschaftlichsten Angebot i.S.d. § 21 Abs. 1 S. 1 VOL/A-EG (2009)[315]. Auch die Aufzählung von über den Preis hinausgehender Kriterien, die der Auftraggeber beachten sollte, fand sich in § 16 Abs. 3 S. 1 VOF (2006) (nun § 11 Abs. 5 VOF [2009]). Die »bestmögliche Leistungserbringung« ist ein unbestimmter Rechtsbegriff, dessen Konkretisierung im Wertungsvorgang erfolgt. Es hängt insbesondere individuell von jedem einzelnen Auftraggeber und den Besonderheiten jedes einzelnen Auftrags ab, welches Angebot das »beste« ist. Es ist naheliegend, bei der Auswahl der relevanten Kriterien, ihrer Gewichtung und schließlich der darauf basierenden Wertung der Angebote über einen Spielraum des öffentlichen Auftraggebers nachzudenken[316]. Andernfalls würde nicht mehr der öffentliche Auftraggeber den Vertragspartner auswählen, sondern die Nachprüfungsinstanz. Das OLG Brandenburg hat die Behauptung der Antragstellerin, dem Auftraggeber stehe überhaupt kein Entscheidungsfreiraum zu und er sei vielmehr an eine Auftragsvergabe an sie gebunden, jedenfalls zurückgewiesen, wobei die Begründung Fragen offen ließ[317]. Die folgende Analyse der Rechtsprechung soll einen Überblick verschaffen, welche Entscheidungen nach Ansicht der Gerichte letztverantwortlich den öffentlichen Auftraggebern überlassen sein sollen.

II. Rechtsprechungsanalyse

Das Verfahren zur Vergabe öffentlicher Aufträge oberhalb der Schwellenwerte[318] lässt sich in verschiedene Stufen aufteilen. Den Rahmen für die mit Hilfe der beschafften Güter und Leistungen zu verfolgenden Zielsetzungen der Verwaltung geben das Verwaltungsrecht und die Politik vor. Erst wenn diese Ziele definiert sind, kann der öffentliche Auftraggeber in einer Vorbereitungsphase den Auftragsgegenstand bestimmen, den Auftragswert schätzen, eine Bekanntmachung veröffentlichen und die Vergabeunterlagen an interessierte Leistungsanbieter versenden. Die eingereichten Angebote potenzieller Auftragnehmer werden gemeinsam in einem Eröffnungstermin geöffnet. In den nun folgenden Auswahlschritten

---

315 In Anlehnung an die Regelung des § 97 Abs. 5 GWB. Zum Begriff der »bestmöglichen Leistung« *Voppel/Osenbrück/Bubert*, VOF, § 11 Rdnr. 16, 18 ff.

316 *Burgi*, VergabeR 2007, 457 (474).

317 OLG Brandenburg, VergabeR 2006, 261 (264).

318 Nur diese Auftragsvergaben nach §§ 97 ff. GWB sollen hier untersucht werden.

sind obligatorische und fakultative Ausschlussgründe zu beachten, die Bietereignung hinsichtlich Fachkunde, Leistungsfähigkeit, Gesetzestreue und Zuverlässigkeit zu prüfen, die Preisangemessenheit festzustellen und das wirtschaftlichste Angebot anhand vorab festgelegter Wertungskriterien zu ermitteln. Die nichtberücksichtigten Bieter sind über den Namen des ausgewählten Unternehmens, die Gründe ihrer Nichtberücksichtigung und den frühesten Zeitpunkt des Vertragsschlusses zu unterrichten. Der Vertrag darf erst 15 Tage nach Absendung dieser Informationen geschlossen werden.

Die für diese Verfahrensschritte relevanten Rechtsvorschriften enthalten zahlreiche unbestimmte Rechtsbegriffe, die der öffentliche Auftraggeber bei der Anwendung inhaltlich konkretisieren muss[319], oder bei denen ihm die Entscheidung über sein pflichtgemäßes Vorgehen bei Vorliegen der Voraussetzungen überlassen bleibt[320]. Diese Konkretisierungen und Entscheidungen sind häufig Anlass für Streit zwischen Auftraggebern und unterlegenen Bietern. Es obliegt dann den Vergabekammern im Nachprüfungsverfahren gem. §§ 102 ff. GWB und den Oberlandesgerichten im Verfahren der sofortigen Beschwerde gem. §§ 116 ff. GWB, deren Rechtmäßigkeit zu beurteilen und über das Bestehen von Letztentscheidungsbefugnissen zu entscheiden. Die dazu bisher ergangene Judikatur soll auf Übereinstimmungen sowie Bruchlinien und Widersprüche untersucht werden.

1. Die Schätzung des Auftragswertes

Die Anwendbarkeit der §§ 97 ff. GWB hängt von der Überschreitung bestimmter Schwellenwerte nach §§ 100 Abs. 1, 127 Nr. 1 GWB, § 2 VgV ab[321]. Um diese Überschreitung festzustellen, muss der öffentliche Auf-

319 Als Beispiele seien hier nur die Auswahl »zuverlässiger« Bieter und des »wirtschaftlichsten« Angebots genannt.

320 Etwa in § 16 Abs. 1 Nr. 2 VOB/A-EG (2012), wenn dort dem Auftraggeber die Möglichkeit eröffnet wird, bestimmte Angebote auszuschließen, ohne ihn darauf zu verpflichten.

321 Für Bauaufträge liegt der Schwellenwert derzeit bei 5.186.000,- Euro, für Liefer- und Dienstleistungsaufträge bei 207.000,- Euro bzw. bei bestimmten Auftraggebern nur bei 134.000,- Euro, Art. 7 VKR. § 2 Abs. 1 S. 1 VgV verweist auf diese EU-Schwellenwerte. Die durch sie bedingte Zweiteilung des Vergaberechts hat ordnungs- und wirtschaftspolitische Bedeutung. Mit ihrer Hilfe kann entschieden

traggeber vor Absendung der Bekanntmachung oder, wenn eine solche nicht erforderlich ist, vor der Einleitung des Vergabeverfahrens[322] den Auftragswert schätzen, auf der Grundlage von Art. 9 Abs. 2 VKR durch § 3 VgV in nationales Recht umgesetzt. Ziel des § 3 VgV ist die Aufstellung konkreter Vorgaben, um die naturgemäß mit Ungenauigkeiten verbundene Schätzung des konkreten Auftragswertes transparent und nachvollziehbar zu machen[323]. Der nach § 3 VgV ordnungsgemäß geschätzte Auftragswert bleibt auch dann für das weitere Vergabeverfahren maßgeblich, wenn er den tatsächlichen Auftragswert über- oder unterschreitet[324].

Sowohl Art. 9 VKR als auch § 3 VgV sprechen von einer »Schätzung« des Auftragswertes, weil dieser Schritt vor Absendung der Bekanntmachung bzw. vor der Einleitung des Vergabeverfahrens und damit zu einem Zeitpunkt erfolgen muss, in dem der endgültige Auftragswert noch nicht feststeht und nicht feststehen kann. Grundlage der Schätzung sind eine sorgfältige Prüfung des relevanten Marktsegments unter Beachtung der Erfordernisse betriebswirtschaftlicher Finanzplanung, Preisspiegel oder sonstige Hilfen und insbesondere der Rückblick auf bereits ausgeführte, vergleichbare Beschaffungen. Sie soll jenen Wert treffen, den ein umsichtiger und sachkundiger öffentlicher Auftraggeber nach sorgfältiger Prüfung veranschlagen würde[325]. Um die Schätzung des Auftragswertes im Nachgang überprüfen zu können, muss sie in die Dokumentation des Vergabeverfahrens aufgenommen werden, siehe § 20 Abs. 1 S. 2 Nr. 3

werden, wie viele Vergabeverfahren tatsächlich im Verfahren der §§ 97 ff. GWB durchgeführt werden müssen und der Nachprüfung gem. §§ 102 ff. GWB unterliegen.

322 »Der Beginn eines konkreten Vergabeverfahrens [ist] jedenfalls dann anzunehmen, wenn sich der öffentliche Auftraggeber zur Deckung eines akuten Bedarfs, also zur Beschaffung von Waren, Bau- oder Dienstleistungen entschlossen hat und mit organisatorischen und/oder planerischen Schritten – insbesondere (aber nicht nur) mit Kontakten zu potenziellen Anbietern – beginnt zu regeln, auf welche Weise (insbesondere mit welcher Vergabeart) und mit welchen gegenständlichen Leistungsanforderungen das Beschaffungsvorhaben eingeleitet und durchgeführt und wie die Personen oder der Personenkreis des oder der Leistenden ermittelt und dann mit dem Endziel eines verbindlichen Vertragsschlusses ausgewählt werden soll«; so OLG Düsseldorf, NZBau 2003, 55 (57); OLG Celle, VergabeR 2007, 808 (809). Zur Berechnung des Auftragswerts *Hailbronner*, in: Grabitz/Hilf, Das Recht der Europäischen Union IV, B 7 Rdnr. 33 ff.

323 *Schneider*, in: Kapellmann/Messerschmidt (Hrsg.), VOB Teile A und B, § 3 VgV Rdnr. 1.

324 Hk-VergabeR/*Alexander*, § 3 VgV Rdnr. 10.

325 OLG Düsseldorf, NZBau 2002, 697 (698).

VOB/A-EG (2012), § 24 Abs. 2 lit. a) VOL/A-EG (2009), § 12 Abs. 2 lit. a) VOF (2009). Kommt der Auftraggeber der Dokumentationspflicht nicht oder nicht ordnungsgemäß nach, verletzt er damit das Recht der Bieter aus § 97 Abs. 7 GWB auf Einhaltung des Vergabeverfahrens, denn dieses umfasst auch einen Anspruch auf eine ordnungsgemäße Dokumentation[326].

Die Schätzung des Auftragswertes ist eine Prognose des Auftraggebers, die das Risiko einer Fehleinschätzung nach oben oder unten in sich trägt. In der Rechtsprechung sind zwei Fragenkomplexe aufgetreten. Zum einen mussten die Rechtsfolgen einer gänzlich unterbliebenen Schätzung und die Überprüfbarkeit einer vorgenommenen Schätzung durch eine Nachprüfungsinstanz geklärt werden. Zum anderen verbietet § 3 Abs. 2 VgV eine Aufteilung des beabsichtigten Auftrags mit dem Ziel, ihn der Anwendung der vergaberechtlichen Vorschriften des GWB und der VgV zu entziehen. Es bedarf daher einer Abgrenzung zwischen einer missbräuchlichen Schätzung des Auftragswerts i.S.d. § 3 Abs. 2 VgV und einer zulässigen Entscheidung des Auftraggebers über Umfang und Zeitraum der Beschaffung. Dabei kommt es darauf an, inwieweit der Auftraggeber in seiner Entscheidung frei ist.

a) Fehlende oder fehlerhafte Schätzung des Auftragswerts

Eine Schätzung des Auftragswertes gem. § 3 VgV kann gänzlich fehlen. Dem steht es gleich, dass die Kostenermittlung frühzeitig erfolgt ist, aber eine erforderliche Aktualisierung zum Zeitpunkt der Einleitung des Vergabeverfahrens fehlt. Eine solche Aktualisierung ist insbesondere dann geboten, wenn es sich um einen sog. »Grenzfall« handelt, also zweifelhaft ist, ob der Schwellenwert über- oder unterschritten wird[327]. In beiden Fällen fehlt die ordnungsgemäße Schätzung des Auftragswerts.

---

326 OLG Düsseldorf, NZBau 2004, 461 (462).

327 OLG Celle, Beschl. v. 19. August 2009 – Az.: 13 Verg 4/09, Rdnr. 24 ff. (juris), welches jedenfalls Schwankungen des geschätzten Auftragswerts um 10 % als Grenzfall ansieht. Ebenso kann der Auftraggeber eine ursprüngliche Schätzung nicht mehr heranziehen, wenn sich bei Unterteilung einer Gesamtbaumaßnahme in mehrere Ausschreibungen die Sachlage erheblich ändert; so OLG München, ZfBR 2013, 296 (298).

Das OLG Düsseldorf[328] hat den öffentlichen Auftraggeber zur Vornahme einer erstmaligen oder neuerlichen Schätzung verpflichtet, sofern der Kläger das Fehlen der Schätzung nachweisen könne und eine Überschreitung der Schwellenwerte zumindest möglich erscheine. Allerdings schränkt der Senat diese Pflicht ein, wenn eine Nachholung der Schätzung als »unnütze Förmelei« erscheinen müsse, weil nach einer gerichtlichen Prüfung die Schwellenwerte aller Voraussicht nach mit deutlichem Abstand nicht erreicht würden[329]. Damit wird die Prognose der Vergabestelle zumindest in eindeutigen Fällen durch eine gerichtliche ersetzt. Offen bleibt, wie groß der deutliche Abstand zu den Schwellenwerten sein muss, damit eine verpflichtende Prognose durch die Vergabestelle unterbleiben kann. Das OLG Celle nimmt weitergehend für sich in Anspruch, den Auftragswert generell eigenständig schätzen zu dürfen, wenn es an einer ordnungsgemäßen Schätzung durch den Auftraggeber zum maßgebenden Zeitpunkt fehle[330]. Dies hatte zuvor bereits die VK Sachsen-Anhalt festgestellt, die eine fehlende Schätzung ohne Einschränkungen selbst vorgenommen und dies mit der Prüfung ihrer Zuständigkeit begründet hatte[331]. Die VK Rheinland-Pfalz hat eine als fehlerhaft erkannte Schätzung durch eine eigene ersetzt, ohne auf eine Kontrollrestriktion bezüglich der vorhandenen Prognose der Vergabestelle einzugehen[332]. Die Addition verschiedenartiger Leistungen soll im Ermessen des Auftraggebers stehen, während die Losaufteilung derselben gem. § 3 Abs. 7 S. 3 VgV zusammenzufassen ist[333].

Das Bestehen eines Beurteilungsspielraums des öffentlichen Auftraggebers bei der Schätzung des Auftragswertes wird teilweise erwähnt, wo-

328 OLG Düsseldorf, Beschl. v. 30. Juli 2003 – Az.: VII-Verg 5/03.

329 OLG Düsseldorf, Beschl. v. 30. Juli 2003 – Az.: VII-Verg 5/03, Rdnr. 3 ff. (juris).

330 OLG Celle, Beschl. v. 19. August 2009 – Az.: 13 Verg 4/09, Rdnr. 27 ff. (juris).

331 VK LSA, Beschl. v. 16. August 2001 – Az.: VK Hal 14/01, Rdnr. 39 (juris). Es stellt sich hier zudem die Frage, ob die fehlende Schätzung, wenn überhaupt, bereits in der Zulässigkeitsprüfung zur Feststellung der eigenen Zuständigkeit durchgeführt werden muss oder ob nicht zunächst die Feststellung genügt, dass eine Überschreitung nicht von vornherein offensichtlich ausgeschlossen und alles weitere eine Frage der Begründetheit ist.

332 VK Rh.-Pf., Beschl. v. 15. August 2007 – Az.: VK 32/07, Rdnr. 95 (juris).

333 So OLG Frankfurt a.M., Beschl. v. 8. Mai 2012 – Az.: 11 Verg 2/12, Rdnr. 72 (juris) unter Verweis auf BR-Drs. 70/11, S. 21.

bei jede weitere Auseinandersetzung mit diesem Punkt fehlt[334]. Der BGH hat eine ernsthafte Prognose über den voraussichtlichen Auftragswert gefordert[335]. Das OLG Dresden hat klargestellt, dass dieser Beurteilungsspielraum nicht nur bei manipulativer oder sonst willkürlicher Schätzung überschritten sei, sondern auch dann, wenn eine realitätsferne Annahme auf einem Mangel an Sachkenntnis beruhe und die Vergabestelle das erforderliche Wissen in zumutbarer Weise hätte erlangen können[336]. In den vorgenannten Entscheidungen der Vergabekammern Sachsen-Anhalt und Rheinland-Pfalz wird hingegen nicht einmal deutlich, dass die Schätzung des Auftragswertes überhaupt eine Prognoseentscheidung des öffentlichen Auftraggebers darstellt.

b) Missbräuchliche Schätzung des Auftragswerts oder Aufteilung des Auftrags

§ 3 Abs. 2 VgV untersagt eine Schätzung des Auftragswerts oder eine Aufteilung des Auftrags in der Absicht, den Wert so niedrig anzusetzen, dass er dem Geltungsbereich der Vergabeverordnung entzogen ist. Gleiches gilt für jede sonstige Manipulation, die sich direkt oder indirekt auf die Höhe des Auftragswerts auswirkt[337]. Das Vorgehen des Auftraggebers muss sachwidrig sein, d.h. es dürfen keine sachlichen Gründe erkennbar sein[338]. Absicht meint, dass die Schätzung oder Aufteilung mit dem bewussten und gewollten Ziel vorgenommen wird, den Auftrag nicht den Vorschriften der VgV zu unterstellen[339]. Bei der Nachprüfung muss allerdings ein möglicherweise zu beachtender Entscheidungsspielraum der Vergabestelle bezüglich der Umsetzung eines Beschaffungsvorhabens

334 OLG Celle, VergabeR 2007, 808 (809 f.); Beschl. v. 19. August 2009 – Az.: 13 Verg 4/09, Rdnr. 22 (juris); OLG Düsseldorf, Beschl. v. 30. Januar 2008 – Az.: VII-Verg 29/07, Rdnr. 35 (juris); OLG Dresden, NZBau 2012, 794 (795).

335 BGH, VergabeR 2008, 219 (225).

336 OLG Dresden, NZBau 2012, 794 (795).

337 Hk-VergabeR/*Alexander*, § 3 VgV Rdnr. 12.

338 Hk-VergabeR/*Alexander*, § 3 VgV Rdnr. 14.

339 VK Südbayern, Beschl. v. 3. April 2008 – Az.: Z3-3-3194-1-09-02/08, Rdnr. 20 (juris). Unter Absicht fallen nicht Fahrlässigkeit oder grobe Fahrlässigkeit; vgl. Hk-VergabeR/*Alexander*, § 3 VgV Rdnr. 15; *Greb*, in: Ziekow/Völlink (Hrsg.), Vergaberecht, § 3 VgV Rdnr. 21 ff.

gewahrt werden[340]. Abzugrenzen ist dabei die rechtmäßige Aufteilung von der missbräuchlichen Umgehung des Kartellvergaberechts.

So soll nach Auffassung des OLG Düsseldorf[341] etwa die Aufteilung eines Auftrags in eine Modell-/Testphase, welche die Schwellenwerte nicht übersteigt, von einem weiten Ermessen des Auftraggebers gedeckt und nicht als sachwidrige Aufteilung des Auftrages i.S.d. § 3 Abs. 2 Alt. 2 VgV durch eine Verkürzung der Laufzeit anzusehen sein. Dem soll auch der Nebengedanke der Vergabestelle nicht entgegenstehen, eine finanziell aufwendige Ausschreibung zunächst vermeiden zu wollen[342]. Fraglich erscheint allerdings, ob die Verhinderung einer rechtswidrigen Umgehung des Kartellvergaberechts noch gewährleistet werden kann und ob diese weite Auffassung mit Unionsrecht zu vereinbaren ist[343].

2. Die Aufteilung der Aufträge in Lose

Umfangreiche Lieferungen oder Leistungen können häufig nur von Großunternehmen aus einer Hand erfüllt werden. Damit aber wäre der für die Wirtschaft überaus bedeutsame Mittelstand[344] weitgehend von der Vergabe solcher Aufträge abgeschnitten. Zur angemessenen Beteiligung mittel-

---

340 Für einen Entscheidungsspielraum OLG Düsseldorf, Beschl. v. 30. Juli 2003, Az.: VII-Verg 5/03, Rdnr. 7 (juris); VK Südbayern, Beschl. v. 3. April 2008 – Az.: Z3-3-3194-1-09-02/08, Rdnr. 20 (juris); VK Düsseldorf, Beschl. v. 10. April 2008 – Az.: VK – 05/2008 – B, Rdnr. 26 (juris); ohne Erwähnung eines Spielraums hingegen OLG Düsseldorf, NZBau 2002, 697 (698); ZfBR 2002, 514.

341 OLG Düsseldorf, Beschl. v. 30. Juli 2003 – Az.: VII-Verg 5/03.

342 OLG Düsseldorf, Beschl. v. 30. Juli 2003 – Az.: VII-Verg 5/03 Rdnr. 7 (juris) zum Betrieb eines »Recyclinghofs«, in dem die anfallenden Sperrmüllmengen und andere wiederverwertbare Abfälle erfasst und sodann zu Entsorgungseinrichtungen transportiert werden sollten, wobei diese Abfälle nicht mehr eingesammelt, sondern von den Bürgern zum Recyclinghof gebracht werden sollten. Die Gemeinde als Auftraggeberin führte die möglicherweise nicht vorhandene Akzeptanz dieses ungewohnten Abfall-Bringsystems bei den Bürgern als Begründung für die Durchführung einer relativ kurzen Testphase an.

343 Die Rechte der Wirtschaftsteilnehmer genießen in der VKR hohe Priorität; vgl. Erwägungsgrund 2 der RL 2004/18/EG. Der effet-utile-Grundsatz steht zudem der Billigung solcher Umgehungen grundsätzlich entgegen.

344 Siehe etwa *Bundesministerium für Wirtschaft und Technologie (BMWi)*, Auf den Mittelstand setzen. Verantwortung stärken – Freiräume schaffen, Berlin 2011, S. 5 f. (abrufbar unter www.bmwi.de, zuletzt besucht am 23. September 2012).

ständischer Unternehmen verlangt § 97 Abs. 3 S. 2 GWB im Interesse einer mittelstandsgerechten Vergabe eine Aufteilung der zu vergebenden Aufträge in Teillose (Zerlegung in quantitativ abgrenzbare Teilmengen) und in Fachlose (Zerlegung in qualitativ abgrenzbare Sachgebiete/Gewerbezweige)[345]. Dieses zwingende Gebot der Losvergabe[346] erfährt allerdings dahingehend Einschränkungen, dass der Auftrag einerseits überhaupt teilbar und andererseits eine eindeutige Abgrenzbarkeit der einzelnen zu vergebenden Leistung möglich sein muss[347]. Zudem eröffnet § 97 Abs. 3 S. 3 GWB die Möglichkeit einer zusammenfassenden Vergabe mehrerer Teil- oder Fachlose, wenn die Leistung zwar grundsätzlich teilbar ist, wirtschaftliche oder technische Gründe aber dagegen sprechen[348]. Die Entscheidung über die Aufteilung in Lose ist zu dokumentieren. Diese Dokumentationspflicht ebenso wie die Pflicht zur Losvergabe selbst eröffnen subjektive Rechte der Bieter i.S.v. § 97 Abs. 7 GWB[349]. Umstritten ist allerdings, ob § 97 Abs. 3 GWB nur mittelständische Unternehmen schützt, ein nicht mittelständisches Unternehmen also nicht geltend machen kann, der Auftrag hätte in Lose aufgeteilt werden müssen[350]. Da die Aufteilung des Auftrags in Teil- und Fachlose bereits in der Bekanntmachung bzw. in der Aufforderung zur Angebotsabgabe offenzulegen ist,

345 Siehe zu den Möglichkeiten und Grenzen einer mittelstandsfreundlichen Vergabe *Burgi*, NZBau 2006, 606 und 693.

346 Im Rahmen der Vergaberechtsreform 2009 hat der Gesetzgeber eine Verschärfung hin zu einer Rechtspflicht vorgenommen. Hatte § 97 Abs. 3 GWB a.F. noch davon gesprochen, dass mittelständische Interessen vornehmlich durch die Teilung der Aufträge in Fach- und Teillose angemessen zu berücksichtigen seien, lautet § 97 Abs. 3 S. 2 GWB n.F. strenger: »Leistungen *sind* in der Menge aufgeteilt (Teillose) und getrennt nach Art oder Fachgebiet (Fachlose) zu vergeben« (Hervorhebung durch den Verf.); siehe dazu *Gabriel*, NJW 2009, 2011 (2012).

347 Dazu *Müller-Wrede*, in: ders. (Hrsg.), GWB-Vergaberecht, § 97 Rdnr. 24.

348 Typischerweise mit der Losvergabe verbundene Umstände, wie etwa ein erhöhter Koordinierungsaufwand, können dabei aufgrund der Grundentscheidung des § 97 Abs. 3 GWB nicht berücksichtigt werden, es sei denn, diese Gründe erreichen ein unzumutbares Maß; vgl. OLG Düsseldorf, VergabeR 2005, 107 (109 f.); weiterführend *Müller-Wrede*, in: ders. (Hrsg.), GWB-Vergaberecht, § 97 Rdnr. 25 f.

349 ThürOLG, ZfBR 2007, 603 (604); VK Arnsberg, Beschl. v. 25. November 2009 – Az.: VK 29/09, Rdnr. 57 ff. (juris); *Kus*, in: Kulartz/ders./Portz, GWB-Vergaberecht, § 97 Rdnr. 65; *Burgi*, NZBau 2006, 693 (696 f.).

350 Für diese Einschränkung OLG Düsseldorf, Beschl. v. 22. Oktober 2009 – Az.: VII-Verg 25/09, Rdnr. 26 (juris); a.A. VK Bund, VergabeR 2002, 72 (73); VK B.-W. AbfallR 2011, 150; zum Begriff »mittelständisch« *Ortner*, VergabeR 2011, 677 (678 f.).

müssen schon in diesem frühen Stadium des Verfahrens Überlegungen dazu angestellt werden. Der neugefasste § 97 Abs. 3 S. 2 und 3 GWB weist deutlicher als die bisherige Fassung auf verschiedene Stufen bei der Losaufteilung öffentlicher Aufträge hin. Zunächst ist die Teilbarkeit des Auftrags zu bestimmen. Sodann ist das Vorliegen wirtschaftlicher oder technischer Gründe zu prüfen, die eine ausnahmsweise Durchbrechung des Gebots der Losvergabe erlauben (a). Dieser Stufe des »Ob« der Losvergabe folgt die Entscheidung über den Loszuschnitt (»Wie«) (b)[351]. Der Wortlaut des § 97 Abs. 3 GWB (»Mehrere Teil- oder Fachlose…«) darf nicht so verstanden werden, dass nicht auch alle Teil- oder Fachlose zusammen vergeben werden können, eine Gesamtvergabe bleibt also als Ausnahme möglich. Die geänderte Rechtslage stellt sich somit nicht wesentlich anders dar als das bereits zuvor geltende Regel-Ausnahme-Verhältnis[352].

a) Das Gebot der Losaufteilung und seine Durchbrechung (»Ob«)

Das OLG Düsseldorf hat für die Rechtslage vor der Reform des Vergaberechts im Jahre 2009 angenommen, die losweise Vergabe stehe trotz des grundsätzlichen Gebots der Losaufteilung im (durch das Erfordernis des Mittelstandsschutzes geleiteten) Ermessen des öffentlichen Auftraggebers. Dies werde deutlich, wenn § 97 Abs. 3 GWB a.F. die Aufteilung in Lose als *vornehmliches* Mittel zur Berücksichtigung mittelständischer Interessen nenne, § 4 Nr. 3 S. 1 VOB/A (2006) eine Losvergabe *in der Regel* vorsehe und § 5 Nr. 1 VOL/A (2006) das Gebot der Losaufteilung auf diejenigen Fälle beschränke, in denen diese Aufteilung *zweckmäßig* sei[353]. Denn diese gesetzlichen Vorgaben würden eine Abwägung der für und gegen eine Losvergabe sprechenden Gesichtspunkte erfordern, in deren Rahmen sich der Auftraggeber für eine Gesamtvergabe entscheiden dürfe, wenn dafür anerkennenswerte und überwiegende, insbesondere wirtschaft-

---

351 Eine »Zwei-Stufen-Prüfung ist auch in der Rechtsprechung bekannt, allerdings nur hinsichtlich des »Ob« der Losvergabe; vgl. ThürOLG, NZBau 2007, 730 (731 ff.); dem folgend OLG Brandenburg, VergabeR 2009, 652 (657 f.); OLG Celle, VergabeR 2010, 661 (663 ff.).

352 Zu den Auswirkungen der Neuformulierung *Gabriel*, NJW 2009, 2011 (2012).

353 OLG Düsseldorf, Beschl. v. 11. Juli 2007 – Az.: VII-Verg 10/07, Rdnr. 27 ff. (juris); Beschl. v. 22. Oktober 2009 – Az.: VII-Verg 25/09, Rdnr. 26 ff. (juris); Beschl. v. 25. November 2009 – Az.: VII-Verg 27/09, Rdnr. 52 (juris).

liche oder technische, Gründe sprechen würden[354]. Da bei der Entscheidung in der Regel komplexe und in die Zukunft gerichtete, prognostische Betrachtungen und Überlegungen anzustellen seien, sei dem Auftraggeber eine Einschätzungsprärogative zuzuerkennen. Dennoch müsse der Auftraggeber das normierte Regel-Ausnahme-Verhältnis hinreichend würdigen und zur Begründung einer Gesamtvergabe nach einer umfassenden Abwägung der widerstreitenden Belange zu der Überzeugung gelangen, dass die für eine zusammenfassende Vergabe sprechenden Gründe nicht nur anerkennenswert seien, sondern überwiegen würden[355]. Die Annahme eines Ermessens bei der Entscheidung über eine Gesamt- oder Losvergabe findet sich auch für die Rechtslage seit der Reform im Jahre 2009[356]. Allerdings ist die Annahme eines Ermessensspielraums zu keiner Zeit einheitlich erfolgt. Ohne nähere Abgrenzung ist auch bisweilen ein Beurteilungsspielraum angenommen worden[357]. Damit werden die in der Dogmatik des Verwaltungsrechts bestehenden Differenzierungen negiert. Obgleich ein erhöhter Koordinierungsaufwand oder die Vermeidung höherer

354 Die VOF (2009) enthält in § 2 Abs. 4 lediglich die Vorgaben, dass kleinere Büroorganisationen und Berufsanfänger angemessen berücksichtigt werden sollen, sagt aber nichts bezüglich einer Aufteilung von Aufträgen in Lose. Insoweit ist § 97 Abs. 3 S. 2 bis 4 GWB unmittelbar auf die Vergabe freiberuflicher Leistungen anwendbar; vgl. *Willems*, Die Förderung des Mittelstandes, S. 252 f.

355 Ebenso für einen Ermessensspielraum: OLG Schleswig, Urt. v. 13. Oktober 2000 – Az.: 6 Verg 4/00, Rdnr. 38 ff. (juris); OLG Düsseldorf, Beschl. v. 22. September 2005 – Az.: VII-Verg 49/05 u. 50/05, Rdnr. 60 ff. (juris) (»Vergabeermessen«); VK Bund, Beschl. v. 6. Juni 2007 – Az.: VK 1-38/07, Rdnr. 106 (juris); VK Saarland, Beschl. v. 7. September 2009 – Az.: 3 VK 01/09, Rdnr. 75 (juris); VK Münster, Beschl. v. 7. Oktober 2009 – Az.: VK 18/09, Rdnr. 75 (juris) (»Beurteilungs- und Ermessensspielraum«).

356 OLG Düsseldorf, VergabeR 2012, 193; VK Arnsberg, Beschl. v. 13. Dezember 2010 – Az.: VK 23/10, Rdnr. 55 (juris); VK Sachsen, Beschl. v. 10. Februar 2012 – Az.: 1/SVK/050/11, Rdnr. 76 f. (juris).

357 OLG Düsseldorf, VergabeR 2004, 511 (512) (»unbestimmte Rechtsbegriffe«); Beschl. v. 30. November 2009 – Az.: VII-Verg 43/09, Rdnr. 4 (juris) mit Hinweis auf die Neuformulierung des § 97 Abs. 3 GWB; VK Nordbayern, Beschl. v. 9. Juli 2009 – Az.: 21.VK-3194-15/09, Rdnr. 71 f. (juris); VK Saarland, Beschl. v. 7. September 2009 – Az.: 3 VK 01/09, Rdnr. 67 (juris); VK Sachsen, Beschl. v. 25. September 2009 – Az.: 1/SVK/038-09, Rdnr. 75 ff. (juris); VK Münster, Beschl. v. 7. Oktober 2009 – Az.: VK 18/09, Rdnr. 79 ff. (juris); VK Bund, Beschl. v. 4. November 2009, Az.: 3 – 190/09, Rdnr. 112 ff. (juris); VK Südbayern, Beschl. v. 29. Juni 2010 – Az.: Z3-3-3194-1-35-05-10, Rdnr. 66 (juris) jeweils m.w.N. Für die neue Rechtslage OLG Düsseldorf, Beschl. v. 7. März 2012 – Az.: VII-Verg 82/11, Rdnr. 53 (juris).

Personal- und Verwaltungskosten sowie ähnliche, typischerweise und vom Gesetz akzeptierte Nachteile einer Losvergabe eine Gesamtvergabe grundsätzlich nicht zu rechtfertigen vermögen, hat das OLG Düsseldorf ein Absehen von der Losaufteilung unter anderem mit Verweis auf den Beurteilungsspielraum der Vergabestelle als gerechtfertigt angesehen, wenn eine Gesamtschau dieser Gesichtspunkte dies erfordere[358]. Die VK Arnsberg[359] hat ebenfalls einen Beurteilungsspielraum angenommen, ohne jedoch den eigenen Prüfungsrahmen einzuschränken. Sie befasst sich vielmehr detailliert mit den Erwägungen des Auftraggebers für die Gesamtvergabe. Die Vergabekammer spricht hier allerdings auch von einer Ermessensbetätigung des Auftraggebers und bemängelt insbesondere deren fehlende Dokumentierung. Einen Anspruch der Bieter auf eine Losaufteilung gebe es nicht, der subjektivrechtliche Anspruch beschränke sich darauf, dass der Auftraggeber seinen Beurteilungsspielraum nachvollziehbar und fehlerfrei ausübe[360].

b) Die Aufteilung in Lose (»Wie«)

Die beobachtete Unschärfe setzt sich auf der zweiten Stufe bei der Prüfung des Loszuschnitts fort. Für eine größtmögliche wie auch für eine kleinstmögliche Losaufteilung haben die Nachprüfungsinstanzen relativ klar Stellung bezogen. Es sei mit Sinn und Zweck des § 97 Abs. 3 GWB unvereinbar, wenn Lose so groß zugeschnitten würden, dass kleine und mittlere Unternehmen keine Möglichkeit hätten, die damit ausgeschriebenen Leistungen tatsächlich zu erbringen, und letztlich doch nur Großunternehmen zum Zuge kommen könnten. Der Loszuschnitt wirke dann gerade mittelstandsfeindlich[361]. Andererseits bestehe kein Anspruch auf den kleinstmöglichen Loszuschnitt. Weder der Wettbewerbsgrundsatz noch das Gebot der Mittelstandsförderung würden einen Auftraggeber dazu zwingen, ein Los so zuzuschneiden, dass sich auch tatsächlich jedes am Markt vorhandene kleine Unternehmen am Wettbewerb beteiligen kön-

358 OLG Düsseldorf, VergabeR 2011, 718 (719 f.).

359 VK Arnsberg, Beschl. v. 26. Juni 2009 – Az.: VK 14/09, aufgehoben durch OLG Düsseldorf, Beschl. v. 25. November 2009 – Az.: VII-Verg 27/09.

360 VK Münster, Beschl. v. 7. Oktober 2009 – Az.: VK 18/09, Rdnr. 74 f.

361 VK Köln, Beschl. v. 11. Juni 2004 – Az.: VK VOL 9/2004, wiedergegeben in OLG Düsseldorf, VergabeR 2005, 107.

ne[362]. Um das richtige Maß zu finden, müssen die Vergabestellen zum Teil umfangreiche Überlegungen anstellen, um eine effiziente und wirtschaftliche Losaufteilung zu erreichen[363]. Überwiegend wird in diesem Zusammenhang ein Entscheidungsspielraum des Auftraggebers angenommen[364], wobei die dogmatische Einordnung und die Einzelheiten der Prüfung Unklarheiten aufweisen. Das OLG Düsseldorf[365] verlangt für die Teilung von Aufträgen in Fach- und Teillose eine Interessenabwägung im Lichte des § 97 Abs. 3 GWB, auch wenn bei der Entscheidung über eine Gesamt- oder Losvergabe dem öffentlichen Auftraggeber ein Beurteilungsspielraum zustehe[366]. Eine zu große Loseinteilung stelle einen Verstoß gegen § 97 Abs. 3 GWB, § 5 Nr. 1 VOL/A (2006) dar. Allerdings hätte der Vergabesenat deutlicher zum Ausdruck bringen sollen, dass in dem konkreten Fall (Vergabe von Dienstleistungen des technischen und infrastrukturellen Gebäudemanagements in zwei Losen) das »Wie« der Losaufteilung problematisch war, nämlich das Vorliegen einer unzulässigen größtmöglichen Losaufteilung. Eine weitere Entscheidung des OLG Düsseldorf[367], in der es um die Bildung eines Mischloses ging, weist Ähnlichkeiten auf. Gestritten wurde um die Rechtmäßigkeit einer zusammengefassten Vergabe von Erd-, Entwässerungs- und Straßenbauarbeiten mit Gründungsarbeiten für die Lärmschutzwand einer Bundesautobahn. Die Antragstellerin hatte eine unterbliebene Aufteilung der Baumaßnahme in bestimmte Fach- und Teillose gerügt, die Antragsgegnerin hatte technische und wirtschaftliche Vorteile einer Einbeziehung der Gründungs- in die übrigen Fundamentarbeiten hervorgehoben. Fraglich war, ob die Aufspaltung ei-

---

362 VK Bund, Beschl. v. 8. Januar 2004, Az.: VK 1 – 117/03, S. 10 des amtl. Umdrucks.

363 Siehe etwa die Erwägungen in OLG Düsseldorf, Beschl. v. 25. November 2009 – Az.: VII-Verg 27/09, Rdnr. 57 ff. (juris).

364 Unklar in VK Bund, VergabeR 2002, 72 (75). Die Vergabekammer verwirft eine Auseinandersetzung mit der Frage, »ob und gegebenenfalls in welcher Form die VSt eine weitergehende Untergliederung in Lose hätte vornehmen müssen«, nur deshalb, weil die »bisherige, rudimentäre Leistungsbeschreibung« und die Vergabevermerke keine ausreichende Basis für diese Beurteilung darstellen würden. Ein die Überprüfbarkeit einschränkender Entscheidungsfreiraum wird hingegen nicht erwähnt. Ebenso unklar VK Bund, Beschl. v. 6. Mai 2011 – Az.: VK 2-22/11, Rdnr. 61 (juris).

365 OLG Düsseldorf, VergabeR 2005, 107.

366 OLG Düsseldorf, VergabeR 2005, 107 (109 f.).

367 OLG Düsseldorf, Beschl. v. 11. Juli 2007, Az.: VII-Verg 10/07; ebenso vorgehend VK Düsseldorf, Beschl. v. 19. März 2007, Az.: VK – 07/2007 – B.

nes Fachloses und die zusammengefasste Vergabe eines Teils davon mit einem oder mehreren anderen Fachlosen und die isolierte Vergabe des restlichen Fachloses möglich sind[368]. Das Gericht verwies auf eine Einschätzungsprärogative des Auftraggebers, die notwendigerweise prognostische Elemente enthalte. Zudem wurde bezweifelt, dass die Gründungsarbeiten überhaupt mit den übrigen Lärmschutzarbeiten ein Fachlos darstellen würden. Umso bemerkenswerter ist die folgende detaillierte Prüfung der Argumente des Auftraggebers. Konsequent wäre doch die Überprüfung des Vorliegens eines Beurteilungs- oder Ermessensfehlers gewesen, wobei dies allerdings die Zuordnung zu einem der beiden Entscheidungsspielräume vorausgesetzt hätte. Differenzierter sind die Ausführungen des OLG Schleswig-Holstein[369] in einer Entscheidung über die Rechtmäßigkeit der Bildung einer Fachlosgruppe[370] »Rohbauarbeiten«, die von der Antragstellerin unter Hinweis auf eine nicht erfolgte Einzelausschreibung des Fachgewerks Erdarbeiten beanstandet wurde. Das Gericht prüft die »Zusammenfassung mehrerer Fachlose« zu einer Fachlosgruppe, die neben weiteren Fachlosen für andere Arbeiten an dem Bauwerk zu vergeben sei. Dem öffentlichen Auftraggeber komme ein »Vergabeermessen« zu, in dessen Rahmen er weder zwingende noch überwiegende Gründe, sondern lediglich nachvollziehbare Zweckmäßigkeitserwägungen für die Zusammenfassung geltend machen müsse[371]. Auch das OLG Karlsruhe hat dem Auftraggeber für den Loszuschnitt einen Ermessensspielraum zugestanden[372].

368 Die VK Arnsberg, Beschl. v. 26. Juni 2009, Az.: VK 14/09 spricht in Rdnr. 85 (juris) von einer »teilweisen Fachlosvergabe«.

369 OLG Schl.-Hol., Beschl. v. 14. August 2000 – Az.: 6 Verg 2/00 u. 6 Verg 3/00.

370 Zu Fachlosgruppen *Schranner*, in: Ingenstau/Korbion (Begr.), VOB. Teile A und B, § 5 VOB/A, Rdnr. 33.

371 Das OLG Schl.-Hol. begründet dies mit einer Abstufung zur einheitlichen Ausführung, die eine zweifelsfreie Gewährleistung, eine optimale Erreichung des »Leistungsziels« und eine Qualifikation voraussetze; vgl. Beschl. v. 14. August 2000 – Az.: 6 Verg 2/00 u. 6 Verg 3/00, Rdnr. 11 ff. (juris); ebenso für Ermessen OLG Karlsruhe, NZBau 2011, 567 (570 f.); VK Bund, Beschl. v. 27. September 2011 – Az.: VK 2-100/11, Rdnr. 67 (juris).

372 OLG Karlsruhe, NZBau 2011, 567 (570).

3. Die Wahl der Verfahrensart

Eine rechtmäßige Auftragsvergabe setzt die ordnungsgemäße Durchführung eines zulässigen Vergabeverfahrens voraus. Vorgaben hinsichtlich der zur Verfügung stehenden Verfahrensarten und ihrer Auswahl durch den öffentlichen Auftraggeber enthält § 101 GWB als zentrale vergabeverfahrensrechtliche Vorschrift im 4. Teil des GWB[373]. Die Aufzählung der Verfahrensarten in § 101 Abs. 1 GWB ist abschließend, weitere Verfahrensarten kommen nicht in Betracht[374]. Die Vorschrift beschränkt sich im Weiteren auf die Definition der einzelnen (Absätze 2 bis 5). In Absatz 6 werden mit der elektronischen Auktion und dem dynamischen elektronischen Verfahren Durchführungsmodifikationen anderer Verfahrensarten genannt und ebenfalls kurz charakterisiert[375]. Absatz 7 betrifft die Hierarchie der in Absatz 1 aufgeführten Verfahren und spricht damit die für den Auftraggeber zentrale Frage nach der Wahl der »richtigen« Verfahrensart an. Es wird dabei zwischen klassischen und Sektorenauftraggebern differenziert[376]. Für die klassischen Auftraggeber bestimmt § 101 Abs. 7 S. 1 GWB einen Vorrang des offenen Verfahrens vor allen anderen Verfahrensarten[377]. Bezüglich der Rangfolge der anderen in § 101 Abs. 1 GWB genannten Verfahren macht die Vorschrift hingegen keine Vorgaben. Ihre Zulässigkeit hängt zunächst von ihren spezifischen Anwendungsvoraussetzungen ab, die in den Verdingungsordnungen im Einzelnen geregelt sind. Die dortigen Vorschriften enthalten eine Vielzahl auslegungsbedürf-

---

373 *Knauff*, in: Müller-Wrede (Hrsg.), GWB-Vergaberecht, § 101 Rdnr. 1.

374 *Antweiler*, in: Ziekow/Völlink (Hrsg.), Vergaberecht, § 101 GWB Rdnr. 10.

375 Zu diesen besonderen Verfahrensgestaltungen *Kulartz*, in: ders./Kus/Portz (Hrsg.), GWB-Vergaberecht, § 101 Rdnr. 61 ff.

376 Für die hier nicht näher zu behandelnden Sektorenauftraggeber bestimmt § 101 Abs. 7 S. 2 GWB eine Gleichrangigkeit zwischen offenem, nicht offenem und Verhandlungsverfahren. Grund hierfür ist die Stellung der Sektorenauftraggeber als am Markt tätige und daher im Regelfall ungeachtet des noch nicht vollständig entwickelten Wettbewerbs in den von § 98 Nr. 4 GWB erfassten Marktsegmenten an einer Beschaffung ausschließlich unter wirtschaftlichen Aspekten interessierten Unternehmen. Die freie Verfahrenswahl schafft Flexibilität und verhindert Wettbewerbsnachteile. Siehe näher dazu *Knauff*, in: Müller-Wrede (Hrsg.), GWB-Vergaberecht, § 101 Rdnr. 65 f.

377 Damit geht das deutsche Kartellvergaberecht über die unionsrechtlichen Anforderungen hinaus, da nach Art. 28 S. 2 VKR offenes und nicht offenes Verfahren gleichrangig nebeneinander stehen; vgl. Hk-VergabeR/*Pünder*, § 101 GWB Rdnr. 14.

tiger unbestimmter Rechtsbegriffe, wie etwa »außergewöhnlich hoher Aufwand« und »außergewöhnliche Zuverlässigkeit« (§ 3 Abs. 3 Nr. 1 und 2 VOB/A-EG [2012]), »Missverhältnis des Aufwands eines offenen Verfahrens zu dem erreichbaren Vorteil« und »Unzweckmäßigkeit des offenen Verfahrens« (§ 3 Abs. 2 lit. b) und d) VOL/A-EG [2009]) oder »dringliche, zwingende Gründe« (§ 3 Abs. 4 lit. c) VOF [2009]).

Detailliertere Regelungen über den Verfahrensablauf bei den dem 4. Teil des GWB unterfallenden Auftragsvergaben enthalten die VOB/A, VOL/A und VOF[378]. Der Verfahrenswahl kommt insbesondere wegen des nach § 97 Abs. 7 GWB bestehenden Anspruchs der Unternehmen auf eine zutreffende Entscheidung und die Beachtung der jeweils einschlägigen Vorschriften über die Durchführung des gewählten Verfahrens eine große Bedeutung zu. Die Wahl einer unzulässigen Verfahrensart stellt einen Vergaberechtsverstoß dar, der mit einem Nachprüfungsantrag angegriffen werden kann[379].

Die Rechtsprechung hat sich daher verschiedentlich mit der Behauptung auseinandersetzen müssen, der Auftraggeber habe eine unzulässige Verfahrensart, zumeist das Verhandlungsverfahren, gewählt[380]. Dabei ist sie aber nur selten auf mögliche gerichtlich nicht vollständig überprüfbare Entscheidungsfreiräume bei der Wahl der Verfahrensart eingegangen. Das OLG Düsseldorf[381] hat bezweifelt, dass sich ein Bieter mit Erfolg unter Bezugnahme auf § 3 Abs. 4 lit. c) VOL/A-EG (2009) darauf berufen könne, die Vergabestelle müsse anstatt eines offenen Verfahrens ein Verhandlungsverfahren ohne vorherige öffentliche Vergabebekanntmachung durchführen. Zum einen beschränke dieses Anliegen den Wettbewerb bei der Vergabe von Aufträgen, zum anderen komme der Vergabestelle ohnehin ein Ermessen zu, ob sie bei Vorliegen der Voraussetzungen tatsächlich das Verhandlungsverfahren wähle. Für die Überprüfung einer ordnungsgemäßen Ermessensausübung relevant wäre in diesem Zusammenhang noch der Hinweis des Gerichts, die Vorschrift diene alleine dem Schutz

378 Zum Spielraum des öffentlichen Auftraggebers bei der Gestaltung eines Verhandlungsverfahrens *Müller-Wrede*, VergabeR 2010, 754 (754 f.).

379 BGHZ 183, 95 (105).

380 Etwa BGHZ 183, 95 (105 ff.); OLG Celle, NZBau 2010, 68 (69); VK Sachsen, Beschl. v. 20. August 2004 – Az.: 1/SVK/067-04 (juris); VK Bund, Beschl. v. 5. Februar 2009 – Az.: VK 1 – 186/08 (juris); Beschl. v. 20. Oktober 2009 – Az.: VK 3 – 202/09 (juris); VK Saarland, Beschl. v. 13. März 2010 – Az.: 1 VK 01/2010, Rdnr. 56 (juris).

381 OLG Düsseldorf, VergabeR 2009, 173.

der Vergabestelle vor unnötigem Aufwand, nicht aber dem Schutz der an einer Auftragsvergabe interessierten Bieter[382]. Die VK Sachsen[383] hat hinsichtlich der Zulässigkeit eines nicht offenen Verfahrens angenommen, der Auftraggeber müsse eine Prognose anstellen, wie groß der durch ein offenes Verfahren zu erreichende Vorteil und der dadurch verursachte konkrete Aufwand seien und ob letztlich in diesem Zusammenhang von einem Missverhältnis i.S.d. § 3 Abs. 2 lit. b) VOL/A-EG (2009)[384] ausgegangen werden könne. Dabei sei ein Rückgriff auf Erfahrungswerte und eigene Schätzungen möglich. Obwohl die Vergabekammer somit einen unbestimmten Rechtsbegriff (»Missverhältnis zwischen dem Aufwand des offenen Verfahrens und dem zu erreichenden Vorteil oder dem Wert der Leistung«) mit einem Prognosespielraum in Verbindung bringt, geht sie mit keinem Wort auf mögliche Prüfungsrestriktionen aufgrund eines Beurteilungsspielraums ein, sondern überprüft und verwirft die von der Vergabestelle angestellten Einschätzungen hinsichtlich der Kosten und des Aufwands eines offenen Verfahrens[385].

4. Die Leistungsbeschreibung

Mit der Leistungsbeschreibung[386] bestimmt der öffentliche Auftraggeber Art und Zuschnitt des Auftragsgegenstandes. Sie ist als Teil der obligatorischen Vertragsunterlagen[387] gleichsam das »Kernstück der Vergabeunterlagen«, mit dem der sachliche Gehalt der Angebote und damit der spätere Vertragsinhalt festgelegt werden[388]. Die Vorschriften über die Leistungsbeschreibung haben bieterschützenden Charakter. Sie sollen sicher-

---

382 OLG Düsseldorf, VergabeR 2009, 173 (175).

383 Beschl. v. 20. August 2004 – Az.: 1/SVK/067-04 (juris).

384 Vormals § 3a Nr. 1 Abs. 1 S. 1 i.V.m. § 3 Nr. 3 lit. b) VOL/A (2006).

385 VK Sachsen, Beschl. v. 20. August 2004 – Az.: 1/SVK/067-04, Rdnr. 32 ff. (juris). Für eine eingeschränkte gerichtliche Kontrolle, aber ohne eindeutige dogmatische Zuordnung VK Südbayern, Beschl. v. 29. Juni 2010 – Az.: Z3-3-3194-1-35-05-10, Rdnr. 63 (juris).

386 § 7 VOB/A-EG (2012), § 8 VOL/A-EG (2009). § 6 VOF (2009) spricht von der Aufgabenbeschreibung, wobei es sich dabei um nichts anderes handelt als die Leistungsbeschreibung für freiberufliche Leistungen.

387 Vgl. § 8 Abs. 1 Nr. 2 VOB/A-EG (2012), § 9 Abs. 1 S. 2 lit. c) VOL/A-EG (2009).

388 VK Lüneburg, Beschl. v. 7. September 2005 – Az.: VgK-38/2005, Rdnr. 63 (juris); *Prieß*, NZBau 2004, 20 (21).

stellen, dass alle Bieter gleichermaßen über den ausgeschriebenen Auftragsgegenstand informiert sind und in jeder Hinsicht vergleichbare Angebote abgeben können, womit der öffentliche Auftraggeber letztlich in die Lage versetzt wird, nach Durchführung einer Wertung das wirtschaftlichste Angebot auszuwählen. Inhalt und Gestaltung der Leistungsbeschreibung müssen daher durchgehend an den Grundsätzen des Wettbewerbs, der Transparenz und der Gleichbehandlung i.S.d. § 97 Abs. 1 und 2 GWB ausgerichtet sein. Eignungs- und Zuschlagskriterien werden inhaltlich durch die Leistungsbeschreibung determiniert[389]. Der Formulierung technischer Anforderungen im Rahmen der Leistungsbeschreibung kommt, obgleich in allen drei Vergabeordnungen geregelt, in der VOB/A und VOL/A eine wesentlich größere Bedeutung zu als bei der Ausschreibung freiberuflicher Leistungen[390]. Die technischen Anforderungen können entweder unter Bezugnahme auf den in allen drei Vergabeordnungen vorhandenen Anhang TS Technische Spezifikationen[391] formuliert werden, in Form von Leistungs- und Funktionsanforderungen oder als Kombination dieser beiden Möglichkeiten, vgl. § 7 Abs. 4 VOB/A-EG (2012), § 8 Abs. 2 VOL/A-EG (2009) und § 6 Abs. 2 VOF (2009). Nach Nr. 1 Anhang TS sind technische Spezifikationen sämtliche, in den Vergabeunterlagen enthaltenen technischen Anforderungen an ein Material, ein Erzeugnis oder eine Lieferung[392], mit deren Hilfe das Material, das Erzeugnis oder die Lieferung so bezeichnet werden können, dass sie ihren durch den Auftraggeber festgelegten Verwendungszweck erfüllen. Die Formulierung von Leistungs- und Funktionsanforderungen (sog. funktionale Leistungsbeschreibung) findet sich in § 7 Abs. 13 ff. VOB/A-EG (2012) unter der Überschrift »Leistungsbeschreibung mit Leistungsprogramm« weiter ausgestaltet. Die konstruktive Leistungsbeschreibung zeichnet sich dadurch aus, dass die gewünschte Leistung in einzelne Teilleistungen aufgegliedert und in einem Leistungsverzeichnis beschrieben wird. Dieses Vorgehen bietet sich an, wenn die ausgeschriebene Leistung schon im Einzelnen feststeht, weil der Auftraggeber auf diesem Wege seine Vorstellungen von der Leistungserbringung detailliert vorgeben und die Rügeanfälligkeit der

389 *Kappellmann*, in: ders./Messerschmidt (Hrsg.), VOB, § 7 VOB/A Rdnr. 1; *Prieß*, in: Kulartz/Marx/Portz/ders. (Hrsg.), VOL/A, § 8 EG Rdnr. 1 f.; *Burgi*, Der Landkreis 2009, 177 (178).

390 Hk-VergabeR/*Schellenberg*, § 6 VOF Rdnr. 25.

391 Übernommen aus Anhang VI der VKR.

392 Der Anhang TS zur VOB/A erwähnt noch die technischen Anforderungen an eine Bauleistung.

Ausschreibung verringern kann. Hingegen bietet die funktionale Leistungsbeschreibung eine adäquate Möglichkeit, Lösungen zu finden und das unternehmerische Know-How in Anspruch zu nehmen, wenn zwar das zu erreichende Ziel der Ausschreibung feststeht, die Einzelleistungen aber noch nicht genau bestimmt werden können. Der öffentliche Auftraggeber beschränkt sich hier auf eine funktionale Beschreibung der Leistung, das heißt auf die Darstellung von Zweck und Funktion[393]. Es handelt sich um eine Kombination aus einem Wettbewerb, der Planung und Konzeptionierung einer Leistung verlangt, mit der Vergabe der entsprechenden Leistungserbringung[394].

In der vergaberechtlichen Rechtsprechung ist unbestritten, dass den öffentlichen Auftraggebern die Entscheidungsfreiheit obliegt, ob sie überhaupt eine Leistung beschaffen wollen (»make or buy«-Freiheit) und, sofern dies der Fall ist, wie diese Leistung zu bestimmen ist[395]. Dem liegt die Einsicht zugrunde, dass die Vergabestellen Bau-, Liefer- und Dienstleistungen zur Erfüllung der ihnen obliegenden Aufgaben beschaffen und die Verantwortung für eine optimale und kosteneffiziente Aufgabenerfüllung tragen. Da die Auftraggeber am besten mit allen Einzelheiten der zu erfüllenden Aufgaben und der dafür benötigten Mittel vertraut sind, sind bieterseitige Vorbringen, eine andere als die ausgeschriebene Leistung sei zweckmäßiger, ohne Erfolg geblieben und haben nicht selten zum – später gerichtlich – bestätigten, Ausschluss des Angebots vom Vergabeverfahren geführt[396]. Aus dem Gedanken dieser Bestimmungsfreiheit des Auftragge-

---

393 *Prieß*, in: Kulartz/Marx/Portz/ders. (Hrsg.), VOL/A, § 8 EG Rdnr. 89.

394 OLG Düsseldorf, Beschl. v. 14. Februar 2001, WuW/E Verg 459.

395 OLG Düsseldorf, NJOZ 2003, 2688 (2692); Beschl. v. 22. Oktober 2009 – Az.: VII-Verg 25/09, Rdnr. 20 (juris); Beschl. v. 30. November 2009 – Az.: VII-Verg 43/09, Rdnr. 4 (juris); Beschl. v. 23. Dezember 2009 – Az.: VII-Verg 30/09, Rdnr. 71 (juris); Vergabe Navigator 3/2010, S. 23 (24); NZBau 2012, 321 (322); VergabeR 2013, 71 (74 ff.) (Verhältnis zu Vorgaben des Entsorgungsrechts); ZfBR 2013, 63 (66 ff.); VergabeR 2013, 605 (608) (beschränkte gerichtliche Kontrolle von Angebots- und Zuschlagslimitierungen; kritisch dazu *Kus*, VergabeR 2013, 610 [613]); ThürOLG, VergabeR 2007, 220 (221); OLG München, ZfBR 2007, 828 (829 f.); OLG Karlsruhe, NZBau 2014, 378 (381); VK Düsseldorf, Beschl. v. 18. April 2002 – Az.: VK – 5/2002, Rdnr. 112 ff. (juris).

396 Sofern ein Bieter für die ausgeschriebene Leistung neben dem Hauptangebot oder an dessen Stelle einen Vorschlag offeriert, der von der Ausschreibung abweicht, handelt es sich um ein Nebenangebot. Dessen Zulässigkeit hängt davon ab, ob der öffentliche Auftraggeber Nebenangebote alleine oder in Verbindung mit einem Hauptangebot zugelassen hat und ob die formalen Voraussetzungen und benannte Mindestanforderungen eingehalten werden; vgl. jurisPK-

bers heraus hat das OLG Düsseldorf angenommen, die Vergabestelle sei nicht darauf beschränkt, rechtliche oder technische Mängel der Verdingungsunterlagen zu beseitigen, sondern sie könne aufgrund ihres Bestimmungsrechtes die Verdingungsunterlagen, insbesondere die Leistungsbeschreibung auch aus sonstigen Gründen ändern, soweit sie die vergaberechtlichen Gebote der Transparenz und Diskriminierungsfreiheit beachte[397]. Die dogmatische Zuordnung der genannten Entscheidungsfreiheiten bleibt allerdings uneinheitlich, nicht zuletzt wegen einer fehlenden klaren Herleitung[398]. Die Freiheit der Auftraggeber bei der Leistungsbeschreibung findet ihre Grenzen in den das Vergaberecht prägenden Grundsätzen des Wettbewerbs und der Chancengleichheit des § 97 Abs. 1 und 2 GWB. Von Seiten der Nachprüfungsinstanzen ist wiederholt auf die Vorgaben der § 7 Abs. 8 VOB/A-EG (2012), § 8 Abs. 7 VOL/A-EG (2009) und § 6 Abs. 7 VOF (2009) hingewiesen worden[399]. Gleichlautend nach allen drei Verdingungsordnungen darf grundsätzlich in technischen Spezifikationen nicht auf eine bestimmte Produktion oder Herkunft oder ein besonderes Verfahren oder auf Marken, Patente, Typen eines bestimmten Ursprungs oder einer bestimmten Produktion verwiesen werden. Ausnahmen gelten dann, wenn sie durch den Auftragsgegenstand gerechtfertigt sind, wenn bestimmte Unternehmen oder bestimmte Produkte nicht begünstigt oder

VergR/*Summa*, § 16 VOB/A 2009 Rdnr. 140 ff. Zum Ausschluss unzulässiger Nebenangebote unter Betonung der Freiheit des Auftraggebers zur Bestimmung der zu beschaffenden Leistung OLG Düsseldorf, NJOZ 2003, 2688 (2690 f.); Beschl. v. 22. Oktober 2009 – Az.: VII-Verg 25/09, Rdnr. 20 (juris); Vergabe Navigator 3/2010, S. 23 (24).

397 OLG Düsseldorf, Beschl. v. 23. Dezember 2009 – Az.: VII-Verg 30/09, Rdnr. 71 (juris).

398 Für einen Beurteilungsspielraum ThürOLG , VergabeR 2007, 220 (222 f.); VÜA Bund, Beschl. v. 2. August 1994, WuW/E VergAB 49 (55); für einen Ermessensspielraum OLG München, VergabeR 2009, 816 (819); OLG Frankfurt, Beschl. v. 5. Juni 2012 – Az.: 11 Verg 4/12, Rdnr. 47 (juris); ohne klare dogmatische Zuordnung OLG Düsseldorf, NJOZ 2003, 2688 (2692); Beschl. v. 22. Oktober 2009 – Az.: VII-Verg 25/09, Rdnr. 20 (juris); Beschl. v. 23. Dezember 2009 – Az.: VII-Verg 30/09, Rdnr. 71 (juris); Vergabe Navigator 3/2010, 23 (24); Beschl. v. 1. August 2012 – Az.: VII-Verg 105/11, Rdnr. 49 (juris); VergabeR 2013, 605 (610); OLG München, ZfBR 2007, 828 (829 f.).

399 ThürOLG, VergabeR 2007, 220 (221); OLG Düsseldorf, Beschl. v. 22. Oktober 2009 – Az.: VII-Verg 25/09, Rdnr. 21 ff. (juris); Vergabe Navigator 3/2010, 23 (24).

ausgeschlossen werden können[400] oder wenn der Auftragsgegenstand nicht mit vertretbarem Aufwand hinreichend beschreibbar ist. Im letzten Fall muss allerdings der Zusatz »oder gleichwertig« in die Leistungsbeschreibung aufgenommen werden[401]. Bei der dann erforderlichen Beurteilung der Gleichwertigkeit der angebotenen Produkte oder Leistungen wird der Vergabestelle ein nur begrenzt überprüfbarer Wertungsspielraum zugestanden[402].

Ob eine Abweichung vom Gebot der produktneutralen Ausschreibung zulässig ist, muss der öffentliche Auftraggeber bei Abfassen der Leistungsbeschreibung bestimmen. Auch hier soll ihm ein Entscheidungsspielraum zukommen[403]. Dabei besteht allerdings Uneinigkeit über die an ihn zu stellenden Anforderungen. Das OLG Düsseldorf[404] betont sehr deutlich das Bestimmungsrecht des öffentlichen Auftraggebers. Diesem stehe es zunächst frei, die zu beschaffenden Gegenstände nach technischen und ästhetischen Gesichtspunkten zu bestimmen, ohne eine Marktanalyse oder – erkundung durchgeführt zu haben. Das Bestimmungsrecht sei dabei allerdings nicht grenzenlos, sondern müsse objektiv auftrags- und sachbezogen sowie nachvollziehbar begründet sein. Diese Freiheit beziehe sich auch auf die Annahme von Rechtfertigungsgründen für eine im Einzelfall notwendige produktspezifische oder technisch einschränkende Ausschreibung. Bemerkenswert ist die geäußerte Auffassung des Gerichts, soweit auftrags- oder sachbezogene Gründe für die Auswahl des Beschaffungsgegenstandes in der Vergabeakte dokumentiert seien, stehe der Vergabenachprüfungsinstanz keine Überprüfung anhand der für die Ausübung eines Beurteilungsspielraums entwickelten Maßstäben zu[405]. Demgegenüber

---

400 Etwa, weil nur ein einziges Unternehmen ein bestimmtes Produkt überhaupt anbietet.

401 Zum Gebot der Produktneutralität Hk-VergabeR/*Schellenberg*, § 8 EG VOL/A Rdnr. 57 ff.

402 OLG Düsseldorf, VergabeR 2013, 599 (602) ohne klare dogmatische Einordnung.

403 ThürOLG, VergabeR 2007, 220 (222) (Beurteilungsspielraum); OLG Düsseldorf, Beschl. v. 22. Oktober 2009 – Az.: VII-Verg 25/09, Rdnr. 22 (juris) (ohne dogmatische Zuordnung); Vergabe Navigator 3/2010, 23 (24) (Beurteilungsermessen).

404 Vergabe Navigator 3/2010, 23; Beschl. v. 3. März 2010 – Az.: VII-Verg 46/09; NZBau 2012, 785 (789); ZfBR 2012, 723 (724 f.). Zustimmend *Portz*, StuG 11/2012, 28 (28 f.).

405 OLG Düsseldorf, Vergabe Navigator 3/2010, 23 (24 f.); Beschl. v. 3. März 2010 – Az.: VII-Verg 46/09, Rdnr. 47 ff. (juris); ähnlich auch schon NJOZ 2003, 2688

haben namentlich das Thüringer Oberlandesgericht und das Oberlandesgericht Celle[406] strengere Anforderungen aufgestellt. Um eine unzulässige Ausgrenzung einzelner Produkte oder Verfahren zu verhindern und den Grundsätzen des Wettbewerbs und der sparsamen und wirtschaftlichen Haushaltsführung hinreichend Rechnung zu tragen, müsse sich der Auftraggeber vor Festlegung der Ausschreibungsbedingungen einen möglichst breiten Überblick über die in Betracht kommenden Lösungsvarianten verschaffen und diese nicht gleichsam schon ex ante ausblenden. Nur so werde gewährleistet, dass die Beschaffung tatsächlich in der technisch und wirtschaftlich effizientesten Weise erfolge. Voraussetzung für eine einschränkende oder gar ausgrenzende Leistungsbeschreibung sei die Prüfung und positive Feststellung, dass und aus welchen Gründen die dadurch betroffenen Produkte und Verfahren nicht geeignet erscheinen würden. Mithin sei die Vergabestelle angehalten, den ihr »zur Verfügung stehenden Beurteilungsspielraum auszuschöpfen«. Für den öffentlichen Auftraggeber ist der zu betreibende Aufwand für die Ermittlung alternativer Verfahren und Produkte somit letztlich davon abhängig, welches Gericht die Nachprüfung durchführt. Die Entscheidung, bei der Vergabe von Leistungen[407] den Beschaffungsbedarf im Wege einer Rahmenvereinbarung nach § 4 VOL/A-EG (2009) zu decken, sowie die Ausgestaltung einer solchen Rahmenvereinbarung sollen im Ermessen der Vergabestelle stehen, begrenzt durch ein aus dem allgemeinen Wettbewerbsgebot des § 97 Abs. 1 GWB folgenden Missbrauchsverbots[408].

(2691 f.); sehr kritisch dazu *Kirch/Leinemann*, VergabeNews 2010, 86 (87), die der Vergabestelle zwar einen Beurteilungsspielraum zugestehen, aber unter Beachtung der Vergabegrundsätze und des Verhältnismäßigkeitsgrundsatzes eine bloße Willkürkontrolle für nicht ausreichend halten.

406 ThürOLG, VergabeR 2007, 220 (222); OLG Celle, Beschl. v. 22. Mai 2008 – Az.: 13 Verg 1/08, Rdnr. 37 ff. (juris); VK Schl.-Hol., Beschl. v. 19. Oktober 2012 – Az.: VK-SH 28/12, Rdnr. 89 (juris) (nachvollziehbare Begründung und Dokumentation unter Ausschöpfung des Beurteilungsspielraums); kritisch hinsichtlich der Praktikabilität dieser Voraussetzung bei komplexen Großvorhaben *Koehler*, VergabeR 2007, 224 (Anm. zu ThürOLG, Beschl. v. 26. Juni 2006 – Az.: 9 Verg 2/06).

407 Bei der Vergabe von Bau- und freiberuflichen Leistungen sind Rahmenvereinbarungen außerhalb der Sektorenauftragsvergabe unzulässig; vgl. Hk-VergabeR/*Schrotz*, § 4 EG VOL/A Rdnr. 10.

408 ThürOLG, NZBau 2011, 771 (773 f.).

5. Der Ausschluss von Angeboten

Als erste Stufe der Wertung erfolgt eine Überprüfung der vorgelegten Angebote auf zwingende oder fakultative Ausschlussgründe, § 16 Abs. 1 VOB/A-EG (2012), § 19 Abs. 3 und 4 VOL/A-EG (2009)[409]. Bei der Vergabe im nicht offenen Verfahren, im wettbewerblichen Dialog oder im Verhandlungsverfahren mit Teilnahmewettbewerb erfolgt die Eignungsprüfung bereits vor der Aufforderung zur Angebotsabgabe bzw. vor der Eröffnung eines Dialogs, §§ 3 Abs. 7 Nr. 3 S. 1, 6 Abs. 3 Nr. 6 VOB/A-EG (2012) und § 3 Abs. 5 S. 1 und Abs. 7 S. 2 lit. b) VOL/A-EG (2009)[410]. Bestimmte, die Bietereignung beeinträchtigende Ausschlussgründe (§§ 6 Abs. 3 Nr. 2 lit. e) bis i) und Abs. 4, 16 Abs. 1 Nr. 2 VOB/A-EG [2012] und § 6 Abs. 4 bis 6 VOL/A-EG [2009]) sind dann bereits bei der Teilnehmerauswahl zu berücksichtigen. Bei der Vergabe freiberuflicher Leistungen, die nach § 3 Abs. 1 VOF (2009) im Verhandlungsverfahren mit vorheriger öffentlicher Aufforderung zur Teilnahme (Teilnahmewettbewerb) erfolgt, ist dies stets der Fall, § 4 Abs. 6 bis 9 VOF (2009). Neben den in den Vergabeordnungen genannten Ausschlussgründen können auch landesrechtliche Bestimmungen den Ausschluss von Bietern vorsehen[411].

a) Zwingende Ausschlussgründe

Zunächst gibt es Gründe, bei denen ein Angebot ausgeschlossen werden muss, sog. zwingende Ausschlussgründe[412]. Der Bundesgerichtshof hat deutlich gemacht, dass der öffentliche Auftraggeber bei Vorliegen der Vo-

409 Siehe § 16 Abs. 1 Nr. 1 bis 3 VOB/A-EG (2012), § 19 Abs. 3, Abs. 4 i.V.m. § 6 Abs. 6 VOL/A-EG (2009) und § 4 Abs. 6 bis 9 VOF (2009); zur Systematik dieser Vorschriften etwa *Frister*, in: Kapellmann/Messerschmidt (Hrsg.), VOB, § 16 VOB/A Rdnr. 3; *Dittmann*, in: Kulartz/Marx/Portz/Prieß (Hrsg.), VOL/A, § 19 EG Rdnr. 22 ff.; *Röwenkamp*, in: Müller-Wrede (Hrsg.), VOF, § 4 Rdnr. 53 ff. jeweils m.w.N.

410 Zum Verfahrensablauf nach der VOB/A jurisPK-VergR/*Horn*, § 3a VOB/A 2009 Rdnr. 59 ff., 98 ff. und 170 ff.

411 Zur Vergabesperre nach § 6 BlnAVG KG, NZBau 2012, 389 (391).

412 Siehe zu zwingenden Ausschlussgründen etwa BGH, VergabeR 2003, 558 (560); OLG Schl.-Hol., Urt. v. 25. September 2009 – Az.: 1 U 42/08, Rdnr. 31 u. 48 (juris); VK LSA, Beschl. v. 23. August 2005 – Az.: 1 VK LVwA 31/05, Rdnr. 98 ff. (juris).

raussetzungen eines zwingenden Ausschlussgrundes kein Recht zu einer wie auch immer gearteten großzügigen Handhabe hat, sondern gezwungen ist, das betreffende Angebot aus der Wertung zu nehmen[413]. Dies gelte bis zur Zuschlagsentscheidung, also auch dann, wenn der zwingende Ausschlussgrund nicht sofort erkannt und das betreffende Angebot zunächst im Wettbewerb belassen wurde[414]. Den anderen Bietern stehe ein Anspruch auf Ausschluss eines solchen Angebotes zu. Dies gelte mit Blick auf den Gleichbehandlungsgrundsatz selbst für solche Bieter, die mit ihrem Angebot ausgeschlossen seien, wenn auch die Angebote der verbleibenden Bieter aufgrund gleicher oder unterschiedlicher Mängel jedenfalls zwingend ausgeschlossen werden müssten[415]. Denn in einem dann neu durchzuführenden Vergabeverfahren erhalte der ausgeschlossene Bieter eine zweite Chance auf den Zuschlag[416]. Allerdings kann im Einzelfall das Vorliegen eines zwingenden Ausschlussgrundes unerheblich sein[417]. Das OLG Brandenburg hat zudem anerkannt, dass die Vergabestelle ein verspätet eingegangenes und daher gem. § 25 Nr. 1 Abs. 1 lit. e) VOL/A (2006) zwingend auszuschließendes Angebot hypothetisch werten und sich den Ausschluss dabei ausdrücklich vorbehalten könne[418].

413 BGH, NJW 1998, 3634 (3634 f.); VergabeR 2003, 313 (317).

414 BGH, VergabeR 2003, 313 (317 f.); ThürOLG, BauR 2000, 396 (402 ff.); OLG Dresden, VergabeR 2004, 92; OLG Naumburg, VergabeR 2006, 209.

415 BGHZ 169, 131 (139 f.).

416 BGHZ 169, 131 (141). Ebenso OLG Düsseldorf, VergabeR 2008, 671 (673); OLG Celle, VergabeR 2009, 77 (81).

417 So führt eine Änderung an den Verdingungsunterlagen zwar grundsätzlich zu einem zwingenden Ausschluss. Dies gilt aber dann nicht, wenn das Angebot von einer Anforderung in den Verdingungsunterlagen abweicht, die ihrerseits eine unzulässige Vergabebedingung darstellt; vgl. OLG Düsseldorf, NJOZ 2003, 2688 (2691 ff.). Ebenso schied nach alter Rechtslage ein – an sich zwingender – Ausschluss gem. §§ 25 Nr. 1 Abs. 1 lit. b) i.V.m. 21 Nr. 1 Abs. 2 S. 5 VOB/A (2006) wegen Unvollständigkeit der geforderten Erklärungen aus, wenn die Verdingungsunterlagen (ggf. i.V.m. den Umständen in diesem Punkt) unklar waren und der Auftraggeber dies zu verantworten hatte; OLG Düsseldorf, VergabeR 2009, 228 (231 ff.).

418 OLG Brandenburg, VergabeR 2009, 820 (824).

b) Fakultative Ausschlussgründe

Fakultative Ausschlussgründe verlangen hingegen eine eigene Entscheidung der Vergabestelle über den Ausschluss des Bieters[419].

aa) Ausschluss wegen fehlender Erklärungen und Nachweise

Als besonders praxisrelevant hat sich der Ausschluss eines Angebotes wegen fehlender oder nicht fristgerecht vorgelegter Erklärungen und Nachweise erwiesen. Zahlreiche Entscheidungen, insbesondere zur Rechtslage vor der letzten Reform des Vergaberechts, haben sich hiermit befasst. Die normativen Vorgaben in den Verdingungsordnungen waren allerdings unterschiedlich.

Anders als in der VOL/A (2006) und VOF (2006) war bei der Vergabe von Bauleistungen in § 25 Nr. 1 Abs. 1 lit. b) VOB/A (2006) der zwingende Ausschluss eines Angebotes vorgesehen, sofern Preisangaben und geforderte Erklärungen i.S.d. § 21 Nr. 1 Abs. 1 S. 3 VOB/A (2006) fehlten. Der BGH hat diese Rechtsfolge ausdrücklich betont[420]. Es komme nicht darauf an, ob das betreffende Angebot im Ergebnis noch mit den anderen Angeboten verglichen werden könne. Eine Unterteilung in wettbewerbsrelevante Erklärungen, deren Fehlen zum Ausschluss führe, und Erklärungen, deren Fehlen keinen Einfluss auf die Preise, den Wettbewerb oder die Eindeutigkeit des Angebotsinhalts hätten und deshalb unschädlich wären, hat das Gericht abgelehnt. Alle Erklärungen, die der öffentliche Auftraggeber nach Maßgabe der Verdingungsunterlagen zulässigerweise fordern dürfe, hätten vergaberechtliche Relevanz, weshalb ihr Fehlen folgerichtig zwingend zum Ausschluss führe. Eine irgendwie geartete großzügigere Handhabung lasse § 25 Nr. 1 Abs. 1 lit. b) VOB/A (2006) nicht zu[421]. Zweifelhaft blieb die Zulässigkeit der Nachreichung fehlender

419 OLG Düsseldorf, VergabeR 2004, 387 (391 f.); Beschl. v. 5. Mai 2009 – Az.: VII-Verg 14/09, Rdnr. 8, 12 ff. (juris); OLG Celle, VergabeR 2007, 650 (652); OLG Naumburg, NZBau 2008, 788 (792).

420 BGH, VergabeR 2003, 558 (560).

421 BGH, VergabeR 2003, 558 (560); ebenso OLG Frankfurt, ZfBR 2004, 292 (292 f.); OLG Naumburg, NZBau 2008, 788 (791) zu fehlenden Preisangaben. BGH, NZBau 2004, 457 (458 f.); VK LSA, Beschl. v. 23. August 2005 – Az.: 1 VK LVwA 31/05, Rdnr. 98 (juris) zu fehlenden geforderten Erklärungen.

Erklärungen[422]. Teilweise wurde vertreten, ein zwingender Ausschluss sei nicht erforderlich, wenn die nachgereichten Unterlagen oder Erklärungen objektiv betrachtet unter keinen Umständen die Gefahr einer Manipulation hervorrufen würden[423]. Ob der öffentliche Auftraggeber von der Vorgabe des zwingenden Ausschlusses nach § 25 Nr. 1 Abs. 1 lit. b) VOB/A (2006) dadurch abweichen könne, dass er bereits in den Verdingungsunterlagen erkläre, er behalte sich die Zulassung von diese abändernden Angeboten vor (§ 21 Nr. 1 Abs. 2 VOB/A [2006]), hat der BGH ausdrücklich offengelassen. Die Entscheidung über eine Zulassung auch unvollständiger Angebote stehe dann jedenfalls im pflichtgemäßen Ermessen der Vergabestelle[424].

Für die Vergabe von Leistungen galt abweichend, dass vom Auftraggeber geforderte, aber fehlende eignungsbezogene Erklärungen und Nachweise zu einem fakultativen Ausschlussgrund führten, § 25 Nr. 1 Abs. 2 lit. a) VOL/A (2006). Allerdings wurde verschiedentlich betont, dieses grundsätzlich bestehende Ermessen sei auf Null reduziert und der Ausschluss letztlich zwingend, wenn die geforderten Unterlagen für die Vergleichbarkeit der Angebote und die Vergabeentscheidung wettbewerbliche Relevanz hätten[425]. Das OLG Düsseldorf hat dabei ausdrücklich auf das Wettbewerbsgebot einer sachgerechten, transparenten und auf die Gleichbehandlung der Bieter abzielende Vergabeentscheidung sowie auf die Parallelvorschrift des § 25 Nr. 1 Abs. 1 lit. b) VOB/A (2006) hingewiesen[426]. Das OLG Celle hat zusätzlich gefordert, dass der öffentliche Auftraggeber nicht nur die Vorlage der Erklärungen verlange, sondern auch im Falle ihres Fehlens oder ihrer nicht rechtzeitigen Vorlage einen zwingenden Ausschluss vorsehe, er sich also in seiner Entscheidung selbst gebunden habe[427]. Die VK Bund hat das Fehlen geforderter Erklärungen hingegen von vornherein als zwingenden Ausschlussgrund gem. § 25 Nr. 2 Abs. 1

422 VK LSA, Beschl. v. 23. August 2005 – Az.: 1 VK LVwA 31/05, Rdnr. 99 (juris).

423 *Kus*, VergabeR 2003, 561 (562) (Anm. zu BGH, Urt. v. 7. Januar 2003 – Az.: X ZR 50/01).

424 BGH, NZBau 2007, 523 (524). Diese Frage stellt sich bei den regelungsgleichen §§ 16 Abs. 1 Nr. 1 lit. b) i.V.m. 13 Abs. 1 Nr. 5 S. 1 VOB/A-EG (2012) ebenso.

425 OLG Düsseldorf, VergabeR 2004, 387 (391); VergabeR 2009, 905 (914); OLG Naumburg, Beschl. v. 23. April 2009 – Az.: 1 Verg 5/09, Rdnr. 28 (juris); OLG Brandenburg, Beschl. v. 15. September 2009 – Az.: Verg W 8/09, Rdnr. 17 (juris); OLG München, VergabeR 2010, 992 (1005).

426 OLG Düsseldorf, VegabeR 2004, 387 (391); VergabeR 2009, 905 (914).

427 OLG Celle, VergabeR 2007, 650 (652); NZBau 2010, 333 (335).

VOL/A (2006) eingeordnet, da die verspätete Vorlage solcher Unterlagen dem Nachweis der Eignung diene und daher nicht unter den in § 25 Nr. 1 Abs. 2 lit. a) VOL/A (2006) genannten Ausschlussgrund falle[428]. Allerdings gestand die VK Bund der Vergabestelle ein Ermessen hinsichtlich der Nachforderung der Eignungsnachweise gem. § 7a Nr. 5 VOL/A (2006) zu, sofern sie ihr Ermessen nicht bereits in einer sie bindenden Form ausgeübt habe. Eine solche Bindung sei etwa dann anzunehmen, wenn die Verdingungsunterlagen zwingend einen Nachweis der Eignung durch die Bieter innerhalb der Angebotsfrist vorsehen würden[429]. Auch das OLG Naumburg hat die Möglichkeit einer Nachreichung fehlender Unterlagen angenommen[430]. Im Ergebnis kamen damit meist beide Ansichten zu einem zwingenden Angebotsausschluss.

Bei der Vergabe freiberuflicher Leistungen sah § 11 Abs. 4 lit. e) VOF (2006) ebenfalls einen fakultativen Ausschluss vor, sofern ein Teilnehmer am Vergabeverfahren in erheblichem Maße falsche Erklärungen abgegeben oder Auskünfte unberechtigterweise nicht erteilt hatte. Zwar sei anerkannt, dass die Vergabestelle aufgrund des Gleichbehandlungsgebots einen Teilnahmeantrag nicht mehr berücksichtigen dürfe, der nach dem gesetzten Schlusstermin eingehe[431]. Setze sie allerdings weitergehend auch eine Angebotsfrist fest[432], sei sie dadurch nicht grundsätzlich gehindert, Angebote zu berücksichtigen, bei denen die Nachweise nicht fristgemäß vorgelegt worden seien. Es stehe dann in ihrem Ermessen, ob sie eine zum Angebot gehörende Nachweisung nachfordere, wobei sie aus Gründen der Gleichbehandlung im Falle einer Nachforderung gleich liegende Versäumnisse anderer Bewerber ebenfalls unberücksichtigt lassen müsse[433].

---

428 VK Bund, Beschl. v. 28. April 2005 – Az.: VK 1 – 35/05, Rdnr. 45 (juris).

429 VK Bund, Beschl. v. 28. April 2005 – Az.: VK 1 – 35/05, Rdnr. 50 (juris).

430 OLG Naumburg, VergabeR 2004, 80 (81).

431 OLG Düsseldorf, Beschl. v. 30. Mai 2001 – Az.: VII-Verg 23/00, Rdnr. 38 (juris) bezüglich eines VOL/A-Verhandlungsverfahrens.

432 Zwar enthält die VOF in Abweichung zur VOB/A und VOL/A keine Regelungen über Mindestfristen für die Abgabe von Angeboten, gleichwohl setzen Art. 38 Abs. 7 und 40 Abs. 4 VKR (für Verhandlungsverfahren allgemein) und § 7 Abs. 3 und 4 VOF (2009) die Festsetzung von Angebotsfristen voraus; vgl. Kompaktkommentar VergR/*Schubert*, 6. Los, § 7 VOF Rdnr. 23 ff.

433 OLG Frankfurt, Beschl. v. 23. Januar 2007 – Az.: 11 Verg 11/06, Rdnr. 36 (juris).

Die Neufassung der VOB/A regelt nun umfassender, wie im Falle fehlender Erklärungen vorzugehen ist. Fehlende angebots- wie eignungsbezogene Erklärungen und Nachweise des Bieters oder Dritter sind grundsätzlich gem. § 16 Abs. 1 Nr. 3 VOB/A-EG (2012) nachzufordern, wenn nicht bereits ein Ausschlussgrund nach Nr. 1 oder 2 vorliegt. Werden die fehlenden Unterlagen daraufhin nicht nachgereicht, ist das Angebot zwingend auszuschließen[434]. Durch die Neuregelung ist damit die Frage nach der Abwendung des Ausschlusses durch zunächst fehlende, aber nachgereichte Unterlagen[435] dahingehend beantwortet, dass die Nachforderung zur Pflicht des öffentlichen Auftraggebers geworden ist. In Angleichung daran sieht § 19 Abs. 3 lit. a) VOL/A-EG (2009) nunmehr ebenfalls einen zwingenden Ausschluss vor, wenn geforderte oder nachgeforderte Erklärungen und Nachweise fehlen[436]. Allerdings ordnet § 19 Abs. 2 S. 1 VOL/A-EG (2009) die Nachforderung der Erklärungen und Nachweise nicht zwingend an, sondern eröffnet lediglich die Möglichkeit für den Auftraggeber, eine Nachforderung zu verlangen und ihre Bedingungen zu bestimmen. Nachprüfungsentscheidungen haben das hierbei bestehende Ermessen des öffentlichen Auftraggebers betont[437]. Auch für die Vergabe freiberuflicher Leistungen ist nunmehr die Möglichkeit (nicht die Pflicht!) zur Nachforderungen fehlender Erklärungen und Nachweise in § 5 Abs. 3 VOF (2009) vorgesehen[438]. Hat der Bieter berechtigterweise zu fordernde Auskünfte nicht erteilt oder sich in erheblichem Maß falscher Erklärungen schuldig gemacht, kann er gem. § 4 Abs. 9 lit. e) VOF (2009) vom Verfahren ausgeschlossen werden[439].

---

434 Vgl. *Frister*, in: Kapellmann/Messerschmidt (Hrsg.), VOB, § 16 VOB/A Rdnr. 43.

435 VK LSA, Beschl. v. 23. August 2005 – Az.: 1 VK LVwA 31/05, Rdnr. 99; *Kus*, VergabeR 2003, 561 (562) (Anm. zu BGH, Urt. v. 7. Januar 2003 – Az.: X ZR 50/01).

436 *Müller-Wrede*, in: ders. (Hrsg.), VOL/A, § 19 EG Rdnr. 84.

437 OLG Brandenburg, VergabeR 2012, 110 (117 f.); OLG Karlsruhe, ZfBR 2012, 301 (303 f.); OLG Düsseldorf, Beschl. v. 2. Mai 2012 – Az.: VII-Verg 68/11, Rdnr. 14 ff. (juris); VK LSA, Beschl. v. 7. April 2011 – Az.: 1 VK LSA 57/10, Rdnr. 50 f. (juris). Zur damit verbundenen eingeschränkten gerichtlichen Kontrolle OLG Düsseldorf, Beschl. v. 9. Mai 2011 – Az.: VII-Verg 40/11, Rdnr. 93 f. (juris); *Horn*, in: Müller-Wrede (Hrsg.), VOL/A, § 19 EG Rdnr. 25 ff., der von einem Entscheidungs- (»Ob«) und einem Auswahlermessen (»Wie«) ausgeht.

438 Dazu etwa VK Thüringen, Beschl. v. 24. November 2010 – Az.: 250-4004.20-4381/2010-009-NDH, Rdnr. 225 (juris).

439 Dazu Kompaktkommentar VergR/*Werner*, 4. Los § 4 VOF Rdnr. 41.

bb) Andere Ausschlussgründe

Für einen Ausschluss wegen einer schweren Verfehlung gem. § 7 Nr. 5 lit. c) VOL/A (2006)[440] hat das OLG München auf der Tatbestandsseite einen Beurteilungsspielraum hinsichtlich der Bestimmung des Vorliegens einer schweren Verfehlung und auf der Rechtsfolgenseite einen Ermessensspielraum angenommen[441].

Ebenso soll der Vergabestelle ein Beurteilungsspielraum zustehen, ob eine Position, bei der eine Preisangabe fehlt, unwesentlich i.S.d. § 16 Abs. 1 Nr. 1 lit. c) VOB/A-EG (2012) ist[442].

Bei der Entscheidung über einen Ausschluss wegen Eröffnung eines Insolvenzverfahrens oder eines entsprechenden Antrags nach §§ 19 Abs. 4 i.V.m. 6 Abs. 6 lit. a) VOL/A-EG (2009) soll dem öffentlichen Auftraggeber nach Ansicht des OLG Schleswig-Holstein ein Entscheidungsspielraum zustehen, wenn dem Bieter infolge dieser Umstände die Erfüllung der vertraglichen Pflicht erforderliche Eigung (Leistungsfähigkeit) abhanden gekommen ist. Hieraus folgert das Gericht, es müsse nicht nur das Faktum des Insolvenzverfahrens oder des entsprechenden Antrags festgestellt werden, sondern auch eine Prognose zur entfallenen bzw. zur fortbestehenden Leistungsfähigkeit des betroffenen Unternehmens. Bei dieser Prognose stehe der Vergabestelle ein Beurteilungsspielraum zu[443].

6. Die Eignungsprüfung

Sofern keine zwingenden oder fakultativen Ausschlussgründe vorliegen, ist in einem nächsten Schritt die Eignung der sich bewerbenden Unternehmen anhand bestimmter Kriterien positiv festzustellen. Europarechtli-

---

440 Nach Beginn der Angebotsphase gilt dies i.V.m. § 25 Nr. 1 Abs. 2 lit. b) VOL/A (2006). Dieser Ausschlussgrund ist nun geregelt in § 6 Abs. 6 lit. c) VOL/A-EG (2009) und zudem auch in § 16 Abs. 1 Nr. 2 lit. c) VOB/A-EG (2012) und § 4 Abs. 9 lit. c) VOF (2009).

441 OLG München, VergabeR 2010, 992 (1007 f.). Ebenso differenziert das Gericht bei einem Ausschluss gem. § 16 Abs. 1 Nr. 2 lit. c) VOB/A-EG (2012), lehnt ein Ermessen auf der Rechtsfolgenseite aber ab, wenn die Unzuverlässigkeit eines Bieters prognostiziert worden ist; OLG München, NZBau 2013, 261 (263).

442 Zur wortgleichen Vorgängerregelung des § 16 Abs. 1 Nr. 1 lit. c) VOB/A (2009) VK Hessen, Beschl. v. 10. Dezember 2010 – Az.: 69d VK-38/2010, Rdnr. 53 (juris).

443 OLG Schl.-Hol., VergabeR 2012, 900 (904 ff.).

che Vorgaben für die Eignungsprüfung finden sich in Art. 45 bis 48 VKR, umgesetzt in nationales Recht durch § 97 Abs. 4 GWB, der Fachkunde, Leistungsfähigkeit sowie Gesetzestreue und Zuverlässigkeit als Kriterien für die Beurteilung der Eignung eines Bieters benennt[444]. Diese Kriterien dürfen nicht mit den Zuschlagskriterien der Angebotswertung vermengt werden, sondern sind streng davon zu trennen. Als Zuschlagskriterien sind daher solche Kriterien ausgeschlossen, die nicht der Ermittlung des wirtschaftlich günstigsten Angebots dienen, sondern die im Wesentlichen mit der Beurteilung der fachlichen Eignung der Bieter für die Ausführung des betreffenden Auftrags zusammenhängen. Ein »Mehr an Eignung« wird von der Rechtsprechung nicht anerkannt[445]. Dies schließt allerdings nicht aus, dass bei den Zuschlagskriterien auch Aspekte aufgeführt werden können, die auch als Eignungskriterien hätten formuliert werden können[446].

Der Eignungsprüfung fällt je nach gewählter Verfahrensart eine unterschiedliche Rolle zu. Im offenen Verfahren erfolgt sie auf der zweiten Stufe der Angebotswertung nach dem Ausschluss unzulässiger Angebote und dient der Ermittlung derjenigen Unternehmen, die nach Fachkunde, Leistungsfähigkeit sowie Gesetzestreue und Zuverlässigkeit generell eine ordnungsgemäße Auftragserfüllung erwarten lassen, sowie der Aussonderung unzureichend qualifizierter Bewerber, deren Angebote im weiteren Verfahren nicht mehr berücksichtigt werden. Eine eingehendere qualitative Einteilung der Unternehmen in geeignetere und weniger geeignetere erfolgt nicht. Im nichtoffenen Verfahren, im wettbewerblichen Dialog und im Verhandlungsverfahren mit Veröffentlichung einer Bekanntmachung findet hingegen ein vorgeschalteter Teilnahmewettbewerb statt, der neben der Ermittlung geeigneter Bewerber auch zur Ermittlung qualitativer Unterschiede zwischen den einzelnen Bewerbern genutzt werden kann[447].

---

444 Die Kriterien Fachkunde, Leistungsfähigkeit und Zuverlässigkeit sind auch in den Verdingungsordnungen verankert, vgl. §§ 2 Abs. 1 Nr. 1, 16 Abs. 2 Nr. 1 VOB/A-EG (2012), §§ 2 Abs. 1 S. 1, 19 Abs. 5 VOL/A-EG (2009), §§ 2 Abs. 1 S. 1, 5 Abs. 1, 10 Abs. 1 VOF (2009).

445 So etwa jüngst EuGH, NZBau 2010, 120 (124) – »Kommission ./. Hellenische Republik«; BGH, NZBau 2008, 505 (506); OLG Düsseldorf, NZBau 2010, 649 (652); ZfBR 2012, 72 (75).

446 OLG Düsseldorf, VergabeR 2008, 956 (960 f.); kritisch die Entscheidungsanmerkung von *Noch*, VergabeR 2008, 961 (963 f.). Zur im Einzelfall bisweilen schwierigen Abgrenzung von Eignungs- und Leistungskriterien siehe die Entscheidungsanmerkung von *Kaiser*, VergabeR 2013, 618 (618 f.).

447 Vgl. dazu näher unten unter d) und ausführlich Hk-VergabeR/*Pünder*, § 101 GWB Rdnr. 36 ff., 56, 74 ff.

Die in § 97 Abs. 4 GWB aufgeführten Eignungskriterien bedürfen einer Konkretisierung[448], bei der sich verschiedene Fragestellungen differenzieren lassen. Zunächst muss generell die Frage beantwortet werden, was im Einzelnen unter den Begriffen zu verstehen ist. In einem konkreten Vergabeverfahren ist zu klären, in welchem Verhältnis die Kriterien zueinander stehen. Des Weiteren ist fraglich, wie ein Bieter seine Eignung nachweisen soll, welche Nachweispflichten also von der Vergabestelle aufgestellt werden müssen bzw. dürfen. Und schließlich bleibt die Beurteilung im jeweiligen Einzelfall, ob ein Bieter die erforderliche Eignung besitzt oder nicht. Bei allen genannten Aspekten ist das Bestehen von Entscheidungsspielräumen zu prüfen[449]. In der Rechtsprechung treten Fragen nach der gerichtlichen Kontrolldichte im Zusammenhang mit der Eignungsprüfung regelmäßig auf. Auf die soeben angesprochene Differenzierung nach einzelnen Fragestellungen wird dabei häufig verzichtet[450]. Zumeist erfolgt lediglich der pauschale Hinweis auf einen Entscheidungsspielraum der Vergabestelle bei der Eignungsbewertung[451].

a) Die Begriffe Fachkunde, Leistungsfähigkeit, Gesetzestreue und Zuverlässigkeit

Die Eignungskriterien des § 97 Abs. 4 GWB sind unbestimmte Rechtsbegriffe[452]. Die Bestimmung der Begriffsinhalte unterliegt keiner Einschrän-

---

448 Ebenso *Kulartz*, in: ders./Kus/Portz (Hrsg.), GWB-Vergaberecht, § 97 Rdnr. 99, allerdings verbunden mit der ohne nähere Prüfung aufgestellten Behauptung, dies habe eine eingeschränkte Nachprüfbarkeit zur Folge.

449 Dies zeigt sich bereits daran, dass in der Literatur zahlreich von mehr oder minder umfangreichen Entscheidungsspielräumen ausgegangen wird, vgl. nur *Frister*, in: Kapellmann/Messerschmidt (Hrsg.), VOB, § 16 VOB/A Rdnr. 72 ff.; *Kulartz*, in: ders./Kus/Portz (Hrsg.), GWB-Vergaberecht, § 97 Rdnr. 99; jurisPK-VergR/*Summa*, § 97 Rdnr. 70.

450 Als Ausnahme sei aber OLG München, ZfBR 2010, 702 mit einer klaren Trennung von formeller und materieller Eignungsprüfung genannt.

451 Aus jüngerer Zeit etwa OLG Frankfurt, VergabeR 2009, 629 (636); OLG Koblenz, Vergabe Navigator 3/2010, 22; OLG München, Beschl. v. 5. November 2009 – Az.: Verg 13/09, Rdnr. 69 (juris); VergabeR 2010, 992, 5. Leitsatz und S. 1006 f. Siehe aus der Literatur nur *Kulartz*, in: ders./Kus/Portz (Hrsg.), GWB-Vergaberecht, § 97 Rdnr. 99; jurisPK-VergR/*Summa*, § 97 Rdnr. 7.

452 BayObLG, VergabeR 2002, 637 (639); *Kulartz*, in: ders./Kus/Portz (Hrsg.), GWB-Vergaberecht, § 97 Rdnr. 99.

kung gerichtlicher Kontrolle[453]. Fachkundig sind Bieter, die über die für die Vorbereitung und Ausführung der jeweiligen Leistung notwendigen Kenntnisse verfügen. Leistungsfähigkeit als sach- und betriebsbezogenes Eignungskriterium stellt auf den Betrieb des Bewerbers ab. Sie lässt sich in Anlehnung an Art. 47 und 48 VKR in wirtschaftliche und finanzielle sowie technische und berufliche Leistungsfähigkeit unterteilen und betrifft die sachlichen Anforderungen an das Unternehmen in kaufmännischer und technischer Hinsicht sowie die sachliche und personelle Betriebsausstattung und –struktur[454]. Zuverlässig ist ein Bieter, der eine ordnungsgemäße Vertragserfüllung und Betriebsführung gewährleistet[455]. Dass zur Zuverlässigkeit eines Bieters insbesondere die Einhaltung aller zu beachtenden Rechtsvorschriften gehört, wird durch die Einfügung des Eignungskriteriums Gesetzestreue in § 97 Abs. 4 S. 1 GWB klargestellt. Eine Erweiterung der Eignungskriterien ist damit jedoch nicht verbunden[456]. Der Gesetzgeber wollte zum Ausdruck bringen, dass öffentliche Aufträge nur an solche Unternehmen vergeben werden, die sämtliche Gesetze der deutschen Rechtsordnung einhalten. Darunter sollen auch für allgemein verbindlich erklärte Tarifverträge, die Entgeltgleichheit von Männern und Frauen sowie international vereinbarte Grundprinzipien und Rechte wie die Kernarbeitsnormen der Internationalen Arbeitsorganisation (IAO) verstanden werden[457].

Die Eignungskriterien sind gleichwertig und können nicht abstrakt gewichtet werden. Allerdings ist es möglich, im konkreten Einzelfall unter-

---

453 Wohl a.A. OLG Frankfurt, Beschl. v. 30. März 2004 – Az.: 11 Verg 4/04 und 11 Verg 5/04, Rdnr. 60 (juris) und VÜA Bund, Beschl. v. 1. Oktober 1998, WuW/E Verg 211 (212), der als möglichen Beurteilungsfehler die Bestimmung des Rechtsbegriffs »Zuverlässigkeit« prüft. Missverständlich auch OLG Düsseldorf, Beschl. v. 9. Juni 2010 – Az.: VII-Verg 14/10, Rdnr. 43 (juris).

454 jurisPK-VergR/*Summa*, § 97 GWB Rdnr. 107 f.

455 Prägnant zusammengefasst bei VK Bund, VergabeR 2001, 138 (139).

456 Für die Streichung der Gesetzestreue in § 97 Abs. 4 S. 1 GWB wegen Überflüssigkeit *Kus*, VergabeR 2010, 321 (328).

457 BT-Drs. 16/10117, S. 16; kritisch dazu *Ziekow*, in: ders./Völlink (Hrsg.), Vergaberecht, § 97 GWB Rdnr. 132 ff. Das Fordern von Verpflichtungserklärungen zu den IAO-Kernarbeitsnormen gem. § 18 TVgG NRW als Nachweis der beruflichen (technischen) Leistungsfähigkeit von Bietern verstößt allerdings ebenso gegen das Vergaberecht wie das Fordern als Nachweis zur persönlichen Lage eines Bieters. Solche Verpflichtungserklärungen können allerdings als zusätzliche Anforderungen (Bedingungen) an die Auftragsausführung gem. § 97 Abs. 4 S. 2 GWB verlangt werden; vgl. OLG Düsseldorf, NZBau 2014, 314 (315 f.).

schiedlich viel Wert auf die verschiedenen Kriterien zu legen. Dies hängt letztlich vom jeweiligen Auftragsgegenstand ab[458]. Der Vergabeüberwachungsausschuss des Bundes hat in einer älteren Entscheidung der Vergabestelle dabei einen Beurteilungsspielraum zuerkannt, weil sie die ausschließliche Verantwortung dafür trage, dass die Grundsätze der Vergabe und damit die Auswahl der zu berücksichtigenden Unternehmen beachtet würden[459].

b) Eignungsnachweise

Die Vergabeordnungen verlangen, dass die geforderten Eignungsnachweise mit dem Auftragsgegenstand zusammenhängen und ihm angemessen (§ 6 Abs. 5 Nr. 1 VOB/A-EG [2012]) bzw. dass sie durch den Gegenstand des Auftrags gerechtfertigt sind (§ 7 Abs. 1 S. 1 VOL/A-EG [2009] und § 5 Abs. 1 S. 1 VOF [2009]). Da allerdings Art. 44 Abs. 2 UAbs. 2 VKR die Angemessenheit der Eignungsanforderungen verlangt, geht das OLG Düsseldorf davon aus, dass die von § 7 Abs. 1 S. 1 VOL/A-EG (2009) verlangte Rechtfertigung im Sinne dieser strengen Angemessenheit zu verstehen sei. Angemessenheit der Eignungsanforderungen sei danach anzunehmen, wenn diese geeignet und erforderlich seien, die Leistungsfähigkeit im Hinblick auf den konkret ausgeschriebenen Auftragsgegenstand nachzuweisen[460]. Dies gilt ebenfalls für § 5 Abs. 1 S. 1 VOF (2009). Während § 7 Abs. 1 S. 2 VOL/A-EG (2009) und § 5 Abs. 2 S. 1 VOF (2009) Eigenerklärungen zum regelmäßigen Eignungsnachweis bestimmen, muss dem Bieter nach § 6 Abs. 3 Nr. 2 VOB/A-EG (2012) von den öffentlichen Auftraggebern bei der Vergabe von Bauleistungen die Wahl gelassen werden, ob er auf seine Eintragung in der Liste des Vereins für Präqualifikation von Bauunternehmen e.V. (Präqualifikationsverzeichnis) verweist oder Einzelnachweise beibringt[461]. Weitere Vorgaben lassen sich den Verdingungsordnungen nicht entnehmen. Es bleibt offen, wer letztverbindlich darüber entscheidet, welche Nachweise gerechtfertigt sind.

---

458 Vgl. *Burgi*, VergabeR 2007, 457 (464).

459 VÜA Bund, Beschl. v. 1. Oktober 1998, WuW/E Verg 211 (212).

460 OLG Düsseldorf, NZBau 2012, 321 (322); VergabeR 2013, 614 (615 f.).

461 Dazu *Glahs*, in: Kapellmann/Messerschmidt (Hrsg.), VOB, § 6 VOB/A Rdnr. 61 ff.

Die Eignungsprüfung wird in einigen Entscheidungen aufgeteilt in die formelle Überprüfung der Vollständigkeit der verlangten Nachweise als formale Eignungsprüfung und die davon zu trennende materielle Eignungsprüfung, ob der Bieter zur Ausführung der anstehenden Leistung persönlich und fachlich geeignet ist[462]. Das OLG München sieht in seinem Beschluss vom 5. November 2009 bei der formalen Eignungsprüfung keinen Raum für eine »Beurteilungsbandbreite«[463]. Seien die Nachweise vollständig, so habe in jedem Fall eine inhaltliche Prüfung der Eignung zu erfolgen[464]. Sofern in der Ausschreibung Mindestbedingungen (etwa die Mindestanzahl von Referenzen, Mindestumsatzzahl auf dem Gebiet etc.) aufgestellt seien und die vorgelegten Unterlagen nicht den konkreten Anforderungen der Ausschreibung entsprechen würden, seien sie ohne Wertungsmöglichkeit der Vergabestelle auszuschließen[465]. Auf zunächst verlangte Unterlagen könne der Auftraggeber aufgrund sonst eröffneter Manipulationsmöglichkeiten nicht nach seinem Ermessen im Nachhinein verzichten[466]. Habe er daher zunächst Einzelnachweise verlangt, sei eine später stattdessen erfolgende Prüfung der Eintragung in das Präqualifikationsverzeichnis ausgeschlossen. Welche Anforderungen der öffentliche Auftraggeber an den Bieter stelle, welche Eignungsnachweise er prüfen wolle und zu welchem Zeitpunkt er diese verlange, überlässt das OLG München hingegen dem Gestaltungsermessen des Auftraggebers[467]. Bei der Bewertung der Frage der Vergleichbarkeit von Referenzen komme der Vergabestelle, die regelmäßig über spezifisches Fachwissen und fachliche Erfahrung zum Gegenstand der Ausschreibung verfüge, ein nur ein-

462 OLG München, ZfBR 2010, 702 (706 f.); ThürOLG, VergabeR 2010, 509 (511); OLG Düsseldorf, NZBau 2011, 54 (56).

463 OLG München, ZfBR 2010, 702 (706). Vorgaben für das Einfordern von Nachweisen formuliert auch OLG München, VergabeR 2009, 65 (73 ff.).

464 Bei der das OLG München dann sehr wohl einen Beurteilungsspielraum anerkennt, vgl. OLG München, ZfBR 2010, 702 (706).

465 OLG Frankfurt, Beschl. v. 13. Dezember 2011 – Az.: 11 Verg 8/11, Rdnr. 42 (juris); OLG Koblenz, Beschl. v. 13. Juni 2012 – Az.: 1 Verg 2/12, Rdnr. 29 (juris).

466 OLG Celle, ZfBR 2012, 176 (179).

467 OLG München, VergabeR 2010, 267 (270). Ebenso VK Bund, Beschl. v. 23. Dezember 2010 – Az.: VK 3-132/10, Rdnr. 76 (juris); VK Lüneburg, Beschl. v. 31. Januar 2012 – Az.: VgK-58/2011, Rdnr. 51 (juris). Für einen Beurteilungsspielraum hingegen OLG Düsseldorf, Beschl. v. 16. Mai 2011 – Az.: VII-Verg 44/11, Rdnr. 33 (juris); VK Bund, Beschl. v. 16. November 2010 – Az.: VK 3-111/10, Rdnr. 75 (juris).

geschränkt überprüfbarer Beurteilungsspielraum zu[468]. Hinsichtlich der anzuwendenden Prüftiefe bei der Verifizierung und Kontrolle von Eigenerklärungen erkennt das OLG Düsseldorf eine Einschätzungsprärogative der Vergabestelle an[469]. Großzügiger als das OLG München geht das Thüringer Oberlandesgericht in einer Entscheidung vom 31. August 2009 davon aus, der Vergabestelle komme auch bezüglich der Vollständigkeit der Referenzen ein Beurteilungsspielraum zu, weshalb die Vergabenachprüfungsinstanz einen Bieter nicht wegen fehlender Referenzen ausschließen könne. Den Nachprüfungsinstanzen sei eine eigene Eignungsprüfung verwehrt[470]. Es ist allerdings nicht zulässig, allein Referenzen über inländische Projekte zu fordern, um ausländische Bieter nicht zu diskriminieren. Der Auftraggeber habe gegebenenfalls nach seinem Ermessen die Vergleichbarkeit ausländischer Referenzobjekte zu prüfen[471].

Nach § 6 Abs. 3 Nr. 2 lit. a) und b) VOB/A-EG (2012) kann die Vergabestelle zum Nachweis der Eignung des Bieters unter anderem Angaben über den Umsatz des Unternehmens jeweils bezogen auf die letzten drei abgeschlossenen Geschäftsjahre, soweit er Bauleistungen und andere Leistungen betrifft, die mit der zu vergebenden Leistung vergleichbar sind, sowie über die Ausführung von Leistungen in den letzten drei abgeschlossenen Geschäftsjahren, die mit der zu vergebenden Leistung vergleichbar sind, verlangen. Ob Leistungen miteinander vergleichbar sind, ist nach Auffassung des OLG München eine Frage der materiellen Eignungsprüfung. Die bei der Anwendung des unbestimmten Rechtsbegriffs Vergleichbarkeit der Leistungen erforderliche Wertung sei jedenfalls nur eingeschränkter gerichtlicher Kontrolle zugänglich[472].

c) Feststellung der Bietereignung

Die Nachprüfungsinstanzen haben in weitem Umfang Entscheidungsspielräume der Vergabestellen bei der Feststellung der Bietereignung angenommen. Die dogmatische Einordnung bleibt uneinheitlich und variiert

468 OLG München, BeckRS 2014, 00957 (unter B. II. 1.).
469 OLG Düsseldorf, NZBau 2010, 393 (398); zustimmend *Prieß/Holzl*, NZBau 2010, 354 (357 f.).
470 ThürOLG, Beschl. v. 31. August 2009 – Az.: 9 Verg 6/09, Rdnr. 56 (juris); ebenso Beschl. v. 18. Mai 2009 – Az.: 9 Verg 4/09, Rdnr. 40 (juris).
471 OLG München, Beschl. v. 8. Juni 2010 – Az.: Verg 8/10, Rdnr. 48 f. (juris).
472 OLG München, ZfBR 2010, 702 (707).

von Gericht zu Gericht, bisweilen auch in den Entscheidungen eines Gerichts. Ein einheitliches Muster ist nicht erkennbar[473]. Dabei fällt insbesondere auf, dass zwar bisweilen auf die zu den Rechtsfiguren Beurteilungs- und Ermessensspielraum unter dem Verwaltungsverfahrensgesetz anerkannten allgemeinen Grundsätzen verwiesen wird. Es fehlt aber jede weitere Auseinandersetzung mit den Fragen, ob die insbesondere im Zusammenhang mit dem Erlass von Verwaltungsakten entwickelten Grundsätze überhaupt im Vergaberecht Anwendung finden und ob die durch das Bundesverfassungsgericht und das Bundesverwaltungsgericht für das Verwaltungsrecht aufgestellten Voraussetzungen tatsächlich erfüllt sind[474]. Häufig wird bereits die bloße Verwendung unbestimmter Rechtsbegriffe im Gesetzestext als Beweis für das Vorliegen eines Beurteilungsspielraums angesehen[475]. Vereinzelt beschränken sich die Nachprüfungs-

---

473 Für einen Beurteilungsspielraum BGH, NZBau 2014, 185 (189); OLG Düsseldorf, VergabeR 2001, 419 (423); VergabeR 2005, 670 (673); NZBau 2007, 668 (670); Beschl. v. 5. Juli 2007 – Az.: VII-Verg 12/07, Rdnr. 29 (juris); Beschl. v. 22. August 2007 – Az.: VII-Verg 27/07, Rdnr. 10 (juris); VergabeR 2008, 948 (955); VergabeR 2009, 228 (231); Beschl. v. 4. Februar 2009 – Az.: VII-Verg 65/08, Rdnr. 23 f. (juris); Beschl. v. 23. Dezember 2009 – Az.: VII-Verg 30/09, Rdnr. 63 (juris); NZBau 2010, 393 (398 f.); VergabeR 2011, 855 (859 f.); NZBau 2012, 321 (322); ZfBR 2012, 179 (181); OLG Naumburg, VergabeR 2004, 80 (82 ff.); OLG München, VergabeR 2006, 561 (564 f.); ZfBR 2010, 702 (706); Vergabe News 2010, 134; OLG Brandenburg, NZBau 2008, 277 (279 f.); OLG Schl.-Hol., Beschl. v. 20. März 2008 – Az.: 1 Verg 6/07, Rdnr. 61 (juris); OLG Frankfurt, VergabeR 2009, 629 (636 f.); OLG Koblenz, Beschl. v. 15. Oktober 2009, Vergabe Navigator 3/2010, 22 f.;OLG Karlsruhe, NZBau 2014, 378 (385); VÜA Bund, Beschl. v. 1. Oktober 1998, WuW/E Verg 211 (212); VK Schl.-Hol., ZfBR 2003, 817 (818).
Für einen Ermessensspielraum OLG Celle, VergabeR 2004, 542 (544); VergabeR 2009, 609 (610 f.); OLG München, VergabeR 2009, 65 (74 f.); VergabeR 2010, 993 (5. Leitsatz); ThürOLG, VergabeR 2010, 509 (513).
Ohne klare dogmatische Zuordnung BayObLG, VergabeR 2002, 637 (640); OLG Düsseldorf, VergabeR 2004, 80 (81 ff.); NZBau 2005, 597 (600) (»Wertungsfehler«); OLG Naumburg, VergabeR 2004, 387 (392) (»Wertungsspielraum«); OLG Frankfurt, Beschl. v. 30. März 2004 – 11 Verg 4/04 und 11 Verg 5/04, Rdnr. 60 ff. (juris); Beschl. v. 10. Februar 2009 – Az.: 11 Verg 16/08, Rdnr. 63 (juris); ThürOLG, Beschl. v. 18. Mai 2009 – Az.: 9 Verg 4/09, Rdnr. 36 ff. (juris); VÜA Bayern, Beschl. 8. März 1996, WuW/E VergAL 75 (80) (»Wertungsspielraum«). Etwas unklar, aber letztlich wohl auf die Feststellung der Bietereignung bezogen VK Lüneburg, Beschl. v. 5. Juli 2011 – Az.: VgK-22/2011, Rdnr. 106 ff. (juris).

474 Ebenso *Burgi*, VergabeR 2007, 457 (465).

475 Exemplarisch VK Schl.-Hol., ZfBR 2003, 817 (818), wo es heißt: »Bei dem Begriff Leistungsfähigkeit handelt es sich um einen unbestimmten Rechtsbegriff.

instanzen bei der Überprüfung solcher Spielräume auf eine bloße Willkürkontrolle[476].

Der Ausschluss eines Bieters wegen fehlender Eignung stützt sich auf § 16 Abs. 2 Nr. 1 S. 2 VOB/A-EG (2012), § 19 Abs. 5 VOL/A-EG (2009) und § 10 Abs. 1 VOF (2009). Das OLG München hat klargestellt, dass es sich um einen fakultativen Ausschlussgrund handele, weil der Vergabestelle bei der Prüfung der Bietereignung ein Ermessensspielraum zustehe[477]. Dieses Ermessen könne allerdings im Einzelfall auf Null reduziert sein[478]. Andere Gerichte haben einen Beurteilungsspielraum angenommen und auf die mit der Entscheidung verbundenen prognostischen Elemente gestützt[479]. Das OLG Düsseldorf hat die rechtliche Leistungsfähigkeit eines Bieters von den übrigen Punkten der Eignungsprüfung unterschieden und insoweit einen Beurteilungsspielraum explizit abgelehnt[480]. Es handele sich um eine Rechtsfrage, die nur objektiv richtig bejaht oder verneint werden könne. Abgelehnt hat das OLG Düsseldorf auch einen Entscheidungsspielraum der Vergabestelle dahingehend, einem Bieter noch nach Ablauf der Angebotsfrist eine Angebotsänderung in Form der Benennung eines anderen Nachunternehmers zu gestatten, um seine Zuverlässigkeit herzustellen[481]. Allerdings kann der Auftraggeber im Rahmen des ihm zu-

---

Der Vergabestelle steht *deshalb* bei der Entscheidung, ob der Bieter im vorgenannten Sinne leistungsfähig ist, ein erheblicher [...] Beurteilungsspielraum zu« (Hervorhebung durch den *Verf.*).

476 OLG Frankfurt, Beschl. v. 30. März 2004 – Az.: 11 Verg 4/04 und 11 Verg 5/04, Rdnr. 60 (juris).

477 OLG München, ZfBR 2007, 828 (830) (Ausschluss wegen fehlender Zuverlässigkeit); ebenfalls für Ermessen ThürOLG, Beschl. v. 18. Mai 2009 – Az.: 9 Verg 4/09, Rdnr. 36 ff. (juris); a.A. VK Bund, Beschl. v. 28. April 2005 – Az.: VK 1 – 35/05, Rdnr. 45 (juris).

478 In der Entscheidung OLG München, ZfBR 2007, 828 (830) hatte ein Unternehmen zwar ein dem Leistungsverzeichnis entsprechendes Angebot abgegeben, beabsichtigte aber erkennbar, die Leistung hiervon abweichend zu erbringen. Das Gericht wertete dieses Verhalten als Ausdruck der Unzuverlässigkeit des Unternehmens. Da eine Beauftragung zu einer nicht gewünschten Leistungsausführung führe, sei ein Ausschluss wegen mangelnder Eignung zwingend.

479 OLG Hamburg, NZBau 2002, 519 (520) (Prognose, ob der Bieter die zum Zeitpunkt der Angebotsabgabe noch nicht vorhandene ausreichende Anzahl von Mitarbeitern bis zum Beginn der Leistungserbringung zur Verfügung stellen könne); KG, NZBau 2012, 389 (391 f.) (Prognose über die generelle Unzuverlässigkeit eines Unternehmens zur Begründung einer Vergabesperre).

480 OLG Düsseldorf, Beschl. v. 21. Februar 2005, WuW/E Verg 1055 (1059).

481 OLG Düsseldorf, VergabeR 2004, 650 (651).

kommenden Gestaltungsermessens in den Vergabeunterlagen ausdrücklich einen Austausch von benannten Nachunternehmern zulassen, wobei dann eine sachlich tragfähige Begründung für den Austausch von dem Bewerber oder Bieter zu fordern ist[482]. Im offenen Verfahren ist der Auftraggeber an seine erste Beurteilung der Eignung eines Bieters nicht gebunden[483].

d) Öffentlicher Teilnahmewettbewerb

Das offene Verfahren als Regelverfahren der klassischen Auftraggeber (§ 101 Abs. 7 S. 1 GWB) zeichnet sich dadurch aus, dass eine unbeschränkte Anzahl von Unternehmen öffentlich zur Angebotsabgabe aufgefordert wird. Im Gegensatz dazu ist der Bieterkreis im nicht offenen Verfahren, im wettbewerblichen Dialog und im Verhandlungsverfahren beschränkt, indem die Eignungsprüfung von der Prüfung der Angebote getrennt und nur geeignete Bewerber zur Abgabe von Angeboten aufgefordert bzw. zum wettbewerblichen Dialog oder zu Verhandlungen eingeladen werden. Im Verhandlungsverfahren kann die öffentliche Aufforderung zur Teilnahme unter bestimmten Umständen fehlen[484]. Die Zahl der auszuwählenden Bewerber kann vorab begrenzt werden, muss aber jedenfalls bei fünf bzw. drei Unternehmen liegen[485]. Der Auftraggeber muss für diese Auswahl vorab objektive und nicht diskriminierende Kriterien festlegen und ebenso bekanntmachen wie die vorgesehene Mindest- oder Höchstzahl an auszuwählenden Bewerbern, Art. 44 Abs. 3 VKR. Bei der Vergabe freiberuflicher Leistungen sind Wettbewerbe mit beschränkter Teilnehmerzahl gem. §§ 15 ff. VOF (2009) möglich[486].

---

482 *Pinkenburg/Kirch*, VergabeNews 2011, 70 (71 f.).

483 BGH, NZBau 2014, 185 (188 f.).

484 Näher hierzu Hk-VergabeR/*Pünder*, § 101 GWB Rdnr. 8 ff.

485 Nach Art. 44 Abs. 3 UAbs. 2 VKR beträgt die Mindestzahl im nicht offenen Verfahren fünf Bewerber, beim Verhandlungsverfahren und beim wettbewerblichen Dialog mindestens drei Bewerber. Unbeschadet dessen gilt der Grundsatz, dass immer so viele Bewerber zum Bieten zugelassen werden müssen, dass ein »echter Wettbewerb« gewährleistet ist; vgl. *Kulartz*, in: ders./Kus/Portz (Hrsg.), GWB-Vergaberecht, § 101 Rdnr. 9 m.w.N.

486 Dazu mit einer Übersicht einschlägiger Rechtsprechung *Noch*, Vergabe Navigator 5/2010, 29.

Die Nachprüfungsinstanzen gewähren den öffentlichen Auftraggebern bei diesen Auswahlentscheidungen Entscheidungsspielräume, die lediglich begrenzt werden durch die Gebote von Wettbewerb, Transparenz und Gleichbehandlung[487]. Die dogmatische Zuordnung bleibt dabei unklar. Während das OLG Frankfurt von einem Ermessenspielraum ausgeht und im Folgenden auch einen Ermessensnichtgebrauch prüft[488], spricht die VK Arnsberg zwar auch von einem Ermessenspielraum, die anschließende Prüfung lehnt sich aber kaum an die hergebrachte Ermessensfehlerlehre an. Vielmehr werden die vom Auftraggeber herangezogenen Kriterien auf ihre Sachgerechtigkeit und ihre willkürfreie Handhabung überprüft[489]. Andere Entscheidungen gehen hingegen von einem Beurteilungsspielraum aus[490]. Das BayObLG begründet das Vorliegen eines solchen Entscheidungsspielraums damit, dass sich eine Pflicht zur vorherigen Festlegung auf eine Höchstzahl aufzufordernder Teilnehmer nicht aus den gesetzlichen Vorgaben ergebe und vielmehr der Auftraggeber gerade durch den Teilnahmewettbewerb einen Marktüberblick erhalte und zuverlässiger beurteilen könne, wie viele Unternehmen an einem entsprechenden Auftrag Interesse hätten und welche Zahl für einen echten Wettbewerb erforderlich sei. Dies dürfe aber nicht dazu führen, dass der Auftraggeber auch alle Bewerber zum weiteren Verfahren zulassen müsse. Vielmehr dürfe er auswählen und diese Auswahl liege in seiner freien Entscheidung. Ob es sich um einen Beurteilungs- oder einen Ermessensspielraum handelt, bleibt allerdings auch hier offen[491].

---

487 Siehe etwa BayObLG, NZBau 2000, 481; VergabeR 2005, 532; OLG Naumburg, ZfBR 2002, 301; OLG Düsseldorf, ZfBR 2008, 79; OLG Schleswig, Beschl. v. 20. März 2008 – Az.: 1 Verg 6/07, Rdnr. 69 (juris); OLG Frankfurt, Beschl. v. 27. August 2008 – Az.: 11 Verg 12/08 (juris); VK Südbayern, Beschl. v. 29. Juni 2001 – Az.: 120.3-3194-1-16-05/05 (juris); VK Sachsen, Beschl. v. 29. Mai 2002 – Az.: 1/SVK/044-02 (juris); VK Arnsberg, Beschl. v. 1. Februar 2006 – Az.: VK 28/05; ebenso etwa *Dreher*, in: Immenga/Mestmäcker, Wettbewerbsrecht: GWB, § 101 Rdnr. 21 m.w.N.

488 OLG Frankfurt, Beschl. v. 27. August 2008 – Az.: 11 Verg 12/08, Rdnr. 13 ff. (juris). Ebenso OLG Celle, VergabeR 2009, 609 (612 f.).

489 VK Arnsberg, Beschl. v. 1. Februar 2006 – Az.: VK 28/05, Rdnr. 67 ff. (juris).

490 OLG Düsseldorf, ZfBR 2008, 79 (80 f.); OLG München, VergabeR 2007, 684 (689); VK Südbayern, Beschl. v. 29. Juni 2001 – Az.: 120.3-3194-1-16-05/01, Rdnr. 53 (juris); VK Sachsen, Beschl. v. 29. Mai 2002 – Az.: 1/SVK/044-02, Rdnr. 66 ff. (juris).

491 BayObLG, VergabeR 2005, 532 (534 ff.). Die Konsequenzen einer solchermaßen unklaren dogmatischen Zuordnung wird deutlich, wenn etwa das OLG Frankfurt, Beschl. 27. August 2008 – Az.: 11 Verg 12/08, Rdnr. 16 f. (juris) dezidiert Vo-

7. Die Wertung der Angebote

Entscheidender Schritt für die Zuschlagserteilung ist die Wirtschaftlichkeitsprüfung, also die inhaltliche Wertung der einzelnen Angebote. Dabei ist zu unterscheiden zwischen einer vorgeschalteten Prüfung der Angemessenheit der angebotenen Preise und der dann folgenden eigentlichen Prüfung der Wirtschaftlichkeit des Angebots. Es gibt sowohl Vergabeverfahren, die ausschließlich den niedrigsten Preis als Zuschlagskriterium haben als auch solche, die sich am wirtschaftlich günstigsten Angebot mit dem Preis als einem Subkriterium orientieren.

a) Die Preisprüfung

Zunächst erfolgt eine Preisprüfung, die ihre europarechtliche Grundlage in Art. 55 VKR findet[492]. Der Auftraggeber hat bei ungewöhnlich niedrig erscheinenden Preisen vom Bieter Aufklärung zur verlangen. Anhand der gemachten Angaben und vorgelegten Unterlagen hat er sodann zu prüfen, ob Leistung und Gegenleistung in einem noch als angemessen anzusehenden Verhältnis zueinander stehen. Stellt er dabei ein offenbares Missverhältnis der Preise zur Leistung fest, darf der Zuschlag auf dieses Angebot nicht erteilt werden, § 16 Abs. 6 Nr. 1 VOB/A-EG (2012) und § 19 Abs. 6 S. 2 VOL/A-EG (2009), mit anderen Worten, es ist aus der Wertung auszuschließen[493]. Diese zwei Schritte sind verpflichtend. Die Möglichkeit des Ausschlusses von unseriös kalkulierenden Bietern soll in erster Linie den öffentlichen Auftraggeber vor ruinösen Angeboten schützen, die aufgrund ihres zu niedrigen Preises keine ordentliche Ausführung einschließlich Gewährleistung erwarten lassen sowie die Gefahr in sich bergen, dass der Bieter versuchen wird, über Nachtragsforderungen Verbesserungen zu erzielen, womit eine Verteuerung der Leistung für die öffentliche Hand verbunden ist[494]. Die Pflicht des öffentlichen Auftraggebers, zunächst von dem Bieter Aufklärung zu verlangen und das Missverhältnis zwischen

---

raussetzungen und Rechtsfolgen eines Ermessensnichtgebrauchs prüft. Wer die Zuordnung unterlässt, kann eine solche Prüfungsgenauigkeit nicht erreichen.

492 Vgl. § 16 Abs. 6 Nr. 1 u. 2 VOB/A-EG (2012), § 19 Abs. 6 u. 7 VOL/A-EG (2009).

493 Dieser Ausschlussgrund tritt neben die bereits oben unter 5. behandelten.

494 *Frister*, in: Kapellmann/Messerschmidt (Hrsg.), VOB, § 16 VOB/A Rdnr. 115; *Dicks*, in: Kulartz/Marx/Portz/Prieß (Hrsg.), VOL/A, § 19 EG Rdnr. 222.

Preis und Leistung zu prüfen und positiv festzustellen, hat aber zugleich bieterschützenden Charakter. Daher wird eine solche Prüfung und Feststellung auch im Rahmen von Verfahren zur Vergabe von freiberuflichen Leistungen nach der VOF verlangt, obgleich eine entsprechende Regelung hier fehlt. Der Auftraggeber ist also nicht berechtigt, ein scheinbar unangemessen niedriges Angebot von vornherein abzulehnen, sondern hat auch hier aufzuklären und zu prüfen[495].

Dem öffentlichen Auftraggeber ist ein Beurteilungsspielraum bei der Auslegung und Anwendung des unbestimmten Rechtsbegriffs des »offenbaren Missverhältnisses zwischen Preis und Leistung« aus § 25 Nr. 2 Abs. 3 VOL/A (2006), jetzt § 19 Abs. 6 S. 2 VOL/A-EG (2009), zugebilligt worden[496]. Dabei müsse die Vergabestelle insbesondere die Fragen beantworten, ab welcher Grenze sie Nachweise fordern wolle und wie diese beschaffen sein müssten. Nach Ansicht der Vergabekammer Schleswig-Holstein steht dem Auftraggeber hier ein Beurteilungsspielraum zu, da bei der Auswahl des wirtschaftlichsten Angebots »unbestritten« ein Ermessens- oder Beurteilungsspielraum bestehe. Da sich die Wirtschaftlichkeit eines Angebotes wesentlich über den Preis bestimme, sei es widersprüchlich, hinsichtlich der Bewertung des Preises im Rahmen der Wirtschaftlichkeitsprüfung einen Beurteilungsspielraum anzunehmen, hinsichtlich der Angemessenheitsprüfung hingegen nicht[497]. Auch für die Bewertung eines Preises als unangemessen hoch i.S.d. § 16 Abs. 6 Nr. 1 VOB/A-EG (2012) ist der Vergabestelle ein Beurteilungsspielraum zugestanden worden[498].

---

495 *Voppel/Osenbrück/Bubert*, VOF, § 11 Rdnr. 37 ff.

496 OLG Naumburg, VergabeR 2004, 80 (83 f.); OLG Brandenburg, Beschl. v. 19. Oktober 2010 – Az.: Verg W 13/10, Rdnr. 35 (juris); VK Schl.-Hol., ZfBR 2003, 817 (820); VK LSA, Beschl. 19. Oktober 2011 – Az.: 2 VK LSA 05/11, Rdnr. 155 (juris); VK Südbayern, ZfBR 2012, 397 (401) (Beurteilungsspielraum bei der »Auskömmlichkeitsprüfung«).

497 VK Schl.-Hol., ZfBR 2003, 817 (820) mit dem ausdrücklichen Hinweis, dass die vom BGH, NJW 2000, 137 (139 f.) vorgebrachten Bedenken gegen die Annahme eines Beurteilungsspielraums bei der Angebotswertung nicht verallgemeinert werden könnten.

498 OLG Karlsruhe, NZBau 2014, 189 (190 f.).

b) Die Angebotswertung

Nach der Preisprüfung erfolgt die inhaltliche Wertung der einzelnen Angebote anhand vorab festgelegter und bekanntgemachter Zuschlagskriterien[499]. Das Unionsrecht statuiert in Art. 53 Abs. 1 VKR ein »duales System« der Zuschlagskriterien, wonach der Zuschlag nach Wahl des öffentlichen Auftraggebers auf das aus seiner Sicht »wirtschaftlich günstigste Angebot« oder auf das Angebot mit dem »niedrigsten Preis« erteilt wird. Das wirtschaftlich günstigste Angebot ist dabei dasjenige mit dem besten Preis-Leistungs-Verhältnis. Die Mitgliedstaaten sind nicht befugt, diese Wahlfreiheit alleine auf das Kriterium »niedrigster Preis« einzuschränken[500]. Der deutsche Gesetzgeber hat in § 97 Abs. 5 GWB das Zuschlagskriterium der Wirtschaftlichkeit für entscheidend erklärt[501]. Damit ist aber nicht ausgeschlossen, dass in bestimmten Fällen, insbesondere bei der Beschaffung standardisierter Waren oder Leistungen mit geringer Komplexität oder bei einer konstruktiven Leistungsbeschreibung mit Leistungsverzeichnis, letztlich doch alleine der Preis das ausschlaggebende Kriterium ist[502]. Wenn § 97 Abs. 5 GWB bestimmt, der Zuschlag werde auf das wirtschaftlichste Angebot erteilt, ist damit für die konkrete Wertungsentscheidung noch wenig gesagt. Der unbestimmte Rechtsbegriff der Wirtschaftlichkeit muss näher eingefasst werden, um ihn für den öffentlichen Auftraggeber anwendbar zu machen. Zu diesem Zweck müssen konkrete Zuschlagskriterien wie etwa die Vorlage eines Qualitätskonzepts, das Vorhandensein eines reaktionsschnellen Wartungs- und Reparaturdienstes oder die Vorlage bestimmter Zertifikate etwa zur Einhaltung von Umwelt-

---

499 Dazu *Kulartz*, in: ders./Kus/Portz (Hrsg.), GWB-Vergaberecht, § 97 Rdnr. 125 m.w.N.

500 EuGH, Urt. v. 7. Oktober 2004 – Rs. C-247/02, Slg. 2004, I-9215, Rdnr. 39 ff. – »Sintesi«.

501 Dazu *Kulartz*, in: ders./Kus/Portz (Hrsg.), GWB-Vergaberecht, § 97 Rdnr. 124.

502 OLG Düsseldorf, NZBau 2007, 600 (607). Aufgrund der dem öffentlichen Auftraggeber nach Art. 53 Abs. 1 VKR eröffneten, je am Einzelfall orientierten Auswahlentscheidung zwischen dem Kriterium des wirtschaftlich günstigsten Angebots oder dem Kriterium des niedrigsten Angebotspreises ist eine Regelung, die letzteres Kriterium ausschließt, mit Unionsrecht unvereinbar. Siehe dazu auch OLG Frankfurt, NZBau 2012, 719 (720 ff.). Folgerichtig wurden § 25 Nr. 3 S. 3 VOB/A (2006) / § 16 Abs. 6 Nr. 3 S. 3 VOB/A (2009) und § 25 Nr. 3 S. 2 VOL/A (2006) nur für Vergaben unterhalb der Schwellenwerte angewendet (vgl. *Frister*, in: Kapellmann/Messerschmidt (Hrsg.), VOB, § 16 VOB/A Rdnr. 128; *Burgi*, Der Landkreis 2009, 177 [181]).

standards aufgestellt werden, aus deren Abwägung sich dann erst das Maß der Wirtschaftlichkeit der einzelnen Angebote ergibt. Der Preis ist dabei in der Regel notwendiger Bestandteil der Wirtschaftlichkeit[503]. Der EuGH hat vorgegeben, die Zuschlagskriterien müssten mit dem Gegenstand des Auftrags zusammenhängen, im Leistungsverzeichnis oder in der Bekanntmachung des Auftrags genannt sein, alle wesentlichen Grundsätze des Unionsrechts, insbesondere das Diskriminierungsverbot, beachten und dürften dem Auftraggeber keine unbeschränkte Entscheidungsfreiheit einräumen[504]. Entscheidend und von der Rechtsprechung immer wieder betont ist die Vorgabe, dass Eignungs- und Zuschlagskriterien streng voneinander zu trennen sind. Die Aufzählung in Art. 53 Abs. 1 VKR macht, auch wenn sie nicht abschließend ist (»z.B.«), deutlich, dass es sich nicht um solche Kriterien handelt, welche die Eignung des Bieters zum Gegenstand haben. Ein »Mehr an Eignung« kann eine Zuschlagsentscheidung nicht begründen[505]. Nebenangebote, also Angebote über eine andere als die nach der Leistungsbeschreibung oder dem Leistungsverzeichnis vorgesehene Art der Ausführung bedürfen zu ihrer Wertbarkeit einer positiven Zulassung durch den öffentlichen Auftraggeber, vgl. Art. 24 Abs. 1 VKR, umgesetzt in § 8 Abs. 2 Nr. 3 VOB/A-EG (2012) und § 9 Abs. 5 VOL/A-EG (2009)[506].

Innerhalb dieses Rahmens verlangt die Anwendung des unbestimmten Rechtsbegriffs des wirtschaftlich günstigsten Angebots[507] eine umfangreiche Ausgestaltung und Konkretisierung der Entscheidungskriterien. Die

---

503 Umstritten ist, ob dem Preis ein fester Wertungsanteil zukommen muss, der nicht unterschritten werden darf. Das OLG Dresden, NZBau 2001, 459 hat dies bejaht und ihn bei mindestens 30 % festgelegt. Ablehnend OLG Düsseldorf, VergabeR 2002, 267; *Kulartz*, in: ders./Kus/Portz (Hrsg.), GWB-Vergaberecht, § 97 Rdnr. 128.

504 EuGH, Urt. v. 17. September 2002 – Rs. C-513/99, Slg. 2002, I-7213, Rdnr. 69 – «Concordia Bus Finland".

505 Mittlerweile ständige Rechtsprechung, vgl. nur jüngst EuGH, NZBau 2010, 120 (124) – »Kommission./.Hellenische Republik«; BGH, NZBau 2008, 505 (506); OLG Düsseldorf, NZBau 2010, 649 (652); ZfBR 2012, 72 (75). Anders noch VÜA Bayern, Beschl. v. 8. März 1996, WuW/E VergAL 75 (80).

506 Näher dazu Kompaktkommentar VergR/*Stolz*, 7. Los § 16 VOB/A Rdnr. 61 ff.; *Weyand*, Praxiskommentar Vergaberecht, § 8 VOB/A Rdnr. 56 ff. (pflichtgemäße Ermessensentscheidung des Auftraggebers).

507 Zum unbestimmten Rechtsbegriff der »Berücksichtigung aller Umstände" bei der Feststellung des wirtschaftlichsten Angebots nach § 25 Nr. 3 VOL/A (2006) siehe OLG Hamburg, NZBau 2002, 519 (521).

Vergabestelle muss Zuschlagskriterien festlegen und gewichten und anschließend fehlerfrei auf jedes einzelne Angebot anwenden, um schließlich das wirtschaftlichste unter ihnen zu ermitteln. Die Gewichtung der ausgewählten Zuschlagskriterien ist vorab bekanntzugeben[508], damit sich jeder Bieter bei der Angebotserstellung darauf einstellen kann. Zudem muss bestimmt werden, anhand welcher Nachweise die Wirtschaftlichkeit der Angebote überprüft werden soll. In welchem Umfang diese Verfahrensschritte und die Bewertung Gegenstand gerichtlicher Nachprüfung sein können, ist in zahlreichen Gerichtsentscheidungen angesprochen worden. Oftmals fehlt aber eine entsprechende Differenzierung nach Festlegung, Gewichtung und Anwendung der Zuschlagskriterien. Zur besseren Übersichtlichkeit soll eine solche Zuteilung hier versucht werden.

aa) Die Auswahl der Zuschlagskriterien

Der Europäische Gerichtshof hat in seinem Urteil in der Rechtssache »Wienstrom«[509] die grundlegende Aussage getroffen, dem öffentlichen Auftraggeber stehe bei der Ermittlung des wirtschaftlich günstigsten Angebots ein Ermessensspielraum zu, der sowohl die Auswahl der Zuschlagskriterien umfasse als auch deren Gewichtung[510]. Die Kriterienauswahl überschreite erst dann die Grenzen des Ermessensspielraums, wenn sie nicht der Ermittlung des wirtschaftlichsten Angebots diene oder dem öffentlichen Auftraggeber eine uneingeschränkte Entscheidungsfreiheit bei der Vergabe des Auftrags einräume. Ferner müsse der Auftraggeber alle Verfahrensvorschriften und alle wesentlichen Grundsätze des Unionsrechts beachten[511]. Dem Urteil lässt sich ebenso wie auch

508 § 16 Abs. 7 VOB/A-EG (2012), § 19 Abs. 8 VOL/A-EG (2009), § 11 Abs. 4 S. 1 VOF (2009).

509 EuGH, Urt. v. 4. Dezember 2003 – Rs. C-448/01, Slg. 2003, I-14527 – »Wienstrom«. Die Entscheidung bezieht sich noch auf Art. 26 Abs. 1 LKR, der jedoch mit Art. 53 Abs. 1 VKR dahingehend übereinstimmt, dass die Auftragsvergabe anhand des niedrigsten Preises oder anhand der durch verschiedene Kriterien zu ermittelnden Wirtschaftlichkeit der Angebote erfolgt.

510 Es sei darauf hingewiesen, dass der Unterscheidung zwischen Beurteilungs- und Ermessensspielraum im Unionsrecht eine eher terminologische Bedeutung zukommt, siehe EuGH, Urt. v. 10. Oktober 1985 – Rs. C-183/84, Slg. 1985, 3351 Rdnr. 21-24 – »Rheingold«.

511 Siehe dazu auch *Hübner*, VergabeR 2004, 47 (48 f.) (Anm. zu EuGH, Urt. v. 4. Dezember 2003 – Az.: C-448/01).

dem Wortlaut der Art. 26 Abs. 1 LKR bzw. jetzt Art. 53 Abs. 1 VKR entnehmen, dass mindestens zwei Kriterien ausgewählt werden müssen, wenn nicht das Kriterium des niedrigsten Preises entscheiden soll, weil stets im Plural von »verschiedenen Kriterien« und einer »Gesamtwürdigung der Kriterien« gesprochen wird. Die nationale Rechtsprechung hat für die Festlegung der auftragsbezogenen Kriterien für die Bestimmung des wirtschaftlichsten Angebots einen Ermessensspielraum der Vergabestelle angenommen[512].

bb) Die Gewichtung der gewählten Zuschlagskriterien

Ebenso wie bei der Auswahl der Kriterien gesteht der EuGH dem öffentlichen Auftraggeber auch bei der Gewichtung der Zuschlagskriterien einen Ermessensspielraum zu, sofern diese eine Gesamtwürdigung der Kriterien ermögliche, die der Ermittlung des wirtschaftlich günstigsten Angebots diene[513]. Das Bayerische Oberste Landesgericht ist bei der Gewichtung der Zuschlagskriterien von einem Beurteilungsspielraum ausgegangen[514]. Andere Gerichte gehen hingegen von einem Ermessensspielraum aus[515].

cc) Die Wertungsentscheidung im Einzelfall

Für das europäische Vergaberecht hat der Europäische Gerichtshof in einem Urteil aus dem Jahr 1988 für die Baukoordinierungsrichtlinie (BKR) grundlegend festgestellt, dass dem öffentlichen Auftraggeber die Freiheit zustehe, die verschiedenen Angebote miteinander zu vergleichen und auf-

512 OLG Düsseldorf, ZfBR 2008, 834 (838); VergabeR 2008, 948 (951); NZBau 2009, 269 (272); VergabeR 2009, 619 (622); Beschl. v. 11. Februar 2009 – Az.: VII-Verg 64/08, Rdnr. 60 ff. (juris). Ebenso OLG München, VergabeR 2008, 574 (578).

513 EuGH, Urt. v. 4. Dezember 2003 – Rs. C-448/01, Slg. 2003, I-14527, Rdnr. 39 – »Wienstrom«.

514 BayObLG, Beschl. v. 10. September 2001 – Verg 14/01, Rdnr. 19 (juris), Leitsatz abgedruckt in NZBau 2002, 295.

515 OLG München, VergabeR 2008, 574 (578); VergabeR 2009, 675 (678); OLG Düsseldorf, Beschl. v. 11. Februar 2009 – Az.: VII-Verg 64/08, Rdnr. 60 (juris).

grund objektiver Kriterien das günstigste Angebot zu wählen[516]. Damit stimmte die Rechtsprechung des Bundesgerichtshofs, dass die Ermittlung des wirtschaftlichsten Angebots[517] eine Wertentscheidung des öffentlichen Auftraggebers sei, die auf einer Gesamtschau zahlreicher die Entscheidung beeinflussender Einzelumstände beruhe und daher einen angemessenen Beurteilungsspielraum voraussetze, zunächst überein[518]. In einer Entscheidung aus dem Jahr 1997 entschied der BGH, der Auftraggeber dürfe den Zuschlag auf ein um 0,1 % teureres Angebot erteilen, ohne damit seinen Beurteilungsspielraum zu verletzen[519]. Allerdings hat der BGH aus der Annahme eines Beurteilungsspielraums keineswegs die Konsequenz gezogen, die in der verwaltungsgerichtlichen Rechtsprechung entwickelte Beurteilungsfehlerlehre auf das Vergaberecht zu übertragen.

Nach der Schaffung des GWB-Vergaberechts hat der BGH jedoch zunächst von dieser Rechtsprechung Abstand genommen und »die Zubilligung eines der gerichtlichen Nachprüfung entzogenen Beurteilungsspielraums« als »mit Sinn und Zweck des Vergaberechts nicht vereinbar« ausdrücklich abgelehnt[520]. Diese Entscheidungen sind Ausdruck einer anfänglichen Unsicherheit im Umgang mit dem neuen, den Wettbewerbsgedanken deutlich betonenden und subjektive Bieterrechte gewährenden Vergaberechtssystems. Der BGH hat sie alsbald korrigiert und sich wiederum ausdrücklich für einen Beurteilungsspielraum ausgesprochen, ohne sich dabei mit den genannten Entscheidungen auseinanderzusetzen[521]. Die Festlegung auf einen Beurteilungsspielraum bei der Zuschlagsentscheidung ist in einer jüngeren Entscheidung allerdings wieder gelockert worden. Hier spricht der BGH im Rahmen der Feststellung, ob der Kläger eine »echte Chance« i.S.d. § 126 S. 1 GWB gehabt hätte[522], nur noch von einem Wertungsspielraum und einer ermessensfehlerfreien Anwendung

---

516 EuGH, Urt. v. 20. September 1988 – Rs. 31/87, Slg. 1988, 4635, Rdnr. 26 f. u. 37 – »Beentjes«; ebenso etwa EuG, Urt. v. 25. Februar 2003 – Rs. T-183/00, Slg. 2003, II-135, Rdnr. 74 u. 77 – »Strabag Benelux./.Rat«.

517 Der damalige § 25 Nr. 2 Abs. 2 S. 3 VOB/A sprach von dem »annehmbarsten« Angebot.

518 BGH, BauR 1985, 75 (76). Verwirrend ist die Formulierung des Leitsatzes, es gehe um die Frage, wann ein Angebot dem Auftraggeber *ermessensfehlerfrei* als das »annehmbarste« erscheinen dürfe.

519 BGH, BauR 1997, 636 (638).

520 BGH, NJW 2000, 137 (139 f.); NJW 2000, 661 (663).

521 BGH, NZBau 2002, 107 (107 f.); NZBau 2002, 344 (345).

522 Dazu etwa Kompaktkommentar VergR/*Scharen*, 13. Los § 126 GWB Rdnr. 16 ff.

der Wertungsmaßstäbe. Auch lässt der 10. Zivilsenat die Annahme des Berufungsgerichtes, der Vergabestelle stehe bei der Zuschlagsentscheidung Ermessen zu[523], unkommentiert und unwidersprochen. Das Urteil lässt eine eingehendere Prüfung von Ermessens- oder Beurteilungsfehlern vermissen[524]. Dem BGH fehlt somit bis heute eine klare dogmatische Linie im Umgang mit Wertungsentscheidungen öffentlicher Auftraggeber auf der Stufe der Wirtschaftlichkeitsprüfung. Dogmatisch gefestigter zeigt sich das Bayerische Oberste Landesgericht mit der Annahme eines »weiten« Beurteilungsspielraums[525] und der Prüfung, ob sich der Auftraggeber durch die Berücksichtigung einer Baukostendatenbank im Rahmen des Kriteriums »Maßnahmen zur Begrenzung der Baukosten und der Termineinhaltung« mit dem Beurteilungsmaßstab im Rahmen der Beurteilungsermächtigung gehalten hat[526]. Die Rechtsprechung der Oberlandesgerichte und Vergabekammern bleibt uneinheitlich und ist dogmatisch kaum gefestigt, zumal die Frage nach dem Vorliegen eines Beurteilungs- oder Ermessensspielraums, also etwa die Anwendung der normativen Ermächtigungslehre kaum jemals Gegenstand einer eingehenden Prüfung ist[527]. Auch die

---

523 OLG Koblenz, Urt. v. 15. Januar 2007 – Az.: 12 U 1016/05, Rdnr. 21 (juris).

524 BGH, VergabeR 2008, 219 (223, 225); dem folgend *Kraus*, VergabeR 2008, 226 (226, 228) (Anm. zu BGH, Urt. v. 27. November 2007 – Az.: X ZR 18/07).

525 Wobei der Zusatz »weit« floskelhaft zu verstehen ist, wenn das Gericht unmittelbar im Anschluss von einer beschränkten gerichtlichen Nachprüfung ausgeht; BayObLG, Beschl. v. 10. September 2001 – Az.: Verg 14/01, Rdnr. 12, Leitsatz abgedruckt in NZBau 2002, 295.

526 BayObLG, Beschl. v. 10. September 2001 – Az.: Verg 14/01, Rdnr. 12 ff., Leitsatz abgedruckt in NZBau 2002, 295.

527 Für einen Beurteilungsspielraum: OLG Naumburg, Beschl. v. 29. Oktober 2001 – Az.: 1 Verg 11/01, Rdnr. 10 (juris); VergabeR 2004, 80 (84 f.); OLG Düsseldorf, NZBau 2005, 597 (599); OLG Celle, VergabeR 2007, 650 (656 f.) (»weiter Beurteilungsspielraum«, der einer gerichtlichen Überprüfung »weitgehend entzogen« ist); OLG München, VergabeR 2008, 574 (577); SaarlOLG, NZBau 2009, 265 (266); VÜA Bayern, Beschl. v. 17. Februar 1995, WuW/E VergAL 1 (8 f.) und Beschl. v. 8. März 1996, WuW/E VergAL 75 (78 f.) (beide unter ausdrücklichem Hinweis auf die verwaltungsrechtlichen Wurzeln des Beurteilungsspielraums); VK Bund, Beschl. v. 9. November 2006 – Az.: VK 1 – 118/06, Rdnr. 67 (juris); Beschl. v. 24. Mai 2012 – Az.: VK 3-45/12, Rdnr. 162 (juris); VK Nordbayern, Beschl. v. 24. November 2006 – Az.: 21.VK-3194-38/06, Rdnr. 170 f. (juris).
Für einen Ermessensspielraum: OLG Frankfurt, Beschl. v. 8. Dezember 2009 – Az.: 11 Verg 6/09, Rdnr. 54 (juris);
Ohne klare dogmatische Zuordnung: OLG Düsseldorf, Beschl. v. 23. März 2005 – Az.: VII-Verg 76/04, 1. Orientierungssatz (juris); Beschl. v. 27. Juli 2005 – Az.: VII-Verg 108/04; Beschl. v. 22. Januar 2007 – Az.: VII-Verg 46/06,

Überprüfung der Wertungen der Vergabestellen hält sich häufig trotz dogmatischer Zuordnung in der jeweiligen Entscheidung kaum an die hergebrachten dogmatischen Ausprägungen der Beurteilungs- und Ermessensfehlerlehre[528]. Bisweilen sind die Entscheidungen in sich widersprüchlich. Das OLG Brandenburg hat etwa bei der Wertung der abgegebenen Angebote zunächst einen Beurteilungsspielraum des öffentlichen Auftraggebers angenommen, sodann aber festgestellt, dieser verwehre es den Nachprüfungsinstanzen grundsätzlich, ihr Ermessen an die Stelle des Auftraggebers zu setzen. Etwas anderes könne nur gelten, wenn das Ermessen auf Null reduziert sei. Im weiteren Verlauf der Entscheidung werden die Begriffe Beurteilungs- und Ermessensfehler synonym verwandt, womit deutlich wird, dass das Gericht keine dogmatischen Unterschiede erkennt[529]. Das OLG setzt sich auch nicht mit dem Umstand auseinander, dass in der Vorinstanz die VK Brandenburg genau umgekehrt von einem Ermessensspielraum ausgegangen war, die Wertungsentscheidung dann aber auf Beurteilungsfehler untersucht hatte[530]. Ähnlich liest sich die Entscheidung des OLG Düsseldorf vom 23. März 2005, in der das Gericht zunächst von einem Beurteilungsspielraum der Vergabestelle bei der Wertung der einzelnen Angebote ausgeht und eine Überprüfung auf Bewertungsfehler vornimmt, zugleich aber für den Fall, dass eine Wertung zwingend ist, von einer Ermessensreduzierung auf Null spricht[531]. Das Gericht differenziert hier genau zwischen der Prüfung, ob das Angebot eines Bieters den durch die Zuschlagskriterien und den Wertungsleitfaden aufgestellten Einzelvorgaben entspricht, und der damit zusammenhängenden Vergabe von Wertungspunkten. Für die Prüfung bestehe ein Beurteilungs-

---

Rdnr. 45 f. (»Beurteilungsspielraum und Ermessen eröffnet«); VK Bund, Beschl. v. 9. März 2012 – Az.: VK 2-175/11, Rdnr. 75 ff. (juris).

528 OLG Naumburg, Beschl. v. 29. Oktober 2001 – Az.: 1 Verg 11/01, Rdnr. 10 (juris) (Überprüfung des Beurteilungsspielraums lediglich auf das Nichtvorliegen sachwidriger Erwägungen); OLG Düsseldorf, Beschl. v. 11. Februar 2009 – Az.: VII-Verg 64/08, Rdnr. 65 (juris).

529 OLG Brandenburg, VergabeR 2006, 261 (263 ff.). Auch die Entscheidungsanmerkung von *Noelle*, VergabeR 2006, 266 (Anm. zu OLG Brandenburg, Beschl. v. 13. September 2005 – Az.: Verg W 8/05) differenziert nicht genauer. Ähnlich OLG Frankfurt, Beschl. v. 31. Oktober 2006 – Az.: 11 U 2/06, Rdnr. 34 ff. (juris).

530 VK Brandenburg, Beschl. v. 12. Mai 2005 – Az.: VK 15/05.

531 OLG Düsseldorf, Beschl. v. 23. März 2005 – Az.: VII-Verg 68/04, Rdnr. 61 (juris).

spielraum, für die Punktevergabe ein Ermessensspielraum[532]. Allerdings orientiert sich das Gericht bei der Überprüfung der Punktevergabe nicht an der Ermessensfehlerlehre, sondern prüft unabhängig davon, ob die gegebenen Begründungen die Punktevergabe zu tragen vermögen[533]. Das OLG München hat hinsichtlich einer Punktevergabe im Rahmen der Bewertung hingegen einen »unüberprüfbaren Beurteilungsspielraum« angenommen[534]. Hinsichtlich der Organisation des Wertungsvorgangs soll dem öffentlichen Auftraggeber nach Auffassung des OLG Düsseldorf ein Ermessen zustehen[535]. Verlangt der Auftraggeber Nachweise, Erklärungen oder Proben für die Bewertung der Angebote, so soll ihm auch insoweit ein Beurteilungsspielraum zustehen[536]. Zum Teil ist zudem nach der Art des Beschaffungsgegenstandes differenziert worden. Bei der Beschaffung geistig-schöpferischer Dienstleistungen nach der VOF sei der Beurteilungsspielraum besonders weit und finde seine Grenzen nur im Diskriminierungsverbot, Wettbewerbsgrundsatz und Transparenzgebot[537].

8. Die Aufhebung der Ausschreibung

Ein begonnenes Vergabeverfahren kann auf zwei verschiedene Arten enden. Im Regelfall erteilt der öffentliche Auftraggeber nach Abschluss der Wertung den Zuschlag auf das wirtschaftlichste Angebot. Auf diesem Wege kommt ein zivilrechtlicher Vertrag i.S.d. §§ 145 ff. BGB über die

532 Ebenso OLG Düsseldorf, Beschl. v. 22. August 2007 – Az.: VII-Verg 27/07, Rdnr. 20 (juris); Beschl. v. 6. März 2008 – Az.: VII-Verg 53/07, Rdnr. 34 (juris); Beschl. v. 18. November 2009 – VII-Verg 19/09, Rdnr. 61 (juris). Von einer der Ermessensprüfung ähnlichen Überprüfung der Aufstellung von Wertungsmatrizen geht OLG Düsseldorf, NZBau 2014, 371 (371 f.) aus.

533 Besonders deutlich in OLG Düsseldorf, Beschl. v. 6. März 2008 – Az.: VII-Verg 53/07, Rdnr. 35 ff. (juris).

534 OLG München, VergabeR 2009, 675 (678). Ebenso für einen Beurteilungsspielraum OLG Schl.-Hol., Beschl. v. 20. März 2008 – Az.: 1 Verg 6/07, Rdnr. 80 ff. (juris).

535 OLG Düsseldorf, Beschl. v. 23. März 2005 – Az.: VII-Verg 68/04, Rdnr. 61 ff. Die Angebotswertung unterliege somit einem Beurteilungsspielraum und einem Ermessen.

536 OLG Düsseldorf, NZBau 2005, 597 (598).

537 OLG Brandenburg, ZfBR 2012, 182 (185).

Erbringung von Bau-, Liefer- oder Dienstleistungen zustande[538]. Unter bestimmten Voraussetzungen kann im Ausnahmefall das Vergabeverfahren allerdings aufgehoben, d.h. ohne Zuschlagserteilung beendet werden. Diese Voraussetzungen sind geregelt in § 17 Abs. 1 VOB/A-EG (2012) und § 20 Abs. 1 VOL/A-EG (2009)[539], wobei in beiden Vergabeordnungen der unbestimmte Rechtsbegriff der »schwerwiegenden Gründe« als Aufhebungsgrund genannt ist. Für die Vergabe freiberuflicher Leistungen hingegen kennt die VOF (2009) in § 11 Abs. 7 Var. 2 nur den Verzicht auf die Auftragserteilung[540].

Der Wortlaut der Vorschriften über die Aufhebung wird weitgehend so verstanden, dass das Vorliegen eines Aufhebungsgrundes keine Pflicht zur Aufhebung begründet, sondern lediglich die Möglichkeit zur Aufhebung bietet. Dies soll auch bei Bestehen schwerwiegender Gründe anzunehmen sein. Ansonsten ergebe sich ausnahmslos eine Ermessensreduzierung auf Null[541]. Dementsprechend hat der BGH entschieden, dass die Aufhebung des Vergabeverfahrens wegen schwerwiegender Gründe im Ermessen der Vergabestelle stehe, wobei dieses Ermessen auf Null reduziert sein könne. Das bloße Vorliegen schwerwiegender Gründe solle dabei gerade noch nicht zu einer Pflicht zur Aufhebung des Verfahrens führen, sondern dem Auftraggeber die Möglichkeit eröffnen, dies nach seinem Ermessen zu tun oder den Zuschlag dennoch zu erteilen[542]. Ansonsten ergebe sich eine so nicht anzunehmende stete Ermessensreduzierung auf Null. Weniger eindeutig hat das OLG Düsseldorf die Möglichkeit einer Verfahrensaufhe-

538 Dabei ist umstr., ob die Entscheidung über die Auswahl zwischen mehreren Bietern unmittelbar durch den Abschluss des Vertrages durch Zuschlag erfolgt (so BVerwGE 129, 9 [18 f.]) oder ob dem privatrechtlichen Vertragsschluss ein vom Zuschlag zu trennender öffentlich-rechtlicher Vergabebeschluss als Abschluss des öffentlich-rechtlichen Bindungen unterliegenden Vergabeverfahrens vorausgeht (so etwa OVG Rh.-Pf., NZBau 2005, 411 [411 f.]; OVG NRW, NVwZ 2006, 1083).

539 Ausführlich dazu *Glahs*, in: Kapellmann/Messerschmidt (Hrsg.), VOB, § 17 VOB/A Rdnr. 1 ff.

540 Vgl. Kompaktkommentar VergR/*Harr*, 9. Los § 11 VOF Rdnr. 120.

541 So *Deckers*, VergabeR 2009, 819 (Anm. zu OLG München, Beschl. v. 2. März 2009 – Az.: Verg 1/09).

542 BGH, BauR 1997, 636 (637); ebenso BGH, NZBau 2006, 800 (808); OLG Hamburg, NZBau 2002, 519 (522); OLG Dresden, VergabeR 2003, 64 (69); OLG Karlsruhe, VergabeR 2007, 388 (392). Zum Ermessen bei der Aufhebung mangels wertbarer Angebote (jetzt § 17 Abs. 1 Nr. 1 VOB/A-EG [2012]) OLG München, VergabeR 2011, 525 (528); OLG Celle, Beschl. v. 10. Juni 2010 – Az.: 13 Verg 18/09, Rdnr. 17 ff. (juris).

bung qualifiziert, wenn es von einem dem Auftraggeber zustehenden Entscheidungsspielraum spricht. Dieser verhindere die Anordnung der Fortsetzung des aufgehobenen Verfahrens durch eine Vergabekammer oder ein Beschwerdegericht[543]. Auch das OLG Koblenz unterlässt eine eindeutige dogmatische Zuordnung, geht aber letztlich ebenfalls von einer grundsätzlich bestehenden Entscheidungsfreiheit des Auftraggebers bei der Aufhebung des Verfahrens aus und führt aus, eine Pflicht zur Aufhebung bestehe zugunsten eines Bieters nur, wenn diese Maßnahme zur Beseitigung einer Rechtsverletzung und Abwendung eines durch diese Rechtsverletzung dem Bieter drohenden Schadens als ultima ratio geboten sei[544].

9. Weitere Verfahrensschritte mit möglichen Entscheidungsspielräumen

a) Die Einschaltung von Sachverständigen

Bisher regelten § 7 VOB/A (2006), § 6 VOL/A (2006) und § 6 VOF (2006) die Mitwirkung von Sachverständigen im Vergabeverfahren und bei der Vertragsdurchführung. Danach war es erforderlich, dass die Hinzuziehung solcher Berater als zweckmäßig angesehen werden konnte. Aus dem Erfordernis und der Anwendung des unbestimmten Rechtsbegriffs der Zweckmäßigkeit ist geschlossen worden, dem öffentlichen Auftraggeber komme insoweit ein Beurteilungsspielraum zu[545]. Im Zuge der Reform des Vergaberechts in den Jahren 2009 und 2010 sind die entsprechenden Vorschriften aus den Vergabeordnungen ersatzlos gestrichen worden. Das bedeutet allerdings nicht, dass die Einschaltung Sachverstän-

---

543 OLG Düsseldorf, Beschl. v. 23. März 2005 – Az.: VII-Verg 76/04, 1. Orientierungssatz (juris).

544 OLG Koblenz, ZfBR 2009, 292 (292 f.).

545 OLG Stuttgart, NZBau 2001, 462 (464); OLG Düsseldorf, NZBau 2005, 597 (599 f.), wobei das Gericht im weiteren Verlauf auch von einer Ermessensreduzierung auf Null spricht; für einen Beurteilungsspielraum auch *Kus*, in: Kulartz/Marx/Portz/Prieß (Hrsg.), 1. Auflage, VOL/A, § 6 Rdnr. 8. Hingegen geht jurisPK-VergR/*Blaufuß*, § 7 VOB/A Rdnr. 2 f. von einem Ermessen des öffentlichen Auftraggebers aus, welches sich »zu einer Verpflichtung verdichten« könne, wenn die Sachkunde des Auftraggebers nicht ausreiche, um eine ordnungsgemäße Durchführung des Vergabeverfahrens zu gewährleisten.

diger als Berater und/oder Planer künftig ausgeschlossen ist. Der öffentliche Auftraggeber ist dabei nur nicht mehr an das bisherige Verfahren gebunden[546]. Im Übrigen war die Mitwirkung von Sachverständigen schon vor der Reform in der sog. »Projektantenregelung« des § 4 Abs. 5 VgV a.F. aufgegangen. Dabei war ein Anwendungswiderspruch zwischen den Vergabeordnungen einerseits, die unter bestimmten Umständen zur Wahrung des Diskriminierungsverbots den Ausschluss eines Unternehmens, dessen Mitarbeiter als besondere Sachverständige für die Vergabestelle tätig geworden waren, verlangten[547] und dem großzügigeren § 4 Abs. 5 VgV a.F. andererseits, nach dem der Auftraggeber lediglich verpflichtet war sicherzustellen, dass durch die Teilnahme der vorbefassten Personen keine Wettbewerbsverfälschung eintrat. Dieser Anwendungswiderspruch wurde durch einen Anwendungsvorrang der höherrangigen Regelung der VgV gelöst[548] und ist durch die Streichung sowohl der alten Vorschriften über die Mitwirkung von Sachverständigen in den Vergabeordnungen als auch des § 4 Abs. 5 VgV a.F. und die Überführung von dessen Inhalt in § 6 Abs. 7 VOB/A-EG (2012), § 6 Abs. 7 VOL/A-EG (2009) und § 4 Abs. 5 VOF (2009) endgültig aufgelöst worden[549]. Dabei ist weiterhin davon auszugehen, dass die Vergabestelle auch bei der Einschaltung von Sachverständigen die Angebote selbst prüfen und eigenverantwortlich über Ausschlussgründe und den Zuschlag entscheiden muss[550]. Sie darf gleichsam »das Heft nicht aus der Hand geben«. Ansonsten würden die Transparenz des Verfahrens und der Wettbewerb Schaden nehmen. Der Auftraggeber hat nach Zweckmäßigkeit über die Einschal-

546 *Gröning*, VergabeR 2009, 117 (119 f.).

547 Einen generellen Ausschluss hat der EuGH, Urt. v. 3. März 2005 – Rs. C-21/03 u. C-34/03, Slg. 2005, I-1559, Rdnr. 36 – »Fabricom« abgelehnt. Dem Sachverständigen müsse die Möglichkeit gegeben werden zu beweisen, dass nach den Umständen des Einzelfalls die von ihm erworbene Erfahrung den Wettbewerb nicht verfälschen könne. Siehe *Motzke*, in: ders./Pietzcker/Prieß (Hrsg.), VOB/A, § 7 VOB/A Rdnr. 32 ff.

548 jurisPK-VergR/*Blaufuß*, § 7 VOB/A Rdnr. 5; *Behrens*, NZBau 2006, 752 (753 ff.).

549 BR-Drs. 40/10, S. 17.

550 OLG München, VergabeR 2005, 799 (799 f.), VK Brandenburg, Beschl. v. 7. April 2006 – Az.: 2 VK 10/06, nach der die Auftraggeberin ihre Mitwirkung am Verfahren nicht auf das »Abnicken« beschränken dürfe. Dies gelte insbesondere für Entscheidungen, in denen ein Beurteilungs- oder Ermessensspielraum bestehe; vgl. OLG Karlsruhe, Beschl. v. 16. Juni 2010 – Az.: 15 Verg 4/10, Rdnr. 20 (juris).

tung von Sachverständigen zu entscheiden, einen zulässigen Mitwirkungsumfang zu wahren und einen Verstoß gegen das Gleichbehandlungsgebot im anschließenden Vergabeverfahren zu verhindern.

b) Fristen

In Umsetzung der Art. 38, 39 und 40 Abs. 4 VKR regeln § 10 VOB/A-EG (2012), § 12 VOL/A-EG (2009) und § 7 VOF (2009) angemessene und ausreichend lange Angebots- und Teilnahmefristen. Für die Überarbeitung von Lösungsvorschlägen im Rahmen des wettbewerblichen Dialogs sind keine Fristen geregelt. Es gilt der Grundsatz, dass die den Bietern gesetzten Fristen auch hier angemessen sein müssen[551]. Mit diesen Vorgaben werden vor allem Bieterrechte gewahrt[552]. Es handelt sich bei den aufgeführten Fristen um Mindestfristen, deren Verkürzung oder Verlängerung möglich, deren gerichtliche Überprüfung auf ihre Angemessenheit aber fraglich ist[553]. In den Vergabeordnungen sind Fristverlängerungen zum Teil zwingend vorgesehen. So bestimmt etwa § 10 Abs. 1 Nr. 6 VOB/A-EG (2012), dass die Angebotsfrist angemessen zu verlängern ist, wenn die Angebote nur nach einer Ortsbesichtigung oder Einsichtnahme in nicht übersandte Unterlagen erstellt und die Fristen deshalb nicht eingehalten werden können[554]. Das OLG Brandenburg hat weitergehend angenommen, der öffentliche Auftraggeber könne über die Fälle einer zwingenden Fristverlängerung hinaus die Angebotsfrist nach seinem Ermessen verlängern. Er dürfe dabei verschiedene Gesichtspunkte in seine Überlegungen einbeziehen, etwa welchen Umfang die Antworten auf Fragen hätten oder wie kompliziert sich ein Sachverhalt darstelle. Ausgeschlossen seien hingegen sachfremde Erwägungen, etwa eine Fristverlängerung zur Ermöglichung einer Angebotsabgabe durch einen präferierten Bieter[555].

---

551 OLG Brandenburg, NZBau 2009, 734 (736).

552 *Planker*, in: Kapellmann/Messerschmidt (Hrsg.), VOB, § 10 VOB/A Rdnr. 1.

553 Das OLG Brandenburg, NZBau 2009, 734 (736) stellt dazu keine Erwägungen an und prüft die Angemessenheit der Überarbeitungsfrist vollumfänglich. So auch schon vorgehend VK Brandenburg, Beschl. v. 8. April 2009 – Az.: VK 17/09, Rdnr. 58 ff.

554 Vergleichbar § 12 Abs. 9 VOL/A-EG (2009) und § 7 Abs. 4 VOF (2009).

555 OLG Brandenburg, Beschl. v. 12. Januar 2010 – Az.: Verg W 5/09, Rdnr. 77 ff. (juris); *Weyand*, Praxiskommentar Vergaberecht, § 7 VOF Rdnr. 18 (Grenze sachgerechter Ermessensausübung).

Eine Fristverlängerung muss zwingend allen Bewerbern gegenüber gleichermaßen erfolgen[556].

c) Angebotsaufklärung und Nachverhandlungen

Im offenen und nicht offenen Verfahren ist zu differenzieren zwischen erlaubter Aufklärung von Angeboten und nur ausnahmsweise erlaubter Verhandlung über Angebote. Die Unterscheidung liegt darin, dass »Verhandeln« eine gewisse Verfügungsmöglichkeit voraussetzt, die es aber nach der VOB/A und der VOL/A gerade nicht geben soll. Daher statuieren § 15 Abs. 3 VOB/A-EG (2012) und § 18 S. 2 VOL/A-EG (2009) als Ausprägung des Wettbewerbsgrundsatzes des § 97 Abs. 1 GWB ein Nachverhandlungsverbot[557]. Dieses soll den Bietern die Sicherheit geben, dass die abgegebenen Angebote nicht mehr abgeändert oder manipuliert werden, und sie davor schützen, dass der öffentliche Auftraggeber Bieter gegeneinander ausspielt oder ihnen für sie nachteilige Vertragsbedingungen aufoktroyiert[558]. Dem in der Vergabepraxis vielfach geäußerten Wunsch nach einer Lockerung dieses Verbots zur Steigerung der Flexibilität im Vergabeverfahren ist der Gesetzgeber im Rahmen der Reform des Vergaberechts der Jahre 2009 und 2010 nicht nachgekommen[559]. Lediglich § 15 Abs. 3 VOB/A-EG (2012) erlaubt ausnahmsweise dann Verhandlungen, wenn sie bei Nebenangeboten oder Angeboten aufgrund eines Leistungsprogramms nötig sind, um unumgängliche technische Änderungen geringen Umfangs und daraus sich ergebende Änderungen der Preise zu vereinbaren. § 18 VOL/A-EG (2009) sieht entsprechendes für die Vergabe von Liefer- und Dienstleistungsaufträgen nicht vor[560].

---

556 *Voppel/Osenbrück/Bubert*, VOF, § 7 Rdnr. 38.

557 Vgl. *Diehr*, in: Reidt/Stickler/Glahs (Hrsg.), Vergaberecht, § 97 GWB Rdnr. 15; *Planker*, in: Kapellmann/Messerschmidt (Hrsg.), VOB, § 15 VOB/A Rdnr. 18 f.; *Zeise*, in: Kulartz/Marx/Portz/Prieß (Hrsg.), VOL/A, § 18 EG Rdnr. 1 ff.

558 *Zeise*, in: Kulartz/Marx/Portz/Prieß (Hrsg.), VOL/A, § 18 EG Rdnr. 3.

559 Siehe hierzu und zu den Potenzialen von Nachverhandlungen im Einzelnen *Koch*, Flexibilisierungspotenziale im Vergabeverfahren, S. 93 ff.

560 Diese Ausnahme vom Nachverhandlungsverbot war auch in § 24 Nr. 2 Abs. 2 VOL/A (2006) vorgesehen, wurde aber im Zuge der Vergaberechtsreform des Jahres 2009 gestrichen, so dass nunmehr für Nebenangebote und Angebote auf der Grundlage technischer Leistungsbeschreibung die allgemeinen Grenzen des § 18 S. 1 und 2 VOL/A-EG (2009) gelten, vgl. *Zeise*, in: Kulartz/Marx/Portz/Prieß (Hrsg.), VOL/A, § 18 EG Rdnr. 24 ff.

Klärungsbedürftig erscheint die Frage nach Entscheidungsfreiheit oder Verpflichtung des Auftraggebers bezüglich der Aufklärung von Angeboten oder der Durchführung ausnahmsweise zulässiger Nachverhandlungen. In der Rechtsprechung hat sich weithin die Ansicht durchgesetzt, den Auftraggeber treffe keine Pflicht zur Aufklärung von Zweifeln. Die Entscheidung stehe vielmehr in seinem Ermessen. Diese Annahme wird auf den Wortlaut der § 15 Abs. 1 VOB/A-EG (2012) und § 18 S. 1 VOL/A-EG (2009) (»...darf [bzw. dürfen]...verlangen«) gestützt, wonach dem Auftraggeber zwar ein Recht eingeräumt, aber zunächst keine Pflicht begründet wird, dieses auch auszuüben[561]. Allerdings könne das Ermessen unter verschiedenen Gesichtspunkten auf Null reduziert werden und sich zu einer Verpflichtung verdichten[562]. Da bloße Vermutungen einen Angebotsausschluss nicht rechtfertigen würden, bestehe immer dann, wenn der Auftraggeber einen Ausschlussgrund, etwa das Vorliegen einer unzulässigen Mischkalkulation, lediglich vermute und einen Ausschluss des betreffenden Bieters in Betracht ziehe, eine Pflicht zur Aufklärung des Angebots[563]. Hinsichtlich des Prüfungsmaßstabs bei der Aufklärung komme ihm immerhin ein Beurteilungsspielraum zu[564]. Die Möglichkeit der Angebotsaufklärung soll sich auch dann zur Pflicht wandeln, wenn Unklarheiten im Angebot eines Bieters auf missverständlich formulierten Fragen des Auftraggebers beruhen oder wenn ein Bieter in seinem Angebot auf objektiv unmögliche Forderungen in den Verdingungsunterlagen hinweist. Solche Angebote dürfen nicht schlicht als unvollständig behandelt wer-

561 OLG Düsseldorf, VergabeR 2001, 419 (425 f.); Beschl. v. 15. Mai 2002 – Az.: VII-Verg 4/01; OLG Naumburg, VergabeR 2005, 789 (792); hingegen für einen Beurteilungsspielraum VK Bund, NZBau 2000, 398 (398); ohne klare dogmatische Zuordnung OLG Dresden, ZfBR 2003, 810 (813). Zur Möglichkeit der Aufklärung von Mischkalkulationen vor der Entscheidung über einen Ausschluss vom Vergabeverfahren BGH, NZBau 2004, 457 (459 f.); OLG Rostock, NZBau 2005, 172 (172 f.); OLG Brandenburg, NZBau 2004, 238 (239); OLG Frankfurt, VergabeR 2006, 126 (127 ff.).

562 Etwa OLG Düsseldorf, VergabeR 2001, 419 (425 f.); Beschl. v. 15. Mai 2002 – Az.: VII-Verg 4/01.

563 OLG Schl.-Hol., VergabeR 2006, 367 (369); OLG Karlsruhe, Beschl. v. 11. November 2011 – Az.: 15 Verg 11/11, Rdnr. 27 (juris).

564 Danach genüge es, wenn der Auftraggeber für das Aufklärungsersuchen im Ergebnis vertretbare Gründe nennen könne, die an einen Anfangsverdacht anknüpfen würden, ein vertretbares Ermittlungskonzept verfolge, dem Verhältnismäßigkeitsgebot standhalte und vom Bieter nichts Unmögliches verlange; OLG Karlsruhe, Beschl. v. 11. November 2011 – Az.: 15 Verg 11/11, Rdnr. 29 (juris).

den[565]. Das OLG Dresden hat zudem angenommen, der Grundsatz von Treu und Glauben könne eine Aufklärungspflicht begründen, sofern die Vergabestelle mit einem vorangegangenen tatsächlichen Verhalten einen Vertrauenstatbestand geschaffen habe[566]. Verschiedentlich ist schließlich darauf abgestellt worden, eine Aufklärungspflicht könne sich aus dem Gleichbehandlungsgrundsatz ergeben, wenn die Angebote mehrerer Bieter vergleichbare Unklarheiten enthalten[567], wobei dies nicht für den Fall gelte, in dem die Aufklärung unstatthaft sei, weil eine Gleichbehandlung im Unrecht ausgeschlossen sei[568].

d) Die Gleichwertigkeit von Nebenangeboten

Durch die Leistungsbeschreibung bestimmt der öffentliche Auftraggeber bestimmte Parameter der nachgefragten Leistung. Allerdings berücksichtigt das Vergaberecht die Möglichkeit, dass ein solcher sog. Amtsvorschlag nicht die optimale Lösung ist. Daher sehen VOB/A und VOL/A die Möglichkeit der Abgabe von Nebenangeboten vor[569]. Nebenangebote sind Angebote, mit denen die Leistung anders als in der Leistungsbeschreibung nachgefragt, offeriert wird[570]. Dabei hat der öffentliche Auftraggeber in der Bekanntmachung oder spätestens mit der Aufforderung zur Angebotsabgabe anzugeben, ob er Nebenangebote zulässt oder nicht oder aus-

565 Vgl. *Zeise*, in: Kulartz/Marx/Portz/Prieß (Hrsg.), VOL/A, § 18 EG Rdnr. 16 m.w.N.

566 OLG Dresden, ZfBR 2003, 810 (813).

567 SaarlOLG, VergabeR 2002, 493 (500 ff.); OLG Frankfurt, VergabeR 2003, 349 (351).

568 SaarlOLG, VergabeR 2002, 493 (500); OLG Koblenz, ZfBR 2008, 735; VK Bund, NZBau 2000, 398 (399).

569 Freiberufliche Leistungen nach der VOF werden im Verhandlungsverfahren (oder nach strittiger Ansicht allenfalls im wettbewerblichen Dialog; vgl. Kompaktkommentar VergR/*Haak/Preißinger*, 3. Los, § 3 VOF Rdnr. 2) vergeben, vgl. § 3 Abs. 1 VOF (2009). Da eine vorherige eindeutige und erschöpfende Leistungsbeschreibung hier nicht möglich ist und über den zu vergebenden Auftrag mit den ausgewählten Bietern verhandelt wird, entfällt auch die Notwendigkeit von Nebenangeboten.

570 *Frister*, in: Kapellmann/Messerschmidt (Hrsg.), VOB, § 16 VOB/A Rdnr. 148 f. mit der Feststellung, die VOB/A könne als »nebenangebotsfreundlich« bezeichnet werden. Zur Möglichkeit der Flexibilisierung des Vergabeverfahrens mittels Nebenangeboten *Koch*, Flexibilisierungspotenziale im Vergabeverfahren, S. 257 ff.

nahmsweise nur in Verbindung mit einem Hauptangebot, § 8 Abs. 2 Nr. 3 lit. b) VOB/A-EG (2012), § 9 Abs. 5 VOL/A-EG (2009). Bislang nicht abschließend geklärt ist, ob Nebenangebote auch dann zulässig sind, wenn einziges Zuschlagskriterium der Preis ist. Das OLG Düsseldorf hatte dies unter Hinweis auf eine grammatikalische und systematische Auslegung der Art. 24 Abs. 1 und 53 Abs. 1 VKR abgelehnt[571], die Frage aber gem. § 124 Abs. 2 GWB dem Bundesgerichtshof vorgelegt, da das Schleswig-Holsteinische OLG[572] sie zuvor abweichend beantwortet hatte. Der BGH hat nicht abschließend hierüber entschieden, da die Parteien den Rechtsstreit aufgrund des Ablaufs des Ausschreibungszeitraums übereinstimmend für erledigt erklärt haben. Der 10. Zivilsenat hat in seinem Beschluss vom 23. Januar 2013 allerdings zu erkennen gegeben, dass er der Auffassung des Schleswig-Holsteinischen OLG zuneigt und einen Ausschluss von Nebenangeboten bei Vergabeverfahren mit dem niedrigsten Preis als einzigem Zuschlagskriterium kritisch sieht[573].

Nach Art. 24 Abs. 3 VKR müssen Auftraggeber bei Zulassung von Nebenangeboten in den Verdingungsunterlagen Mindestanforderungen benennen, die ein Nebenangebot erfüllen muss, um gewertet zu werden. Daneben wurde zumindest bis zur Einführung dieser verpflichtenden Mindestanforderungen einhellig eine allgemeine Gleichwertigkeitsprüfung verlangt, um festzustellen, ob das Nebenangebot mit der ausgeschriebenen Hauptleistung qualitativ und quantitativ gleichwertig ist und ob die alternative Leistung den Vertragszweck unter allen technischen und wirtschaftlichen Gesichtspunkten ebenso erfüllt und für den Bedarf der Vergabestel-

571 Das OLG Düsseldorf (NZBau 2012, 194 [196 ff.]) hat seine Auffassung damit begründet, Art. 24 Abs. 1 VKR spreche von Aufträgen, die nach dem Kriterium des wirtschaftlich günstigsten Angebots vergeben würden, und knüpfe damit nur an Art. 53 Abs. 1 lit. a) VKR an. Die Vergabe anhand des Kriteriums des niedrigsten Preises nach Art. 53 Abs. 1 lit. b) VKR sei hiervon zu unterscheiden, da der niedrigste Preis aufgrund der Gesetzessystematik nicht lediglich als ein Unterkriterium des wirtschaftlich günstigsten Angebots angesehen werden könne.

572 NZBau 2011, 375. Zur Begründung hat das OLG Schl.-Hol. ausgeführt, die Regelungen der VKR seien nur dort unmittelbar zu beachten, wo das Unionsrecht nicht oder nicht vollständig umgesetzt sei. Der Gesetzgeber habe aber in § 97 Abs. 5 GWB und § 25 Nr. 3 Abs. 3 VOB/A (2006) beide Zuschlagskriterien des Art. 53 Abs. 1 lit. a) und b) VKR umgesetzt. Die Möglichkeit, Nebenanbgebote zuzulassen, beziehe sich daher ebenfalls auf beide Varianten.

573 BGH, Beschl. v. 23. Januar 2013 – Az.: X ZB 8/11, Rdnr. 13 ff. (juris).

le ebenso geeignet ist[574]. Allerdings ist mit Einführung der Mindestbedingungen für Nebenangebote fraglich geworden, welchen Raum daneben noch eine allgemeine Gleichwertigkeitsprüfung haben soll, da der öffentliche Auftraggeber durch die Aufstellung von Mindestbedingungen festgelegt habe, unter welchen Voraussetzungen er die Gleichwertigkeit von Neben- und Hauptangeboten in dem Sinne annehme, dass ein solches Nebenangebot im Vergleich zu den Hauptangeboten auf seine Wirtschaftlichkeit hin geprüft werden könne. Dadurch sei die nach bisherigem Rechtsverständnis erforderliche allgemeine Gleichwertigkeitsprüfung ersetzt worden[575]. Nach anderer Ansicht muss der Auftraggeber im Rahmen der Gleichwertigkeitsprüfung prüfen, ob die alternativ angebotene Leistung den Vertragszweck unter allen technischen und wirtschaftlichen Gesichtspunkten ebenso erfüllt und dementsprechend für seinen Bedarf ebenso geeignet ist[576]. Allerdings nimmt auch die eine generelle Gleichwertigkeitsprüfung ablehnende Ansicht an, der Gleichwertigkeit von Nebenangeboten komme immerhin noch dann eine Bedeutung zu, wenn der Auftraggeber im Rahmen der Mindestanforderungen konkrete Gleichwertigkeitserfordernisse aufstelle oder bei funktionalen Mindestanforderungen, die sich aus seinen Erwartungen an das Ergebnis oder bestimmte Eigenschaften der zu erbringenden Leistung ergeben[577]. Zumindest in diesem Umfang bleibt die Frage von Bedeutung, ob die Bewertung der Gleichwertigkeit eines Nebenangebots einen Entscheidungsspielraum des Auftraggebers eröffnet. In der Rechtsprechung ist diese Frage grundsätzlich weitgehend bejaht worden, allerdings mit differierender dogmatischer Einordnung, wobei zumeist ein Beurteilungsspielraum angenommen worden ist[578].

---

574 Zu diesem Prüfungsgegenstand *Frister*, in: Kapellmann/Messerschmidt (Hrsg.), VOB, § 16 Rdnr. 160.

575 So *Frister*, in: Kapellmann/Messerschmidt (Hrsg.), VOB, § 16 Rdnr. 160 ff. Ebenso an der weiteren Erforderlichkeit einer Gleichwertigkeitsprüfung zweifelnd VK Schl.-Hol., Beschl. v. 7. Mai 2008 – Az.: VK-SH 05/08, S. 15 f. des amtl. Umdrucks.

576 OLG Brandenburg, VergabeR 2009, 222 (226); VergabeR 2012, 124; OLG Celle, VergabeR 2010, 1014 (1019); VK Münster, Beschl. v. 6. November 2008 – Az.: VK 17/08, Rdnr. 90 ff. (juris); ebenso *Dittmann*, in: Kulartz/Marx/Portz/Prieß (Hrsg.), VOL/A, § 19 EG Rdnr. 162.

577 *Frister*, in: Kapellmann/Messerschmidt (Hrsg.), VOB, § 16 Rdnr. 160 ff.

578 Für einen Beurteilungsspielraum: BayObLG, VergabeR 2003, 207 (214 f.); OLG Naumburg, BauR 2000, 1636; OLG Koblenz, VergabeR 2003, 72 (74); OLG Celle, VergabeR 2010, 1014 (1019 ff.);VK B.-W., Beschl. v. 23. Juni 2003 – Az.:

10. Zusammenfassung

Es kann zusammenfassend festgestellt werden, dass der Umgang der vergaberechtlichen Nachprüfungsinstanzen mit Entscheidungsspielräumen öffentlicher Auftraggeber von großen Unsicherheiten geprägt ist. Von einzelnen Entscheidungen abgesehen, die eine umfassende und dogmatisch folgerichtige Einordnung vornehmen, bleibt das Gros der Beschlüsse geprägt von Unklarheiten und Widersprüchen. Dabei sind zwei Punkte hervorzuheben.

Zum einen erfolgt die Zuordnung zu einer der dogmatischen Figuren – Beurteilungsspielraum oder Ermessen – oftmals uneinheitlich und bisweilen willkürlich. Eine Auseinandersetzung mit den in der Rechtsprechung des Bundesverfassungsgerichts und der Verwaltungsgerichte sowie der verwaltungsrechtswissenschaftlichen Literatur entwickelten Voraussetzungen fehlt weitgehend. Bezugnahmen hierauf finden sich ebenso selten wie Erwägungen zu einschränkenden Anforderungen des Grundsatzes des effektiven Rechtsschutzes. Zugleich wird keine eigene Dogmatik der vergaberechtlichen Entscheidungsspielräume entwickelt. Die Ausführungen zur gerichtlichen Kontrolldichte sind vielmehr von den Einzelsituationen geprägt, in denen Entscheidungsspielräume in Rede stehen.

Zum anderen werden die Fehlerfolgenlehren der verschiedenen Typen von Entscheidungsspielräumen nicht konsequent angewandt. Hierdurch wird der Rechtsschutz der Bieter oftmals wiederum in bedenklicher Weise verkürzt. Die Ausführungen sind nicht selten eher rudimentär und oberflächlich. In Einzelfällen wird eine Überprüfung sogar gänzlich abgelehnt.

Für die betroffenen Unternehmen und ihre Berater ergibt sich somit ein diffuses Bild, welches Rechtssicherheit und Rechtsklarheit vermissen lässt. Der vom Gesetzgeber eingeführte Primärrechtsschutz im Vergabe-

---

1 VK 28/03, Rdnr. 125 ff. (juris); VK Hessen, Beschl. v. 9. Oktober 2007 – Az.: 69d VK 42/2007, Rdnr. 84 ff. (juris); VK Münster, Beschl. v. 11. Dezember 2009 – Az.: VK 23/09, Rdnr. 42 (juris); VK Saarland, Beschl. v. 25. Oktober 2010 – Az.: 1 VK 10/2010, Rdnr. 74 (juris); VK M.-V., Beschl. v. 21. Februar 2012 – Az.: 1 VK 07/11, Rdnr. 379 (juris); OLG Celle, VergabeR 2010, 1014 (1019 f.). Ohne klare dogmatische Zuordnung: OLG Brandenburg, VergabeR 2009, 222 (226); OLG Koblenz, Beschl. v. 2. Februar 2011 – Az.: 1 Verg 1/11, Rdnr. 28 (juris); VK Schl.-Hol., Beschl. v. 7. Mai 2008 – Az.: VK-SH 05/08, S. 16 ff. des amtl. Umdrucks; VK Rh.-Pf., Beschl. v. 4. Januar 2011 – Az.: VK 2-48/10, Rdnr. 75 (juris).

Vgl. auch *Wirner*, ZfBR 2005, 152 (161).

recht wird durch diese Rechtsschutzverkürzungen in – insbesondere verfassungsrechtlich – bedenklicher Weise geschmälert. Dies ist nicht zuletzt deshalb unbefriedigend, weil Verteilungs- und Auswahlentscheidungen in Rechtsfeldern außerhalb des Vergaberechts zumeist auf dogmatisch wesentlich sichererem Grund stattfinden.

E. Die Rechtsprechung zu Entscheidungsspielräumen außerhalb des GWB-Vergaberechts – eine vergleichende Darstellung

Mit allen staatlichen Auswahlentscheidungen untrennbar verbunden sind Rechtsfragen nach der Beachtung der für die unterlegenen Prätendenten streitenden Rechte und der Reichweite behördlicher (Auswahl-) Letztentscheidungsbefugnisse. Die Vergabe öffentlicher Aufträge weist deutliche Übereinstimmungen mit anderen Teilhabe- und Verteilungskonstellationen auf, sei es die Vergabe von Standplätzen auf Messen, Ausstellungen und Märkten nach der Gewerbeordnung oder die Auswahlentscheidung zwischen konkurrierenden Vorhaben im Wasserrecht[579]. Teilrechtsgebietsübergreifend rücken bestimmte Aspekte in den Fokus[580]. Dabei kann es sowohl um die gerechte Verteilung bereits vorhandener knapper Güter und Kapazitäten als auch um die gerechte Verteilung überhaupt erst vom Staat geschaffener knapper Güter und Kapazitäten gehen. Die rechtliche Problemstellung liegt hier nicht bei staatlichen Eingriffen in zugeordnete Rechtspositionen[581], sondern bei der gerechten Verteilung neuer Rechtspositionen. Zentrale – auch verfassungsrechtliche – Bedeutung erlangen die Gestaltung des Verteilungsverfahrens, die Bestimmung und Gewichtung der Auswahlkriterien und die Entscheidungsfreiheit bei der Auswahl.

---

579 Um nur zwei sehr unterschiedliche Beispiele für die das Wirtschaftsleben prägenden Entscheidungen über die Verteilung und Nutzung begrenzter Kapazitäten und Ressourcen zu nennen. Die Vergabe von Standplätzen auf Messen, Ausstellungen und Märkten ist steter Gegenstand gerichtlicher Auseinandersetzungen, wodurch Letztentscheidungsbefugnisse und Rechtsschutz in diesem Bereich häufig thematisiert und ausgeformt werden; vgl. nur aus höchst- und obergerichtlicher Rechtsprechung BVerfG, NJW 2002, 3691; BVerwG GewArch 1984, 265 u. 266; GewArch 2006, 81; Beschl. v. 24. Juni 2011 – Az.: 8 B 31/11; OVG Rh.-Pf., LKRZ 2008, 477; NdsOVG, NdsVBl. 2010, 81; OVG NRW, Beschl. v. 2. Juli 2010 – Az.: 4 B 643/10; VGH B.-W., BWGZ 2011, 613; BayVGH, BayVBl. 2012, 120; aus der Literatur dazu etwa *Stober*, Handbuch des Wirtschaftsverwaltungs- und Umweltrechts, S. 400 ff.; *Braun*, NVwZ 2009, 747; aus kommunalrechtlicher Sicht *Burgi*, Kommunalrecht, § 16 Rdnr. 15 ff. und 40 ff; *Donhauser*, NVwZ 2010, 931. Zur wasserrechtlichen Auswahlentscheidung nach Art. 19 BayWG a.F. (jetzt Art. 68 BayWG n.F.) BayVGH, NVwZ-RR 2010, 677 (678 f., 681).

580 Siehe auch die Darstellung der Referenzgebiete bei *Wollenschläger*, Verteilungsverfahren, S. 193 ff.

581 Ein Eingriff in vorhandene Rechtspositionen wäre allerdings zu bedenken, wenn eine bereits zuvor zugeteilte Rechtsposition neu an einen anderen Bewerber vergeben werden soll.

Prägend ist, dass jede Begünstigung am Ende nur einmal vergeben werden kann, sei es ein öffentlicher Auftrag, sei es ein zu besetzender Dienstposten, sei es eine Genehmigung zum Linienverkehr mit Kraftfahrzeugen.

Diese Ausgangslage legt eine vergleichende Betrachtung nahe. Insbesondere die verwaltungsgerichtliche Rechtsprechung zu Verteilungsentscheidungen verspricht Erkenntnisse, die auch für das Vergaberecht aufschlussreich sein können, hat sich doch dieser Gerichtszweig über Jahrzehnte hinweg ausführlich mit der Dogmatik der Beurteilungs- und Ermessensspielräume unter steter Begleitung durch die rechtswissenschaftliche Literatur befasst.

Die ganze Bandbreite staatlicher Auswahlentscheidungen kann aufgrund der Fülle der Auswahlsituationen vorliegend nicht untersucht werden. Die Darstellung konzentriert sich daher im Folgenden auf bestimmte Auswahlentscheidungen, die der vergaberechtlichen Spruchpraxis zu Entscheidungsspielräumen vergleichend gegenübergestellt werden. Die Analyse von Gemeinsamkeiten und Unterschieden schafft eine Grundlage für die dogmatische Klärung. Zwei übergeordnete Entscheidungskonstellationen sollen folgend in den Blick genommen werden: Personalauswahlentscheidungen und Auswahlentscheidungen bei der Erbringung von Dienstleistungen außerhalb des Vergaberechts. Beide Blöcke lassen sich wiederum in unterschiedliche Auswahlkonstellationen zerlegen.

I. Personalauswahlentscheidungen

1. Beamtenrecht

Streitigkeiten über die Vergabe öffentlicher Ämter beschäftigen die Gerichte in einem hohen Maße[582] und führen zu einer umfangreichen Rechtsprechung hinsichtlich dienstlicher Beurteilungen, ordnungsgemäßer Auswahlverfahren und der rechtmäßigen Festlegung und Anwendung von Auswahlkriterien. Die Auswahlentscheidung über die Besetzung eines öf-

582 Darunter finden sich Aufsehen erregende Verfahren wie der Streit über den Vorsitz des 2. Strafsenats am Bundesgerichtshof, in dem sich der stellvertretende Vorsitzende des 2. Strafsenats gegen eine dienstliche Beurteilung des Präsidenten des BGH wehrte; siehe VG Karlsruhe, Beschluss vom 24. Oktober 2011 – Az.: 4 K 2146/11 und *Rückert*, in: DIE ZEIT Nr. 41/2011 vom 6. Oktober 2011, abrufbar unter: www.zeit.de/2011/41/DOS-BGH (zuletzt abgerufen am 25. April 2013).

fentlichen Amtes mit einem bestimmten Bewerber findet eine verfassungsrechtliche Vorgabe in Art. 33 Abs. 2 GG. Diese Vorschrift, nach der jeder Deutsche nach seiner Eignung, Befähigung und fachlichen Leistung gleichen Zugang zu jedem öffentlichen Amt hat, beinhaltet neben einer objektiven Festlegung der staatlichen Stellen auf das Prinzip der Bestenauslese im öffentlichen Interesse auch ein grundrechtsähnliches subjektives Recht der Bewerber auf leistungsgerechte Einstellung[583].

Die Rechtsprechung geht unter Beachtung der klassischen Einteilung in Beurteilungs- und Ermessensspielräume von einem Beurteilungsspielraum bei der Anwendung der Auslesekriterien (unbestimmte Rechtsbegriffe) und einem dem Dienstherrn kraft seiner Personalgewalt bei der Auswahl der Bewerber obliegenden Ermessen aus[584]. Weder Art. 33 Abs. 2 GG noch die beamtenrechtlichen Vorschriften begründen ein Recht auf Einrichtung oder Besetzung von Dienstposten im öffentlichen Dienst[585]. Ein Bewerber hat nach allgemeiner Ansicht vielmehr (lediglich) einen Anspruch auf eine ermessens- und beurteilungsfehlerfreie Entscheidung des Dienstherrn über seine Bewerbung, einen sog. Bewerbungsverfahrensanspruch[586]. Dieser Anspruch lässt sich in der Regel einzig mittels einer einstweiligen Anordnung nach § 123 Abs. 1 S. 1 VwGO sichern. Der abgelehnte Bewerber muss einstweiligen Rechtsschutz in Anspruch nehmen, um zu verhindern, dass durch die Ernennung des ausgewählten Konkurrenten vollendete Tatsachen geschaffen werden[587]. Denn grundsätzlich soll das Amt mit der Ernennung des ausgewählten Bewerbers unwiderruflich vergeben sein, ohne dass es darauf ankommt, ob die Ernennung mit Art. 33 Abs. 2 GG in Einklang steht. Die Bewerbungsverfahrensansprüche der unterlegenen Bewerber gehen durch die Ernennung regelmäßig unter, wenn diese das Auswahlverfahren endgültig abschließt. Das BVerwG hat allerdings jüngst sehr deutlich betont, dass dieser Grundsatz der Ämterstabilität durchbrochen werde, wenn ein gesetzlicher Rücknahmetatbestand erfüllt sei oder wenn unterlegene Bewerber vor der Ernennung unter Verstoß gegen Art. 19 Abs. 4 GG daran gehindert worden seien, ihren Bewerbungsverfahrensanspruch in der grundrechtlich gebotenen Weise gericht-

583 *Badura*, in: Maunz/Dürig, Komm. z. GG, Art. 33 Rdnr. 20; *Battis*, BBG, § 9 Rdnr. 2; *Jachmann*, in: v.Mangoldt/Klein/Starck, GG II, Art. 33 Rdnr. 12.

584 *Battis*, BBG, § 9 Rdnr. 28.

585 BVerwGE 101, 112; Sachs/*Battis*, GG, Art. 33 Rdnr. 21.

586 BVerfG, NVwZ 2002, 1367; NVwZ 2003, 200; NVwZ 2011, 1191 (1191 f.); BVerwGE 118, 370 (372).

587 BVerwGE 118, 370 (372 f.).

lich geltend zu machen[588]. Abgesehen von solchen schwerwiegenden Verstößen muss dem Bewerber bis zur Ernennung eines Konkurrenten und unter bestimmten Umständen auch darüber hinaus die Möglichkeit eröffnet sein, gerichtlich durchzusetzen, dass der Dienstherr sein Auswahlermessen pflichtgemäß ausübt. Hat der Dienstherr dies schuldhaft nicht getan und ist dem Beamten durch diese Pflichtverletzung adäquat kausal ein Schaden entstanden, den er nicht durch Gebrauch eines Rechtsmittels abzuwenden vermochte, so ist der Dienstherr in der Regel zum Schadensersatz verpflichtet[589]. Die gesetzlichen Vorgaben zur Personalauswahl kreisen insbesondere um die unbestimmten Rechtsbegriffe Eignung, Befähigung und fachliche Leistung, wie sie von Art. 33 Abs. 2 GG vorgegeben werden und sich in den beamtenrechtlichen Vorschriften des Bundes und der Länder wiederfinden. Sowohl das BVerfG als auch die Verwaltungsgerichte billigen der entscheidenden Behörde bei der Anwendung dieser Auswahlkriterien einen Beurteilungsspielraum hinsichtlich Auswahl und Gewichtung der einzelnen Beurteilungsgrundlagen zu[590]. Unter Beachtung der Aussage, dass nicht jeder unbestimmte Rechtsbegriff mit einem Beurteilungsspielraum verbunden ist, begründen die Gerichte die Zurücknahme der Kontrolle insbesondere damit, dass es sich um einen Akt wertender Erkenntnis handele, den letztlich nur die Behörde treffen könne, weil sich anderenfalls das Gericht an ihre Stelle setzen und selbst über die Verwaltungsorganisation und die Ämterbesetzung entscheiden würde. Dies sei mit dem Grundsatz der Gewaltenteilung unvereinbar[591].

Im Einzelnen haben sich die Gerichte zahlreich zu den bestehenden Entscheidungsspielräumen des Dienstherrn geäußert. So liege zunächst die Einrichtung und nähere Ausgestaltung von Dienstposten in seinem organisatorischen Ermessen. Die der Bewerberauswahl zugrundeliegenden Anforderungen seien in einem spezifischen Anforderungsprofil näher festzulegen, soweit dieses nicht bereits durch Gesetz, Verordnung oder Verwaltungsvorschrift vorgegeben sei. Durch dieses Anforderungsprofil sei es dem Dienstherrn möglich, die Bewerberauswahl bereits vorzuprägen, er sei allerdings im folgenden Auswahlverfahren an dieses von ihm entwi-

588 BVerwG, NJW 2011, 695 (697).

589 BVerwG, NVwZ 2009, 787 (788); OVG NRW, NVwZ-RR 2005, 269 (269); Beschl. v. 4. April 2011 – Az.: 6 A 1156/08, Rdnr. 31 (juris). Dazu etwa *Leppin*, NVwZ 2007, 1241.

590 Zustimmend etwa Sachs/*Battis*, GG, Art. 33 Rdnr. 41; *Jachmann*, in: v.Mangoldt/Klein/Starck, GG II, Art. 33 Rdnr. 22;

591 BVerfGE 39, 334 (354); 108, 282 (296 f.); BVerfG, NVwZ 2002, 1368 (1368 f.).

ckelte Anforderungsprofil und die darin festgelegten Auswahlkriterien gebunden[592]. Er habe sodann auf der Grundlage des gesamten für die persönliche und fachliche Einschätzung von Eignung und Leistung der Bewerber bedeutsamen Inhalts der Unterlagen, insbesondere der Personalakten, die persönliche und fachliche Eignung der Bewerber im Hinblick auf das spezifische Anforderungsprofil des zu besetzenden Dienstpostens einem Vergleich zu unterziehen und nach Festlegung der insoweit bedeutsamen Tatsachen eine wertende Abwägung und Zuordnung vorzunehmen. Diese wertende Abwägung und Zuordnung stelle einen prognostischen Akt wertender Erkenntnis dar, der zwar den inhaltlichen Bedingungen rationaler Abwägung genügen müsse, dessen gerichtliche Überprüfbarkeit jedoch wegen der dem Dienstherrn durch Art. 33 Abs. 2 GG und § 9 BBG bzw. § 9 BeamtStG in Verbindung mit landesrechtlichen Vorschriften[593] eingeräumten Beurteilungsermächtigung inhaltlich darauf beschränkt sei, die Einhaltung ihrer Grenzen zu kontrollieren. Danach gilt es zu überprüfen, ob der Dienstherr den anzuwendenden Begriff oder den gesetzlichen Rahmen der Beurteilungsermächtigung verkannt habe, von einem unrichtigen Sachverhalt ausgegangen sei oder allgemein gültige Wertmaßstäbe nicht beachtet, sachfremde Erwägungen angestellt oder gegen Verfahrensvorschriften verstoßen habe[594]. Es bleibe insbesondere dem pflichtgemäßen Ermessen des Dienstherrn überlassen, welchen (sachlichen) Umständen er bei seiner Auswahlentscheidung das größere Gewicht beimesse, sofern nur das Prinzip des gleichen Zugangs zu jedem öffentlichen Amt nach Eignung, Befähigung und fachlicher Leistung selbst nicht in Frage gestellt werde[595]. Gelange der Dienstherr bei seiner Beurteilung zu dem Ergebnis, dass mehrere Bewerber nach Eignung, Befähigung und fachlicher Leistung für das angestrebte Amt im Wesentlichen gleich geeignet seien, so

592 VG Karlsruhe, Beschl. v. 24. Oktober 2011 – Az.: 4 K 2146/11, Rdnr. 9 (juris).

593 Siehe etwa die Verweise auf das BeamtStG in § 8 Abs. 1 S. 1 HessBG, §§ 1 Abs. 1, 20 Abs. 6 LBG NRW und §§ 1 Abs. 1, 10 LBG Schl.-Hol. Vgl. für Personalauswahlentscheidungen im militärischen Bereich BVerwGE 128, 329 (insb. 332 f.) zu Art. 33 Abs. 2 GG, § 3 Abs. 1 SG.

594 Etwa BVerwGE 106, 263 (266 ff.); 118, 370 (378); 128, 329 (337 f.).

595 Siehe etwa BVerwGE 80, 224 (225 f.); HessVGH, DVBl. 1994, 593 (593 f.); OVG M.-V., NordÖR 2010, 462 und Beschluss vom 9. November 2011 – Az.: 2 M 163/11, Rdnr. 6 (juris); OVG LSA, Beschl. v. 24. Januar 2011 – Az.: 1 M 1/11, Rdnr. 5 (juris); OVG Berlin-Brandenburg, Beschl. v. 2. März 2011 – Az.: OVG 6 S 46.10, Rdnr. 1 ff., 16; VG Gießen, Beschl. v. 20. Juli 2011 – Az.: 5 L 5587/10.GI, Rdnr. 8 (zitiert nach juris).

könne er die Auswahl nach weiteren sachgerechten Kriterien treffen, bei deren Bestimmung ihm ein weites Ermessen zustehe[596]. Die vergleichende Bewertung der Bewerber insbesondere anhand der Personalakten verleihe den dienstlichen Beurteilungen ein besonderes Gewicht, wobei besonderes Augenmerk auf die jeweils letzte, aktuelle Beurteilung zu legen sei. Die dienstlichen Beurteilungen seien bei gleichlautenden Gesamturteilen inhaltlich auszuschöpfen, d.h. der Dienstherr sei verpflichtet, bei gleichlautenden Gesamturteilen der Frage nachzugehen, ob die Einzelfeststellungen in aktuellen dienstlichen Beurteilungen eine Prognose über die zukünftige Bewährung im zu vergebenden öffentlichen Amt ermöglichen und Anhaltspunkte für einen Qualitätsvorsprung eines Bewerbers bestehen würden, wobei gleiche Maßstäbe angelegt werden müssten[597]. Habe der Dienstherr Richtlinien über die Erstellung dienstlicher Beurteilungen erlassen, seien die Beurteiler auf Grund des Gleichheitssatzes hinsichtlich des anzuwenden Verfahrens und der anzulegenden Maßstäbe an diese Richtlinien gebunden. Im Übrigen komme ihnen ein gerichtlich nur eingeschränkt überprüfbarer Beurteilungsspielraum zu[598]. Die Wesentlichkeit dienstlicher Beurteilungen für den Erkenntnisgewinn des Dienstherrn über die fachliche Leistung und die Befähigung haben zur Folge, dass Mängel einer im Zusammenhang mit einer Auswahlentscheidung zugrunde gelegten dienstlichen Beurteilung bewirken könnten, dass auch die Auswahlentscheidung selbst rechtswidrig sei[599]. Neben den dienstlichen Beurteilungen könne der Dienstherr im Rahmen seines Beurteilungsspielraums weitere Beurteilungsgrundlagen, etwa Ergebnisse von Prüfungen und Tests oder Bewerbungsgesprächen ergänzend heranziehen und gewichten[600]. Bei Vorstellungsgesprächen komme den Interviewern bei der Themenauswahl und Aussagebewertung ein zusätzlicher Beurteilungsspielraum zu[601]. Eine Beurteilungsermächtigung wohne auch der verlangten Prognose inne, ob

---

596 VGH B.-W., NVwZ-RR 2004, 120 (120 f.); NVwZ-RR 2005, 585 (585).

597 BVerwG, NVwZ 2011, 1270 (1271); OVG NRW, NVwZ-RR 2004, 626 (627); OVG Berlin-Brandenburg, NJOZ 2010, 1839 (1840); VG Düsseldorf, Beschl. v. 7. Dezember 2011 – Az.: 2 L 1434/11, Rdnr. 29 (juris).

598 BVerwGE 21, 127 (129 ff.); 60, 245 (245 ff.); 97, 128 (129); BVerwG, NVwZ 2009, 1314 (1315).

599 VGH B.-W., NVwZ-RR 2005, 585 (586); VG Karlsruhe, Beschl. v. 24. Oktober 2011 – Az.: 4 K 2146/11, Rdnr. 11 (juris).

600 BVerfG, NVwZ 2011, 1191 (1192); BayVGH, Beschl. v. 20. Oktober 2011 – Az.: 3 CE 11.2001 (juris).

601 BayVGH, Beschl. v. 20. Oktober 2011 – Az.: 3 CE 11.2001, Rdnr. 37 (juris).

ein Bewerber die Gewähr dafür biete, jederzeit für die freiheitliche demokratische Grundordnung im Sinne des Grundgesetzes einzutreten[602]. Daneben könne ein Bewerber auch aus anderen hinreichend schwerwiegenden Gründen von einem Auswahlverfahren ausgeschlossen werden. Dies müsse jedoch nicht erfolgen, sondern liege im Ermessen des Dienstherrn, der insofern gleichermaßen sein (Auswahl-)Ermessen in Bezug auf den der weiteren Auswahlentscheidung zugrunde liegenden Bewerberkreis ausübe[603]. Ebenso wie bei der Ernennung bzw. Beförderung eines Bewerbers überprüft das BVerwG auch die Entscheidung über die Entlassung eines Beamten auf Probe nur auf das Vorliegen von Beurteilungs- und Ermessensfehlern[604]. Gleiches gelte für andere, den dienstlichen Werdegang beeinträchtigende Maßnahmen, etwa die Ablösung von einer bestimmten Verwendung[605].

2. Personalauswahl außerhalb des Beamtenrechts

Aufgrund der Eigenart der übertragenen Aufgabe, der Regelung der Amtsbefugnisse und der Ausgestaltung des Berufsrechts sind die Notare dem öffentlichen Dienst sehr ähnlich. Sie sind zwar keine Beamten, stehen aber als Amtsträger in einem öffentlich-rechtlichen Treueverhältnis[606]. Daneben werden in zahlreichen Bereichen Personen von öffentlichen Stellen für die Erledigung bestimmter Aufgaben ausgewählt, etwa Insolvenzverwalter, Sachverständige, Betreuer oder Dolmetscher. Regelmäßig ist das Interesse an der Erledigung dieser mitunter lukrativen Aufgaben größer als der Bedarf, weshalb eine Auswahl stattfinden muss, die rechtsstaatlichen Anforderungen genügt.

---

602 BVerfGE 39, 334 (353 f.); BVerwGE 61, 176 (184 ff.). Siehe etwa § 7 Abs. 1 Nr. 2 BBG, § 7 Abs. 1 Nr. 2 BeamtStG, für Soldaten § 8 SG. Die politische Treuepflicht gehört zu den hergebrachten Grundsätzen des Berufsbeamtentums; vgl. *Jachmann*, in: v.Mangoldt/Klein/Starck, GG II, Art. 33 Rdnr. 47.

603 OVG LSA, Beschl. v. 24. Januar 2011 – Az.: 1 M 1/11, Rdnr. 9 (juris).

604 BVerwGE 106, 263 (266 ff.).

605 BVerwGE 83, 251 (253); 111, 22 (23); 123, 346 (349). Zu einer den soldatischen Werdegang nachhaltig beeinträchtigenden Entziehung eines Sicherheitsbescheides BVerwGE 83, 90 (94 f.).

606 *Bracker*, in: Schippel/ders., BNotO, § 1 Rdnr. 10.

a) Bestellung von Notaren

In den Ländern werden gem. § 1 BNotO für die Beurkundung von Rechtsvorgängen und andere Aufgaben Notare als unabhängige Träger eines öffentlichen Amtes bestellt. Zum Notar bestellt werden kann gem. §§ 5 f. BNotO grundsätzlich, wer die Befähigung zum Richteramt nach dem Deutschen Richtergesetz erlangt hat, nach seiner Persönlichkeit und seinen Leistungen für das Amt des Notars geeignet und bei Ablauf der Bewerbungsfrist jünger als 60 Jahre alt ist. Weitere Voraussetzungen ergeben sich aus der Unterscheidung zwischen hauptberuflichem Notar und Anwaltsnotar, vgl. § 3 BNotO. Die mit der Bestellung betrauten Landesjustizverwaltungen bestimmen im Rahmen ihrer staatlichen Organisationsgewalt über Anzahl und Amtssitz der Notare[607]. Nach § 4 BNotO hängt die Anzahl der zu bestellenden Notare von den Erfordernissen einer geordneten Rechtspflege ab. Diese Bedürfnisprüfung ist am Zweck einer schnellen und ortsnahen Betreuung der Bevölkerung mit notariellen Leistungen auszurichten und erfordert eine Prognose[608]. Die Landesjustizverwaltung kann dabei verschiedene Kriterien für die Feststellung des vorhandenen Bedarfs an Notaren heranziehen, z.B. die durchschnittlichen Geschäftszahlen, die Bevölkerungszahl, ein Abstellen auf größere oder kleinere räumliche Einheiten und auch die in § 4 S. 2 BNotO erwähnte Altersstruktur[609].

Für die Rechtsstellung der Bewerber um eine Notarstelle von entscheidender Bedeutung ist die in ständiger Rechtsprechung vom BGH vertretene Auffassung, dass der Landesjustizverwaltung durch § 4 BNotO eingeräumte Ermessen müsse sich zwar an den Erfordernissen einer geordneten Rechtspflege ausrichten, diese sachliche Ermessensbegrenzung diene aber ausschließlich dem Interesse der Allgemeinheit am Funktionieren der vorsorgenden Rechtspflege und nicht einer Verbesserung der Berufsaussichten der am Notarberuf Interessierten, weshalb diesen kein subjektives Recht auf eine ermessensfehlerfreie Entscheidung zukomme. § 4 BNotO sei keine Schutznorm zugunsten potenzieller Bewerber. Zur Begründung wird auf die Rechtsprechung des BVerfG verwiesen[610], nach der die Organisation staatlicher Aufgaben grundsätzlich ausschließlich im Interesse

607 BGH, DNotZ 1991, 91 (93).
608 BGHZ 67, 348.
609 *Bracker*, in: Schippel/ders., BNotO, § 4 Rdnr. 6.
610 BVerfGE 73, 280 (292, 294).

der Allgemeinheit geschehe[611]. In der staatlichen Organisationsentscheidung liegt kein Eingriff in die Berufsfreiheit, weil Art. 12 Abs. 1 GG keinen Anspruch auf Schaffung eines öffentlichen Amtes vermittelt. Ähnlich hat der BGH die Besetzung einer Notarstelle durch Verlegung des Amtssitzes eines bereits bestellten Notars beurteilt[612]. Allerdings soll § 4 BNotO dann eine Schutzfunktion für den Bewerber zukommen, wenn die Landesjustizverwaltung die Grenzen ihres Organisationsermessens dergestalt überschreite, dass sie sich vom öffentlichen Interesse durch eine nicht bedarfs-, sondern rein bewerberbezogene Stellenermittlung löse unter sachfremder Begünstigung oder Benachteiligung einzelner Bewerber[613]. Die Eignung der Bewerber im Sinne des § 6 Abs. 1 S. 1 BNotO sei ein unbestimmter Rechtsbegriff, dessen Interpretation zwar ohne Bestehen eines Beurteilungsspielraums der vollen gerichtlichen Kontrolle unterliege[614]. Bei der Anwendung im Einzelfall begründe die erforderliche Prognose der Eignung des konkreten Bewerbers hingegen einen solchen Entscheidungsspielraum[615].

b) Insolvenzverwalterauswahl

Die Auswahl eines Insolvenzverwalters erfolgt durch das zuständige Amtsgericht als Insolvenzgericht, § 2 Abs. 1 InsO. Das Insolvenzgericht hat nach § 56 Abs. 1 InsO eine für den jeweiligen Einzelfall geeignete, insbesondere geschäftskundige und von den Gläubigern und dem Schuldner unabhängige natürliche Person zu bestellen. Das Gesetz lässt damit weitgehend offen, ob Verfahrensvorgaben einzuhalten sind, nach welchen

---

611 BGH, NJW 1996, 123 (124); NJW-RR 1998, 849 (850); 2003, 2458 (2459); DNotZ 2008, 865; NJW 2012, 531 (534).

612 Die Entscheidung der zuständigen Landesjustizbehörde hänge alleine davon ab, dass durch die Verlegung des Amtssitzes die Belange einer geordneten Rechtspflege gefördert oder gewahrt würden; BGH, DNotZ 1996, 906 (908) (der Landesjustizverwaltung sei »ein weiter, nur beschränkter gerichtlicher Prüfung unterliegender [Ermessens- oder Beurteilungs-]Spielraum« eingeräumt); siehe auch BGH, DNotZ 2001, 730 (730 f.); 2007, 63 (63 f.).

613 BGHZ 173, 297 (305 f.); BGH, Beschl. v. 22. März 2010 – Az.: NotZ 11/09, Rdnr. 18 (juris).

614 BGHZ 134, 137 (139 ff.); BGH DNotZ 2005, 146 (147); Beschl. v. 22. März 2010 – Az.: NotZ 21/09, Rdnr. 8 (juris.).

615 BGHZ 134, 137 (139 ff.); BGH DNotZ 2005, 146 (147); Beschl. v. 22. März 2010 – Az.: NotZ 21/09, Rdnr. 8 (juris.).

Kriterien die Auswahl eines geeigneten Insolvenzverwalters erfolgen soll und welche Rechtsschutzmöglichkeiten für unterlegene Mitbewerber offenstehen. Nach überwiegender Ansicht handelt es sich bei diesen Entscheidungen des Insolvenzgerichts um Justizverwaltungsakte i.S.d. § 23 EGGVG, über deren Rechtmäßigkeit die ordentlichen Gerichte zu entscheiden haben[616]. Die gerichtliche Entscheidung ergeht gem. § 28 Abs. 2 EGGVG und ist abhängig von der Spruchreife der Sache (dann Satz 1, ansonsten Satz 2). Bei Vorhandensein einer Ermessensermächtigung prüft das Gericht gem. § 28 Abs. 3 EGGVG auf das Vorliegen von Ermessensfehlern.

Das BVerfG hat in einem Beschluss aus dem Jahre 2006 zu diesen Fragen Stellung genommen[617]. Es führt aus, dass dem Richter in § 56 Abs. 1 InsO ein Ermessen bei der Auswahl eines Insolvenzverwalters für ein bestimmtes Insolvenzverfahren zukomme, da regelmäßig mehrere geeignete Bewerber zur Verfügung stehen würden. Zwar gelte dabei nicht Art. 33 Abs. 2 GG, weil der Insolvenzverwalter kein öffentliches Amt ausübe. Die Fachgerichte seien aber verpflichtet, Kriterien für die Feststellung der Eignung eines Bewerbers sowie für eine sachgerechte Ausübung des ihnen zustehenden weiten Auswahlermessens zu entwickeln. Denn der Bewerber habe vermittelt durch Art. 3 Abs. 1 GG einen Anspruch auf eine faire Chance, in Abhängigkeit von seiner Eignung im Sinne des § 56 Abs. 1 InsO berücksichtigt zu werden[618]. Im Gegenzug bleibe es Aufgabe des Bewerbers, seine Eignung aus sich heraus so darzustellen, dass dem Insolvenzrichter genügend detaillierte und verifizierbare Merkmale zur Verfügung gestellt würden[619]. Die gerichtliche Kontrolle der Auswahlentscheidung ende dort, wo das materielle Recht in verfassungsrechtlich unbedenklicher Weise das Entscheidungsverhalten nicht vollständig determiniere und dem Entscheider einen Einschätzungs- und Auswahlspielraum belasse. Sie sei dann auf die Einhaltung der Grenzen des Ermessensspielraums des Insolvenzrichters beschränkt[620]. Der Rechtsschutz gegen eine Auswahlentscheidung nach § 56 Abs. 1 InsO sei unter Abwägung der In-

616 BVerfG, NJW 2004, 2725 (2727); BVerfGE 116, 1 (10); BGH, NZI 2008, 161 (161 f.); OLG Bamberg, NJW-RR 2008, 719 (719 f.); KG, NZI 2008, 187 (187 f.); OLG Hamburg, NZI 2011, 762 (764); a.A. OLG Hamm, NJW 2004, 834 (835).

617 BVerfGE 116, 1.

618 BVerfGE 116, 1 (11 ff.).

619 OLG Hamburg, NZI 2011, 762 (765).

620 BVerfGE 116, 1 (18); BVerfGK 8, 372.

teressen des Bewerbers einerseits und der Interessen der Gläubiger und des Schuldners andererseits auf einen Fortsetzungsfeststellungsantrag und die Geltendmachung von Amtshaftungsansprüchen begrenzt. Eine Drittanfechtungsklage gegen die Bestellung eines Mitbewerbers oder die Verhinderung seiner Bestellung im Wege des einstweiligen Rechtsschutzes seien hingegen nicht möglich[621].

Der Zeitdruck, unter dem eine solche Bestellungsentscheidung regelmäßig zu erfolgen hat, lässt es allerdings kaum zu, sich in jedem Einzelfall eingehend mit der Frage auseinanderzusetzen, welcher Bewerber um ein Insolvenzverwaltermandat generell und im konkreten Verfahren am besten geeignet ist, ihn mit dieser Aufgabe zu betrauen. Um diesen faktischen Zwang, auf einen umfangreichen Abwägungsprozess zu verzichten, auszugleichen, hat es sich in der Praxis durchgesetzt, eine Vorauswahl zur Ermittlung generell geeigneter Bewerber durchzuführen und diese in eine Vorauswahlliste einzutragen. Das BVerfG hat deutlich gemacht, dass die Insolvenzgerichte nicht nur berechtigt, sondern unter Beachtung der Art. 19 Abs. 4 i.V.m. 3 Abs. 1, 12 Abs. 1 GG verpflichtet seien, entsprechende Listen zu führen, auf denen die geeigneten Bewerber einzutragen seien[622]. Das damit verbundene Vorauswahlverfahren müsse die Erhebung, Verifizierung und Strukturierung der Daten gewährleisten, die nach der Einschätzung des jeweiligen Insolvenzrichters nicht nur für die Feststellung der Eignung eines Bewerbers im konkreten Fall maßgebend seien, sondern vor allem auch eine sachgerechte Ermessensausübung bei der Auswahl des Insolvenzverwalters aus dem Kreis der geeigneten Bewerber ermögliche[623]. Dabei seien sog. »geschlossene Listen«, d.h. Listen, welche die Aufnahme von Bewerbern auf eine bestimmte Anzahl limitieren, ebenso unzulässig wie »reine Listenlösungen«, bei denen sich die Bestellungsentscheidung rein formal und turnusgemäß an der Reihenfolge der Anmeldungen ausrichte[624].

Der BGH hat in bemerkenswerter Klarheit die Entscheidungsspielräume des Insolvenzrichters strukturiert. Die Eignung eines Bewerbers als

621 BVerfGE 116, 1 (18 ff.).
622 BVerfG, NJW 2004, 2725 (2727).
623 BVerfG, NJW, 2004, 2725 (2727); BGH, NZI 2008, 161 (162); OLG Hamburg, NZI 2011, 762 (764 f.); *Graeber*, in: MünchKommInsO I, § 56 InsO Rdnr. 91 f. Zu diesem zweistufigen Auswahlprozess ausführlich *Brinkmann*, Private in gerichtlichem Auftrag, S. 30 ff.
624 BVerfGK 8, 368; OLG Hamburg, NZI 2011, 762 (764); Nerlich/Römermann/*Delhaes*, § 56 InsO Rdnr. 9 ff.

Beurteilungsgegenstand des Vorauswahlverfahrens sei ein unbestimmter Rechtsbegriff, die Feststellung der Eignung setze daher die Entwicklung von Kriterien voraus, anhand derer ein Bewerber als geeignet oder ungeeignet angesehen werden könne[625]. Der Justizverwaltungsbehörde sei aufgrund des prognostischen Elements ein Beurteilungsspielraum zuzubilligen, wenn sie einen Bewerber an den allgemeinen Kriterien für die fachliche und persönliche Eignung messe. Werde ein Bewerber als generell geeignet angesehen, zum Insolvenzverwalter bestellt zu werden, sei er als Folge in die Vorauswahlliste einzutragen, wobei noch kein Ermessen bestehe. Erst bei der Auswahl eines Insolvenzverwalters aus den in der Liste geführten Kandidaten, den der Insolvenzrichter im Einzelfall für am besten geeignet halte, komme ihm das oben dargestellte Auswahlermessen zu[626]. Andere Gerichte sind in ihren Entscheidungen hingegen weniger dogmatisch gefestigt und stellen zum Teil die Aufnahme in eine Vorauswahlliste in das Ermessen des Insolvenzrichters[627]. Die Ablehnung der Aufnahme eines generell geeigneten Bewerbers in die Vorauswahlliste stellt aber eine nicht zu rechtfertigende Beeinträchtigung der Berufsfreiheit gem. Art. 12 Abs. 1 GG dar. Richtigerweise kann es hier kein Ermessen des Insolvenzrichters geben[628].

---

625 Dabei wird insbesondere das Kriterium der Ortsnähe verwendet; vgl. nur OLG Brandenburg, NZI 2009, 723 (725); KG, ZIP 2010, 2461 (2462 f.); AG Hamburg, ZIP 2011, 2372 (2374 f.). Zum Kriterium der momentanen Belastungssituation des Bewerbers OLG Brandenburg, NZI 2009, 647 (649) (Berücksichtigung allenfalls bei der Ermessensentscheidung über die konkrete Bestellung); NZI 2009, 723 (725).

626 BGH, NZI 2008, 161 (162 f.); im Ergebnis ebenso KG, NZI 2008, 187 (187); ZIP 2010, 2461 (2462). Zu dem Beschluss des BGH *Laws*, NZI 2008, 279.

627 OLG Bamberg, NJW-RR 2008, 719 (719 f.), welches nicht zwischen einem Beurteilungsspielraum bei der Prüfung der generellen Geeignetheit und einem Ermessen bei der konkreten Auswahlentscheidung differenziert. Auch dem KG, NZI 2008, 187 (187 f.) gelingt die Differenzierung zwischen Beurteilungsspielraum und Ermessen nicht, weshalb sich das Gericht auch nicht mit der (eigentlich zu beantwortenden) Frage einer zutreffenden Auslegung des unbestimmten Rechtsbegriffs »persönliche und fachliche Eignung« befasst, sondern mit einer die gesetzlichen Grenzen überschreitenden Ermessensausübung, nämlich des Verstoßes einer Altersgrenze gegen Art. 12 GG. Siehe auch KG, ZInsO 2006, 153 (154) (weites Ermessen bei der Aufnahme in die Vorauswahlliste).

628 Das BVerfG hat Art. 3 Abs. 1 und 12 Abs. 1 GG in diesem Zusammenhang ausdrücklich betont; BVerfG, NJW 2004, 2725 (2727 f.). Ebenso für die öffentliche Bestellung von Sachverständigen BVerfGE 86, 28 (41 ff.). Anders für die Aufnahme von Bewerbern für eine Bestellung zur Betreuung Volljähriger wegen psychischer Krankheit oder körperlicher, geistiger oder seelischer Behinderung

Durch die Einfügung der §§ 56 Abs. 1 S. 3 und 56a InsO mit Gesetz vom 7. Dezember 2011[629] hat der Gesetzgeber den Einfluss von Schuldner und Gläubiger auf die Auswahl des Insolvenzverwalters gestärkt und die Entscheidungsfreiheit des Insolvenrichters entsprechend eingeschränkt[630].

c) Überblick über weitere Personalauswahlentscheidungen außerhalb des Beamtenrechts

Weitere Beispiele seien im Folgenden nur überblicksartig angesprochen, um die Vergleichbarkeit der Fragestellungen in verschiedenen Bereichen aufzuzeigen.

aa) Bestellung von Sachverständigen nach der GewO

Nach § 36 Abs. 1 S. 1 GewO sind von den durch die Landesregierungen bestimmten oder nach Landesrecht zuständigen Stellen[631] Personen auf Antrag öffentlich zu bestellen, die als Sachverständige auf den Gebieten der Wirtschaft einschließlich des Bergwesens, der Hochsee- und Küstenfischerei sowie der Land- und Forstwirtschaft einschließlich des Garten- und Weinbaus tätig sind oder tätig werden wollen[632]. Vorausgesetzt wird, dass für diese Sachgebiete ein Bedarf an Sachverständigenleistungen besteht, sie hierfür besondere Sachkunde nachweisen und keine Bedenken gegen ihre Eignung bestehen. Nach dem Wortlaut der Vorschrift besteht im Unterschied zur Insolvenzverwalterbestellung kein Auswahlermessen. Vielmehr ist eine Person, welche die angegebenen Voraussetzungen er-

---

nach §§ 1896, 1897 BGB durch das Familiengericht in eine Vorauswahlliste SaarlOLG, Beschl. v. 29. November 2004 – Az.: 1 VA 2/04, Rdnr. 9 ff., 13 ff. (juris).

629 Gesetz zur weiteren Erleichterung der Sanierung von Unternehmen (ESUG) (BGBl. I, S. 2582).

630 Siehe zu den Neuerungen im Einzelnen den Aufsatz von *Römermann*, NJW 2012, 645 (insb. 648 f.).

631 Zu den verstreuten Zuständigkeiten für die Sachverständigenbestellung nach § 36 GewO *Bleutge*, in: Landmann/Rohmer, GewO I, § 36 Rdnr. 50 ff.

632 Für die Sachverständigenbestellung im Handwerksrecht gilt § 91 Abs. 1 Nr. 8, Abs. 4 HwO.

füllt, öffentlich zu bestellen[633]. Das Gesetz beinhaltet mit dem »Bedarf an Sachverständigenleistungen«, der »besonderen Sachkunde« und der Eignung der Person unbestimmte ausfüllungsbedürftige Rechtsbegriffe. Zur näheren Ausgestaltung dieser Rechtsbegriffe enthält § 36 Abs. 3 GewO eine Verordnungsermächtigung für die Landesregierungen. Machen diese davon keinen Gebrauch, so können die mit der öffentlichen Bestellung und Vereidigung von Sachverständigen befassten Körperschaften des öffentlichen Rechts entsprechende Satzungsregelungen erlassen[634]. Ein Beurteilungsspielraum soll der entscheidenden Stelle jedoch nicht eingeräumt sein, denn nach Auffassung der Rechtsprechung biete die Vorschrift des § 36 Abs. 1 S. 1 GewO keine Anhaltspunkte dafür, dass der Behörde bei der Feststellung der besonderen Sachkunde eine Einschätzungsprärogative zukomme und daher ein »Akt wertender Erkenntnis« und ein »höchstpersönliches« Fachurteil gefordert seien[635]. Dies sei zudem deshalb anzunehmen, weil ergänzende Regelungen zur Ausgestaltung der unbestimmten Rechtsbegriffe erlassen worden seien oder erlassen werden könnten. Etwas anderes gelte auch dann nicht, wenn die Entscheidung auf die gutachterliche Stellungnahme eines Fachausschusses gestützt werde, die auf den Ergebnissen eines prüfungsähnlichen Verfahrens beruhen würde. Denn der Ausschuss treffe keine Entscheidung wie ein Prüfer, sondern gebe lediglich eine Empfehlung ab, an welche die entscheidende Stelle nicht gebunden sei. Hinsichtlich des abstrakten Bedarfs an Sachverständigenleistungen wird der entscheidenden Stelle hingegen nach überwiegender Ansicht ein Beurteilungsspielraum zugestanden[636].

633 Anders aber noch die alte Fassung der GewO vom 1. Januar 1987 (BGBl. I, S. 425), deren § 36 Abs. 1 S. 1 GewO lautete: »Personen, die als Sachverständige gewerbsmäßig tätig sind oder tätig werden wollen, können durch die von den Landesregierungen bestimmten Stellen nach deren Ermessen für bestimmte Sachgebiete öffentlich bestellt werden,…«. Dazu BVerwG, NVwZ 1991, 268.

634 Siehe etwa die Sachverständigenordnung der Industrie- und Handelskammer zu Düsseldorf vom 1. Juli 2002, abrufbar unter http://www.duesseldorf.ihk.de (zuletzt abgerufen am 25. April 2013).

635 BVerwG, NVwZ 1991, 268 (269 f.); NdsOVG, GewArch 2009, 452 (452); VG Gelsenkirchen, Beschl. v. 7. August 2009 – Az.: 7 L 571/09, Rdnr. 24 (juris); wohl im Ergebnis ebenso BVerfGE 86, 28 (40).

636 VG Ansbach, GewArch 2001, 75 (75); VG Karlsruhe, GewArch 2008, 399 (399 f.). Ebenso Tettinger/Wank/*Ennuschat*, GewO, § 36 Rdnr. 21 f.; BeckOK Pielow/*Rickert*, GewO § 36 Rdnr. 23 ff.; a.A. *Frotscher*, NVwZ 1996, 33 (36). Für einen Entscheidungsspielraum, aber ohne klare Einordnung als Beurteilungs- oder Ermessensspielraum *Bleutge*, in: Landmann/Rohmer, GewO I, § 36

bb) Bestellung von Sachverständigen nach der RöV

Anders als bei der Sachverständigenbestellung nach der Gewerbeordnung soll die Röntgenverordnung trotz nicht eindeutigem Wortlaut des § 4a Abs. 1 S. 1[637] (»Die zuständige Behörde bestimmt Sachverständige…«) der zuständigen Behörde bei der Entscheidung über die Auswahl von Sachverständigen einen Ermessensspielraum eröffnen. Ziel der auf §§ 11, 12 und 54 AtG beruhenden Verordnung ist entsprechend § 1 Nr. 2 AtG, Leben, Gesundheit und Sachgüter vor den Gefahren der Röntgenstrahlen zu schützen. Aus der besonderen Verantwortung der zuständigen Stellen für diese bedeutsame Zwecksetzung und der Annahme, die Röntgenverordnung habe nicht vorrangig die Interessen der Sachverständigen, sondern das öffentliche Interesse an der Sicherheit der Röntgeneinrichtungen im Auge, wird der Rückschluss gezogen, die Bestimmung der Sachverständigen liege im Ermessen der zuständigen Behörde. Auch Art. 12 Abs. 1 GG gebiete kein anderes Ergebnis, da es sich lediglich um eine zusätzlich eröffnete berufliche Betätigungsmöglichkeit im eigentlich ureigenen Aufgabenbereich der Behörde handele. Die Ermessensentscheidung könne daher von einer Bedürfnisprüfung abhängig gemacht werden und müsse im Übrigen jedem Bewerber unter Wahrung des Art. 3 Abs. 1 GG eine »faire Chance« gewähren, was insbesondere die Anwendung sachgerechter Auswahlkriterien verlange[638]. Das BVerwG hat ausdrücklich festgehalten, dass diese Auffassung nicht mit der Entscheidung des BVerfG zu Insolvenzverwalterauswahllisten in Widerspruch stehe[639].

Rdnr. 59. Eine »konkrete Bedürfnisprüfung« (die Prüfung also, ob unter Beachtung der vorhandenen Sachverständigen für ein bestimmtes Fachgebiet ein Bedarf für weitere öffentliche Bestellungen besteht) hat das BVerfG als unverhältnismäßigen Eingriff in Art. 12 Abs. 1 GG abgelehnt; siehe BVerfGE 86, 28 (37 ff.).

637 Der Sachverständige im Sinne des § 4a RöV ersetzt im Anwendungsbereich der §§ 4 und 18 RöV die ansonsten zuständige Behörde, indem er eine lediglich anzeigebedürftige Röntgeneinrichtung vorab prüft und sein Prüfbericht der Anzeige an die Behörde beizufügen ist, womit diese in die Lage versetzt wird zu entscheiden, ob sie den Betrieb der Einrichtung unbeanstandet lassen will.

638 BVerwG, Beschl. v. 8. Juni 2010 – Az.: 8 B 127/09, Rdnr. 4 ff. (juris); OVG Rh.-Pf., Urt. v. 9. September 2009 – Az.: 6 A 11097/08, Rdnr. 16 ff. (juris).

639 BVerwG, Beschl. v. 8. Juni 2010 – Az.: 8 B 127/09, Rdnr. 6 ff. (juris).

cc) Bestellung von Bezirksschornsteinfegern

Abschließend sei noch die Bestellung von Bezirksschornsteinfegern gem. §§ 9 und 10 SchfHwG erwähnt, die nach der Eignung, Befähigung und fachlichen Leistung der Bewerber vorzunehmen ist. Aufgrund der Verwurzelung dieser Auswahlkriterien im Beamtenrecht könne grundsätzlich auf die im Beamtenrecht von der Rechtsprechung entwickelten Grundsätze zurückgegriffen werden[640]. Der zuständigen Behörde komme dabei ein Auswahlermessen hinsichtlich der zu bestellenden Person zu. Die Entscheidung darüber, welcher Bewerber unter Berücksichtigung der festgelegten Leistungsmerkmale der Bestgeeignete für den ausgeschriebenen Kehrbezirk sei, unterliege als Akt wertender Erkenntnis des für die Beurteilung zuständigen Organs einer nur eingeschränkten gerichtlichen Kontrolle[641].

3. Fazit zu Personalauswahlentscheidungen

Die Besetzung von Stellen im öffentlichen Dienst und die Vergabe sonstiger öffentlicher Ämter ist in der Rechtsprechung zahlreich geprüft worden. Regelmäßig wird der auswählenden Stelle ein Auswahlermessen zugestanden. Für die Bestimmung der Auswahlkriterien und ihre Gewichtung wird das Bestehen von Beurteilungsspielräumen regelmäßig ausführlich geprüft und zumeist angenommen, weil Zuschnitt und Anforderungsprofil solcher Stellen der Verwaltung zustehen. Angezeigt ist daher nur die Kontrolle auf das Vorliegen von Beurteilungsfehlern.

II. Vergabe von Dienstleistungsaufträgen und Konzessionen außerhalb des Vergaberechts

Im Folgenden soll überblicksartig auf die Vergabe von Dienstleistungen eingegangen werden, die sich nicht nach §§ 97 ff. GWB oder den Vergabeordnungen richten, um eine vergleichende Betrachtung der Reichweite

640 BayVGH, GewArch 2012, 83 (86); VG Augsburg, GewArch 2010, 493 (494).
641 BayVGH, GewArch 2010, 412 (413); GewArch 2012, 83 (86 f.) (unter Bezugnahme auf das beamtenrechtliche Urteil BVerwGE 115, 58 [60]).

von Entscheidungsspielräumen in diesen verwandten Konstellationen zu ermöglichen.

1. Vergabe von Dienstleistungskonzessionen

Im Bereich der Daseinsvorsorge bedient sich der für die Aufgabenerfüllung grundsätzlich verantwortliche Staat in zunehmendem Maße privatwirtschaftlicher Leistungserbringer. Für deren Einbindung stehen im Grundsatz zwei Modelle zur Verfügung. Einerseits kann der Staat im Verhältnis zum Leistungsempfänger die Stellung des Leistungserbringers behalten und Private zur Erbringung von Teilbeiträgen vorbereitenden oder durchführenden Charakters einschalten. Der Private wird hier zum Verwaltungshelfer, der von der Verwaltung ein Entgelt erhält[642]. Weitergehend kann dem Privaten jedoch zeitlich befristet die Leistungserbringung übertragen und das Recht eingeräumt werden, die erbrachten Leistungen selbst mit den Leistungsempfängern abzurechnen[643]. Es handelt sich dann um Dienstleistungskonzessionen, die im Bereich der Daseinsvorsorge ein Hauptanwendungsfeld finden[644]. Der Staat entledigt sich im Umfang der Übertragung seiner Erfüllungsverantwortung, ihm verbleibt aber die Gewährleistungsverantwortung für die Aufgabenerfüllung. Diese Aufgabenübertragungen sind teilweise gesetzlich ausdrücklich vorgesehen. Da Dienstleistungskonzessionen entsprechend Art. 17 VKR nicht nach §§ 97 ff. GWB vergeben werden[645], lohnt sich die Betrachtung der bei diesen Vergabeentscheidungen anerkannten Spielräume.

a) Rechtliche Vorgaben

Die sekundärrechtliche Regelung des Art. 1 Abs. 4 VKR definiert Dienstleistungskonzessionen als Verträge, die von öffentlichen Dienstleistungs-

---

642 Vgl. ausführlich *Burgi*, Funktionale Privatisierung, passim; *ders.*, in: Erichsen/Ehlers (Hrsg.), Allg. VerwR, § 10 Rdnr. 31 ff.

643 Zu diesem Wandel von der Leistungsverwaltung zur Ausschreibungsverwaltung *Burgi*, DVBl. 2003, 949.

644 Als gutes Beispiel wurde stets § 16 Abs. 2 KrW-/AbfG a.F. genannt.

645 Siehe nun aber die Richtlinie 2014/23/EU des Europäischen Parlaments und des Rates vom 26. Februar 2014 über die Konzessionsvergabe (ABl. EU Nr. L 94/1). Dazu *Neun/Otting*, EuZW 2012, 566 (566 ff.).

aufträgen nur insoweit abweichen, als die Gegenleistung für die Erbringung der Dienstleistungen ausschließlich in dem Recht zur Nutzung der Dienstleistung oder in diesem Recht zuzüglich der Zahlung eines Preises besteht[646]. Für sie gelten nach ständiger Rechtsprechung des Europäischen Gerichtshofs die aus dem europäischen Primärrecht, insbesondere aus den Grundfreiheiten des AEUV, abgeleiteten Grundsätze der Gleichbehandlung und Transparenz sowie des Verbots der Diskriminierung aus Gründen der Staatsangehörigkeit[647]. Diesen primärrechtlichen Bestimmungen lassen sich Vorgaben für das Verfahren und die Kriterien bei der Vergabe von Dienstleistungskonzessionen entnehmen. Sie ähneln in ihrer Grundstruktur dem GWB-Vergaberecht, weshalb angesichts der weniger detailreichen Regelungen von »Vergaberecht light« gesprochen wird[648]. Die Vergabe einer Dienstleistungskonzession muss in einem transparenten und diskriminierungsfreien Verfahren erfolgen. Erforderlich ist ein Vergabeverfahren, in dem der öffentliche Auftraggeber die beabsichtigte Vergabe in geeigneter Weise bekanntmacht und die Bieter bei Fristen und Formalia gleichbehandelt. Er muss Kriterien wählen, die eine diskriminierungsfreie Vergabe sicherstellen und diese vorab bekanntgeben sowie im Verfahren gleichermaßen auf alle Bieter anwenden. Jede sonstige Diskriminierung ist zu unterlassen und zugleich sind die »Grundsätze des öffentlichen Finanzgebarens« einzuhalten, worunter ein möglichst geringes Entgelt für die Nutzer bei gleichzeitig bestmöglicher Leistungserbringung zu verstehen ist. Eine ablehnende Entscheidung ist dem betreffenden Bieter gegenüber

646 Zum Begriff der Dienstleistungskonzession ausführlich *Ruhland*, Die Dienstleistungskonzession, S. 23 ff.

647 EuGH, Urt. v. 7. Dezember 2000 – Rs. C-324/98, Slg. 2000, I-10745, Rdnr. 58 ff. – »Telaustria«; Urt. v. 21. Juli 2005 – Rs. C-231/03, Slg. 2005, I-7287, Rdnr. 16 – »Coname«; Urt. v. 13. Oktober 2005 – Rs. C-458/03, Slg. 2005, I-8585, Rdnr. 46 – »Parking Brixen«; Urt. v. 27. Oktober 2005 - Rs. C-234/03, Slg. 2005, I-9315, Rdnr. 23 – »Insalud«; Urt. v. 6. April 2006 – Rs. C-410/04, Slg. 2006, I-3303, Rdnr. 18 ff. – »ANAV«; Urt. v. 13. November 2008 – Rs. C-324/07, Slg. 2008, I-8457, Rdnr. 25 – »Coditel Brabant«; Urt. v. 10. September 2009 – Rs. C-573/07, Slg. 2009, I-8127, Rdnr. 38 f. – »Sea«; Urt. v. 10. September 2009 – Rs. C-206/08, Slg. 2009, I-8377, Rdnr. 44 – »WAZV Gotha«; Urt. v. 15. Oktober 2009 – Rs. C-196/08, Slg. 2009, I-9913, Rdnr. 46 ff. – »Acoset«; Urt. v. 10. März 2011 – Rs. C-274/09, NZBau 2011, 239 (244, Rdnr. 49) – »Rettungsdienst Stadler«. Siehe auch *Europäische Kommission*, Grünbuch zu öffentlich-privaten Partnerschaften und den gemeinschaftlichen Rechtsvorschriften für öffentliche Aufträge und Konzessionen vom 30. April 2004, KOM (2004) 327 endg.

648 jurisPK-VergR/*Zeiss*, § 99 GWB Rdnr. 198 ff.; *Burgi*, NZBau 2009, 609 (615).

zu begründen[649]. Für die Verfahrensvorgaben kann auf einzelne Vorschriften des VwVfG abgestellt werden[650].

Da Dienstleistungskonzessionen keine Dienstleistungsaufträge i.S.d. § 99 Abs. 1 GWB sind, ist eine Nachprüfung durch Vergabekammern und Vergabesenate gem. §§ 102 ff. GWB unzulässig. Der zulässige Rechtsweg bestimmt sich nach denselben Grundsätzen, welche auch für die Vergabe von öffentlichen Aufträgen gelten, die die Schwellenwerte nicht überschreiten[651]. Er hängt davon ab, ob das jeweils streitige Rechtsverhältnis dem öffentlichen oder dem bürgerlichen Recht zuzuordnen ist. Dafür kommt es auf die Rechtsform staatlichen Handelns an. Ist die Rechtsform privatrechtlich, so ist es grundsätzlich auch die betreffende Streitigkeit. Umgekehrt ist prinzipiell der Verwaltungsrechtsweg eröffnet, wenn sich das staatliche Handeln in den Bahnen des öffentlichen Rechts vollzieht[652]. Aufgrund unterschiedlicher Rechtsrahmen und Rechtsschutzmöglichkeiten kommt der Abgrenzung zwischen Dienstleistungsvertrag und Dienstleistungskonzession eine zentrale Rolle zu. Im Einzelfall, insbesondere bei komplexen Finanzierungsstrukturen, können hier Schwierigkeiten auftreten[653].

b) Entscheidungsspielräume

Die Auswahl eines privaten Leistungserbringers bei der Vergabe einer Dienstleistungskonzession wird von der Rechtsprechung weithin in das pflichtgemäße Ermessen der Verwaltung unter Beachtung gesetzlicher

---

649 Ausführlich dazu *Ruhland*, Die Dienstleistungskonzession, S. 229 ff.

650 *Burgi*, NZBau 2005, 610 (615).

651 Dazu BVerwGE 129, 9 (10 ff.).

652 So ausdrücklich unter Bezugnahme auf BVerwGE 129, 9 (10 ff.) BGH, NZBau 2012, 248 (250 f.); OLG Düsseldorf, VergabeR 2012, 619 (625). Kritisch zu der damit bestehenden Dreiteilung des Vergaberechts *Braun*, NZBau 2012, 251 (251 f.). Eine solche Dreiteilung ebenso ablehnend *Burgi*, NVwZ 2007, 737 (741 f.), der Dienstleistungskonzessionen generell dem öffentlichen Recht zuordnen will; vgl. *Burgi*, NZBau 2005, 610 (613 f.).

653 Siehe etwa BGHZ 188, 200 (213 ff.); OLG Düsseldorf, VergabeR 2010, 955 (959 ff.); VergabeR 2012, 619 (622 ff.); VK Schl.-Hol., Beschl. v. 16. Januar 2011 – Az.: VK-SH 07/11, Rdnr. 48 ff. (juris). Überblick bei Hk-VergabeR/*Wegener*, § 99 GWB Rdnr. 54 ff.

Vorgaben gestellt[654]. Seit einiger Zeit besonders relevant ist dies im Bereich des Rettungsdienstes, dessen Öffnung für private Anbieter zu zahlreichen gerichtlichen Auseinandersetzungen um attraktive Vertragsschlüsse mit den vergebenden Stellen geführt hat[655]. Ein Anspruch auf ermessensfehlerfreie Entscheidung wird aus den Rettungsdienstgesetzen der Länder abgeleitet[656]. Die angestellten Erwägungen lassen sich auf andere Konzessionsgegenstände übertragen. Aus dem Fehlen vergleichbar strenger Vorgaben, wie sie für die Vergabe von Dienstleistungsaufträgen nach §§ 97 ff. GWB bestehen, wird ein weites Ermessen auch bei der Bestimmung der Vergabekriterien anerkannt, welches allerdings durch die vom Europäischen Gerichtshof aus dem Primärrecht abgeleiteten Vorgaben der Transparenz und Nichtdiskriminierung begrenzt wird[657]. Wenn die Durchführung des Verfahrens auf der Grundlage der ursprünglichen Kriterien zwingend vorgezeichnet ist, weil nach Lage der Dinge alle denkbaren Alternativen nur unter pflichtwidriger Vernachlässigung eines eindeutig vorrangigen Sachgesichtspunkts gewählt werden können, ist das Ermessen auf Null reduziert. Dabei muss allerdings zwischen dem organisationspolitischen Ermessen der Verwaltung und dem eigentlichen Auswahlermessen unterschieden werden[658].

---

654 VG Köln, Urt. v. 16. Oktober 2008 – Az.: 1 K 4507/08, Rdnr. 31 ff. (juris); VG Aachen, Beschl. v. 13. September 2011 – Az.: 1 L 286/11, Rdnr. 42 ff. (juris); VG Berlin, Urt. v. 25. Oktober 2011 – Az.: 21 K 85.10, Rdnr. 11 u. 17 (juris); VG Frankfurt, Beschl. v. 4. November 2011 – Az.: 5 L 2864/11.F, Rdnr. 16 (juris).

655 BayVerfGH, Entsch. v. 24. Mai 2012 – Az.: Vf. 1-VII-10, Rdnr. 89 (juris.); VK LSA, Beschl. v. 4. Oktober 2011 – Az.: 1 VK LSA 17/11, Rdnr. 34 (juris). Zu den verschiedenen Modellen und der Bedeutung von Dienstleistungskonzessionen in diesem Bereich *Ruhland*, Die Dienstleistungskonzession, S. 168 ff. Anders die Rechtslage etwa in Nordrhein-Westfalen, wo nach §§ 13 ff. RettG NRW nur Submissionsmodelle zur Beteiligung Privater am Rettungsdienst möglich sind. Ein dennoch geschlossener Dienstleistungskonzessionsvertrag ist gem. § 134 BGB (i.V.m. § 59 Abs. 1 VwVfG NRW) nichtig; VG Münster, Urt. v. 8. Juli 2011 – Az.: 7 K 457/09, Rdnr. 44 ff. (juris).

656 VG Berlin, Urt. v. 25. Oktober 2011 – Az.: 21 K 85.10, Rdnr. 11 u. 17 (juris) (Anspruch auf ermessensfehlerfreie Auswahl aus § 5 Abs. 1 S. 3 RDG).

657 VG Frankfurt, Beschl. v. 4. November 2011 – Az.: 5 L 2864/11.F, Rdnr. 16 (juris).

658 VG Aachen, Beschl. v. 13. September 2011 – Az.: 1 L 286/11, Rdnr. 42 ff. (juris).

2. Vergabe von Bodenabfertigungsdiensten

Die Vergabe von Bodenabfertigungsdiensten, d.h. all derjenigen Dienstleistungen, die auf einem Flugplatz für die Flugzeuge, die Passagiere und die Fracht erbracht werden[659], hat durch den Erlass der Richtlinie 96/67/EG[660] über den »Zugang zum Markt der Bodenabfertigungsdienste« auf den Flughäfen der Europäischen Union und ihre Umsetzung in Deutschland durch das Bodenabfertigungsdienstegesetz (BADG) an Bedeutung gewonnen. Allerdings war die Erbringung von Bodenabfertigungsdiensten auf deutschen Flughäfen bereits vor Erlass der Richtlinie nicht in gleicher Weise monopolisiert wie in anderen EU-Mitgliedstaaten[661].

a) Rechtliche Vorgaben

Vergabeverfahren nach der auf der Verordnungsermächtigung des § 19c Abs. 2 LuftVG beruhenden Bodenabfertigungsdienst-Verordnung (BADV) fallen nicht in den Anwendungsbereich der §§ 97 ff. GWB, obgleich Bodenabfertigungsdiensten der Charakter von Dienstleistungsaufträgen nicht abgesprochen werden kann. Jedoch kommt der zugrundeliegenden Richtlinie 96/67/EG ein selbstständiger Regelungsbereich zu, der außerhalb desjenigen der Vergabekoordinierungsrichtlinie liegt[662]. Dementsprechend ist auf der nationalen Regelungsebene § 19c LuftVG als lex specialis zu den §§ 97 ff. GWB zu begreifen. Die fehlende Aufzählung in §§ 100 ff. GWB ändert hieran nichts[663].

Die Einzelheiten hinsichtlich der Erbringung von Bodenabfertigungsdiensten sind in der BADV geregelt. Die Anwendung der BADV ist dabei

---

659 Zum Begriff der Dienstleistungen der Bodenabfertigung und der Erbringer von Bodenabfertigungsdienstleistungen *Störmer*, in: Hobe/v.Ruckteschell (Hrsg.), Kölner Kompendium Luftrecht II, S. 580 f.

660 Richtlinie 96/67/EG des Rates vom 15. Oktober 1996 über den Zugang zum Markt der Bodenabfertigungsdienste auf den Flughäfen der Gemeinschaft (ABl. EG Nr. L 272/36).

661 Dazu *Neumann*, NVwZ 2004, 60 (60 f.).

662 OVG NRW, Urt. v. 25. Januar 2011 – Az.: 20 D 38/10.AK, Rdnr. 66 (juris); VÜA Bayern, Beschl. v. 28. August 1998, WuW/E Verg 178 (179 f.); zustimmend *Störmer*, in: Hobe/v.Ruckteschell (Hrsg.), Kölner Kompendium Luftrecht II, S. 583.

663 *Prieß*, NZBau 2002, 539 (540).

abhängig von dem Erreichen bestimmter Schwellenwerte bezüglich der am Flughafen zu verzeichnenden Fluggäste oder Fracht[664]. Der in § 3 Abs. 1 BADV statuierte freie Marktzugang für Selbstabfertiger und andere Erbringer von Bodenabfertigungsdienstleistungen wird in den Absätzen 2 bis 5 bei den besonders sensiblen, kapazitäts- und leistungskritischen Bodenabfertigungsdiensten auf dem (luftseitigen) Vorfeld[665] sowie in § 6 BADV für die aus Kosten- und Komplexitätsgründen nur einmal vorhandenen zentralen Infrastruktureinrichtungen wieder deutlich eingeschränkt. Die in § 3 Abs. 2 bis 5 BADV i.V.m. Anlage 5 zur BADV festgelegten zahlenmäßigen Beschränkungen der Selbst- und Drittabfertiger erfordert eine Vergabeentscheidung. Diese trifft der Flugplatzunternehmer, sofern er nicht selbst als Konkurrent bei der Erbringung dieser Dienstleistungen auftritt. Andernfalls ist sie der Luftfahrtbehörde vorbehalten, welcher der Flugplatzunternehmer die Bewerbungsunterlagen ungeöffnet weiterzugeben hat, vgl. Ziff. 2.3 Abs. 5 der Anlage 2 zur BADV. In § 7 BADV i.V.m. Anlage 2 zur BADV finden sich Vorgaben für das Verfahren zur Auswahl von Selbst- oder Drittabfertigern. Danach hat der Flugplatzunternehmer die Bodenabfertigungsdienste, die er nach § 7 BADV dem Markt der Bodenabfertigungsdienste öffnet, nach Art und Umfang zu bestimmen, die festgelegten Bodenabfertigungsdienste im Amtsblatt der Europäischen Union zu veröffentlichen und einen Teilnahmewettbewerb durchzuführen. Die Anforderungen für die Erbringung von Bodenabfertigungsdiensten finden sich in Anlage 3 zur BADV und werden über § 8 BADV Bestandteil der Ausschreibung und des Auswahlverfahrens. Als nicht geeignet anzusehen und damit auszuschließen sind dabei allein diejenigen Bewerber, die den in der Ausschreibung genannten Kriterien nicht genügen oder offensichtlich die erforderlichen Abfertigungsleistungen nicht erbringen können oder wollen[666]. Die Auswahl hat nach sachgerech-

664 Ab dem 1. Januar 2001 gilt die BADV grundsätzlich für jeden Flughafen, der jährlich mindestens zwei Millionen Fluggäste oder 50.000 t Fracht zu verzeichnen hat, § 1 Abs. 1 Nr. 3 BADV.

665 Hierzu BR-Drs. 807/97, S. 51. Die Aufzählung bestimmter »luftseitiger« Bodenabfertigungsdienste in § 3 Abs. 2 BADV ist nach einhelliger Auffassung nicht abschließend, sondern findet auf weitere Dienstleistungen Anwendung, sofern die Zahl der Dienstleister oder Selbstabfertiger aus Platz- oder Kapazitätsgründen beschränkt ist; vgl. *Störmer*, in: Hobe/v.Ruckteschell (Hrsg.), Kölner Kompendium Luftrecht II, S. 582.

666 *Störmer*, in: Hobe/v.Ruckteschell (Hrsg.), Kölner Kompendium Luftrecht II, S. 583.

ten, objektiven, transparenten und nichtdiskriminierenden Kriterien zu erfolgen, § 7 Abs. 1, 3 BADV i.V.m. Ziff. 1 Abs. 2 der Anlage 2 zur BADV. In dem Auswahlverfahren sind der nach § 5 BADV zu bildende Nutzerausschuss sowie der Betriebsrat des Flugplatzunternehmers in dem vorgeschriebenen Umfang zu beteiligen. Gegen eine diskriminierende, nicht transparente, unsachgerechte oder nicht objektive Auswahlentscheidung des Flugplatzunternehmens kann durch eine entsprechende Beschwerde bei den Kartellbehörden auf der Grundlage des § 20 Abs. 1 GWB vorgegangen werden. In Betracht kommt ferner eine Beschwerde nach Art. 102 AEUV, möglicherweise auch eine Klage nach § 823 Abs. 2 BGB i.V.m. der BADV[667]. Die Auswahlentscheidung der Luftfahrtbehörde ergeht als Verwaltungsakt gegenüber dem Flugplatzunternehmer mit Drittwirkung gegenüber den Bewerbern, weshalb diesen der Rechtsweg zu den Verwaltungsgerichten offensteht[668].

b) Entscheidungsspielräume

Die für die Überprüfung der Entscheidungen durch die Luftfahrtbehörden zuständigen Verwaltungsgerichte gehen übereinstimmend von Entscheidungsspielräumen der Behörden bei der Auswahl von Bodenabfertigungsdienstleistern und daraus resultierend einer nur eingeschränkten gerichtlichen Kontrolldichte aus[669]. So hat etwa der Hessische Verwaltungsgerichtshof in einem Beschluss aus dem Jahre 1999 klar zwischen einem Beurteilungsspielraum bei der Festsetzung und Bewertung der materiellen Auswahlkriterien und einem Ermessensspielraum bei der eigentlichen Auswahlentscheidung differenziert[670]. Im Hinblick auf die reduzierte gerichtliche Kontrolldichte komme der Chancengleichheit der einzelnen

667 *Störmer*, in: Hobe/v.Ruckteschell (Hrsg.), Kölner Kompendium Luftrecht II, S. 586.

668 BR-Drs. 807/97, S. 53 f.

669 HessVGH, ZLW 1999, 559 (562); NdsOVG, NVwZ 1999, 1130 (1130 f.); BayVGH, NVwZ 1999, 1131 (1132 f.); Beschl. v. 25. Februar 2010 – Az.: 8 AS 10.40003, Rdnr. 16 ff. (juris); OVG NRW, Urt. v. 25. Januar 2011 – Az.: 20 D 38/10.AK, Rdnr. 55 f. (explizit zur eingeschränkten gerichtlichen Kontrolldichte in Rdnr. 88 f. [juris]).

670 HessVGH, ZLW 1999, 559 (562); weniger deutlich insofern NdsOVG, NVwZ 1999, 1130 (1131 f.) (»...bei der Auswahlentscheidung ein Beurteilungsspielraum...«).

Bewerber gerade hinsichtlich des Teilnahmewettbewerbs eine besondere Bedeutung zu, um dem in § 7 Abs. 3 S. 1 BADV und in Ziff. 1 Abs. 2 der Anlage 2 zur BADV niedergelegten Grundsatz der sachgerechten und nichtdiskriminierenden Auswahl gerecht zu werden[671]. Die Luftfahrtbehörde könne Unterkriterien für die Auswahlentscheidung bilden, deren Aussagekraft hinsichtlich des Hauptzuschlagskriteriums sie aber stets im Blick behalten müsse, um keine unkontrollierbaren Spielräume entstehen zu lassen[672]. Der Beurteilungsspielraum der auswählenden Behörde verbiete eine generelle Festlegung der Tiefe und Intensität, mit der die Bewerbungen zu prüfen seien, und hänge unter anderem vom Gewicht des jeweils zu prüfenden Kriteriums ab[673]. Das Bundesverwaltungsgericht[674] hat jüngst zwar das Bestehen eines Beurteilungs- und Bewertungsspielraums sowohl bei der Bestimmung und Gewichtung der Zuschlagskriterien als auch bei der Auswahlentscheidung selbst betont[675], dabei aber die klare Unterscheidung zwischen einem Beurteilungsspielraum hinsichtlich der Zuschlagskriterien und einem Ermessensspielraum bei der Bewerberauswahl vermissen lassen. Nach Auffassung des Gerichts könne bei der Auswahlentscheidung auch den Voten der in § 7 Abs. 1 S. 3 BADV genannten Stellen Bedeutung beigemessen werden. Denn diese seien als eine Art von »Erfahrungen und Referenzen« anzusehen, welche weitere tatsächliche Grundlagen für die Auswahlentscheidung liefern könnten und zugleich die Bereitschaft widerspiegeln würden, mit dem entsprechenden Bewerber später zusammenzuarbeiten, wenn er den Zuschlag erhalte. Dabei komme es allerdings alleine auf die hinter der geäußerten Akzeptanz oder Ablehnung stehenden Sachgründe an[676]. Ob der Luftfahrtbehörde bei der Entscheidung über die Zugänglichmachung der Bewerbungsunterlagen für die Anzuhörenden im Rahmen der Anhörung nach § 7 Abs. 1 S. 3 BADV ein Ermessensspielraum zusteht, wird nicht einhellig beantwortet[677].

671 HessVGH, ZLW 1999, 559 (562).
672 OVG NRW, ZfBR 2011, 495 (497).
673 OVG NRW, ZfBR 2011, 495 (497 f.).
674 BVerwG, Urt. v. 13. Dezember 2012 – Az.: 3 C 32.11.
675 BVerwG, Urt. v. 13. Dezember 2012 – Az.: 3 C 32.11, Rdnr. 20 f. (juris).
676 BVerwG, Urt. v. 13. Dezember 2012 – Az.: 3 C 32.11, Rdnr. 29 (juris).
677 Dafür BayVGH, Beschl. v. 25. Februar 2010 – Az.: 8 AS 10.40003, Rdnr. 17 (juris)

3. Weitere Vergaben von Dienstleistungsaufträgen und Konzessionen außerhalb des Vergaberechts

Beurteilungs- und Ermessensspielräume finden sich auch in zahlreichen weiteren Verteilungskonstellationen[678]. Beispielhaft erwähnt seien noch die – für den Staat teilweise ausgesprochen lukrative – Vergabe von Funkfrequenzen[679] und die Vergabe von Konzessionen im Personenbeförderungsrecht[680]. Obgleich die Verteilung im ersten Fall dem physikalisch bedingt begrenzten Vorrat an nutzbaren Funkfrequenzen und der damit notwendigen Koordinierung, Steuerung und Kontrolle der Frequenznutzung zugunsten einer störungsfreien Telekommunikation geschuldet ist und im zweiten Fall auf einer bewussten Verknappung der Kapazitäten zur Abwendung von »Beeinträchtigungen öffentlicher Verkehrsinteressen« beruht[681], sind die Herausforderungen für eine gerechte und chancengleiche Vergabe an die Bewerber vergleichbar. Die Rechtsprechung nimmt bei diesen Vergabeverfahren für verschiedene Verfahrens- und Auswahlentscheidungen in Abhängigkeit von der jeweiligen normativen Ausgangslage Entscheidungsspielräume der vergebenden Verwaltungsstellen an[682].

---

678 Ausführlich dargestellt bei *Wollenschläger*, Verteilungsverfahren, S. 193 ff.

679 Erinnert sei an die vielbeachtete Versteigerung von UMTS-Lizenzen im Jahre 2000; vgl. die ausführlichen Literaturhinweise bei *Geppert*, in: Beck'scher TKG-Kommentar, § 61.

680 Nicht zu verwechseln mit der Dienstleistungskonzession, die wiederum als Modell bei der Ausschreibung von ÖPNV-Leistungen denkbar ist; vgl. *Baumeister/Klinger*, NZBau 2005, 601 (603 ff.); *Byok*, NJW 2009, 644 (649 f.).

681 Aufgrund des in § 13 Abs. 2 Nr. 3 lit. a) PBefG niedergelegten Verbots der Doppelbedienung zur Verhinderung eines ruinösen Wettbewerbs wandelt sich bei einem Bewerberüberhang der Anspruch auf Genehmigungserteilung in einen Anspruch auf eine chancengleiche Teilnahme am Auswahlverfahren und eine ermessensfehlerfreie Entscheidung; vgl. VGH B.-W., NVwZ-RR 2009, 720 (724 f.).

682 Siehe für die Vergabe von Funkfrequenzen BVerwG, NVwZ 2011, 613 (615 f.); BVerwGE 139, 226 (232 ff.); BVerwG, Beschl. v. 22. Juni 2011 – Az.: 6 C 5.10, Rdnr. 12 ff. (juris); MMR 2012, 130 (133); VG Köln, Urt. v. 17. März 2010 – Az.: 21 K 7769/09, Rdnr. 97 ff. (juris); *Bumke*, Frequenzvergabe nach dem Telekommunikationsgesetz, S. 129. Kritisch zum durch das BVerwG angenommenen Entschließungsermessen der Verwaltung hinsichtlich der Eröffnung eines diskriminierungsfreien Vergabeverfahrens in einer Knappheitssituation *Wolff/Nacimiento*, CR 2011, 648.
Für die Vergabe von Konzessionen im Personenbeförderungsrecht BVerwGE 82, 260 (265); BVerwG, Buchholz 442.01 § 13 PBefG Nr. 33, S. 32; VGH B.-W., NVwZ-RR 2009, 720 (724); HessVGH, NZBau 2010, 264 (272); SächsOVG,

III. Fazit

Die vergleichende Betrachtung von Auswahl- und Verteilungsentscheidungen außerhalb des GWB-Vergaberechts zeigt die Parallelität der zu lösenden Rechtsfragen hinsichtlich Verfahrensgestaltung, Auswahlkriterien und konkreter Auswahlentscheidungen und liefert daher Anhaltspunkte für deren vergaberechtliche Lösung[683]. Das GWB-Vergaberecht weist konkretere Verfahrensregelungen auf als die genannten Referenzgebiete und gewährt explizit ein weites subjektives Recht der Prätendenten. Damit tritt zwar die Bedeutung der Grundrechte, insbesondere von Art. 12 Abs. 1 und 3 Abs. 1 GG in den Hintergrund. Dennoch müssen mit Blick auf die Rechtsschutzansprüche der Verfahrensbeteiligten das Bestehen und die Grenzen von Entscheidungsfreiheiten der Auftraggeber geprüft werden. Hierbei erweisen sich die aufgeführten Gerichtsentscheidungen in den Referenzgebieten als differenzierter und dogmatisch überzeugender. Das Prüfungs- und Begründungsniveau ist deutlich höher als in den meisten Vergabenachprüfungsentscheidungen. Dies führt nicht zuletzt dazu, dass die Anerkennung von Beurteilungsspielräumen in den Referenzgebieten nur bei den für die Auswahl elementaren Entscheidungen, bei denen andernfalls die Freiheit der Verwaltung bei der Verteilung und Auswahl erheblich beschnitten wäre und die Judikative in den Kompetenzbereich der Exekutive erheblich und unzulässig eingreifen würde, erfolgt.

GewArch 2011, 481; BayVGH, Urt. v. 15. März 2012 – Az.: 11 B 09.1100, Rdnr. 50 f. (juris)

683 So stellt etwa auch der BayVGH, Urt. v. 15. März 2012 – Az.: 11 B 09.1100, Rdnr. 55 (juris) eine vergleichende Betrachtung zwischen Vergaberecht und Personenbeförderungsrecht zur Bestimmung von Beurteilungsspielräumen an.

3. Teil Entscheidungsspielräume im GWB-Vergaberecht

F. Rechtsrahmen der vergaberechtlichen Entscheidungsspielräume

I. Europäisches Vergaberecht

Die grundlegende Veränderung des deutschen Vergaberechts in den vergangenen zwanzig Jahren findet ihren Ausgangpunkt im Europarecht. Hatte der deutsche Gesetzgeber zunächst zögerlich und unzureichend die wettbewerblichen Ansätze des Unionsrechts umgesetzt[684], sind subjektive Bieterrechte und Nachprüfungsverfahren mittlerweile fester Bestandteil des deutschen Vergaberechts. Aufgrund des unionsrechtlichen Anwendungsvorrangs sind in der folgenden Untersuchung des Rechtsrahmens der vergaberechtlichen Entscheidungsspielräume zunächst die Vorgaben des europäischen Vergaberechts in den Blick zu nehmen.

1. Unionsrechtlicher Normenbestand

Für die Vergabe von Bau-, Liefer- und Dienstleistungsaufträgen bilden die Vergabekoordinierungsrichtlinie 2004/18/EG (VKR) sowie die Rechtsmittelrichtlinie 89/665/EWG (RMRL) einen sekundärrechtlichen Rahmen[685].

---

684 Dazu EuGH, Urt. v. 11. August 1995 – Rs. C-433/93, Slg. 1995, I-2303, Rdnr. 25 f. – »Kommission./.Bundesrepublik Deutschland« und zur darauf folgenden weiteren Beanstandung der sog. »haushaltsrechtlichen Lösung« durch die EG-Kommission das Schreiben des Kommissars *Mario Monti* an den deutschen Außenminister vom 31. Oktober 1995 (SG [95] D/13624-95/2044), abgedruckt in ZIP 1995, 1940 ff. und dazu *Dreher*, ZIP 1995, 1869 (1876 ff.).

685 Die vorliegend nicht näher zu behandelnden Sektorenauftraggeber finden ihren unionsrechtlichen Rahmen in der Richtlinie 2004/17/EG des Europäischen Parlaments und des Rates zur Koordinierung der Zuschlagserteilung durch Auftraggeber im Bereich der Wasser-, Energie- und Verkehrsversorgung sowie der Postdienste vom 31. März 2004 (ABl. EU 2004 Nr. L 134/1) und der Richtlinie 92/13/EWG des Rates zur Koordinierung der Recht- und Verwaltungsvorschriften für die Anwendung der Gemeinschaftsvorschriften über die Auftragsvergabe durch Auftraggeber im Bereich der Wasser-, Energie- und Verkehrsversorgung sowie im Telekommunikationssektor vom 25. Februar 1992 (ABl. EG 1992 Nr. L

Sie stellen eine Konkretisierung der europäischen Grundfreiheiten der Art. 28 ff. AEUV sowie der europäischen Wettbewerbsregeln der Art. 101 ff. AEUV und des allgemeinen europäischen Gleichbehandlungsgrundsatzes des Art. 18 AEUV dar. Die Vergabekoordinierungsrichtlinie bezieht sich ausdrücklich auf die Einhaltung der im Vertrag niedergelegten Grundsätze, insbesondere des Grundsatzes des freien Warenverkehrs, des Grundsatzes der Niederlassungsfreiheit und des Grundsatzes der Dienstleistungsfreiheit sowie der davon abgeleiteten Grundsätze wie z.B. des Grundsatzes der Gleichbehandlung, des Grundsatzes der Nichtdiskriminierung, des Grundsatzes der gegenseitigen Anerkennung, des Grundsatzes der Verhältnismäßigkeit sowie des Grundsatzes der Transparenz. Sie dient der Kodifizierung von Bestimmungen zur Koordinierung nationaler Vergabeverfahren, die bestimmte Schwellenwerte überschreiten, um so einen europaweit einheitlichen Rechtsrahmen zu schaffen und die Wirksamkeit dieser Grundsätze sowie die Öffnung des nationalen Beschaffungswesens für den Wettbewerb zu garantieren. Die Auslegung der Richtlinienbestimmungen erfolgt daher unter Beachtung der genannten Grundsätze und Regeln sowie der sonstigen Vorgaben des Vertrages[686]. Wo das Sekundärrecht Regelungslücken aufweist, dient das Primärrecht zur ergänzenden Rechtsfindung[687]. Die Vergabekoordinierungsrichtlinie macht Vorgaben insbesondere zu den Verfahrensarten, zu den durchzuführenden Verfahrensschritten, zur Eignungsprüfung hinsichtlich der Bieter, zur Wirtschaftlichkeitsprüfung hinsichtlich der abgegebenen Angebote und zur Verfahrensbeendigung durch Zuschlagserteilung oder Aufhebung des Verfahrens.

Bestandteil einer effektiven Umsetzung der aufgestellten Vorgaben ist eine wirksame und rasche Nachprüfung von Verstößen durch nationale Kontrollinstanzen[688]. Die mit dem materiellen Vergaberecht der Vergabekoordinierungsrichtlinie auf das Schild gehobene Öffnung des öffentlichen Auftragswesens in den Mitgliedstaaten bliebe anderenfalls ein bloßer Programmsatz. Die zum Zwecke eines effektiven vergaberechtlichen Rechtsschutzes für den Anwendungsbereich der Vergabekoordinierungsrichtlinie

76/14), zuletzt geändert durch die Richtlinie 2007/66/EG des Europäischen Parlaments und des Rates vom 11. Dezember 2007 (ABl. EU 2007 Nr. L 335/31).

686 So Erwägungsgrund 2 der VKR.

687 EuGH, Urt. v. 18. Juni 2002 – Rs. C-92/00, Slg. 2002, I-5553, Rdnr. 42 – »Hospital Ingenieure«.

688 Siehe auch die Begründungserwägungen des Rates in der Richtlinie 89/665/EWG.

erlassene Rechtsmittelrichtlinie gibt dabei lediglich einen Mindeststandard an erforderlichen Kontroll- und Sanktionsmechanismen vor, welcher durch die Mitgliedstaaten angehoben werden kann[689].

2. Europäisches Sekundärrecht

a) Verhältnis zur mitgliedstaatlichen Rechtsordnung

Die VKR war als Richtlinie i.S.d. Art. 288 UAbs. 3 AEUV (früher Art. 249 UAbs. 3 EGV) von den Mitgliedstaaten bis zum 31. Januar 2006 in nationales Recht umzusetzen. Die Harmonisierung des mitgliedstaatlichen Rechts durch eine kooperativ-zweistufige Rechtsetzung mittels Richtlinien passt das nationale Recht an unionsrechtlich gewünschte Ziele an, ohne es zu ersetzen[690]. Die Umsetzung einer Richtlinie muss dabei die praktische Wirksamkeit der Richtlinienbestimmungen in bestmöglicher Weise gewährleisten[691]. Das nationale Recht und seine Grundsätze behält dabei seine volle Geltungskraft, solange es nicht zu unionsrechtlichen Vorgaben in Widerspruch gerät[692]. Beim Vollzug von Unionsrecht durch die Mitgliedstaaten ist eine unionsweit einheitliche Kontrolldichte nicht geboten und vom EuGH bislang auch nicht gefordert worden[693]. Vielmehr hat der Gerichtshof die unterschiedlich intensiven

---

689 Zu den Vorgaben der Rechtsmittelrichtlinie *Prieß/Niestedt*, Rechtsschutz im Vergaberecht, S. 5 f.

690 *Ruffert*, in: Calliess/ders. (Hrsg.), EUV/AEUV, Art. 288 AEUV Rdnr. 23. Der deutsche Gesetzgeber hat bei der Umsetzung der VKR die Grundstruktur des Vergaberechts mit seinem Kaskadensystem und der Ausarbeitung der Vergabeordnungen durch die Verdingungsausschüsse unberührt gelassen; kritisch dazu *Niestedt/Eichler*, in: MünchKommBeihVgR, Vor §§ 97 ff. GWB Rdnr. 151. Zur europa- und verfassungsrechtlichen Zulässigkeit des Kaskadensystems *Dreher*, NVwZ 1999, 1265 (1266 f.).

691 *Herdegen*, Europarecht, § 8 Rdnr. 39; *Streinz*, Europarecht, § 5 Rdnr. 481.

692 Zum Verhältnis von unionsrechtlichen Vorgaben und nationalem Verwaltungsverfahrensrecht *Pünder*, in: Erichsen/Ehlers (Hrsg.), AllgVerwR, § 13 Rdnr. 18 ff.

693 Im Unionsrecht wird zudem nicht zwischen Beurteilungsspielraum und Ermessen differenziert. Der Gerichsthof geht vielmehr von einem einheitlichen Verständnis der bestehenden Entscheidungsspielräume aus, verwendet hierfür jedoch keine durchgehend einheitliche Terminologie; vgl. etwa EuGH, Urt. v. 21. November 1991 – Rs. C-269/90, Slg. 1991, I-5469, Rdnr. 12 f. – »TU München«; Urt. v. 21. Januar 1999 – Rs. C-120/97, Slg. 1999, I-223, Rdnr. 34 – »Upjohn«.

Kontrolldichtekonzeptionen der Mitgliedstaaten[694] in seiner Rechtsprechung als Kernbereich der mitgliedstaatlichen Verfahrensautonomie akzeptiert[695] und die hohe Kontrolldichte des deutschen Verwaltungsrechts nicht beanstandet[696]. Hinsichtlich einer niedrigen Kontrolldichte hat der EuGH einschränkend festgehalten, eine bloße Willkürkontrolle bei der Überprüfung administrativer Entscheidungen sei unzureichend, wenn der Zweck einschlägigen Unionsrechts dadurch vereitelt werde[697]. Der in Art. 4 Abs. 3 EUV niedergelegte Grundsatz der loyalen Zusammenarbeit begründet eine mitgliedstaatliche Pflicht zum Schutz subjektiver Rechte des Unionsrechts mittels der Gewährung effektiven Rechtsschutzes in einem Umfang, der die volle Wirkung und die einheitliche Geltung des Unionsrechts sicherstellt[698]. Die Rechtsprechung des EuG weist bisweilen sogar einen dem deutschen Verständnis angenäherten Kontrollmaßstab auf. Der öffentliche Auftraggeber verfüge zwar über einen weiten Spielraum bei der Entscheidung über die Vergabe eines ausgeschriebenen Auftrags. Das Gericht habe aber dennoch zu prüfen, ob Verfahrensvorschriften und die Begründungspflicht eingehalten seien, ob der Sachverhalt richtig ermittelt sei und ob keine offensichtlichen Beurteilungsfehler oder ein Ermessensmissbrauch vorliegen würden[699].

---

694 Im Gegensatz zum deutschen Verwaltungsrecht gehen etwa die französische oder britische Rechtsordnung mit gerichtlich nur begrenzt kontrollierbaren Entscheidungsspielräumen sehr viel großzügiger um; siehe hierzu die vergleichende Darstellung bei *Schwarze*, Europäisches Verwaltungsrecht, S. 246 ff. (für Frankreich), S. 254 ff. (für Deutschland) u. S. 266 ff. (für Großbritannien). Auch im Eigenverwaltungsrecht, d.h. beim direkten Vollzug von Unionsrecht durch die Union und ihre Organe, gewähren EuGH und EuG erhebliche Entscheidungsfreiheiten und orientieren sich damit insbesondere an der Tradition des französischen Verwaltungsrechts; vgl. *von Danwitz*, Europäisches Verwaltungsrecht, S. 361 ff.

695 Siehe aber den Ausnahmefall EuGH, Urt. v. 10. Oktober 1985 – Rs. C-183/84, Slg. 1985, I-3351 (3360 f., Rdnr. 21 ff., 26) – »Rheingold«, der aber, weil er spezifische und nicht verallgemeinerungsfähige Besonderheiten aufweist (*von Danwitz*, Europäisches Verwaltungsrecht, S. 591 Fn. 690), die allgemeine Aussage gerade bestätigt.

696 *von Danwitz*, Europäisches Verwaltungsrecht, S. 591 f.

697 EuGH, Urt. v. 18. Juni 2002 – Rs. C-92/00, Slg. 2002, I-5553, Rdnr. 63 – »Hospital Ingenieure«.

698 *Huber*, in: v.Mangoldt/Klein/Starck, GG I, Art. 19 Abs. 4 Rdnr. 413 m.w.N.

699 EuG, BeckRS 2013, 80168 (Rdnr. 54) m.w.N.

b) Die Vergabekoordinierungsrichtlinie (VKR)

Die Vergabekoordinierungsrichtlinie eröffnet in verschiedenen Vorschriften Entscheidungsfreiheiten der öffentlichen Auftraggeber, enthält aber keine Vorgaben für deren Kontrolle.

Bereits in den Erwägungsgründen wird den öffentlichen Auftraggebern nach ihrer Wahl die Möglichkeit der Nutzung von Techniken der Online-Beschaffung unter Wahrung der vergaberechtlichen Grundsätze oder der Festlegung bestimmter Umweltanforderungen für die technischen Spezifikationen eines Auftrags eröffnet[700]. Die durch § 3 VgV in nationales Recht umgesetzte Schätzung des Auftragswertes und die damit einhergehende Prognoseentscheidung über die mutmaßliche Unter- oder Überschreitung der Schwellenwerte findet sich in Art. 9 VKR. Die Richtlinie verbietet dabei die Wahl einer Berechnungsmethode mit dem Ziel der Umgehung der Richtlinienbestimmungen. In Art. 23 Abs. 3 lit. a) bis d) VKR werden dem öffentlichen Auftraggeber vier verschiedene Varianten zur Formulierung der technischen Spezifikationen zur Verfügung gestellt. Die Vergabestelle kann zudem darüber entscheiden, ob sie gestatten will, dass Bieter Varianten vorlegen (Art. 24 VKR), ob sie von den Bietern eine Mitteilung verlangen will, welche Teile des Auftrags an Unterauftragnehmer weitergegeben werden sollen (Art. 25 VKR) und ob sie zusätzliche Bedingungen für die Ausführung des Auftrags vorschreiben will (Art. 26 VKR). Dahinter steht jeweils der Gedanke, dass der mit dem Beschaffungsgegenstand vertraute Auftraggeber selbstständig unter Beachtung der Ziele des Gemeinwohls, einer optimalen Auftragserfüllung, eines schonenden Umgangs mit öffentlichen Mitteln und der Förderung des Wettbewerbs über die aufgezeigten Optionen entscheiden soll. Eine zuverlässige Verfahrenswahl obliegt nach Art. 28 ff. VKR den öffentlichen Auftraggebern, wobei das offene und das nicht offene Verfahren nach Art. 28 UAbs. 2 S. 1 VKR den Regelfall bilden. Die Vergabestelle hat das Vorliegen der aufgeführten Voraussetzungen nach Art. 29 bis 31 VKR zu prüfen und zu entscheiden, ob sie einen wettbewerblichen Dialog oder ein Verhandlungsverfahren mit oder ohne Veröffentlichung einer Bekanntmachung durchführen will. Art. 32 VKR eröffnet den Mitgliedstaaten die Möglichkeit zur Einführung von Rahmenvereinbarungen[701]. Die Art. 44 ff.

---

700 Erwägungsgründe 12 und 29 der VKR.

701 Zur Vergabe von Rahmenvereinbarungen ausführlich *Segeth*, Rahmenvereinbarungen, passim.

VKR machen Vorgaben für die durchzuführende Eignungsprüfung. Art. 45 Abs. 2 VKR nennt dabei auch fakultative Ausschlussgründe. Die Vergabestelle muss entscheiden, welche Nachweise sie für die Eignungsprüfung verlangen will. Sowohl Art. 47 Abs. 1 VKR für die wirtschaftliche und finanzielle Leistungsfähigkeit als auch Art. 48 Abs. 2 VKR für die technische und/oder berufliche Leistungsfähigkeit nennen verschiedene Nachweismöglichkeiten, die, abhängig vom Umfang des Auftrags, einzeln oder gemeinsam genutzt werden können. Der öffentliche Auftraggeber muss anhand der von ihm gewählten Nachweise beurteilen, ob ein Bieter für die Auftragsausführung geeignet ist. Auch bei der Zuschlagsentscheidung muss eine Entscheidung zwischen dem Kriterium des niedrigsten Preises und dem Kriterium des wirtschaftlich günstigsten Angebots getroffen werden[702]. In letzterem Fall ist die Bestimmung verschiedener mit dem Auftragsgegenstand zusammenhängender Kriterien erforderlich, von denen in Art. 53 Abs. 1 lit. a) VKR einige beispielhaft aufgezählt werden. Die Entscheidung über deren Auswahl, Bekanntmachung und Anwendung wird zwar dem öffentlichen Auftraggeber übertragen. Die nach alter Rechtslage hierbei als zu weit empfundene Entscheidungsfreiheit wird aber durch Art. 53 Abs. 2 VKR eingegrenzt[703]. Danach muss die Vergabestelle neben den Zuschlagskriterien in der absteigenden Reihenfolge ihrer Bedeutung nunmehr in der Bekanntmachung, den Verdingungsunterlagen oder – beim wettbewerblichen Dialog – in der Beschreibung grundsätzlich angeben, wie sie die einzelnen Kriterien gewichtet, um das wirtschaftlich günstigste Angebot zu ermitteln.

Die den öffentlichen Auftraggebern eröffneten Entscheidungsspielräume begründen sich zum Teil aus der Natur der zu treffenden Entscheidung heraus, dienen zum Teil aber auch der bewussten und gewollten Ausweitung von Flexibilität und Effizienz der Verfahrensgestaltung. Die in Erwägungsgrund 2 und in Art. 2 VKR genannten Grundsätze der Nichtdiskriminierung, der Gleichbehandlung und der Transparenz sind bei allen diesen Entscheidungen stets zu wahren.

702 In Deutschland hat der Gesetzgeber diese Entscheidung in § 97 Abs. 5 GWB generell für alle Aufträge oberhalb der Schwellenwerte zugunsten des Kriteriums des wirtschaftlich günstigsten Angebots getroffen. Dazu *Kulartz*, in: ders./Kus/Portz (Hrsg.), GWB-Vergaberecht, § 97 Rdnr. 124.

703 Zur Begründung siehe den Richtlinienvorschlag der Kommission vom 30. August 2000, KOM (2000) 275 endg./2 unter II. Inhaltliche Änderungen Ziff. 6.2. f. (S. 10 f.).

c) Die Rechtsmittelrichtlinie (RMRL)

Die Rechtsmittelrichtlinie (RMRL) dient der Gewährleistung gleichwertiger innerstaatlicher Kontroll- und Sanktionsmechanismen zur Durchsetzung der Regelungen über das Vergabeverfahren. Ihre Ziele sind eine möglichst rechtzeitige Korrektur von Verfahrensfehlern der öffentlichen Auftraggeber noch während des laufenden Vergabeverfahrens, die Beseitigung von Verstößen gegen das europäische Vergaberecht sowie die Gewährung von Schadensersatz für in ihren Rechten verletzte Unternehmen[704]. Ihre Funktion besteht nicht in der umfassenden Regelung vergaberechtlichen Rechtsschutzes, sondern in der Festlegung von Mindeststandards. Ein weitergehender innerstaatlicher Rechtsschutz ist nicht ausgeschlossen[705].

Die Kontrollinstrumente der Mitgliedstaaten müssen eine rasche und wirksame Überprüfung gewährleisten, vgl. Erwägungsgründe 2 und 3 sowie Art. 1 Abs. 1 UAbs. 3 RMRL[706]. Nach Art. 2 Abs. 1 lit b) RMRL stellen die Mitgliedstaaten die Aufhebung rechtswidriger Entscheidungen, einschließlich der Streichung diskriminierender technischer, wirtschaftlicher oder finanzieller Spezifikationen in den Ausschreibungsdokumenten, den Verdingungsunterlagen oder in jedem sonstigen sich auf das betreffende Vergabeverfahren beziehenden Dokument sicher. Daneben dienen die Normierung einer Stillhaltefrist (Art. 2a f. RMRL), innerhalb der im Anschluss an die Zuschlagsentscheidung kein Vertragsschluss erfolgen darf, um Rechtsschutzmöglichkeiten zu erhalten, sowie die Sicherstellung der Unwirksamkeit von Verträgen, die gegen bestimmte Vorgaben wie etwa die Einhaltung der Stillhaltefrist verstoßen, (Art. 2d f. RMRL) dem effektiven Rechtsschutz[707]. Zur Kontrolldichte im vergaberechtlichen Rechtsschutzverfahren enthält die Richtlinie zwar keine konkreten Vorgaben, der effektive Rechtsschutz setzt einer Zurücknahme gerichtlicher Kontrolle aber jedenfalls Grenzen. Der deutsche Ansatz zu verwaltungsrechtlichen Entscheidungsspielräumen ist im europäischen Vergleich als

704 Siehe die Erwägungsgründe der Richtlinie 89/665/EWG sowie *Seidel/Mertens*, in: Dauses (Hrsg.), Hdb. EU-WirtschaftsR, H.IV. Rdnr. 303 f.

705 *Prieß/Niestedt*, Rechtsschutz im Vergaberecht, S. 5 f.

706 *Seidel/Mertens*, in: Dauses (Hrsg.), Hdb. EU-WirtschaftsR, H.IV. Rdnr. 305 ff.

707 Einen Überblick über die Novelle der Rechtsmittelrichtlinie durch die Richtlinie 2007/66/EG geben *Seidel/Mertens*, in: Dauses (Hrsg.), Hdb. EU-WirtschaftsR, H.IV. Rdnr. 319 ff. sowie *Knauff/Streit*, EuZW 2009, 37, die in ihr lediglich eine Ergänzung der bestehenden Regelungen sehen.

restriktiv anzusehen und läuft daher kaum Gefahr, gegen die Anforderungen der RMRL zu verstoßen. Zu beachten ist dabei, dass zu den hinter der Rechtsmittelrichtlinie stehenden Grundsätzen insbesondere das Prinzip der Verfahrensautonomie der Mitgliedstaaten steht[708]. Es ist folglich die Absicht des europäischen Richtliniengebers, die in den nationalen Rechtsschutzsystemen vorgesehenen Nachprüfungsverfahren auf ein bestimmtes Rechtsschutzniveau zu heben, in ihrem Kern aber unangetastet zu lassen. Die restriktive deutsche Dogmatik der Entscheidungsspielräume ist dem Ziel eines effektiven Vergaberechtsschutzes dabei zuträglich, weil den deutschen Nachprüfungsinstanzen weitreichende Prüfungskompetenzen zugunsten der Rechtsschutzsuchenden zukommen. Die RMRL enthält somit keine für Entscheidungsspielräume im deutschen Vergaberecht einschränkenden Vorgaben.

d) Zwischenergebnis

Das sekundäre Vergaberecht eröffnet zahlreiche Entscheidungsfreiräume für öffentliche Auftraggeber. Es fehlen allerdings sowohl in der VKR als auch in der RMRL klare Bestimmungen zu deren Umfang und eindeutige Maßstäbe zu deren Überprüfung. Auch die Rechtsprechung des EuGH kann zur Klärung dieser Fragen wenig beigetragen, weil sie die Anerkennung und Kontrolle von Entscheidungsspielräumen bei der Anwendung unionsrechtlich determinierter Rechtsvorschriften als Angelegenheit des nationalen Verwaltungsrechts ansieht.

---

708 So die Begründung der Kommission vom 4. Mai 2006, KOM (2006) 195 endg., S. 7, zu dem Vorschlag für die Überarbeitung der Rechtsmittelrichtlinien (erlassen als Richtlinie 2007/66/EG des Europäischen Parlaments und des Rates vom 11. Dezember 2007 [ABl. EU Nr. L 335/31]).

3. Europäisches Primärrecht

a) Primärrechtliche Ausgangslage und Verhältnis zum Sekundärrecht

Das europäische Primärrecht ist die Rechtsgrundlage für den Erlass des Sekundärrechts. Damit ist es zugleich Prüfungsmaßstab für dessen Gültigkeit und Auslegung[709].

Da das sekundäre Vergaberecht keine klaren Regelungen für die Anerkennung und Kontrolle vergaberechtlicher Entscheidungsspielräume enthält, ist zu fragen, ob sich den primärrechtlichen Grundlagen Auslegungsansätze entnehmen lassen, die im Interesse des Bieterschutzes ein restriktiveres Verständnis verlangen. Die Verträge enthalten zwar abgesehen von Art. 179 Abs. 2 und 199 Nr. 4 AEUV keine ausdrücklichen Regelungen zum öffentlichen Auftragswesen, beinhalten aber mit dem Binnenmarktkonzept und den Grundfreiheiten die Wurzeln des europäischen Vergaberechts[710]. Zu beachten sind zudem die im Europarecht bestehenden Grundrechtskodifikationen, welche über Art. 6 EUV Bestandteil des Primärrechts sind[711]. Es sollen daher im Folgenden die Grundfreiheiten (b) und die Grundrechte auf europäischer Ebene (c) hinsichtlich Aussagen zu Bestehen und Reichweite vergaberechtlicher Entscheidungsspielräume betrachtet werden. Eine umfassende Prüfung der primärrechtlichen Schutzgehalte ist entbehrlich, da sie durch die sekundärrechtlichen Vergaberegelungen detailliert konkretisiert worden sind.

---

709 *Kingreen*, in: Calliess/Ruffert (Hrsg.), EUV/AEUV, Art. 34 – 36 AEUV Rdnr. 18; *Kühling/Huerkamp*, in: MünchKommBeihVgR, Vor §§ 97 ff. GWB Rdnr. 6; *Egger*, Europäisches Vergaberecht, Rdnr. 104 ff.; *Prieß*, Handbuch des europäischen Vergaberechts, S. 17 f.; *Diehr*, VergabeR 2009, 719 (721 f.).

710 Siehe nur die in Erwägungsgrund 2 zur VKR aufgeführten primärrechtlichen Grundsätze und weiterführend *Egger*, Europäisches Vergaberecht, Rdnr. 104 ff.

711 *Kingreen*, in: Calliess/Ruffert (Hrsg.), EUV/AEUV, Art. 6 EUV Rdnr. 3 ff.

b) Grundfreiheiten

aa) Bedeutung und Schutzgehalt der Grundfreiheiten

Als zentrale Steuerungselemente bei der Integration der Mitgliedstaaten zu einem einheitlichen Binnenmarkt[712] gestalten die Grundfreiheiten den wirtschaftsbezogenen Grundansatz der Europäischen Union aus und verleihen den Unionsbürgern subjektive Rechte gegen die das Binnenmarktziel beschränkenden Maßnahmen der Mitgliedstaaten[713]. Von ihrem Grundansatz her betrachtet sind die Grundfreiheiten Diskriminierungsverbote und lex specialis im Verhältnis zum allgemeinen Diskriminierungsverbot des Art. 18 AEUV. Als Gleichheitsrechte verbieten sie sowohl eine nicht gerechtfertigte Differenzierung anhand der Staatsangehörigkeit oder Warenherkunft als auch Regelungen, die zwar nicht offen hieran anknüpfen, die aber geeignet sind, sich typischerweise zum Nachteil von Ausländern und ausländischen Waren bzw. zum Vorteil von Inländern und inländischen Waren auszuwirken[714]. Diese gleichheitsrechtliche Schutzdimension der Grundfreiheiten beinhaltet einen Anspruch auf Partizipation an Rechten und Leistungen im EU-Ausland unter denselben Bedingungen und Voraussetzungen, wie sie für Inländer gelten. Sie begründet somit derivative Teilhaberechte[715]. Der Europäische Gerichtshof hat den Schutzgehalt der Grundfreiheiten im Laufe der Zeit weiter ausgedehnt[716]. Zunächst hat er zur Warenverkehrsfreiheit festgestellt, jede staatliche Regelung, die geeignet sei, den innergemeinschaftlichen Handel unmittelbar

---

712 Das Ziel der Errichtung eines einheitlichen Binnenmarktes wird in den Verträgen mehrfach an prominenter Stelle erwähnt, vgl. Art. 3 Abs. 3 S. 1 EUV, Art. 4 Abs. 2 lit. a), 26 Abs. 1 u. 2 AEUV.

713 *Frenz*, Handbuch Europarecht I, Rdnr. 22 ff.

714 So grundlegend EuGH, Urt. v. 12. Februar 1974 – Rs. 152/73, Slg. 1974, 153, Rdnr. 11 – »Sotgiu«. Der Gerichtshof vertritt dabei ein weites Diskriminierungsverständnis, nach dem ein statistischer Nachweis der Eignung zur Diskriminierung nicht erforderlich ist und die Benachteiligung eines kleinen Teils der EU-Ausländer bereits ausreicht.

715 Originäre Teilhaberechte auf Schaffung zusätzlicher Vergünstigungen, die zuvor weder Inländern noch EU-Ausländern zur Verfügung standen, sind hingegen nicht umfasst. Zur teilhaberechtlichen Dimension der Grundfreiheiten allgemein *Ehlers*, in: ders. (Hrsg.), Europäische Grundrechte und Grundfreiheiten, § 7 Rdnr. 32 ff.

716 Die Ausgestaltung der Grundfreiheiten einzig als Diskriminierungsverbote stand in früherer Zeit kaum in Frage, vgl. *Seidel*, NJW 1967, 2081.

oder mittelbar, tatsächlich oder potenziell zu behindern, falle als Maßnahme gleicher Wirkung in den Anwendungsbereich dieser Grundfreiheit[717]. In konsequenter Fortsetzung dieser Rechtsprechung hat der Gerichtshof alle Maßnahmen, welche die Ausübung der Niederlassungs- oder Dienstleistungsfreiheit unterbinden, behindern oder weniger attraktiv machen, als rechtfertigungsbedürftige Beschränkungen qualifiziert[718]. Nach heutigem Verständnis umfasst der Schutzbereich aller Grundfreiheiten auch nichtdiskriminierende Beschränkungen und damit alle Maßnahmen mit grenzüberschreitendem Bezug, die die Ausübung der durch die Verträge garantierten grundlegenden Freiheiten unterbinden, behindern oder weniger attraktiv machen[719]. Den Grundfreiheiten ist auf diesem Wege neben der gleichheitsrechtlichen eine freiheitsrechtliche Komponente beigelegt worden[720]. Zur Kompensation dieser sehr weiten Schutzgehalte hat der EuGH für die Warenverkehrsfreiheit eine Bereichsausnahme für bestimmte Verkaufsmodalitäten angenommen[721] und für alle Grundfreiheiten neben den geschriebenen Rechtfertigungsgründen der Verträge ungeschriebene Rechtfertigungsmöglichkeiten anerkannt[722]. Nach der sog. »Cassis«-Rechtsprechung des Gerichtshofs sind Maßnahmen gleicher Wirkung zulässig, wenn sekundärrechtliche Regelungen fehlen, die staat-

717 EuGH, Urt. v. 11. Juli 1974 – Rs. 8/74, Slg. 1974, 837, Rdnr. 5 – »Dassonville«.

718 Siehe etwa EuGH, Urt. v. 3. Dezember 1974 – Rs. 33/74, Slg. 1974, 1299, Rdnr. 10 ff. – »van Binsbergen«; Urt. v. 5. Oktober 1994 – Rs. C-381/93, Slg. 1994, I-5145, Rdnr. 17 – »Kommission./.Frankreich«; Urt. v. 30. November 1995 – Rs. C-55/94, Slg. 1995, I-4165, Rdnr. 37 – »Gebhard«.

719 EuGH, Urt. v. 30. November 1995 – Rs. C-55/94, Slg. 1995, I-4165, Rdnr. 37 – »Gebhard«. Zur Entwicklung der Grundfreiheiten zu Freiheitsrechten *Ehlers*, in: ders. (Hrsg.), Europäische Grundrechte und Grundfreiheiten, § 7 Rdnr. 28 ff.

720 Zustimmend *Ehlers*, in: ders. (Hrsg.), Europäische Grundrechte und Grundfreiheiten, § 7 Rdnr. 28 ff.; *Wollenschläger*, Verteilungsverfahren, S. 122 ff.; kritisch etwa *Kingreen*, Struktur der Grundfreiheiten, S. 38 ff.

721 EuGH, Urt. v. 24. November 1993 – verb. Rs. C-267/91 und 268/91, Slg. 1993, I-6097, Rdnr. 16 – »Keck und Mithouard«. Zur Übertragung dieser Rechtsprechung auf die Niederlassungsfreiheit *Tietje*, in: Ehlers (Hrsg.), Europäische Grundrechte und Grundfreiheiten, § 10 Rdnr. 55 und auf die Dienstleistungsfreiheit *Pache*, in: Ehlers (Hrsg.), Europäische Grundrechte und Grundfreiheiten, § 11 Rdnr. 63.

722 EuGH, Urt. v. 23. Mai 1996 – Rs. C-237/94, Slg. 1996, I-2617, Rdnr. 19 – »O'Flynn« (für die Arbeitnehmerfreizügigkeit); Urt. v. 26. Juni 1997 – Rs. C-368/95, Slg. 1997, I-3689, Rdnr. 8 – »Familiapress« (für die Niederlassungs- und Dienstleistungsfreiheit); siehe auch Urt. v. 28. April 1998 – Rs. C-158/96, Slg. 1998, I-1931, Rdnr. 41 – »Kohll«; Urt. v. 11. Mai 1999 – Rs. C-255/97, Slg. 1999, I-2835, Rdnr. 19 – »Pfeiffer«.

lichen Regelungen unterschiedslos für in- und ausländische Waren gelten und die mitgliedstaatlichen Maßnahmen erforderlich sind, um zwingenden Erfordernissen des Gemeinwohls, die tatsächlich gefährdet sind, gerecht zu werden[723].

bb) Vorgaben aus den Grundfreiheiten

Für die Vergabe öffentlicher Aufträge bedeutsam ist die gleichheitsrechtliche Schutzdimension der Grundfreiheiten. Das bereits dargestellte Recht auf Partizipation an Rechten und Leistungen des Aufnahmestaates erfasst auch das Recht zur gleichberechtigten Teilnahme an Ausschreibungsverfahren[724]. Aus der freiheitsrechtlichen Ausprägung der Grundfreiheiten darf nicht weitergehend ein allgemeines Wirtschaftsfreiheitsrecht abgeleitet werden, welches jedem einzelnen Wirtschaftsteilnehmer staatliche Zuwendungen verschafft und gegen jede beschränkende Maßnahme eines Mitgliedstaates wirkt. Ein solches Verständnis würde zu einer uferlosen, dem Subsidiaritätsprinzip des Art. 5 Abs. 1 S. 2, Abs. 3 EUV und der Kompetenzverteilung zwischen den Mitgliedstaaten und der Union aus Art. 5 Abs. 1 und 2 EUV zuwiderlaufenden Ausdehnung der Grundfreiheiten führen[725]. Es liegt somit nicht deshalb eine Beeinträchtigung der Grundfreiheiten vor, weil ein EU-ausländischer Bieter einen öffentlichen Auftrag nicht erhält. Der Bieter kann aus den Grundfreiheiten aber das Recht auf eine nichtdiskriminierende und chancengleiche Beteiligung ableiten[726]. An diesen Vorgaben müssen sich vergaberechtliche Regelungen messen lassen[727]. Ein hierüber hinausgehender Schutzgehalt kommt den Grundfreiheiten nicht zu. Der zu deckende staatliche Bedarf stellt ein Mehr an wirtschaftlichen Chancen dar, auf welches kein Anspruch der Wirtschaftsteilnehmer besteht. Der nicht ausgewählte Bieter verliert nichts als eine wirtschaftliche Chance. Ist eine gleichberechtigte Beteiligung am Vergabeverfahren erfolgt, so ist die Nichtberücksichtigung eines bestimm-

723 EuGH, Urt. v. 20. Februar 1979 – Rs. 120/78, Slg. 1979, 649, Rdnr. 8, 14 – »Cassis de Dijon«.

724 Ebenso *Frenz*, Handbuch Europarecht III, Rdnr. 1721 ff.

725 *Wollenschläger*, Verteilungsverfahren, S. 123 f.

726 *Prieß/Niestedt*, Rechtsschutz im Vergaberecht, S. 6 f.

727 Siehe etwa EuGH, Urt. v. 23. Dezember 2009 – Rs. C-376/08, Slg. 2009, I-12169, Rdnr. 41 ff. – »Serrantoni«.

ten Angebots als Verwirklichung des wirtschaftlichen Risikos der Erfolglosigkeit einzustufen.

Die Grundfreiheiten verlangen somit ein nichtdiskriminierendes und transparentes Vergabeverfahren[728]. Nach dem unionsrechtlichen Grundsatz des effektiven gerichtlichen Rechtsschutzes ist es zwar mangels einschlägiger unionsrechtlicher Vorgaben Sache der Mitgliedstaaten, die zuständigen Gerichte zu bestimmen und die Verfahrensmodalitäten für Klagen zu regeln, die den Schutz der dem Einzelnen aus dem Unionsrecht erwachsenden Rechte gewährleisten sollen. Diese Verfahrensmodalitäten dürfen jedoch nicht weniger günstig ausgestaltet sein als die für entsprechende innerstaatliche Klagen (Grundsatz der Äquivalenz) und die Ausübung der durch die Unionsrechtsordnung verliehenen Rechte nicht praktisch unmöglich machen oder übermäßig erschweren (Grundsatz der Effektivität)[729]. Eine Verletzung des letztgenannten Grundsatzes nimmt der EuGH grundsätzlich aber erst an, wenn nicht nur der Primär-, sondern auch der Sekundärrechtsschutz ausfällt[730]. Zum Verhältnis der Grundfreiheiten zu den vergaberechtlichen Richtlinienbestimmungen hat der EuGH betont, das sekundäre Vergaberecht diene gerade einer möglichst umfassenden Berücksichtigung der Grundfreiheiten, insbesondere durch den Abbau von Hemmnissen für das grenzüberschreitende Angebot von Waren und Dienstleistungen an öffentliche Auftraggeber[731]. Besondere Anforderungen an den Umgang mit Entscheidungsspielräumen lassen sich den Grundfreiheiten mithin nicht entnehmen.

728 Zu den primärrechtlichen Vorgaben hinsichtlich der Transparenz des Vergabeverfahrens *Kühling/Huerkamp*, in: MünchKommBeihVgR, Vor §§ 97 ff. GWB Rdnr. 59 ff.

729 Siehe u.a. EuGH, Urt. v. 16. Dezember 1976 – Rs. 33/76, Slg. 1976, 1989, Rdnr. 5 – »Rewe-Zentralfinanz und Rewe-Zentral«; Urt. v. 13. März 2007 – Rs. C-432/05, Slg. 2007, I-2271, Rdnr. 43 – »Unibet«; Urt. v. 15. April 2008 – Rs. C-268/06, Slg. 2008, I-2483, Rdnr. 44 u. 46 – »Impact«; jüngst Urt. v. 6. Mai 2010 – Rs. C-145/08 und 149/08, Slg. 2010, I-4165, Rdnr. 74 – »Club Hotel Loutraki«.

730 EuGH, Urt. v. 6. Mai 2010 – Rs. C-145/08 und 149/08, Slg. 2010, I-4165, Rdnr. 74 und 80 – »Club Hotel Loutraki«.

731 EuGH, Urt. v. 18. Oktober 2001 – Rs. C-19/00, Slg. 2001, I-7725, Rdnr. 32 – »SIAC Construction«; Urt. v. 18. Juni 2002 – Rs. C-92/00, Slg. 2002, I-5553, Rdnr. 43 – »Hospital Ingenieure".

c) Grundrechte auf europäischer Ebene

aa) Grundrechtssystem der Europäischen Union

Den fehlenden Grundrechtskatalog in den Verträgen zur Gründung der Europäischen Gemeinschaften hat der Europäische Gerichtshof durch die Herausbildung ungeschriebener Grundrechte in einer jahrzehntelangen Judikatur ausgeglichen[732]. Diese gründen auf den gemeinsamen Verfassungsüberlieferungen der Mitgliedstaaten ebenso wie auf den von den Mitgliedstaaten abgeschlossenen völkerrechtlichen Verträgen über den Schutz der Menschenrechte. Eine besonders wichtige Rechtserkenntnisquelle ist dabei die Konvention zum Schutz der Menschenrechte und Grundfreiheiten (EMRK) gewesen. Obgleich die Europäische Union mittlerweile in Form der Charta der Grundrechte der Europäischen Union (GRCh) über einen geschriebenen, mit den Verträgen rechtlich gleichrangigen Grundrechtskatalog verfügt, bleiben die durch den EuGH entwickelten ungeschriebenen Grundrechte als allgemeine Grundsätze Teil des Unionsrechts, Art. 6 Abs. 1 UAbs. 1, Abs. 3 EUV. Im Verhältnis zueinander sind die geschriebenen Grundrechte der Charta vorrangig[733]. In der Normenhierarchie des Unionsrechts steht die EU-Grundrechte-Charta als Teil

---

732 Zu erwähnen sind insbesondere die grundlegenden Entscheidungen EuGH, Urt. v. 12. November 1969 – Rs. 29/69, Slg. 1969, 419, Rdnr. 7 – »Stauder«; Urt. v. 17. Dezember 1970 – Rs. 11/70, Slg. 1970, 1125, Rdnr. 4 – »Internationale Handelsgesellschaft«; Urt. v. 14. Mai 1974 – Rs. 4/73, Slg. 1974, 491, Rdnr. 13 – »Nold«. Zur geschichtlichen Entwicklung des europäischen Grundrechtsschutzes *Walter*, in: Ehlers (Hrsg.), Europäische Grundrechte und Grundfreiheiten, § 1.

733 Dies ergibt sich sowohl aus dem Vorrang des geschriebenen Rechts als auch aus der Verrechtlichung der Charta auf der Ebene des Primärrechts und dem Regelungsinhalt der Art. 53 GRCh i.V.m. Art. 6 Abs. 1 EUV, welcher die Erstrangigkeit des Grundrechtsmaßstabs der Charta voraussetzt und ein Absinken unter das Schutzniveau der sonstigen Menschenrechte und Grundfreiheiten, insbesondere der EMRK und der Verfassungen der Mitgliedstaaten, verhindert. Vor diesem Hintergrund muss Art. 6 Abs. 3 EUV dahingehend verstanden werden, dass die bisherige Grundrechtsjudikatur des EuGH eine wesentliche Auslegungshilfe bei der Anwendung der in der Charta niedergelegten Grundrechte ist und die Charta keine Absenkung des bislang erreichten Schutzniveaus bewirkt. Ausführlich *Kingreen*, in: Calliess/Ruffert (Hrsg.), EUV/AEUV, Art. 6 EUV Rdnr. 15 ff.; *Schorkopf*, in: Grabitz/Hilf/Nettesheim (Hrsg.), Recht der Europäischen Union I, Art. 6 EUV Rdnr. 56 f.

des Primärrechts zudem über der EMRK als völkerrechtlichem, in das Unionsrecht zu inkorporierendem Vertrag[734].

Die Unionsgrundrechte sind jedenfalls dann zutreffender Prüfungsmaßstab auch für nationale Rechtsvorschriften, wenn die Mitgliedstaaten »im Anwendungsbereich des Unionsrechts« handeln. Dies ist nach der Rechtsprechung des EuGH anzunehmen, wenn sie Sekundärrecht umsetzen[735] oder vollziehen oder wenn sie durch ihre Maßnahmen Grundfreiheiten beschränken[736]. Ein weiterreichendes Verständnis, wie es der EuGH in jüngerer Zeit angedeutet hat[737], ist mit der »Solange«-Rechtsprechung des

734 *Schorkopf*, in: Grabitz/Hilf/Nettesheim (Hrsg.), Recht der Europäischen Union I, Art. 6 EUV Rdnr. 57.

735 Für zwingende unionsrechtliche Vorgaben bei der Richtlinienumsetzung ist die Bindung an die Unionsgrundrechte weithin anerkannt. Uneinigkeit besteht aber dann, wenn die Richtlinie den Mitgliedstaaten Umsetzungsspielräume belässt. Denkbar ist hier eine Bindung alleine an die mitgliedstaatlichen Grundrechte, weil sich der Mitgliedstaat bezüglich der über die unionsrechtlichen Vorgaben hinausgehenden Rechtsetzung gerade nicht im Anwendungsbereich des Unionsrechts befindet, sondern den für eine Richtlinie typischen Raum für nationale Eigenheiten nutzt und zudem eine klare Abgrenzung der Bindungen erreicht wird (so etwa *Kingreen*, in: Calliess/Ruffert [Hrsg.], EUV/AEUV, Art. 51 GR-Charta Rdnr. 10 ff. m.w.N.). Die Gegenansicht geht von einer kumulativen Anwendung der unionalen und nationalen Grundrechte aus, da auch der unionsrechtlich nicht determinierte Teil eine durch das Unionsrecht veranlasste staatliche Maßnahme ist, für die ein unionsrechtlich gewährleisteter Mindeststandard an Grundrechtsschutz bestehen muss (*Kühling*, in: v.Bogdandy/Bast [Hrsg.], Europäisches Verfassungsrecht, S. 682 f. m.w.N.).

736 EuGH, Urt. v. 13. Juli 1989 – Rs. 5/88, Slg. 1989, 2609, Rdnr. 19 – »Wachauf«; Urt. v. 18. Juni 1991 – Rs. C-260/89, Slg. 1991, I-2925, Rdnr. 42 f. – »ERT«; Urt. v. 26. Juni 1997 – Rs. C-368/95, Slg. 1997, I-3689, Rdnr. 24 – »Familiapress«; Urt. v. 25. März 2004 – Rs. C-71/02, Slg. 2004, I-3025, Rdnr. 48 f. – »Karner«. Zu dieser nunmehr auch in Art. 51 Abs. 1 S. 1 GRCh geregelten »agency situation« *Kühling*, in: v.Bogdandy/Bast (Hrsg.), Europäisches Verfassungsrecht, S. 680 f.

737 EuGH, Urt v. 10. April 2003 – Rs. C-276/01, Slg. 2003, I-3735, Rdnr. 71 – »Steffensen«; Urt. v. 20. Mai 2003 – verb. Rs. C-465/00, C-138/01 und C-139/01, Slg. 2003, I-4989, Rdnr. 73 ff. – »Rechnungshof./.Österreichischer Rundfunk u.a.«. Zustimmend *Kühling*, in: v.Bogdandy/Bast (Hrsg.), Europäisches Verfassungsrecht, S. 683 f., der es als systemimmanente Fortentwicklung betrachtet, wenn die prozessuale Durchsetzung unionsrechtlich gewährter Rechte in den Mitgliedstaaten nicht nur an der Gleichwertigkeit und Effektivität des mitgliedstaatlichen Prozessrechts gemessen wird, sondern auch am Unionsgrundrecht auf rechtliches Gehör. Ebenso *Scheuing*, EuR 2005, 162 (179), der eine neue Bindungskonstellation bei einer Rechtsschutzgefährdungskonstellation begrüßt.

BVerfG[738] nicht vereinbar. Eine teilweise vorgeschlagene kumulative Anwendung europäischer und nationaler Grundrechte ist abzulehnen[739], da sie zu einer Doppelung des Grundrechtsschutzes mit komplizierten Folgeproblemen führt, die sich auch unter Anwendung des Günstigkeitsprinzips nicht mehr auflösen lassen[740].

Im GWB-Vergaberecht können die Unionsgrundrechte somit als Prüfungsmaßstab herangezogen werden, wenn die europarechtskonforme Umsetzung bindender sekundärrechtlicher Vorschriften in nationales Recht oder die Rechtfertigung einer mitgliedstaatlichen Beeinträchtigung der Grundfreiheiten im Rahmen der öffentlichen Auftragsvergabe in Rede steht. Als Teil der Unionsrechtsordnung sind die Unionsgrundrechte bei der Auslegung des sekundären Vergaberechts ebenso zu beachten wie bei der unionsrechtskonformen Auslegung von bindend umgesetzten nationalen Rechtsvorschriften. Hat die VKR dem deutschen Gesetzgeber hingegen Umsetzungsspielräume belassen oder handelt es sich um nationale Rechtsvorschriften, die nicht einer Umsetzung von Unionsrecht dienen, sind alleiniger Prüfungsmaßstab die Grundrechte des Grundgesetzes.

bb) Vorgaben aus der EU-Grundrechte-Charta

Die Gewährleistungen der EU-Grundrechte-Charta lassen sich in Freiheits- und Gleichheitsrechte unterteilen. Als freiheitsrechtliche Garantien mit wirtschaftlichem Bezug und damit als für das öffentliche Beschaffungswesen relevant zu benennen sind die Berufsfreiheit (Art. 15 Abs. 1 GRCh), die unternehmerische Freiheit (Art. 16 GRCh) und das Eigentumsrecht (Art. 17 Abs. 1 GRCh). Sie vermitteln in Verbindung mit dem Gleichheitssatz ein Recht auf gerechten Zugang zu den vorhandenen Res-

738 BVerfGE 73, 339 (387) – »Solange II«; 118, 79 (95 f.); 121, 1 (15).

739 Ebenso *Huerkamp*, Gleichbehandlung und Transparenz, S. 72 f. (der aber für das Vergaberecht eine Ausnahme sieht); *Kühling*, in: v.Bogdandy/Bast (Hrsg.), Europäisches Verfassungsrecht, S. 683 ff. Wie hier *Scheuing*, EuR 2005, 162 (168). Kritisch zu einer ausufernden Anwendung der Unionsgrundrechte auch *Wollenschläger*, Verteilungsverfahren, S. 105 f.

740 Führt das Günstigkeitsprinzip zu einer vorrangigen Anwendung eines günstigeren nationalen Grundrechts gegenüber einem Unionsgrundrecht, gerät es in Konflikt mit dem Anwendungsvorrang des Unionsrechts. Zum Ganzen *Kingreen*, in: Calliess/Ruffert (Hrsg.), EUV/AEUV, Art. 51 GR-Charta Rdnr. 12. Ablehnend auch *Ziegenhorn*, NVwZ 2010, 803 (807 f.).

sourcen, sprich den zu vergebenden Aufträgen[741]. Da die VKR diesen Teilhabeanspruch für Aufträge oberhalb der Schwellenwerte detailliert ausgestaltet, fungieren die Freiheitsrechte allein als Auslegungshilfen und -grenzen.

Neben speziellen – hier nicht einschlägigen – Diskriminierungsverboten und Gleichheitsrechten normiert Art. 20 GRCh einen allgemeinen Gleichheitssatz[742]. Dieser ist unter Beachtung der Judikatur des EuGH zum allgemeinen Grundsatz der Gleichbehandlung auszulegen, welcher unabhängig von einer Diskriminierung aus Gründen der Staatsangehörigkeit grundsätzlich und allgemein verlangt, dass vergleichbare Sachverhalte nicht unterschiedlich und unterschiedliche Sachverhalte nicht gleich behandelt werden dürfen, es sei denn, eine Differenzierung bzw. Gleichbehandlung ist objektiv gerechtfertigt[743]. Trotz des im Vergleich allgemeineren Wortlauts des Art. 20 GRCh sind die Norminhalte deckungsgleich, weshalb die bisherige Rechtsprechung des EuGH zum allgemeinen Grundsatz der Gleichbehandlung in die EU-Grundrechte-Charta hineinzulesen ist[744]. Seine Anwendbarkeit im sekundären Vergaberecht wird durch

---

741 *Frenz*, Handbuch Europarecht III, Rdnr. 1787.

742 Die Subsidiarität des Art. 20 GRCh im Verhältnis zum allgemeinen Diskriminierungsverbot des Art. 18 AEUV und den Grundfreiheiten (*Rossi*, in: Calliess/Ruffert [Hrsg.], EUV/AEUV, Art. 20 EU-GRCharta Rdnr. 17) ist auf unmittelbare oder mittelbare Diskriminierungen aus Gründen der Staatsangehörigkeit begrenzt, um die es vorliegend nicht geht.

743 EuGH, Urt. v. 19. Oktober 1977 – Rs. 117/76 u. 16/77, Slg. 1977, 1753, Rdnr. 7 – »Ruckdeschel«; Urt. v. 8. Oktober 1980 – Rs. 810/79, Slg. 1980, 2747, Rdnr. 16 – »Überschär«; Urt. v. 13. Januar 2005 – Rs. C-126/04, Slg. 2005, I-331, Rdnr. 16 – Heinecken«; *Mohn*, Der Gleichheitssatz im Gemeinschaftsrecht, S. 47 ff. Obgleich der EuGH terminologisch unklar von einem »Grundprinzip des Gemeinschaftsrechts« spricht, erscheint es angemessen, dieses Grundprinzip in eine Reihe mit den vom Gerichtshof anerkannten ungeschriebenen Grundsätzen des Gemeinschaftsrechts zu stellen; vgl. *Huerkamp*, Gleichbehandlung und Transparenz, S. 19 f., der allerdings darauf hinweist, dass der allgemeine Grundsatz der Gleichbehandlung nicht wie die sonstigen Grundsätze des Gemeinschaftsrechts aus den Verfassungsüberlieferungen der Mitgliedstaaten und internationalen Übereinkommen zum Schutz der Menschenrechte und Grundfreiheiten abgeleitet, sondern aus den in den Verträgen selbst niedergelegten Diskriminierungsverboten, insbesondere aus Art. 40 Abs. 2 UAbs. 2 AEUV, herausgelesen worden ist. Kritisch zu dieser Herleitung *Kingreen*, in: Ehlers (Hrsg.), Europäische Grundrechte und Grundfreiheiten, § 17 Rdnr. 11.

744 *Sachs*, in: Tettinger/Stern (Hrsg.), GK-Grundrechte-Charta, Art. 20 Rdnr. 7; *Huerkamp*, Gleichbehandlung und Transparenz, S. 20.

Art. 2 VKR ausdrücklich angeordnet[745]. Die Begründung der Kommission zum inhaltlichen Entwurf dieser Vorschrift[746] nimmt ausdrücklich Bezug auf die Rechtsprechung des EuGH[747] zum allgemeinen Grundsatz der Gleichbehandlung[748]. Da Art. 2 VKR zwingend eine entsprechende Ausgestaltung des Vergabeverfahrens verlangt, sind bei der Umsetzung in nationales Recht und bei der Auslegung im Rahmen der Rechtsanwendung die unionsgrundrechtlichen Vorgaben zu beachten.

Daraus folgt für öffentliche Auftraggeber zunächst, dass sie bei der Nutzung der ihnen gewährten Spielräume eine gleichmäßige Entscheidungspraxis anwenden müssen und sich durch ihre Entscheidungen dahingehend selbst binden, vergleichbare Sachverhalte gleich zu behandeln. Sie müssen sachgerechte Verteilungskriterien wählen und durch die Verfahrensgestaltung eine transparente, nichtdiskriminierende und gerechte Zuschlagsentscheidung sicherstellen[749]. Der Grundsatz der Gleichbehandlung verpflichtet aber nicht nur die öffentlichen Auftraggeber, sondern auch die Nachprüfungsinstanzen[750]. Abweichungen innerhalb der Nachprüfungsentscheidungen sind zugunsten der richterlichen Unabhängigkeit hinzunehmen[751]. Diese garantiert die Freiheitssicherung mittels unabhängiger

---

745 Siehe bereits in diesem Teil oben unter 1. Damit wird die Geltung eines primärrechtlichen Grundsatzes im sekundären Vergaberecht bestimmt. Für dieses Verständnis der Regelungssystematik spricht auch der 2. Erwägungsgrund der VKR, wonach die Vergabe öffentlicher Aufträge an die Einhaltung der im Vertrag niedergelegten Grundsätze, namentlich auch des Grundsatzes der Gleichbehandlung gebunden wird; so auch *Huerkamp*, Gleichbehandlung und Transparenz, S. 20 f.

746 Darin heißt es noch: »Der Auftraggeber trifft alle Maßnahmen, die erforderlich sind, um die Einhaltung der Grundsätze der Gleichbehandlung, der Transparenz und der Nichtdiskriminierung zu gewährleisten«, KOM (2000) 275 endg./2, S. 47.

747 EuGH, Urt. v. 8. Oktober 1980 – Rs. 810/79, Slg. 1980, 2747, Rdnr. 16 – »Überschär«.

748 Richtlinienvorschlag der Kommission vom 30. August 2000, KOM (2000) 275 endg./2, unter III. Analyse der Artikel, Art. 2 (S. 15).

749 *Wollenschläger*, Verteilungsverfahren, S. 107 ff.

750 Der allgemeine Gleichheitsgrundsatz bindet bei der Durchführung des Unionsrechts die Mitgliedstaaten in allen staatlichen Funktionen; *Sachs*, in: Tettinger/Stern (Hrsg.), GK-Grundrechte-Charta, Art. 20 Rdnr. 18; *Jarass*, EU-Grundrechte-Charta, Art. 20 Rdnr. 3.

751 Vgl. nur Art. 253 UAbs. 1 AEUV (»...sind Persönlichkeiten auszuwählen, die jede Gewähr für Unabhängigkeit bieten...«), Art. 47 GRCh (»Jede Person hat das Recht, dass ihre Sache von einem unabhängigen [...] Gericht [...] verhandelt wird«) (dazu *Jarass*, EU-Grundrechte-Charta, Art. 47 Rdnr. 19 ff.) und Art. 6

Richter, die nicht bloß »bewachte Befehlsempfänger«[752] sein dürfen. Die gerichtliche Kontrolldichte darf nicht nur auf eine bloße Willkürkontrolle reduziert werden[753].

Für gerichtliche Kontrollrestriktionen von Bedeutung könnte zudem das in Art. 47 GRCh niedergelegte Prozessgrundrecht auf einen wirksamen Rechtsbehelf sein, das insbesondere ein faires Verfahren und rechtliches Gehör sichert. Als Verletzung eines Rechtes oder einer Freiheit i.S.d. Art. 47 UAbs. 1 GRCh zählt auch ein Ermessensmissbrauch bei einer Entscheidung durch die Organe eines Mitgliedstaates[754]. Für diesen Fall muss ein wirksamer Rechtsbehelf zur Verfügung stehen. Der Umfang der dabei gebotenen gerichtlichen Kontrolldichte wird durch das einschlägige Recht bestimmt und nimmt mit dem Gewicht der behaupteten Rechtsverletzung zu[755]. Bedingt durch das sekundärrechtlich determinierte Vergaberechtsschutzsystem in den Mitgliedstaaten, die zurückhaltende Rechtsprechung des EuGH und die im europäischen Vergleich restriktive deutsche Kontrolldichtesystematik unterschreitet der vergaberechtliche Rechtsschutz die durch Art. 47 GRCh aufgestellten Vorgaben nicht.

cc) Vorgaben aus der Europäischen Menschenrechtskonvention

Die Bedeutung der Europäischen Menschenrechtskonvention für das Vergaberecht ist gering. Dies liegt zunächst an der detaillierten sekundärrechtlichen Ausgestaltung des öffentlichen Auftragswesens. Regelungstechnisch kommt der EMRK auf europäischer Ebene derzeit nur die Rolle einer Rechtserkenntnisquelle zu. In Deutschland hat sie entsprechend Art. 59 Abs. 2 S. 1 GG den Rang eines einfachen Bundesgesetzes[756]. Ihr fehlt die Statuierung wesentlicher Rechte für den Bereich der öffentlichen Auftragsvergabe. So enthält sie keine Regelung der Berufs- oder unter-

---

Abs. 1 EMRK (»...von einem unabhängigen [...] Gericht...«) (dazu *Meyer-Ladewig*, EMRK, Art. 6 EMRK Rdnr. 67 ff.).

752 So das Bild von *Dürig/Scholz*, in: Maunz/Dürig, Komm. z. GG, Art. 3 Abs. 1 Rdnr. 411.

753 EuGH, Urt. v. 18. Juni 2002 – Rs. C-92/00, Slg. 2002, I-5553, Rdnr. 63 – »Hospital Ingenieure«.

754 *Alber*, in: Tettinger/Stern (Hrsg.), GK-Grundrechte-Charta, Art. 47 Rdnr. 19.

755 *Jarass*, EU-Grundrechte-Charta, Art. 47 Rdnr. 30.

756 BGBl. 2010 II, S. 1198.

nehmerischen Freiheit oder eines allgemeinen Gleichheitssatzes[757]. Durch Art. 14 EMRK wird lediglich in Zusammenhang mit der Ausübung eines anderen Konventionsrechts eine Diskriminierung verboten[758].

Im Hinblick auf die gerichtliche Kontrolldichte bei Entscheidungsspielräumen sind die Verfahrensgarantien der Art. 6 und 13 EMRK zu erwähnen. Der nach Art. 6 Abs. 1 EMRK erforderliche zivilrechtliche Charakter der Streitigkeit ist auch bei öffentlichen Auftragsvergaben angenommen worden[759]. Die Vorschrift garantiert nicht nur, dass überhaupt ein Zugang zu Gerichten eröffnet ist, sondern dass dieser auch effektiv ausgestaltet sein muss. Dabei sind verhältnismäßige Beschränkungen des Rechts auf Zugang zu einem Gericht möglich[760]. Auch die Rechtmäßigkeit von Ermessensentscheidungen der Verwaltung werden von Art. 6 Abs. 1 EMRK erfasst, wobei aber lediglich die Möglichkeit zur gerichtlichen Überprüfung nicht gänzlich fehlen darf. Als weitere Verfahrensgarantie gewährt Art. 13 EMRK das Recht auf eine wirksame innerstaatliche Beschwerde gegen eine vertretbar behauptete Konventionsverletzung. Es stellt einen Verstoß gegen Art. 13 EMRK dar, wenn die staatliche Kontrollinstanz eine Überprüfung in der Sache aufgrund eines Ermessensspielraums der Verwaltung gänzlich unterlässt[761] oder eine Ermessensentscheidung ausschließlich auf Willkür hin überprüft[762]. Die Bedeutung des Art. 13 EMRK für die Beurteilung der Kontrolldichte ist gering, weil Art. 6 EMRK als speziellere Regelung vorgeht[763] und ein allgemeines Gleichbehandlungsgebot ebenso wie wesentliche wirtschaftliche Garantien fehlen.

---

757 Das allgemeine Diskriminierungsverbot des Art. 1 des 12. Zusatzprotokolls (Protokoll Nr. 12 zur Konvention zum Schutz der Menschenrechte und Grundfreiheiten vom 4. November 2000) ist bisher lediglich von 17 der 47 Mitgliedstaaten des Europarates ratifiziert worden. Deutschland gehört nicht dazu. Siehe zum 12. Zusatzprotokoll *Meyer-Ladewig*, EMRK, Vorbemerkung zum 12. Zusatzprotokoll.

758 Die Aufzählung bestimmter Diskriminierungsmerkmale ist dabei nicht abschließend (»insbesondere«).

759 ÖVfGH, Urt. v. 28. November 2005 – Geschäftszahl: B 817/05-8, Sammlungsnummer: 17700, unter II.1. (www.ris.bka.gv.at/VfGH, zuletzt abgerufen am 27. April 2013); *Bungenberg*, Vergabe im Wettbewerb der Systeme, S. 247 ff.; *Holoubek*, WiVerw 2008, 273 (275).

760 *Grabenwarter/Pabel*, EMRK, § 24 Rdnr. 48 ff.

761 EGMR, NJW 2000, 2089 (2096 f.) – »Smith und Grady/Vereinigtes Königreich«.

762 EGMR, Urt. v. 26. Oktober 2000 – Rs. 30985/96, Nr. 100 – »Hasan und Chaush/Bulgarien«.

763 Etwas anderes gilt nach der Rechtsprechung des EGMR nur bei einer Verletzung des Art. 6 Abs. 1 EMRK wegen überlanger Dauer des Verfahrens; vgl. *Meyer-*

d) Zwischenergebnis

Das europäische Primärrecht gewährleistet jedem Wirtschaftsteilnehmer des Binnenmarktes eine transparente, nichtdiskriminierende und gleichbehandelnde Vergabe öffentlicher Aufträge. Diese Garantien sind durch die vergaberechtlichen Sekundärrechtsakte weiter konkretisiert worden. Sie haben die primärrechtlichen Vorgaben vollständig aufgenommen. Die im Primärrecht verankerten prozessualen Rechte, die eine wirksame Möglichkeit der Überprüfung staatlicher Entscheidungen verlangen, werden durch die Rechtsmittelrichtlinie ausgestaltet und konkretisiert. Besondere Vorgaben und Restriktionen hinsichtlich von Entscheidungsspielräumen lassen sich auch dem Primärrecht nicht entnehmen. Aus dem Grundsatz der Gleichbehandlung ergibt sich das Erfordernis einer einheitlichen Ermessenspraxis bei gleichliegenden Sachverhalten.

4. Ergebnis der Untersuchung unionsrechtlicher Vorgaben

Dem europäischen Vergaberecht sind Entscheidungsspielräume keineswegs fremd. Die von den Auftraggebern zu treffenden Prognoseentscheidungen verlangen eine Bestimmung der Kontrolldichte und der Letztentscheidungskompetenz. Zudem sind Entscheidungsspielräume als Ausdruck besonderer Flexibilität, gerade bei Verfahrensentscheidungen, zum Teil bewusst gewollt, um die öffentliche Auftragsvergabe effizienter und individueller zu gestalten[764]. Bedeutung erlangen die europäischen Vorgaben in der Dimension der nichtdiskriminierenden und gleichen Behandlung der Bieter, wie sie von Art. 2 VKR ebenso wie von den Grundfreiheiten und dem allgemeinen Gleichbehandlungsgrundsatz verlangt wird, wobei die primärrechtlichen Vorgaben ausdrücklich in die Richtlinie einbezogen werden. Die Grundfreiheiten beinhalten ein Recht auf Nichtdiskriminierung. Da die Einräumung von notwendigen oder gewollten Spielräumen zugleich die Gefahr eines Missbrauchs der gewähr-

---

Ladewig, EMRK, Art. 13 EMRK Rdnr. 25 f.; *Grabenwarter/Pabel*, EMRK, § 24 Rdnr. 166 ff.

764 Flexibilität war ausdrücklich eines der drei hauptsächlich mit dem Erlass der Vergabekoordinierungsrichtlinie verfolgten Ziele, siehe Kommission vom 30. August 2000, KOM (2000) 275 endg./2, unter II. Inhaltliche Änderungen, Ziff. 1.1. (S. 3).

ten Freiheiten durch den öffentlichen Auftraggeber zugunsten des einen und zulasten des anderen Bieters in sich trägt, werden sie von den gleichheitsrechtlichen Vorgaben flankiert. Das Unionsrecht ist stets bei der Auslegung der Ermessens- oder Beurteilungsermächtigung zu beachten[765]. Die Rechtsprechung des EuGH ist hinsichtlich Entscheidungsspielräumen nationaler Verwaltungsstellen bei der Anwendung von Unionsrecht zurückhaltend und hat unterschiedliche Kontrolldichtekonzeptionen in den Mitgliedstaaten akzeptiert. Angesichts der bereits dargestellten deutschen Dogmatik der Entscheidungsspielräume[766] wird deutlich, dass diese unionsrechtlichen Vorgaben keine Verschärfung im nationalen Recht fordern. Eine gleichheitswidrige Behandlung von Bietern im Vergabeverfahren ist ein Beurteilungs- bzw. Ermessensfehler. Der unionsrechtliche Grundsatz effektiven Rechtsschutzes verlangt weder in seiner Ausprägung als Äquivalenz- noch als Effektivitätsprinzip etwas anderes, solange eine Vergleichbarkeit mit innerstaatlichen Nachprüfungsverfahren gegeben ist und zumindest Sekundärrechtsschutz gewährt wird. Hier ist auch die Rechtsmittelrichtlinie zu erwähnen, welche die allgemeinen primärrechtlichen Vorgaben konkretisiert und deren Umsetzung damit diesen Grundsätzen hinreichend Rechnung trägt.

II. Nationaler Rechtsrahmen

Auf der nationalen Regelungsebene sind sowohl das Verfassungsrecht als auch, mangels ausreichender Prüfungsmaßstäbe im GWB-Vergaberecht, das allgemeine Verwaltungsrecht in den Blick zu nehmen.

1. Verfassungsrecht

a) Die Grundrechtsbindung bei der Vergabe öffentlicher Aufträge

Die Geltung der nationalen Grundrechte im deutschen Vergaberecht scheitert nicht an einem abschließenden Geltungsanspruch europäischer Grundrechte, da die zwingenden Vorgaben des sekundären Vergaberechts be-

765 *Frenz*, Handbuch Europarecht V, Rdnr. 1854 ff.; *Ehlers*, in: Erichsen/ders. (Hrsg.), Allgemeines Verwaltungsrecht, § 5 Rdnr. 45 f.

766 Vgl. oben Teil C.

grenzt und Spielräume für den nationalen Gesetzgeber verblieben sind[767]. Fraglich ist vielmehr die Grundrechtsbindung bei der Auftragsvergabe, deren Ergebnis in der Regel ein privatrechtlicher Vertrag ist[768].

Dass die Verwaltung privatrechtliche Verträge abschließen kann, beruht auf dem Grundsatz der Formenwahlfreiheit außerhalb der Eingriffsverwaltung. Handelt die Verwaltung in privatrechtlicher Form, so wird in der Rechtsprechung oftmals danach differenziert, ob dieses Handeln der unmittelbaren Erfüllung öffentlicher Aufgaben dient oder nicht[769]. Während für das privatrechtliche Verwaltungshandeln zur unmittelbaren Erfüllung öffentlicher Aufgaben, sog. Verwaltungsprivatrecht, die Grundrechtsbindung stets angenommen wurde[770], ist sie Gegenstand steter Auseinandersetzungen, wenn das staatliche Handeln der Teilnahme am wettbewerblichen Wirtschafts- und Erwerbsleben dient, um das Finanz- und Verwaltungsvermögen als solches zu erhalten, zu vermehren, zu veräußern oder dafür benötigte Leistungen zu beschaffen. Erwerbe die öffentliche Hand Bau-, Liefer- und Dienstleistungen durch den Abschluss privatrechtlicher Verträge im Wirtschaftsverkehr, könne man nicht mehr von einer vollziehenden Gewalt im Sinne des Art. 1 Abs. 3 GG sprechen, weil der Staat nicht mehr als Träger hoheitlicher Aufgaben und unter Einsatz hoheitlicher Mittel auftrete, sondern gleichgeordnet mit Privaten Verträge abschließe[771]. Die Rechtsbeziehung der Beteiligten trage hier vielmehr von

767 Zum Verhältnis der europäischen und deutschen Grundrechte vgl. in diesem Teil unter I. 3. b) aa).

768 Allerdings unterliegen auch öffentlich-rechtliche Verträge dem (GWB-)Vergaberecht, sofern die weiteren Voraussetzungen des § 99 GWB erfüllt sind; vgl. nur *Dreher*, in: Immenga/Mestmäcker, Wettbewerbsrecht: GWB, § 99 Rdnr. 18 m.w.N.

769 BGHZ 36, 91 (95 ff.); 52, 325 (329); 154, 146 (150); BGH, NJW 2004, 1031 (1031); a.A. BVerfGE 128, 226 (244 ff.). Kritisch zur unmittelbaren Erfüllung von öffentlichen Verwaltungsaufgaben bei der Bestimmung der Grundrechtsbindung *Zeidler*, DVBl. 1962, 301 (302) (Anm. zu BGH, Urt. v. 26. Oktober 1961 – Az.: KZR 1/61).

770 Eingehend *Stern*, Staatsrecht III/1, S. 1394. Seine Begründung findet dies vor allem in dem von *Fleiner*, Institutionen des Deutschen Verwaltungsrechts, 1928, S. 326 f., stammenden Bild der »Flucht ins Privatrecht«, welche es zu verhindern gelte. Ob dieses Bild zutrifft, ist zumindest kritisch zu hinterfragen. Die »Flucht ins Privatrecht« findet sich jedenfalls bis heute in zahlreichen Abhandlungen; vgl. etwa *Maurer*, Allg. VerwR, § 3 Rdnr. 26.

771 BGH, NJW 1962, 196 (197 f.); VG Chemnitz, NVwZ-RR 1997, 198 (198); *Forsthoff*, Staat als Auftraggeber, S. 13 ff.; a.A. *Stern*, JZ 1962, 181 (182) (Anm. zu BGH, Urt. v. 26. Oktober 1961 – Az.: KZR 1/61) und *Zeidler*, DVBl. 1962,

vornherein und ausschließlich privatrechtlichen Charakter und könne mithin nicht von der unmittelbaren Bindung an die Grundrechte erfasst sein. Der Staat wird in dieser Ausprägung als »Fiskus« verstanden, der lediglich »fiskalische Hilfsgeschäfte« tätigt[772], für die eine »Fiskalgeltung« der Grundrechte nicht oder nur sehr eingeschränkt anzunehmen sei[773]. Allerdings hat sich in der Rechtsprechung im Laufe der Zeit die Erkenntnis durchgesetzt, den Staat auch bei rein fiskalischem Handeln gewissen Bindungen und Schranken zu unterwerfen, die für Privatpersonen nicht in entsprechender Weise gelten. Insbesondere gelte das Verbot willkürlichen Verhaltens als niedrigste Stufe einer öffentlich-rechtlichen Bindung privatrechtlichen Handelns des Staates[774].

Diese Auffassung von der fehlenden oder eingeschränkten Grundrechtsbindung des Staates bei der öffentlichen Auftragsvergabe ist zunehmend bezweifelt worden[775]. Die Fortentwicklung des fiskalischen Beschaffungscharakters hin zu einem auf Wettbewerb und Transparenz ausgerichteten Vergabeverfahrensrecht und der dabei zunehmend hervortretende Charakter einer wirtschaftlichen Erfüllung öffentlicher Aufgaben haben zu der Annahme einer öffentlich-rechtlichen Überformung des Vergaberechts geführt[776].

---

301 (302 f.) (Anm. zu BGH, Urt. v. 26. Oktober 1961 – Az.: KZR 1/61). Offengelassen wird die Grundrechtsbindung der öffentlichen Auftragsvergabe in BGH, NJW 2001, 1492 (1494).

772 Der Begriff geht zurück auf *Siebert*, Festschrift für Niedermayer, S. 214 ff., 220 f.

773 Hier anknüpfend, aber differenzierend *Wolff/Bachof/Stober/Kluth*, VerwR I, § 23 Rdnr. 41; gänzlich ablehnend *Zeidler*, DVBl. 1962, 301 (302) (Anm. zu BGH, Urt. v. 26. Oktober 1961 – Az.: KZR 1/61). Zum Staat als Fiskus und der Zuordnung des öffentlichen Auftragswesens *Rittner*, ZHR 152 (1988), 318 (318 ff.).

774 GmSOGB, BGHZ 97, 312 (316 f.); BGH, NJW 2004, 1031 (1031).

775 *Burgi*, NZBau 2009, 609 (612) weist zu Recht auf den Bedeutungsverlust der fiskalischen Zwecksetzung bei der öffentlichen Auftragsvergabe zugunsten des Zwecks der Ordnung des Wettbewerbs zwischen den Bietern und der Sicherung der Chancengerechtigkeit unter ihnen hin. Zunehmend an Bedeutung gewinnen über die eigentliche Leistungsbeschaffung hinausgehende Zwecke etwa ökologischer oder sozialer Natur; siehe zu diesen vergabefremden Zwecken etwa *Ziekow*, in: ders./Völlink (Hrsg.), Vergaberecht, § 97 Rdnr. 108 ff. Mit Blick auf die Aktivitäten der EU-Organe, etwa der EU-Grundsatzstrategie »Europa 2020«, ist mit einem weiteren Bedeutungszuwachs dieser Zwecke zu rechnen, vgl. *Schäfer*, VergabeR 2011, 275 (280, 287 f.).

776 Zur Ablehnung der Einordnung von Beschaffungsvorgängen nach dem GWB-Vergaberecht als fiskalische Hilfsgeschäfte noch ausführlich unten bei den Erwägungen zum allgemeinen Verwaltungsrecht unter 2. e).

Doch selbst unabhängig von diesen Überlegungen lässt die verfassungsrechtliche Ausgangslage des Art. 1 Abs. 3 GG nur die Annahme einer umfassenden Grundrechtsbindung der öffentlichen Gewalt unabhängig von der gewählten Form der Aufgabenerfüllung und unabhängig von der Zielsetzung staatlichen Handelns zu[777]. Der Wortlaut der Verfassungsbestimmung ist zwar nicht eindeutig. Die Zusammenschau mit Art. 1 Abs. 1 S. 2 und Art. 20 Abs. 3 GG lässt aber deutlich erkennen, dass die Verfassung das staatliche Wirken lückenlos rechtlich determinieren will. Es gibt nur eine vom Grundgesetz konstituierte und dessen Bindungen unterliegende Staatlichkeit. Eine Staatsgewalt außerhalb des Grundgesetzes existiert nicht[778]. Echte Privatautonomie ist für die staatliche Gewalt ausgeschlossen, weshalb auch staatliches Handeln in Privatrechtsform zur Leistungs- und Güterbeschaffung vom Grundgesetz erfasst und an die Grundrechte gebunden wird[779]. Die von der Gegenmeinung als unpassend empfundene Grundrechtsbindung der öffentlichen Hand bei wirtschaftlichen Beschaffungsvorgängen lässt sich innerhalb des Systems der Grundrechte auflösen, wie bei der Untersuchung der einzelnen Grundrechte zu zeigen sein wird[780].

Bestätigung findet diese Auffassung in einem Beschluss des BVerfG vom 13. Juni 2006[781]. Darin stellt der Erste Senat ausdrücklich fest, dass jede staatliche Stelle bei ihrem Handeln, unabhängig von der Handlungsform und dem betroffenen Lebensbereich, die in dem Gleichheitssatz des

777 Siehe etwa OLG Brandenburg, NVwZ 1999, 1142 (1146): »Denn auch das fiskalische Handeln fällt unter den Begriff der öffentlichen Gewalt i.S. des Art. 1 Abs. 3 GG, in dem jede Anknüpfung an Handlungsmodalitäten der Verwaltung fehlt.« So auch die VK Bund, NJW 2000, 151 (153) in der Entscheidung »Münzplättchen II«.

778 *Herdegen*, in: Maunz/Dürig, Komm. z. GG, Art. 1 Abs. 3 Rdnr. 11; *Herzog/Grzeszick*, ebenda, Art. 20 IV. Rdnr. 17 ff.

779 *Bungenberg*, in: Loewenheim/Meessen/Riesenkampff (Hrsg.), Kartellrecht, Vor §§ 97 ff. – Einführung Rdnr. 11; Dreier/*ders.*, GG I, Art. 1 III Rdnr. 66 f.; *Starck*, in: v.Mangoldt/Klein/ders. (Hrsg.), GG I, Art. 1 Rdnr. 227 ff.; *Burgi*, in: Hoffmann-Riem/Schmidt-Aßmann/Voßkuhle (Hrsg.), Grundlagen des Verwaltungsrechts I, § 18 Rdnr. 45; *Rüfner*, in: Isensee/Kirchhoff (Hrsg.), HStR IX, § 197 Rdnr. 68 ff.; *Hesse*, Grundzüge des Verfassungsrechts der Bundesrepublik Deutschland, Rdnr. 346 f.; *Wollenschläger*, Verteilungsverfahren, S. 32 f.; *Stern*, JZ 1962, 181 (182) (Anm. zu BGH, Urt. v. 26. Oktober 1961 – Az.: KZR 1/61); *Pietzcker*, AöR 107 (1982), 61 (71 f.); *Dörr*, DÖV 2001, 1014 (1015); *Knauff*, VergabeR 2008, 312 (318 ff.);.

780 Vgl. unter c).

781 BVerfGE 116, 135.

Art. 3 Abs. 1 GG niedergelegten Gerechtigkeitsvorstellungen zu beachten habe. Der staatlichen Stelle, die einen öffentlichen Auftrag vergebe, sei es daher verwehrt, das Verfahren oder die Kriterien der Vergabe willkürlich zu bestimmen[782]. Eine Bindung an die Berufsfreiheit des Art. 12 Abs. 1 GG hat das BVerfG ausdrücklich offengelassen, weil der Schutzbereich ohnehin nicht eröffnet sei[783]. Neben Art. 12 Abs. 1 und 3 GG wird auch Art. 19 Abs. 4 GG geprüft, scheitert aber an einer Nichteröffnung des Schutzbereichs mangels Ausübung öffentlicher Gewalt.

Die folglich anzunehmende Bindung der öffentlichen Auftragsvergabe an die Grundrechte[784] ist streng zu trennen von der Frage nach der jeweiligen Eröffnung des Schutzbereichs, die für jedes in Betracht kommende Grundrecht einzeln zu prüfen ist. Eine endgültige Beantwortung der Frage nach der Grundrechtsbindung im öffentlichen Auftragswesen erfordert daher eine Einzelprüfung der in Betracht kommenden Grundrechte.

b) Grundrechtsbindungen öffentlicher Auftraggeber

Wer öffentlicher Auftraggeber und folglich bei der Vergabe von Aufträgen an die §§ 97 ff. GWB gebunden ist, regelt § 98 Nr. 1 bis 6 GWB[785].

Ohne nähere Untersuchung kann festgehalten werden, dass von den dort aufgezählten Rechtssubjekten die juristischen Personen des öffentlichen Rechts sowie Verbände, deren Mitglieder sie sind, nach Art. 1 Abs. 3 GG an die Grundrechte gebunden sind[786]. Bei den juristischen Personen des Privatrechts nach § 98 Nr. 2 GWB ist entscheidendes Kriterium für die Grundrechtsbindung das Ausmaß staatlicher Beherrschung[787]. Diese ist im

782 BVerfGE 116, 135 (153); zustimmend BVerwGE 129, 9 (16).

783 BVerfGE 116, 135 (151 ff.).

784 Ebenso etwa *Wollenschläger*, Verteilungsverfahren, S. 33; *Burgi*, WiVerw 2007, 173 (175).

785 Außer Betracht bleiben vorliegend die Sektorenauftraggeber nach § 98 Nr. 4 GWB.

786 Ob man die Landkreise zu den Gebietskörperschaften nach § 98 Nr. 1 GWB zählt oder zu den Verbänden nach § 98 Nr. 3 GWB, ist unerheblich. Zu den in § 98 Nr. 1 GWB erwähnten Sondervermögen der Gebietskörperschaften gehören insbesondere Eigen- und Regiebetriebe sowie rechtlich unselbstständige (fiduziarische) Stiftungen. Zu Einzelheiten Hk-VergabeR/*Pünder*, § 98 GWB Rdnr. 15 f.

787 § 98 Nr. 2 GWB folgt einem funktionellen Auftraggeberverständnis und will diejenigen Konstellationen erfassen, bei denen der Staat mittelbar hinter der Auftragsvergabe steht. Die Bestimmung öffentlicher Auftraggeber nach dieser Vor-

Falle staatlichen Alleineigentums ohne Weiteres anzunehmen. Um den Grundrechtsschutz effektiv auszugestalten, wird dabei nicht nur die hinter der staatlichen Eigengesellschaft stehende öffentliche Hand, sondern auch die Gesellschaft selbst an die Grundrechte gebunden[788]. Für gemischtwirtschaftliche Unternehmen, an denen auch private Anteilseigner beteiligt sind, ist die Grundrechtsbindung umstritten. Der Vorschlag, für diese institutionalisierten Public-Private-Partnerships (PPP) auf die Erfüllung öffentlicher Aufgaben der Verwaltung als Gründungszweck abzustellen, ist aufgrund der Vagheit des Begriffs der öffentlichen Aufgabe auf Ablehnung gestoßen[789]. Das Bundesverfassungsgericht hat auch Überlegungen, alleine auf die Grundrechtsbindung der hinter einem gemischtwirtschaftlichen Unternehmen stehenden öffentlich-rechtlichen Eigentümer abzustellen[790], zurückgewiesen[791]. Solche Unternehmen, die von der öffentlichen Hand beherrscht würden, seien ebenso unmittelbar an die Grundrechte gebunden wie im Alleineigentum des Staates stehende öffentliche Unternehmen[792]. Eine solche Beherrschung sei in der Regel anzunehmen, wenn mehr als die Hälfte der Anteile im Eigentum der öffentlichen Hand stün-

---

schrift bereitet in der Rechtspraxis erhebliche Schwierigkeiten, auf die vorliegend nicht näher einzugehen ist. Verwiesen sei nur auf die umfangreiche Darstellung bei *Werner*, in: Byok/Jaeger (Hrsg.), § 98 Rdnr. 26 ff. m.w.N. Einzelfälle sind aufgeführt bei *Otting*, in: Bechtold, GWB, § 98 Rdnr. 25 ff. Zum Begriff des öffentlichen Auftraggebers vor dem Hintergrund der Vergaberechtsreform 2009/2010 *Kratzenberg*, NZBau 2009, 103, der als Fazit festhält, die Abgrenzungsschwierigkeiten bei der Bestimmung der Auftraggebereigenschaft nach § 98 Nr. 2 GWB würden weiterhin im Mittelpunkt stehen.

788 *Rüfner*, in: Isensee/Kirchhof (Hrsg.), HStR IX, § 197 Rdnr. 79 ff.

789 Für das Kriterium der Erfüllung öffentlicher Aufgaben BGHZ 52, 325 (329); 154, 146 (150); *Herdegen*, in: Maunz/Dürig, Komm. z. GG, Art. 1 Abs. 3 Rdnr. 96. Ablehnend BVerfGE 128, 226 (245 ff.); *Jarass*/Pieroth, GG, Art. 1 Rdnr. 40; Sachs/*Höfling*, GG, Art. 1 Rdnr. 102 ff.; *Rüfner*, in: Isensee/Kirchhof (Hrsg.), HStR IX, § 197 Rdnr. 73 ff.

790 So etwa *Kempen*, in: Merten/Papier (Hrsg.), HGR II, § 54 Rdnr. 56; *Selmer*, ebenda, § 53 Rdnr. 37.

791 BVerfGE 128, 226 (246).

792 BVerfGE 128, 226 (1. Leitsatz und 244 ff.); zustimmend *Starck*, in: v.Mangoldt/Klein/Starck (Hrsg.), GG I, Art. 1 Rdnr. 231; *Jarass*/Pieroth, GG, Art. 1 Rdnr. 40; *Gurlit*, NZG 2012, 249 (254 f.); a.A. *Kempen*, in: Merten/Papier (Hrsg.), HGR II, § 54 Rdnr. 56; *Selmer*, ebenda, § 53 Rdnr. 37 ff. Kritisch auch *Rüfner*, in: Isensee/Kirchhof (Hrsg.), HStR IX, § 197 Rdnr. 82.

den[793]. Der Verweis auf §§ 16, 17 AktG und Art. 2 Abs. 1 lit. f) Richtlinie 2004/109/EG[794] eröffnet den Blick auf weitere Beherrschungskonstellationen[795], in denen die öffentliche Hand auch Minderheitsbeteiligte sein kann[796]. Es ist daher im Einzelfall zu prüfen, ob eine staatliche Beherrschung der juristischen Person des Privatrechts anzunehmen ist. Natürliche und juristische Personen des privaten Rechts nach § 98 Nr. 5 und 6 GWB unterliegen hingegen keiner staatlichen Beherrschung und werden nur partiell, nämlich in Bezug auf das konkrete Bauprojekt, zu öffentlichen Auftraggebern[797]. Die Grundrechtsbindung nach Art. 1 Abs. 3 GG setzt als Mindesterfordernis voraus, dass die zu bindende Handlungsweise Ausfluss der Wahrnehmung einer Staatsaufgabe ist[798]. Dabei genügt die Erfüllung von Teilbeiträgen vorbereitenden oder durchführenden Charakters nicht, weil die Erfüllung von Teilbeiträgen mit funktionalem Bezug zu einer Staatsaufgabe keine Wahrnehmung einer solchen ist[799]. Obgleich somit für öffentliche Auftraggeber nach § 98 Nr. 5 und 6 GWB eine unmittelbare Grundrechtsbindung in der Regel zu verneinen ist[800], entfalten

793 BVerfGE 128, 226 (246 f.). Ähnlich schon BVerwGE 113, 208 (211), wonach die Deutsche Post AG grundrechtsgebunden sei, solange der Bund noch die Kapitalmehrheit habe.

794 Richtlinie 2004/109/EG des Europäischen Parlaments und des Rates vom 15. Dezember 2004 zur Harmonisierung der Transparenzanforderungen in Bezug auf Informationen über Emittenten, deren Wertpapiere zum Handel auf einem geregelten Markt zugelassen sind, und zur Änderung der Richtlinie 2001/34/EG (ABl. EU Nr. L 390/38).

795 Das BVerfG lässt diesen Weg offen, wenn es anmerkt: »Ob in besonderen Fällen dieses Kriterium [scil. das Kriterium der Anteile im Eigentum der öffentlichen Hand; Anm. des *Verf.*] zu ergänzen ist, bedarf hier keiner Entscheidung«; BVerfGE 128, 226 (247).

796 *Gurlit*, NZG 2012, 249 (253).

797 *Marx*, in: Motzke/Pietzcker/Prieß, VOB/A, § 98 Rdnr. 25.

798 *Burgi*, Funktionale Privatisierung, S. 158, der Staatsaufgaben nach dem formalen Staatsaufgabenbegriff als diejenigen öffentlichen Aufgaben (scil. Aufgaben, deren Wahrnehmung im öffentlichen Interesse liegt) begreift, die der Staat im Einklang mit den kompetenzrelevanten Vorschriften der Verfassung selbst wahrnimmt (S. 44 f., 48 ff.).

799 *Burgi*, Funktionale Privatisierung, S. 158.

800 Anders nur im Falle einer Beleihung; vgl. *Maurer*, Allg. VerwR, § 23 Rdnr. 58. Dabei genügt es nicht, dass der Baukonzessionär für die spätere Erhebung einer öffentlich-rechtlichen Gebühr bei den privaten Nutzern (Maut) nach Fertigstellung eines Straßenbauwerks beliehen wird, wie dies beim Ausbau von Bundesfernstraßen im Rahmen des sog. »F-Modells« der Fall sein kann. Denn hier wird er nicht als öffentlicher Auftraggeber bei der Errichtung des Bauwerks beliehen,

die Grundrechte hier doch eine mittelbare Wirkung. Obgleich die Grundrechtswirkung gegenüber der öffentlichen Gewalt nicht identisch auf das Verhältnis der Bürger untereinander übertragen werden kann[801], können sich die mittelbaren Bindungswirkungen der Grundrechte im Rechtsverhältnis Privater zueinander der unmittelbaren Grundrechtsbindung des Staates und der von ihm beherrschten Einheiten annähern oder ihr sogar gleichkommen[802]. Die grundrechtlich geschützte Stellung der Bieter darf keine Einbußen erleiden, wenn die öffentliche Hand oder von ihr beherrschte Unternehmen Aufträge nicht selbst vergeben, sondern andere Ausführungsformen wie den subventionierten Projektträger wählen. Der Staat, der die Errichtung von Bauvorhaben im Gemeinwohlinteresse auf Private überträgt und seinen Beitrag auf die überwiegende Finanzierung reduziert, muss die Bürger (hier: die Bieter) in ihren berechtigten – auch grundrechtlichen – Belangen schützen (hier: dem Interesse an der Berücksichtigung der eigenen Angebote und am Erhalt von Aufträgen zur Ausführung dieses Vorhabens)[803].

c) Die bei der Vergabe öffentlicher Aufträge zu beachtenden Grundrechte

Die Anerkennung von Entscheidungsspielräumen steht insbesondere mit der Garantie des effektiven Rechtsschutzes aus Art. 19 Abs. 4 GG in einem Spannungsverhältnis. Obgleich das dort vorausgesetzte subjektive Recht in der einfachrechtlichen Regelung des § 97 Abs. 7 GWB in großer Deutlichkeit zum Ausdruck kommt, haben auch andere grundrechtliche Schutzgehalte im vorliegenden Kontext Bedeutung, weil die Anerkennung von Entscheidungsspielräumen insbesondere auch von den betroffenen Grundrechten abhängt. Je wesentlicher ein freiheits- oder gleichheitsrechtlicher Gewährleistungsgehalt betroffen ist, desto kritischer sind Einschränkungen des gerichtlichen Rechtsschutzes zu betrachten.

---

sondern erst hinterher als Betreiber dieses Bauwerks. Zu vergaberechtlichen Problemen bei der Privatfinanzierung von Fernstraßen *Burgi*, DVBl. 2007, 649.

801 *Rüfner*, in: Isensee/Kirchhof (Hrsg.), HStR IX, § 197 Rdnr. 108 f.

802 Darauf weist das BVerfG in der »Fraport-Entscheidung« ausdrücklich hin; BVerfGE 128, 226 (249 f.).

803 *Rüfner*, Isensee/Kirchhof (Hrsg.), HStR IX, § 197 Rdnr. 117.

Die Bedeutung der Grundrechte für die Vergabe öffentlicher Aufträge ist in den letzten Jahren fast ausschließlich für den Bereich unterhalb der Schwellenwerte des § 2 VgV Gegenstand der juristischen Auseinandersetzung gewesen. Dies findet seine Begründung in den detaillierten einfachrechtlichen Vorgaben der §§ 97 ff. GWB, der VgV und der Vergabeordnungen für eine transparente, offene und nichtdiskriminierende Auftragsvergabe mit speziellen Rechtsschutzmöglichkeiten oberhalb der Schwellenwerte und der Regelungsarmut im unterschwelligen Bereich, in dem sich Auftragsvergaben auf der Grundlage des Haushaltsrechts vollziehen[804]. Diese Ausgangslage darf jedoch nicht über die Tatsache hinwegtäuschen, dass die Grundrechte unabhängig vom Erreichen bestimmter Schwellenwerte zu beachten sind[805].

aa) Die Berufsfreiheit aus Art. 12 Abs. 1 GG

Das einheitliche Grundrecht der Berufswahl und –ausübung[806], angereichert um die Wahlfreiheit des Arbeitsplatzes und der Ausbildungsstätte, stellt eine Zentralvorschrift der Wirtschaftsverfassung im wirtschaftspolitisch neutralen Grundgesetz dar[807]. Es sichert die Freiheit des Bürgers, jede Tätigkeit, für die er sich geeignet glaubt, als Beruf zu ergreifen und damit zur Grundlage seiner Lebensführung zu machen[808].

(1) Persönlicher Schutzbereich. Die Begrenzung des persönlichen Schutzbereichs des Art. 12 Abs. 1 GG auf Deutsche im Sinne des Art. 116 Abs. 1 GG gerät in Fällen mit Unionsrechtsberührung in Kollision mit dem allgemeinen unionsrechtlichen Diskriminierungsverbot des Art. 18 AEUV[809]. Erforderlich ist eine europarechtskonforme Anwendung auf EU-Ausländer[810]. Ob dies über eine Anwendung der allgemeinen Hand-

---

804 Siehe zu den hier bestehenden Rechtsschutzmöglichkeiten etwa OLG Hamm, NJWE-WettbR 2000, 69; OLG Stuttgart, NZBau 2002, 395 (396); LG Leipzig, Urt. v. 1. September 2002 – Az.: 2 HKO 7200/99, WuW/E DE-R 603 (604); *Niestedt/Hölzl*, NJW 2006, 3680 (3681).

805 *Burgi*, WiVerw 2007, 173 (180).

806 *Pieroth/Schlink*, Grundrechte, § 21 Rdnr. 877.

807 *Jarass*/Pieroth, GG, Art. 12 Rdnr. 2.

808 BVerfGE 30, 292 (334).

809 Ausführlich *Glos*, Berufsfreiheit und Grundfreiheiten, S. 43 ff. m.w.N.

810 BeckOK Epping/Hillgruber/*Ruffert* GG Art. 12 Rdnr. 37; *Breuer*, in: HStR VIII, § 170 Rdnr. 43; *Jarass*/Pieroth, GG, Art. 12 Rdnr. 12; *Kluth*, Jura 2001, 371 (371).

lungsfreiheit des Art. 2 Abs. 1 GG erweitert um den Schutzgehalt der Berufsfreiheit erreicht wird[811], über einen Verweis auf die Grundfreiheiten des AEUV[812] oder über eine Ausdehnung des persönlichen Schutzbereichs des Art. 12 Abs. 1 GG[813] ist vorliegend zweitrangig, weil nach allen Lösungsansätzen jedenfalls der inhaltliche Schutzgehalt der Berufsfreiheit zur Anwendung gelangt[814].

(2) Sachlicher Schutzbereich. Unter dem weit auszulegenden Begriff des Berufs versteht man jede Tätigkeit, die in ideeller wie in materieller Hinsicht der Schaffung und Erhaltung einer Lebensgrundlage dient oder zumindest dazu beiträgt[815]. Das Freiheitsrecht des Art. 12 Abs. 1 GG schützt zum einen die Berufswahl von der Entscheidung, überhaupt einen Beruf zu ergreifen oder darauf zu verzichten, über den Wechsel des einmal ergriffenen Berufs bis hin zur Beendigung der Berufstätigkeit. Zum anderen ist die Berufsausübung erfasst, die als Schutz der gesamten beruflichen Tätigkeit, insbesondere der Form und Mittel, des Umfangs sowie der gegenständlichen Ausgestaltung der Betätigung zu verstehen ist[816]. Da sich bei der Vergabe öffentlicher Aufträge Einzelpersonen und Unternehmen als Bieter um den Erhalt des Zuschlags für einen bestimmten Auftrag bewerben und dabei in Konkurrenz zueinander treten, ist hier der durch Art. 12 Abs. 1 GG vermittelte Schutz der Freiheit unternehmerischer Betä-

811 *Manssen*, in: v.Mangoldt/Klein/Starck, GG I, Art. 12 Rdnr. 267; Dreier/*Wieland*, GG I, Art. 12 Rdnr. 72; *Bauer/Kahl*, JZ 1995, 1077 (1081 ff.).

812 *Gubelt*, in: v.Münch/Kunig, GG I, Art. 12 Rdnr. 5; Sachs/*Tettinger/Mann*, GG, Art. 12 Rdnr. 34; *Glos*, Berufsfreiheit und Grundfreiheiten, S. 47 ff.; *Nolte/Tams*, JuS 2006, 31 (31 f.).

813 BeckOK Epping/Hillgruber/*Ruffert* GG Art. 12 Rdnr. 37; *Gundel*, in: Isensee/Kirchhof (Hrsg.), HStR IX, § 198 Rdnr. 71.

814 Die besseren Gründe sprechen wohl für die letztgenannte Lösungsmöglichkeit, weil Art. 2 Abs. 1 GG als bloßes Auffanggrundrecht konzipiert ist und die wesensmäßige Anwendbarkeit der Berufsfreiheit auf inländische juristische Personen nach Art. 19 Abs. 3 GG unter Beachtung des Art. 18 AEUV auch auf juristische Personen mit Sitz im EU-Ausland auszudehnen ist; BVerfGE 21, 261 (266); 50, 290 (363); 115, 205 (229). Zur Schutzrichtung und Funktion des Art. 19 Abs. 3 GG, insbesondere zu den Ansätzen der grundrechtstypischen Gefährdungslage und des personalen Substrats *Remmert*, in: Maunz/Dürig, Komm. z. GG, Art. 19 Abs. 3 Rdnr. 26 ff.

815 BVerfGE 102, 197 (212); 105, 252 (265); 110, 304 (321); 111, 10 (28).

816 *Jarass*/Pieroth, GG, Art. 12 Rdnr. 10; *Breuer*, in: Isensee/Kirchhof (Hrsg.), HStR VIII, § 170 Rdnr. 82.

tigung von besonderem Interesse[817]. Diese Unternehmerfreiheit beinhaltet die Freiheit der Gründung und Führung eines Unternehmens sowie zahlreiche Einzelfreiheiten, namentlich etwa die unternehmerische Dispositionsfreiheit, die unternehmerische Produktions- und Preisfreiheit, die Wettbewerbs- oder Vertragsfreiheit[818]. In ihrem wettbewerblichen Auftreten am Markt sind die Anbieter von Bau-, Liefer- und Dienstleistungen grundsätzlich in ihren unternehmerischen Freiheiten durch Art. 12 Abs. 1 GG geschützt.

(3) Beeinträchtigung des Schutzbereichs. Nach der nicht ohne Widerspruch gebliebenen[819] Rechtsprechung des Bundesverfassungsgerichts muss bei der Berufsfreiheit unterschieden werden zwischen staatlichen Maßnahmen mit subjektiv berufsregelnder Tendenz[820], die in erster Linie unmittelbar auf berufliche Betätigungen gerichtet sind, und solche mit objektiv berufsregelnder Tendenz[821], die nach Entstehungsgeschichte und Inhalt schwerpunktmäßig Tätigkeiten betreffen, die typischerweise beruflich ausgeübt werden, ohne jedoch unmittelbar hierauf gerichtet zu sein. Möglich sind diese Beeinträchtigungen durch unmittelbare (klassische), mittelbare und faktische Eingriffe.

Ob die Vergabe eines öffentlichen Auftrags an einen Mitbewerber einen Eingriff in die Berufsfreiheit der anderen Bieter darstellt oder diese zumindest faktisch beeinträchtigt mit der Folge, dass die Zuschlagserteilung nur dann verfassungsgemäß ist, wenn sie auf einer entsprechenden gesetzlichen Grundlage beruht und verfassungsrechtlich gerechtfertigt werden kann, ist in Rechtsprechung und Literatur seit geraumer Zeit umstritten. In diesem Fall wäre ein beachtlicher Parameter für die gerichtliche Kontrolldichte von Entscheidungsspielräumen öffentlicher Auftraggeber gefunden, denn die Nachprüfungsinstanzen wären gehalten, die Berufsfreiheit der unterlegenen Mitbewerber bei der Kontrolle von Vergabeentscheidungen stets ausreichend zu gewichten.

In dem multipolaren Verhältnis zwischen öffentlichem Auftraggeber, ausgewähltem Bieter und unterlegenen Konkurrenten sind verschiedene Faktoren zu beachten. Die Auswahl eines Bieters stellt für diesen eine Be-

817 Ausführlich zu den mannigfaltigen Schutzgehalten des Art. 12 Abs. 1 GG für unterschiedlichste Berufskonstellationen *Scholz*, in: Maunz/Dürig, Komm. z. GG, Art. 12 Rdnr. 266 ff.

818 Dazu im Einzelnen *Dietlein*, in: Stern, Staatsrecht IV/1, S. 1816 ff.

819 BeckOK Epping/Hillgruber/*Ruffert* GG Art. 12 Rdnr. 55 f.

820 BVerfGE 13, 181 (185).

821 BVerfGE 13, 181 (186); 97, 228 (253 f.); 111, 191 (213).

günstigung dar, ohne dass dies für die nicht ausgewählten Bieter einen »klassischen« Eingriff in ihre Berufsfreiheit, also eine unmittelbare und finale rechtsförmliche staatliche Maßnahme, die mit Befehl und Zwang durchgesetzt werden kann[822], zur Folge hätte. Die unterlegenen Bieter erhalten lediglich die Mitteilung gem. § 101a Abs. 1 GWB, dass ein namentlich zu benennender anderer Bieter den Zuschlag erhalten soll, welche Gründe zur Nichtberücksichtigung des eigenen Angebots geführt haben und wann der Vertrag frühestens geschlossen werden wird. Durch den danach erfolgenden Zuschlag an den Konkurrenten wird die eigene wirtschaftliche Chance auf den Auftrag endgültig zunichte gemacht, nur – zumindest vorübergehend – zu verhindern durch die Stellung eines Nachprüfungsantrags bei der Vergabekammer gem. §§ 107 ff. GWB. Soweit herrscht noch Einigkeit. Der »klassische« Eingriffsbegriff wird seit langem ergänzt durch den modernen Grundrechtseingriff, bisweilen auch als Beeinträchtigung bezeichnet. Er umfasst auch unbeabsichtigte, mittelbar verursachte und rein faktische Beeinträchtigungen, sofern sie nur eine hinreichende Schwere und Intensität aufweisen. Eingriff ist damit letztlich jedes staatliche Handeln, das ein in den Schutzbereich eines Grundrechts fallendes Verhalten des Einzelnen ganz oder teilweise unmöglich macht oder erheblich erschwert[823]. Die Auseinandersetzung in Bezug auf die Vergabe öffentlicher Aufträge entzündet sich an der Überlegung, ob die Nichtberücksichtigung in einem Vergabeverfahren eine mittelbar-faktische Beeinträchtigung der Berufsfreiheit darstellt, weil diese jedenfalls nachteilige, in Einzelfällen gar wirtschaftlich existenzbedrohende Auswirkungen auf die wirtschaftliche Stellung des übergangenen Bieters am Markt haben kann, während sein Konkurrent durch die mit dem Auftrag zusammenhängende Begünstigung gestärkt wird.

(a) Ein Eingriff in die Berufsfreiheit ist mit unterschiedlicher Begründung und Reichweite angenommen worden. Teilweise wird die Nichtberücksichtigung eines Bieters generell als Beeinträchtigung der Wettbewerbsfreiheit angesehen, da der Staat kein »gewöhnlicher« Wirtschaftsteilnehmer auf einem bestimmten Markt sei, sondern ein »von außen« hinzutretender Akteur, der das Marktgeschehen abweichend vom »üblichen« Verlauf beeinflusse[824]. Andere nehmen einen mittelbaren

822 *Maurer*, Staatsrecht I, § 9 Rdnr. 46.

823 *Bethge*, in: Merten/Papier (Hrsg.), HGR III, § 58 Rdnr. 16.

824 *Puhl*, VVDStRL 60 (2001), 456 (482 f.). Ähnlich in Bezug auf die Teilnahme öffentlicher Unternehmen am Wettbewerb auch *Cremer*, DÖV 2003, 921 (925 ff.).

Grundrechtseingriff an, wenn der auftragsvergebende Staat eine marktbeherrschende Stellung innehabe. In diesem Fall seien die Nachteile für die wettbewerbliche Position des unterlegenen Bieters besonders schwerwiegend und durch die staatliche Nachfragesteuerung dem grundrechtsgebundenen Staat auch zuzurechnen[825]. In eine ähnliche Richtung geht die Auffassung, ein mittelbarer Grundrechtseingriff liege dann vor, wenn der öffentliche Auftraggeber zur Verfolgung politisch wünschenswerter Ziele Sekundärzwecke in die Vergabeentscheidung aufnehme. Von einem marktmäßigen Verhalten könne dann nicht mehr ausgegangen werden[826]. Schließlich ist vorgeschlagen worden, nur diejenigen Entscheidungen der öffentlichen Auftraggeber an Art. 12 Abs. 1 GG zu binden, die sich auf die Teilnahme am Wettbewerb auswirken würden, nicht hingegen diejenigen, die sich auf den Erfolg im Wettbewerb beziehen würden[827].

(b) Gegen alle diese Ansätze hat sich eine deutliche Gegenmeinung mit durchgreifenden Bedenken herausgebildet[828]. Nach ihr ergibt sich auch bei einer marktbeherrschenden Stellung oder der Verfolgung von Sekundärzwecken kein mittelbarer Eingriff in die Berufsfreiheit, weil der Staat nicht von außen in grundrechtsrelevanter Weise auf die Wettbewerbsstellung der Bieter einwirke. Betrachtet man die Ausgangslage, spricht vieles für diese Ansicht. Jeder staatlichen Beschaffungstätigkeit vorgelagert muss der öffentliche Auftraggeber die Frage beantworten, ob er die benötigten Waren und Dienstleistungen durch eigene Organisationseinheiten herstellt bzw. erbringt oder von Dritten beschafft (»make or buy«)[829]. Entscheidet er sich – abgesehen von der hier zu vernachlässigenden Zwangsbeschaffung – für die Eigenproduktion bzw. –leistung, so bekommt kein potenzieller Bieter irgendetwas. Es handelt sich dann um eine staatliche Organisationsentscheidung, auf die keine grundrechtlichen Ansprüche gleich welcher Art bestehen und die bei der Durchführung keine

---

825 *Huber*, Konkurrenzschutz im Verwaltungsrecht, S. 445; *ders.*, JZ 2000, 877 (879 f.); *Pünder*, VerwArch 95 (2004), 38 (48); *Wollenschläger*, DVBl. 2007, 589 (595 f.).

826 *Dreher*, ZVgR 1999, 289 (290); *Grzeszick*, DÖV 2003, 649 (654 ff.).

827 *Suermann*, Kontrolle von unbestimmten Rechtsbegriffen bei der Angebotswertung, S. 104 ff.

828 *Jarass*/Pieroth, GG, Art. 12 Rdnr. 22; *Dietlein*, in: Stern, Staatsrecht IV/1, S. 1866 f.; *Burgi*, NZBau 2001, 64 (65 f.); *ders.*, WiVerw 2007, 173 (177 f.); *Pietzcker*, NZBau 2003, 242 (244); *Gaier*, NZBau 2008, 289 (290 f.).

829 *Burgi*, NZBau 2001, 64 (65); *Voßkuhle*, VVDStRL 62 (2003), 266 (290 f.).

Grundrechte berührt[830]. Entscheidet sich die öffentliche Hand hingegen für eine Beschaffung am Markt, erscheint es zweifelhaft, ob sich damit wirklich die Ausgangslage vollständig wandelt. Denn auch hier wird keinem privaten Marktteilnehmer irgendetwas genommen, das er bereits zu seinem Rechtskreis zählen durfte. Ganz im Gegenteil eröffnet diese Organisationsentscheidung zur Beschaffung am Markt eine Chance zum Abschluss eines Vertrages, die ansonsten – völlig legitimer Weise – nicht bestanden hätte. Es verbessert sich zunächst die Ausgangslage für alle Anbieter der nachgefragten Güter und Leistungen, weil sich die Chancen auf wirtschaftlichen Gewinn erhöhen. Letztlich verwirklichen kann diese Chance allerdings nur ein Bieter oder eine Bietergemeinschaft. Die Mitbewerber stehen nach erfolgter Zuschlagsentscheidung – wie zuvor – »mit leeren Händen« da. Jedoch gewährt Art. 12 Abs. 1 GG nach weit verbreiteter Überzeugung keinen Anspruch auf Erfolg im Wettbewerb und auf die Sicherung künftiger Erwerbsmöglichkeiten[831]. Wesensmerkmal des marktwirtschaftlichen Wettbewerbs ist die Realisierung wirtschaftlicher Chancen durch die Marktteilnehmer, notwendig verbunden mit der Konsequenz der Nichtrealisierung dieser Chancen durch die Konkurrenten. Als weitere anerkannte Aussage lässt sich daher anfügen, dass Art. 12 Abs. 1 GG den einzelnen Wettbewerber grundsätzlich davor nicht schützt[832]. Zu ergänzen ist dies um die Feststellung, dass die Berufsfreiheit ebenso wenig ein Recht darauf gewährt, von einem Auftraggeber für den Abschluss eines Vertrages in Betracht gezogen zu werden[833]. Die wettbewerbliche Stellung der Marktteilnehmer wird daher nicht in grundrechtlich relevanter Weise dadurch betroffen, dass sie bei der Vergabe eines öffentlichen Auftrags nicht berücksichtigt werden. Eine vergleichende Betrachtung mit der Vergabe von Subventionen an einzelne Wirtschaftsteilnehmer bestärkt dieses Ergebnis[834]. Denn auch hier werden an die Annahme einer

830 So auch *Pietzcker*, Die Zweiteilung des Vergaberechts, S. 40.

831 BVerfGE 105, 252 (265); BVerwGE 71, 183 (193); *Jarass*/Pieroth, GG, Art. 12 Rdnr. 20; *Dietlein*, in: Stern, Staatsrecht IV/1, S. 1866; *Burgi*, Funktionale Privatisierung und Verwaltungshilfe, S. 252 f.; *Kunert*, Staatliche Bedarfsdeckungsgeschäfte und öffentliches Recht, S. 210; *Wollenschläger*, DVBl. 2007, 589 (595).

832 BVerfGE 34, 252 (256); 55, 261 (269); Dreier/*Wieland*, GG I, Art. 12 Rdnr. 88; *Gaier*, NZBau 2008, 289 (290).

833 *Pietzcker*, NZBau 2003, 242 (244); *Burgi*, WiVerw 2007, 173 (178).

834 So auch *Pietzcker*, NZBau 2003, 242 (245).

Grundrechtseingriffs ganz erhebliche Anforderungen gestellt[835]. Die öffentliche Auftragsvergabe beabsichtigt aber nicht einmal eine gezielte Begünstigung einzelner Wirtschaftsteilnehmer. Diese ist lediglich die faktische Folge der Vergabeentscheidung. *Burgi* hat dies mit der Aussage auf den Punkt gebracht, mit der verweigerten Zuschlagserteilung mache der Staat eine Chance auf den Abschluss eines Vertrages zunichte, auf deren Realisierung kein Anspruch bestehe, nicht aber die Befugnis, überhaupt Chancen am Markt realisieren zu können. Dies genüge in Schwere und Intensität nicht für einen mittelbar-faktischen Grundrechtseingriff[836]. In Betracht käme daher allenfalls die Annahme einer Betroffenheit des nichtberücksichtigten Bieters in Art. 12 Abs. 1 GG bei besonders tiefgreifenden Einwirkungen auf seine wettbewerbliche Stellung, etwa bei einer koordinierten Auftragssperre[837].

An diesem Ergebnis ändert sich nichts dadurch, dass die Nichtberücksichtigung eines Bieters schwerwiegende wirtschaftliche, möglicherweise existenzgefährdende Auswirkungen hat[838]. Wirtschaftsförderung und staatliche Wirtschaftshilfen sind nicht Sinn und Zweck der Vergabe öffentlicher Aufträge. Anderenfalls würden ökonomische Gegebenheiten und rechtliche Ausgangslage vermischt und die Rechtsfolgen anhand wirtschaftlicher Prognosen ausgerichtet werden. Anders könnte die Bewertung nur dort ausfallen, wo ein Bieter dauerhaft an der Nutzung wirtschaftlicher Chancen auf einem relevanten Markt gehindert wird und infolgedessen in wirtschaftliche Schwierigkeiten gerät.

Auch die angeführte Grundrechtsbeeinträchtigung bei einer marktbeherrschenden Stellung des Staates oder der Verfolgung von Sekundärzwecken vermag dann konsequenter Weise nicht zu überzeugen. Denn in bei-

---

835 BVerwGE 30, 191 (197 ff.); 60, 154 (160); 65, 167 (174); 71, 183 (191). Ähnliche Anforderungen werden zum Teil in der Literatur formuliert. So verlangt etwa *Breuer*, in: Isensee/Kirchhof (Hrsg.), HStR VIII, § 171 Rdnr. 105 f. eine willkürliche oder sachwidrige Subventionsgewährung, das Vorliegen einer »Erdrosselungssubvention« oder diskriminierende oder ruinöse Wirkung für eine marktstrukturell abgrenzbare Teilgruppe. Restriktiver nimmt *Manssen*, in: v.Mangoldt/Klein/Starck, GG I, Art. 12 Rdnr. 100 einen Grundrechtseingriff bereits bei einer »einigermaßen erheblichen Beeinträchtigung« der Konkurrenten an.

836 *Burgi*, WiVerw 2007, 173 (177 f.). Ausdrücklich bestätigt durch BVerfGE 116, 135 (151 ff.). Zustimmend auch *Pietzcker*, Die Zweiteilung des Vergaberechts, S. 40; *Gaier*, NZBau 2008, 289 (290 f.).

837 Siehe dazu unten unter (c).

838 *Pietzcker*, NZBau 2003, 242 (244).

den Fällen kann nicht von einer tiefgreifenden Einwirkung auf die wettbewerbliche Stellung der Bieter ausgegangen werden, solange keine besonderen Umstände hinzutreten. Auch auf Märkten, auf denen der Staat sogar alleiniger Abnehmer der produzierten Güter ist, wie etwa im Rüstungssektor, bleibt die oben geschilderte Ausgangslage unverändert[839]. Vielmehr muss den Wettbewerbern auf solchen Märkten die Ausgangslage des staatlichen Nachfragemonopols von vorneherein bewusst sein. Die Entscheidung, auf einem bestimmten Markt tätig zu werden, wird nicht durch eine grundrechtlich bedingte Erfolgsgarantie begleitet. Nicht viel anders verhält es sich mit der Verfolgung von Sekundärzwecken[840]. Ein anderer Auftrag ohne die Verknüpfung mit politisch wünschenswerten Produkt- oder Ausführungsbedingungen steht nicht zur Vergabe an und kein Marktteilnehmer ist gezwungen, auf einen Auftrag zu bieten, wenn er nicht bereit ist, die Bedingungen zu erfüllen. Er kann auf die Nutzung der sich bietenden wirtschaftlichen Chance verzichten und wird dann auch nicht mit den damit verbundenen vergabefremden Zwecken konfrontiert. Sind die Vorstellungen des öffentlichen Auftraggebers nicht zu erfüllen oder wirtschaftlich unattraktiv, wird eine Selbstregulierung durch ein verringertes oder ausbleibendes bieterseitiges Interesse eintreten, da die öffentliche Hand gleichwohl auf die Beschaffung angewiesen bleibt. Die Verfolgung von Sekundärzwecken vermag daher generell keinen Grundrechtseingriff zu begründen. Dennoch können im konkreten Einzelfall bestimmte Ausgestaltungen sekundärer Vergabezwecke die Berufsfreiheit berühren[841].

Die Differenzierung zwischen Teilnahme am Wettbewerb und Erfolg im Wettbewerb kann ebenfalls nicht überzeugen. Wer mangels Eignung oder Abgabe eines »Unterangebots« von der Vergabe eines öffentlichen Auftrags ausgeschlossen wird, der hat bereits am Vergabeverfahren und damit am Wettbewerb teilgenommen. Ihm ist aber kein Erfolg vergönnt, etwa weil sein Betrieb technisch nicht in der Lage ist, den ausgeschriebenen Auftrag zu erfüllen, und damit die erforderliche Leistungsfähigkeit fehlt. Das Vergabeverfahren ist in verschiedene Stufen unterteilt, auf de-

---

839 So auch BVerfGE 116, 135 (153) für Maßnahmen im Verkehrssicherungsbereich (dieser Umstand [die marktbeherrschende Stellung] »macht die Vergabeentscheidung nicht zum funktionalen Äquivalent eines Eingriffs«).

840 *Pietzcker*, AöR 107 (1982), 61 (89); *ders.*, NZBau 2003, 242 (245); *Burgi*, NZBau 2001, 64 (65 f.).

841 BVerfGE 116, 202.

nen jeweils die Möglichkeit des Scheiterns für den einzelnen Bieter mit seinem konkreten Angebot besteht. Dieses Scheitern trägt nicht die Behauptung, der Bieter sei nicht am Wettbewerb beteiligt worden.

(c) Anderes gilt nur dann, wenn ein Bieter etwa wegen Korruptionsvergehen oder Verstößen gegen Tariftreuevereinbarungen für einen gewissen Zeitraum, zumeist zwei Jahre, durch einen öffentlichen Auftraggeber von der Vergabe öffentlicher Aufträge gänzlich ausgeschlossen wird, sog. Auftragssperre. Seine Steigerung findet dies in der koordinierten Auftragssperre, wenn verschiedene öffentliche Auftraggeber über die Unzuverlässigkeit informiert werden und den Bieter aufgrund dessen bei künftigen Vergaben nicht beachten. Hier wird tatsächlich in den Schutzbereich der Wettbewerbsfreiheit aus Art. 12 Abs. 1 GG eingegriffen, und zwar unmittelbar durch die öffentliche Hand, welche die Sperre verhängt. In diesem Fall wird dem Bieter nicht mehr lediglich die Chance auf einen öffentlichen Auftrag, sondern die Befugnis an sich genommen, wirtschaftliche Chancen auf den Erhalt öffentlicher Aufträge zu realisieren. Ein solches Vorgehen der öffentlichen Hand muss sich an Art. 12 Abs. 1 GG messen lassen[842].

bb) Die allgemeine Handlungsfreiheit des Art. 2 Abs. 1 GG

Die allgemeine Handlungsfreiheit stellt ein als Generalklausel zu qualifizierendes Freiheitsgrundrecht dar und ist von allen speziellen Freiheitsgrundrechten, auch von der Wettbewerbsfreiheit als Bestandteil des Art. 12 Abs. 1 GG[843], miterfasst. Sie tritt aber nach Eröffnung des Schutzbereichs eines spezielleren Grundrechts stets zurück und zwar auch dann, wenn Verletzungen anderer Grundrechte nicht feststellbar sind[844]. Da der Wettbewerb der Bieter um staatliche Aufträge vom Schutzbereich des

---

842 Ebenso Hk-VergabeR/*Fehling*, § 97 GWB Rdnr. 128; *Dietlein*, in: Stern, Staatsrecht IV/1, S. 1867 f.; a.A. *Pietzcker*, NZBau 2003, 242 (244 f.).

843 BVerfGE 105, 252 (265); 115, 205; BVerfG, NVwZ-RR 2009, 655 (661); *Di Fabio*, in: Maunz/Dürig, Komm. z. GG, Art. 2 Rdnr. 116; *Breuer*, in: Isensee/Kirchhof (Hrsg.), HStR VIII, § 171 Rdnr. 103 mit Fn. 419. Die Rechtsprechung des Bundesverwaltungsgerichts ist uneinheitlich; für eine Verortung bei Art. 2 Abs. 1 GG BVerwGE 30, 191 (198); 60, 154 (159); 65, 167 (174), für Art. 12 Abs. 1 GG BVerwGE 28, 295 (299); 89, 281 (283).

844 *Hufen*, Grundrechte, § 14 Rdnr. 16; *Ipsen*, Grundrechte, § 18 Rdnr. 789; *Pieroth/Schlink*, Grundrechte, § 6 Rdnr. 353.

Art. 12 Abs. 1 GG erfasst wird, kommt die allgemeine Handlungsfreiheit nicht zur Anwendung.

cc) Der allgemeine Gleichheitssatz des Art. 3 Abs. 1 GG

Der allgemeine Gleichheitssatz des Art. 3 Abs. 1 GG beinhaltet nicht nur ein subjektives Recht des Einzelnen, in vergleichbaren Sachverhalten rechtlich und tatsächlich gleich behandelt zu werden, sondern auch ein objektiv-rechtliches Willkürverbot als grundlegendes Verfassungsprinzip[845]. Er schützt sowohl vor der Ungleichbehandlung wesentlich gleicher Sachverhalte als auch vor der Gleichbehandlung wesentlich ungleicher Sachverhalte[846]. Seine vergaberechtliche Ausprägung findet er in § 97 Abs. 2 GWB, der dazu verpflichtet, die Teilnehmer an einem Vergabeverfahren gleich zu behandeln, es sei denn, eine Benachteiligung ist gesetzlich ausdrücklich geboten oder gestattet. Dieses Gleichbehandlungsgebot greifen die Vergabeordnungen auf[847].

(1) Schutzbereich. Ein sachlicher Schutzbereich lässt sich für Art. 3 Abs. 1 GG nicht ausmachen. Vielmehr schützt der allgemeine Gleichheitssatz umfassend den Anspruch auf Gleichbehandlung und tritt nur dort zurück, wo spezielle Gleichheitssätze bestehen wie in Art. 3 Abs. 2 und 3 GG[848]. In persönlicher Hinsicht schützt Art. 3 Abs. 1 GG alle natürlichen Personen unabhängig von ihrer Staatsangehörigkeit (»Alle Menschen…«), darüber hinaus über Art. 19 Abs. 3 GG auch inländische juristische Personen des privaten Rechts und unter Wahrung des Art. 18 AEUV und der Grundfreiheiten des AEUV auch juristische Personen des Privatrechts mit Sitz in einem anderen Mitgliedstaat der EU.

(2) Beeinträchtigung. Eine Beeinträchtigung des allgemeinen Gleichheitssatzes liegt vor, wenn eine staatliche Stelle vergleichbare Sachverhalte unterschiedlich oder unterschiedliche Sachverhalte gleich behandelt[849]. Demgegenüber sind Träger öffentlicher Gewalt durch Art. 3 Abs. 1 GG

845 BVerfGE 55, 72 (89 f.); 78, 232 (248).

846 BVerfGE 98, 365 (385); 103, 310 (318); 112, 268 (279); 116, 164 (180); Sachs/*Osterloh*, GG, Art. 3 Rdnr. 83.

847 Vgl. § 2 Abs. 2 VOB/A-EG (2012), § 2 Abs. 1 S. 2 VOL/A-EG (2009), § 2 Abs. 1 S. 2 VOF (2009) (»Dabei darf kein Unternehmen diskriminiert werden«).

848 *Jarass*/Pieroth, GG, Art. 3 Rdnr. 4.

849 St. Rspr., vgl. BVerfGE 3, 58 (135); 18, 38 (46); 72, 141 (150); 84, 133 (158); 98, 365 (385).

nicht dazu verpflichtet, ihre Entscheidungen stets ebenso zu treffen wie andere Träger öffentlicher Gewalt mit einem anderen Zuständigkeitsbereich[850]. Die Beeinträchtigung muss zu einer Benachteiligung im Sinne einer Interessenbeeinträchtigung führen, an deren Intensität keine allzu hohen Anforderungen zu stellen sind[851]. Dabei ist ausreichend, dass die beeinträchtigende Verwaltungsentscheidung die Rechtssphäre des Betroffenen beeinflusst. Eine Interessenbeeinträchtigung liegt daher auch beim Ausschluss von einer staatlicherseits gewährten Begünstigung vor, die ein anderer erhält[852]. Die Intensität der Beeinträchtigung erhöht sich dann, wenn eine staatliche Verteilungsentscheidung zugleich den Schutzbereich eines Freiheitsgrundrechts, insbesondere der Berufsfreiheit, berührt, wie dies bei der Hochschulzulassung[853] oder der Auswahl von Insolvenzverwaltern[854] der Fall ist. Hier besteht ein derivatives Teilhaberecht des Bürgers gegenüber dem Staat, der über ein weitgehendes (faktisches) Monopol verfügt. Eine Ablehnung der Teilhabe greift in dieses Recht ein und lässt sich nur mit erheblichen Anforderungen an die Begrenzung der Kapazitäten und deren gerechte Verteilung rechtfertigen[855]. Im Unterschied dazu vermittelt das Vergaberecht keine derivativen Teilhaberechte, weil durch die Auswahl eines Mitbewerbers gerade kein Eingriff in den Schutzbereich des Art. 12 Abs. 1 GG erfolgt[856]. Bei der öffentlichen Auftragsvergabe ist der Anspruch beschränkt auf allgemeine Gleichbehandlung und wird durch eine gleichheitswidrige Verfahrensgestaltung, Kriterienwahl oder Auswahlentscheidung verletzt. In jedem Stadium des Vergabeverfahrens muss sich jede Differenzierung unter den Bietern durch den öffentlichen Auftraggeber vor Art. 3 Abs. 1 GG durch einen sachlichen Grund rechtfertigen lassen. Entscheidende Bedeutung erlangt dabei der anzuwendende Rechtfertigungsmaßstab.

(3) Rechtfertigung. Das Bundesverfassungsgericht hat in seinem Beschluss vom 13. Juni 2006 den Anspruch auf Gleichbehandlung aus Art. 3 Abs. 1 GG im Vergaberecht ohne größere Begründungsausführungen an-

850 BVerfGE 21, 54 (68 f.); 76, 1 (73); 79, 127 (158); BVerwGE 70, 127 (132).

851 *Jarass*/Pieroth, GG, Art. 3 Rdnr. 11.

852 Sachs/*Osterloh*, GG, Art. 3 Rdnr. 84 ff. m.w.N.

853 Grundlegend BVerfGE 33, 303 (331 f.).

854 BVerfGE 116, 1 (12 f.).

855 Siehe dazu *Breuer*, in: Isensee/Kirchhof (Hrsg.), HStR VIII, § 170 Rdnr. 112; *Burgi*, WiVerw 2007, 173 (176).

856 Zur Berufsfreiheit oben aa). So auch ausdrücklich *Pietzcker*, NZBau 2003, 242 (243).

erkannt[857] und sogleich klargestellt, dass damit lediglich willkürliche Ungleichbehandlungen bei der öffentlichen Auftragsvergabe verboten seien[858]. Das Gericht wählt damit die niedrigste Stufe der Rechtfertigungsanforderungen, die den Bietern eine willkürfreie Bestimmung von Verfahren und Kriterien und eine faire Chance sichert. Nach dem Willkürverbot verletzt eine staatliche Entscheidung Art. 3 Abs. 1 GG nur dann, wenn sich für sie keine vernünftigen Erwägungen finden lassen, die sich aus der Natur der Sache ergeben oder sonst wie einleuchtend oder sachlich vertretbar sind. Dabei muss die Unsachlichkeit der Differenzierung evident[859] und ein sachlicher Grund zumindest tendenziell gesetzlich angelegt sein[860]. Diese Aussage ist deshalb von großer Bedeutung, weil das Gericht den allgemeinen Gleichheitssatz in den letzten etwa 20 Jahren über eine reine Willkürkontrolle hinaus ausgebaut hat. Diese unter dem Begriff der »neuen Formel« bekannt gewordene Rechtsprechung nimmt eine Verletzung des Art. 3 Abs. 1 GG dann an, wenn eine Gruppe von Normadressaten im Vergleich zu anderen Normadressaten ungleich behandelt wird, obwohl zwischen beiden Gruppen keine Unterschiede von solcher Art und solchem Gewicht bestehen, dass sie die ungleiche Behandlung rechtfertigen können. Die Anforderungen an eine Verhältnismäßigkeitsprüfung sind dabei umso strenger, je intensiver die Auswirkungen auf eine bestimmte Personengruppe sind. Je stärker durch eine Ungleichbehandlung auch Freiheitsrechte betroffen werden, desto strenger muss die Rechtfertigungsprüfung ausfallen. Die Prüfung kann daher von einer bloßen Willkürkontrolle bis hin zu einer strengen Verhältnismäßigkeitsprüfung reichen[861]. Der großzügige Rechtfertigungsmaßstab des BVerfG im Vergaberecht wird mit der fehlenden Beeinträchtigung von Freiheitsrechten bei der Vergabeentscheidung und der durch das GWB und die Vergabeordnungen vorgegebenen und willkürfrei bestimmten sachverhaltsbezogenen Kriterien be-

857 BVerfGE 116, 135 (153). Die Bindung an das Grundrecht der Berufsfreiheit lässt das Gericht zuvor noch offen und verneint jedenfalls eine Beeinträchtigung des Art. 12 Abs. 1 GG; siehe S. 151.

858 BVerfGE 116, 135 (153, 161).

859 St. Rspr., vgl. BVerfGE 5, 22 (24); 6, 132 (136); 15, 309 (320 f.); 55, 72 (83 f.); 90, 145 (196); 99, 367 (389); 116, 135 (161).

860 *Englisch*, VerwArch 98 (2007), 410 (427).

861 BVerfGE 88, 87 (96 f.); 89, 15 (22); 92, 365 (407); 99, 367 (388); 116, 135 (160 f.); *Jarass*/Pieroth, GG, Art. 3 Rdnr. 17 ff.; *Kannengießer*, in: Schmidt-Bleibtreu/Hofmann/Hopfauf, Komm. z. Grundgesetz, Art. 3 Rdnr. 17 m.w.N.; Sachs/*Osterloh*, GG Art. 3 Rdnr. 13 ff.

gründet[862]. Die Prüfung der Bewerbereignung auf Fachkunde, Leistungsfähigkeit, Zuverlässigkeit und Gesetzestreue sowie die Auswahl des wirtschaftlichsten Angebots würden grundsätzlich gerade nicht auf die Zugehörigkeit der Bieter zu einer bestimmten Personengruppe abstellen[863]. Eine Verfahrensgestaltung oder eine Wahl der Vergabekriterien, die eine faire Chance jedes Bieters auf den Zuschlag nicht mehr gewährleisten, verstoßen gegen das Willkürverbot und verletzen damit den allgemeinen Gleichheitssatz des Art. 3 Abs. 1 GG. Der öffentliche Auftraggeber hat bei diesen Entscheidungen daher Art. 3 Abs. 1 GG zwingend zu beachten[864]. Nicht per se mit Art. 3 Abs. 1 GG unvereinbar, sondern jeweils im Einzelfall zu prüfen, ist die Verfolgung von Sekundärzwecken bei der öffentlichen Auftragsvergabe[865]. Der Gleichbehandlungsanspruch von Bietern und Interessenten verlangt zudem hinreichende Verfahrensvorkehrungen, um die Gleichbehandlung zu sichern[866]. Zu beachten ist im Falle einer festgestellten Ungleichbehandlung stets § 97 Abs. 2 GWB, demzufolge eine Benachteiligung nicht gänzlich ausgeschlossen ist, sofern ein Gesetz sie ausdrücklich gebietet oder gestattet. Ein strengerer Prüfungsmaßstab ist anzulegen, wenn vergaberechtliche Vorgaben freiheitsgrundrechtliche Schutzgehalte betreffen wie etwa im Fall des Berliner Tariftreuegesetzes[867]. Denkbar ist auch ein Konflikt mit restriktiveren besonderen Gleichheitssätzen, z.B. Art. 3 Abs. 2 und 3 GG. Auch hier genügt nicht die bloße Willkürfreiheit der Entscheidung.

---

862 Siehe BVerfGE 116, 135 (159 ff.). Kritisch *Sauer/Hollands*, NZBau 2006, 763 (766); *Englisch*, VerwArch 98 (2007), 410 (427 ff.).

863 BVerfGE 116, 135 (161); zustimmend *Jarass*/Pieroth, GG, Art. 3 Rdnr. 25; *Burgi*, WiVerw 2007, 173 (178); *Wollenschläger*, DVBl. 2007, 589 (596 f.); *Gaier*, NZBau 2008, 289 (291 f.).

864 *Pietzcker*, Die Zweiteilung des Vergaberechts, S. 44. Siehe den Hinweis bei *Puhl*, VVDStRL 60 (2001), 456 (477) zur Beschaffung von Polizeifahrzeugen in Niedersachsen, die nach der getroffenen Beschreibung des Auftragsgegenstands nur von einem einzigen Automobilhersteller geliefert werden konnten.

865 *Pietzcker*, Zweiteilung des Vergaberechts, S. 37 f.; sehr kritisch gegenüber zusätzlichen Vergabekriterien *Rittner*, in: Schwarze (Hrsg.), Vergabe öffentlicher Aufträge, S. 87 (90 f.).

866 *Pietzcker*, Zweiteilung des Vergaberechts, S. 41 ff.

867 BVerfGE 116, 202.

dd) Die Garantie des Rechtsschutzes gegen die öffentliche Gewalt aus Art. 19 Abs. 4 GG

Die Garantie des Rechtsschutzes gegen die öffentliche Gewalt aus Art. 19 Abs. 4 GG beinhaltet nicht nur ein subjektives Recht der Grundrechtsträger, sondern auch eine wesentliche Ausgestaltung des gewaltengegliederten Staates und eine Systementscheidung für den Individualrechtsschutz[868]. Sie wird daher bisweilen als »Grundsatznorm für die gesamte Rechtsordnung«[869] oder »Eck- bzw. Schlussstein der rechtsstaatlichen Ordnung«[870] bezeichnet. Sie gewährleistet effektiven Rechtsschutz gegen mögliche Rechtsverletzungen, ohne jedoch selbst subjektive Rechte zu begründen[871]. Andererseits verlangt Art. 19 Abs. 4 GG aber nicht die mögliche Verletzung von Grundrechten, sondern bezieht sich auf Individualrechte jeder Art[872].

(1) Gewährleistungsbereich. Die Rechtsschutzgarantie des Art. 19 Abs. 4 GG gehört einer dritten Kategorie von Grundrechten neben den Freiheits- und Gleichheitsrechten an, nämlich den Leistungsgrundrechten[873]. Sie zielen auf ein positives Handeln des Staates, so dass bei ihnen der Leistungs- und Schutzgedanke ganz im Vordergrund steht[874]. In diesem Sinne verpflichtet Art. 19 Abs. 4 GG den Staat, Rechtsschutz zu gewähren, d.h. dessen Voraussetzungen zu schaffen, dessen Art näher zu bestimmen und dessen Umfang im Einzelnen festzulegen[875]. Auf diese Rechtsschutzgarantie kann sich jedermann (»jemand«) berufen, d.h. natürliche Personen ebenso wie inländische und EU-ausländische juristische Personen des privaten Rechts, nicht jedoch juristische Personen des öf-

868 *Huber*, in v.Mangoldt/Klein/Starck, GG I, Art. 19 Rdnr. 341.

869 BVerfGE 58, 1 (40).

870 *Huber*, in: v.Mangoldt/Klein/Starck, GG I, Art. 19 Rdnr. 332.

871 BVerfGE 61, 82 (110 f.); 69, 1 (49); 84, 34 (49); 103, 142 (156); *Jarass*/Pieroth, GG, Art. 19 Rdnr. 36.

872 Obgleich Art. 19 Abs. 4 GG im ersten Abschnitt des Grundgesetzes zu finden ist, lässt sich dies doch daraus herleiten, dass lediglich von »Rechten« gesprochen wird, während in Art. 19 Abs. 1 bis 3 GG ausdrücklich von »Grundrechten« die Rede ist; vgl. Sachs/*ders.*, GG, Art. 19 Rdnr. 127.

873 Dazu zählen neben Art. 19 Abs. 4 GG etwa auch Art. 6 Abs. 4, 17, 101 und 103 Abs. 1 GG.

874 *Jarass*/Pieroth, GG, Vorb. vor Art. 1 Rdnr. 10; *Gaier*, NZBau 2008, 289 (289 f.).

875 BVerfGE 101, 106 (123 f.).

fentlichen Rechts[876]. Zentrale Begriffe des Gewährleistungsbereichs des Art. 19 Abs. 4 GG sind »Rechte« und »öffentliche Gewalt«.

(a) Da Art. 19 Abs. 4 GG vor der Verletzung subjektiver Rechte schützt, ohne selbst welche zu begründen, muss stets zunächst geprüft werden, ob dem Bürger ein subjektives Recht zusteht und ob dieses verletzt sein könnte. Obwohl die Grundrechte subjektive Rechte gewähren, ist zunächst das einfache Recht heranzuziehen, welches die Grundrechte näher ausgestaltet. Es besteht insofern ein »Anwendungsvorrang des einfachen Rechts« bei der Bestimmung subjektiv-öffentlicher Rechte[877].

Für das Vergabeverfahren oberhalb der Schwellenwerte gewährt § 97 Abs. 7 GWB den Unternehmen einen Anspruch auf Einhaltung der Bestimmungen über das Vergabeverfahren gegenüber den öffentlichen Auftraggebern. Europarechtliche Vorgaben und die in § 97 Abs. 1 und 2 GWB niedergelegten Grundsätze der Gleichbehandlung, Transparenz und des Wettbewerbs verlangen eine weite Auslegung des § 97 Abs. 7 GWB[878], die dadurch bestätigt wird, dass ein Verstoß gegen die stark formalisierten Verfahrensvorgaben der VgV und der Vergabeordnungen zumeist eine Beeinträchtigung des Gleichbehandlungsgebots mit sich bringt[879]. Eine Aufteilung in bieterschützende und nichtbieterschützende Vergabevorschriften ist daher kaum möglich und kommt allenfalls bei rein objektiven Ordnungsvorschriften in Betracht. Das Vergaberecht der §§ 97 ff. GWB, verfassungsrechtlich flankiert durch den allgemeinen Gleichheitssatz des Art. 3 Abs. 1 GG und europarechtlich determiniert durch die Grundfreiheiten des Primärrechts und die Richtlinienbestimmungen des Sekundärrechts[880], verleiht den Bietern Rechte i.S.d. Art. 19 Abs. 4 GG.

(b) Erheblich mehr Schwierigkeiten bereitet die Rechtsverletzung »durch die öffentliche Gewalt«. Wird jemand nicht durch die öffentliche Gewalt, sondern durch einen Privaten in seinen Rechten verletzt, ergibt sich die staatliche Pflicht zur Schaffung von Rechtsschutzmöglichkeiten nicht aus Art. 19 Abs. 4 GG, sondern aus dem allgemeinen Justizgewährleistungsanspruch, der aus dem Rechtsstaatsprinzip i.V.m. den Grundrechten, insbesondere Art. 2 Abs. 1 GG, abgeleitet wird.

---

876 *Huber*, in: v.Mangoldt/Klein/Starck, GG I, Art. 19 Rdnr. 381 ff.

877 *Huber*, in: v.Mangoldt/Klein/Starck, GG I, Art. 19 Rdnr. 388.

878 So auch OLG Düsseldorf, NZBau 2000, 440 (442).

879 *Otting*, in: Bechtold, GWB, § 97 Rdnr. 59 f.

880 Siehe oben unter I.

Der inhaltlichen Bestimmung der »öffentlichen Gewalt« im Sinne des Art. 19 Abs. 4 GG kommt im Vergaberecht aufgrund der möglichen Konsequenzen für den stark eingeschränkten Rechtsschutz im Unterschwellenbereich eine besondere Bedeutung zu. Weitgehende Einigkeit besteht dahingehend, dass die öffentliche Gewalt nicht die Gesetzgebung[881], abgesehen von der Parlamentsverwaltung, und nicht die Rechtsprechung[882], abgesehen von der Justizverwaltung, meint[883]. Unklar ist, in welchem Maße Art. 19 Abs. 4 GG die Exekutivgewalt erfasst.

Während dies für die hoheitlich handelnde Verwaltung außer Zweifel steht[884], werden für die privatrechtsförmig handelnde Verwaltung verschiedene Ansätze vertreten, häufig eng angelehnt an die angenommene Reichweite der Grundrechtsbindung des Art. 1 Abs. 3 GG. Dabei wird zum Teil auf das Merkmal der Erfüllung einer öffentlichen Aufgabe zurückgegriffen, um das rein fiskalische Staatshandeln auszunehmen[885]. Dann wären insbesondere die Beschaffungsverwaltung und allein auf Gewinnerzielung gerichtete Staatstätigkeiten nicht erfasst.

Das Bundesverfassungsgericht ist auf der Grundlage einer insbesondere historisch geprägten Auslegung des Art. 19 Abs. 4 GG zu einem noch deutlich restriktiveren Verständnis der »öffentlichen Gewalt« gekommen. Nach dem Beschluss des Ersten Senats vom 13. Juni 2006[886] soll Art. 19 Abs. 4 GG Rechtsschutz dort gewährleisten, wo der Einzelne sich zu dem Träger staatlicher Gewalt in einem Verhältnis typischer Abhängigkeit und Unterordnung befinde. Denn aufgrund historischer Erfahrung sei Ziel der

---

881 BVerfGE 24, 367 (401); 45, 297 (334); 112, 185 (207).

882 »Das Grundgesetz gewährleistet Rechtsschutz durch den Richter, nicht aber gegen den Richter«; BVerfGE 15, 275 (280); 49, 329 (340).

883 BeckOK Epping/Hillgruber/*Enders* GG Art. 19 Rdnr. 55; *Jarass*/Pieroth, GG, Art. 19 Rdnr. 44 f.; Sachs/*ders.*, GG, Art. 19 Rdnr. 120 ff.

884 Siehe zu den verschiedenen Erscheinungsformen des hoheitlichen Verwaltungshandelns *Papier*, in: Isensee/Kirchhof (Hrsg.), HStR VIII, § 177 Rdnr. 32 ff.

885 *Jarass*/Pieroth, GG, Art. 19 Rdnr. 42; Sachs/*ders.*, GG, Art. 19 Rdnr. 118; *Schmidt-Aßmann*, in: Maunz/Dürig, Komm. z. GG, Art. 19 Abs. 4 Rdnr. 65. Erst die unmittelbare Verfolgung eines öffentlichen Zwecks verlange eine staatliche Sonderstellung, gegen die ein besonderes Schutzbedürfnis der Grundrechtsträger bestehe. Im Übrigen werde Schutz in ausreichendem Maße durch die allgemeinen Regeln des Wettbewerbs-, Kartell- und Geschäftsbedingungsrechts gewährt. Ablehnend zum Kriterium der unmittelbaren Erfüllung von öffentlichen Aufgaben schon *Zeidler*, DVBl. 1962, 301 (302) (Anm. zu BGH, Urt. v. 26. Oktober 1961 – Az.: KZR 1/61). Vgl. zur fehlenden Aussagekraft dieses Kriteriums auch BVerwGE 129, 9 (14 f.).

886 BVerfGE 116, 135.

Normierung einer besonderen Rechtsschutzgarantie gegen die öffentliche Gewalt der Schutz vor dem Risiko der Missachtung des Rechts durch ein Handeln der Exekutive, welche dem Bürger übergeordnet sei und gegebenenfalls mit den Mitteln des Zwangs arbeite. Daher bestehe nur hier ein besonderes Bedürfnis des Einzelnen nach gerichtlichem Schutz, der die Abwehr einer Beeinträchtigung ermögliche[887]. Damit engt das Gericht den Gewährleistungsbereich im Vergleich zum Erfordernis des öffentlichen Zwecks noch weiter ein, weil Art. 19 Abs. 4 GG danach auch dann nicht eingreift, wenn der Staat öffentliche Aufgaben im Verhältnis der Gleichordnung zum Einzelnen ohne Nutzung übergeordneter Rechtsmacht erfüllt[888]. Für eine Vergabestelle hat das Gericht die Subsumtion unter den Begriff der öffentlichen Gewalt vor dem Hintergrund dieser Auslegung abgelehnt, weil der Staat hier alleine als Nachfrager am Markt tätig werde und sich in dieser Rolle mangels Rückgriff auf seine übergeordnete öffentliche Rechtsmacht nicht grundlegend von anderen Marktteilnehmern unterscheide[889]. Der Bieter könne sich allerdings auf die Rechtsschutzgarantie des aus dem Rechtsstaatsprinzip i.V.m. den jeweils betroffenen Grundrechten, insbesondere Art. 2 Abs. 1 GG, hergeleiteten allgemeinen Justizgewährungsanspruchs berufen[890]. Dieser garantiere in den nicht von Art. 19 Abs. 4 GG erfassten Fällen Rechtsschutz gegenüber der behaupteten Verletzung einer Rechtsposition, wobei die zu schützenden subjektiven Rechte auch hier nicht durch den allgemeinen Justizgewährungsanspruch geschaffen, sondern vorausgesetzt würden[891]. Ob sich dieser restriktive Ansatz in der Rechtsprechung des BVerfG dauerhaft durchsetzen wird, ist noch nicht ausgemacht, da sich jedenfalls die 1. Kammer des Zweiten Senats in einem Beschluss aus dem Jahre 2004 eher beiläufig anders positioniert hatte[892] und die Reichweite des Merkmals öffentliche Gewalt in jüngster Zeit nicht wieder problematisiert worden ist. Die rest-

887 BVerfGE 116, 135 (149). So auch schon BVerfGE 107, 395 (404). Zustimmend *Papier*, in: Isensee/Kirchhof (Hrsg.), HStR VIII, § 177 Rdnr. 27; *Gaier*, NZBau 2008, 289 (290).

888 Dieses Ausmaß der Einengung verkennend *Jarass*/Pieroth, GG, Art. 19 Rdnr. 42; Sachs/*ders.*, GG, Art. 19 Rdnr. 118.

889 BVerfGE 116, 135 (149 f.); zustimmend BVerwGE 129, 9 (19 f.); *Pietzcker*, ZfBR 2007, 131 (131 f.); a.A. *Englisch*, VerwArch 98 (2007), 410 (417).

890 Hierzu auch BVerfGE 107, 395 (401).

891 BVerfGE 116, 135 (150); BVerfG (2. Kammer des Ersten Senats), VergabeR 2008, 924.

892 BVerfG, NZBau 2004, 564 (565).

riktive Auslegung der öffentlichen Gewalt durch den Ersten Senat des BVerfG steht einer sich seit geraumer Zeit in der Literatur immer stärker durchsetzenden weitgefassten Anwendung der Rechtsschutzgarantie des Art. 19 Abs. 4 GG entgegen und hat daher deutliche Kritik erfahren[893]. Das Gericht verfalle in vorkonstitutionelle Denkmuster eines Über-Unterordnungsverhältnisses zwischen Staat und Bürger, wie es dem komplexen Interessengeflecht des modernen sozialen Rechtsstaats nicht mehr angemessen sei. Der historischen Auslegung des BVerfG sei eine systematisch-teleologische Auslegung vorzuziehen, die auf die moderne Grundrechtsdogmatik einschließlich Fiskalgeltung der Grundrechte und modernen Eingriffsbegriff Rücksicht nehme[894]. Abgelehnt wird auch die Konsequenz der verfassungsgerichtlichen Entscheidung, dass gegen eine mögliche Verletzung des Art. 3 Abs. 1 GG kein Primärrechtsschutz eröffnet sein müsse, weil dies letztlich zu dem längst totgeglaubten Grundsatz des »dulde und liquidiere« führe[895].

Die im Schrifttum verbreitete Ansicht begreift Art. 19 Abs. 4 GG in einem Regelungszusammenhang mit anderen Verfassungsbestimmungen, insbesondere Art. 1 Abs. 3, 20 Abs. 3, 93 Abs. 1 Nr. 4a GG, mit denen das Grundgesetz den Staat in allen seinen Erscheinungsformen rechtsstaatlich verfasse und binde[896]. Dabei wird Deckungsgleichheit zwischen der grundrechtsgebundenen vollziehenden Gewalt des Art. 1 Abs. 3 GG und der öffentlichen Gewalt i.S.d. Art. 19 Abs. 4 GG angenommen[897]. Die umfassende Auslegung der Grundrechtsbindung hat damit unmittelbare Bedeutung für die Garantie effektiven Rechtsschutzes.

Allein diese Auffassung vermag zu überzeugen. Die umfassende Grundrechtsbindung der vollziehenden Gewalt erfordert eine Rechts-

893 *Huber*, in: v.Mangoldt/Klein/Starck, GG I, Art. 19 Rdnr. 429 f. (»Krasser lässt sich die Art. 19 Abs. 4 zugrunde liegende Idee kaum verfehlen«); *Niestedt/Hölzl*, NJW 2006, 3680 (3682); *Sauer/Hollands*, NZBau 2006, 763 (764 ff.); *Burgi*, NVwZ 2007, 737 (739, insb. Fn. 25); *Englisch*, VerwArch 98 (2007), 410 (416 f.); *Wollenschläger*, DVBl. 2007, 589 (592); *Dörr*, WiVerw 2007, 211 (212 ff.).

894 *Englisch*, VerwArch 98 (2007), 410 (416 f.).

895 *Huber*, in: v.Mangoldt/Klein/Starck, GG I, Art. 19 Rdnr. 430; *Sauer/Hollands*, NZBau 2006, 763 (764 ff.).

896 *Huber*, in: v.Mangoldt/Klein/Starck, GG I, Art. 19 Rdnr. 427; *Krebs*, in: v.Münch/Kunig, GG I, Art. 19 Rdnr. 55; Dreier/*Schulze-Fielitz*, GG I, Art. 19 IV Rdnr. 37 ff.; *Breloer*, Europäische Vorgaben und das deutsche Vergaberecht, S. 94; *Dörr*, DÖV 2001, 1014 (1014).

897 *Dörr*, DÖV 2001, 1014 (1014).

schutzgarantie, um die grundrechtlichen Schutzgehalte effektiv zu wahren. Die Abgrenzung zum allgemeinen Justizgewährungsanspruch ist dabei keineswegs von untergeordneter Bedeutung, wie dies bisweilen anklingt[898]. Obgleich auch der allgemeine Justizgewährungsanspruch auf effektiven Rechtsschutz und eine umfassende tatsächliche und rechtliche Prüfung des Streitgegenstands abzielt sowie eine verbindliche Entscheidung durch einen Richter in angemessener Zeit verbürgt[899], sind Unterschiede zu Art. 19 Abs. 4 GG nicht von der Hand zu weisen. Denn bei dieser Vorschrift handelt es sich um ein Grundrecht des ersten Abschnitts des Grundgesetzes, überdies um ein schrankenlos gewährleistetes Grundrecht, während der allgemeine Justizgewährungsanspruch dem objektiven Rechtsstaatsprinzip entspringt und erst durch seine Verbindung mit Grundrechten subjektiviert wird, was die Einschlägigkeit dieser Grundrechte voraussetzt. Der dafür häufig herangezogene, einem Schrankenvorbehalt unterliegende Art. 2 Abs. 1 GG vermag eine dergestalt gewährleistende Wirkung nur in dem Umfang zu entfalten, in dem er Grundlage verfassungsunmittelbarer Ansprüche auf staatliches Handeln sein kann. Die Schutzpflichten der allgemeinen Handlungsfreiheit verbürgen daher lediglich ein Untermaßverbot, welches sich einem gesetzgeberischen Einschätzungs- und Gestaltungsspielraum gegenübersieht, den der schrankenlos gewährleistete Art. 19 Abs. 4 GG nicht zulässt. Daher mögen Art. 19 Abs. 4 GG und der allgemeine Justizgewährungsanspruch zwar in ihren Grundannahmen übereinstimmen, es ergeben sich jedoch Unterschiede, die eine klare Abgrenzung und Zuordnung verlangen. Die Rechtsschutzgarantie ist Bestandteil des Rechtsstaatsprinzips, sie erschöpft sich allerdings nicht in einer objektivrechtlichen Bedeutung, sondern ist selbst Grundrecht, welches den Grundrechtsschutz der Art. 1 bis 18 GG durch den Anspruch auf gerichtlichen Rechtsschutz effektuiert und daher eng mit den Schutzgehalten dieser Grundrechte verbunden ist[900]. Jede staatliche Gewalt, die in den Schutzbereich eines Grundrechts eingreifen kann, ist zugleich öffentliche Gewalt i.S.d. Art. 19 Abs. 4 GG und wird durch den garantierten effektiven Rechtsschutz diszipliniert[901]. Das Bundesverfassungsgericht vermag nicht überzeugend zu erklären, warum Grundrechts-

898 BVerfGE 116, 135 (149 ff.); *Wollenschläger*, DVBl. 2007, 589 (591).

899 BVerfGE 85, 337 (345 ff.); 88, 118 (123 ff.); 107, 395 (401 ff.); 117, 71 (121 f.); BVerfG, NJW 1997, 2811 (2812).

900 *Englisch*, VerwArch 98 (2007), 410 (417).

901 So auch nachdrücklich *Dörr*, WiVerw 2007, 211 (212 ff.).

schutz und Rechtsschutzgarantie auseinanderfallen sollen. Vielmehr wirkt der Rückzug auf ein Über-Unterordnungsverhältnis antiquiert. Das Gericht hatte sich in den letzten Jahren mit teilweise subtilen Eingriffswirkungen zu befassen[902]. Der klassische Grundrechtseingriff, wie er den Verfassungsvätern vorschwebte und wie ihn Art. 19 Abs. 4 GG effektiv disziplinieren sollte[903], ist durch das BVerfG selbst in einer umfassenden Rechtsprechung hin zum modernen Eingriffsbegriff weiterentwickelt worden[904]. Daher muss die Rechtsschutzgarantie Schritt halten und ebenso erweitert werden, um ihre Funktion nicht in wesentlichen Teilen zu verlieren.

Das BVerfG verneint ein Über-Unterordnungsverhältnis, weil es den Staat als reinen Nachfrager am Markt sieht, der sich nicht von anderen Marktteilnehmern unterscheidet. Auch diese Einordnung kann jedoch mit Blick auf die bereits dargelegte umfassende Bindung der öffentlichen Hand an die Grundrechte aus Art. 1 Abs. 3 GG nicht überzeugen. Hinzu treten Bindungen an das Haushaltsrecht, die privaten Marktteilnehmern fremd sind und die sie sich nicht freiwillig auferlegen würden[905]. Zudem erfolgt die Ausschreibung öffentlicher Aufträge aufgrund gesetzlicher Anordnung, während private Marktteilnehmer ohne Weiteres nur bei einem Anbieter Waren und Leistungen nachfragen und ihren Bedarf decken können. Der Staat ist auch nie nur Marktteilnehmer, sondern über die Gesetzgebung immer auch Marktgestalter sowie über die Kontrolle der Gesetzesbefolgung Marktüberwacher. Diese Unterschiede zwischen öffentlichen Auftraggebern und privaten Marktteilnehmern können nicht ignoriert werden[906]. Auch hier gilt vielmehr, dass der besonderen Rolle des Staates als Teilnehmer am Wirtschaftsverkehr innerhalb der einzelnen Grundrechte Rechnung getragen werden kann. Die öffentliche Hand ist umfassend an

---

902 Als Beispiele seien staatliche Warnungen der Bundesregierung vor diethylenglykolhaltigem Wein (BVerfGE 105, 252 – »Glykol«) oder Sekten (BVerfGE 105, 279 – »Osho«) genannt, daneben auch die Aufnahme von Parteien oder Medienerzeugnissen in Verfassungsschutzberichte (BVerfGE 113, 63 – »Junge Freiheit«).

903 Darauf stellt das BVerfG offensichtlich ab; siehe BVerfGE 116, 135 (149 f.).

904 *Knauff*, NVwZ 2007, 546 (547 f.).

905 *Burgi*, NVwZ 2007, 737 (739).

906 So aber BVerfGE 116, 135 (150); wie hier *Niestedt/Hölzl*, NJW 2006, 3680 (3682); *Knauff*, NVwZ 2007, 546 (547 f.); *Dörr*, WiVerw 2007, 211 (213).

die Grundrechte gebunden. Dem Bürger steht gegen ihre Verletzung effektiver Rechtsschutz im Sinne des Art. 19 Abs. 4 GG zu[907].

(2) Rechtsschutzgarantie im Vergaberecht. Damit gilt die Garantie des Rechtsschutzes gegen die öffentliche Gewalt aus Art. 19 Abs. 4 GG auch bei der Vergabe öffentlicher Aufträge. Der Gesetzgeber hat für die Überprüfung von Vergabeentscheidungen einen Rechtsweg zu eröffnen und den Rechtsschutz effektiv auszugestalten, d.h. eine tatsächliche wirksame Kontrolle durch die Gerichte zu gewährleisten[908].

ee) Fazit

Der Grundrechtsschutz für die Teilnehmer an einem Vergabeverfahren ist mit zahlreichen Streitfragen verbunden. Dies begründet sich insbesondere aus der Stellung des Vergaberechts zwischen Öffentlichem Recht und Privatrecht. Nach dem hier vertretenen Verständnis des Art. 1 Abs. 3 GG binden die Grundrechte alle Formen staatlichen Handelns. Öffentliche Auftraggeber sind daher in der Regel unmittelbare Grundrechtsadressaten. Werden echte Private nach § 98 Nr. 5 oder 6 GWB aufgrund besonderer Privilegien zu öffentlichen Auftraggebern erklärt, ist aufgrund ihrer bevorzugten Position eine mittelbare Grundrechtsbindung anzunehmen.

Der Berufsfreiheit kommt dabei eine untergeordnete Rolle zu, weil die Nichtberücksichtigung eines Angebots regelmäßig keine Grundrechtsbeeinträchtigung darstellt. Auch die Verfolgung von Sekundärzwecken greift grundsätzlich nicht in Art. 12 Abs. 1 GG ein, wobei im konkreten Einzelfall die Ausschreibungsgestaltung zu einem anderen Ergebnis führen kann. Anders zu bewerten ist der vollständige Ausschluss von der Teilnahme am Wettbewerb, z.B. bei einer Auftragssperre. Da der Schutzbereich der Berufsfreiheit eröffnet ist, tritt die allgemeine Handlungsfreiheit als lex generalis zurück.

Die Auswahl eines Angebots bei gleichzeitiger Ablehnung der konkurrierenden Angebote stellt eine Ungleichbehandlung der Unternehmen im Sinne des Art. 3 Abs. 1 GG dar. Der mangelnde freiheitsgrundrechtliche Gehalt der öffentlichen Auftragsvergabe sowie der weitgehende Ausschluss personenbezogener Auswahlkriterien lassen eine Rechtfertigung

907 LG Cottbus, VergabeR 2008, 123 (130); *Antweiler*, VergabeR 2007, 199 (Anm. zu OVG NRW, Beschl. v. 12. Januar 2007 – Az.: 15 E 1/07).

908 *Jarass*/Pieroth, GG, Art. 19 Rdnr. 49 ff.

allerdings schon dann zu, wenn die Vergabestelle die angeführten Gründe willkürfrei festgestellt hat. Art. 3 Abs. 1 GG gewährt daher nur einen Anspruch auf chancengleiche Teilnahme am Wettbewerb.

Die Auftraggeber im Vergabeverfahren sind öffentliche Gewalt i.S.d. Art. 19 Abs. 4 S. 1 GG. Die subjektiven Rechte der Unternehmen werden daher durch die Garantie des effektiven Rechtsschutzes gesichert. Dies erfordert die Eröffnung eines Rechtswegs und die verfahrensmäßige Gewährleistung einer wirksamen Kontrolle der Vergabeentscheidung.

d) Weitere verfassungsrechtliche Vorgaben

Neben den Grundrechten stellen die insbesondere aus Art. 20 GG folgenden Staatsstrukturprinzipien verfassungsrechtliche Grundentscheidungen dar, die Bindungswirkungen für Verwaltungshandeln entfalten[909]. Im Kontext der hier untersuchten Fragestellung kommt dem im Grundgesetz zwar nicht ausdrücklich normierten, aber aus einer Zusammenschau, insbesondere der Art. 20 Abs. 3, 1 Abs. 3, 19 Abs. 4 und 28 Abs. 1 S. 1 GG, abzuleitenden Rechtsstaatsprinzip Bedeutung zu. Wesentlicher Ausfluss der rechtsstaatlichen Grundsätze ist die Gesetzmäßigkeit der Verwaltung[910], also die Überzeugung, dass die Verwaltung nicht gegen ein Gesetz verstoßen (Vorrang des Gesetzes) und grundsätzlich auch nicht ohne gesetzliche Ermächtigung tätig werden darf (Vorbehalt des Gesetzes). Entscheidungsspielräume sind in diesem System die am gesetzgeberischen Willen festzumachende Abweichung von den grundsätzlich bestehenden Bindungen der Verwaltung. Auch dort, wo den Verwaltungsbehörden aufgrund gesetzlicher Ermächtigung Entscheidungsspielräume eröffnet sind, ist ihre Entscheidung letztlich nicht völlig frei und ungebunden. Stets bleiben sie den allgemeinen rechtsstaatlichen Erfordernissen verpflichtet, insbesondere dem Grundsatz der Verhältnismäßigkeit[911]. Für das Ermessen statuiert § 40 VwVfG den Vorrang des Gesetzes, indem er anordnet, dass die Verwaltung ihr Ermessen entsprechend dem Zweck der Ermächtigung und un-

909 Zu nennen sind insbesondere die Wertentscheidungen zugunsten der Demokratie und der Republik, des Bundesstaates, des Sozialstaates sowie des Rechtsstaates; zu diesen ausführlich etwa BeckOK Epping/Hillgruber/*Huster/Rux* GG Art. 20 Rdnr. 1 ff., 55 ff., 138 ff., 200 ff. und 206 ff.

910 BVerfGE 6, 32 (43) – »Elfes«.

911 Etwa *Kloepfer*, Verfassungsrecht I, § 10 Rdnr. 220 ff.

ter Einhaltung der gesetzlichen Grenzen auszuüben hat. Ermessen unter dem Grundgesetz ist stets pflichtgemäßes Ermessen[912]. Bei Ermessensentscheidungen erlangt das Rechtsstaatsprinzip somit eine mehrfache Bedeutung. Der Grundsatz von der Gesetzmäßigkeit der Verwaltung setzt der Anerkennung von Entscheidungsspielräumen Grenzen. Die Ausübung dieser Spielräume muss sich wiederum am Grundsatz der Verhältnismäßigkeit messen lassen. Da die Gesetzmäßigkeit der Verwaltung auch auf das Demokratieprinzip gestützt wird, gilt der Vorbehalt des Gesetzes nicht nur für die Eingriffs-, sondern auch für die Leistungsverwaltung und verlangt die Regelung aller für das Gemeinwesen wesentlicher Fragen durch den Parlamentsgesetzgeber[913]. Auch das Handeln in Privatrechtsform entbindet die Verwaltung nicht von der Wahrung dieser rechtsstaatlichen Grundsätze, die vielmehr alle Handlungsformen der Verwaltung erfassen. Dem Begriff der vollziehenden Gewalt in Art. 20 Abs. 3 GG kommt dabei ein Auffangcharakter zu, weil sämtliches Staatshandeln, das nicht Rechtsprechung oder Gesetzgebung ist, hierunter zu fassen ist[914].

2. Allgemeines Verwaltungsrecht

a) Der Anwendungsbereich des VwVfG

Die Verwaltungsverfahrensgesetze von Bund und Ländern gelten als eine Art »Grundgesetz der Verwaltung«[915]. Der Anwendungsbereich des Verwaltungsverfahrensgesetzes des Bundes[916] umfasst nach § 1 Abs. 1

912 BVerfGE 9, 137 (148 ff.); 18, 353 (363); 48, 210 (226); 49, 89 (147).

913 BeckOK Epping/Hillgruber/*Huster/Rux* GG Art. 20 Rdnr. 176; *Kloepfer*, Verfassungsrecht I, § 10 Rdnr. 92.

914 *Kloepfer*, Verfassungsrecht I, § 10 Rdnr. 192.

915 *Bonk/Schmitz*, in: Stelkens/Bonk/Sachs (Hrsg.), VwVfG, § 1 Rdnr. 1.

916 Das VwVfG des Bundes ist entweder in das jeweilige Landesrecht mittels »statischer« (Niedersachsen) oder »dynamischer« (Berlin, Rheinland-Pfalz, Sachsen und Sachsen-Anhalt) Verweisung übernommen worden oder die Länder haben ein eigenständiges, weitestgehend mit dem Bundesgesetz übereinstimmendes Landesgesetz erlassen (Baden-Württemberg, Bayern, Brandenburg, Bremen, Hamburg, Hessen, Mecklenburg-Vorpommern, Nordrhein-Westfalen, das Saarland und Thüringen) oder ihr Landesgesetz angepasst (Schleswig-Holstein); vgl. *Sachs*, in: Stelkens/Bonk/ders. (Hrsg.), VwVfG, Einleitung Rdnr. 47 ff. Die folgende Darstellung bezieht sich auf das VwVfG des Bundes, ist aber aufgrund von dessen Übereinstimmung mit den Landesgesetzen übertragbar.

VwVfG die öffentlich-rechtliche Verwaltungstätigkeit der Behörden. Formell wird damit an das Handeln einer Behörde angeknüpft. Materiell sind zunächst sämtliche administrativen Handlungsformen eines Hoheitsträgers erfasst. Das Verwaltungsverfahren im Sinne des Gesetzes wird durch § 9 VwVfG jedoch enger definiert als die nach außen wirkende Tätigkeit der Behörden, die auf die Prüfung der Voraussetzungen, die Vorbereitung und den Erlass eines Verwaltungsaktes oder auf den Abschluss eines öffentlich-rechtlichen Vertrages gerichtet ist. Es schließt den Erlass des Verwaltungsaktes oder den Abschluss des öffentlich-rechtlichen Vertrages ein, § 9 Hs. 2 VwVfG. Durch diese Legaldefinition wird der sachliche Geltungsbereich der §§ 10 ff. VwVfG im Vergleich zum Anwendungsbereich nach § 1 VwVfG eingeschränkt. Alle Verfahren mit anderem Verfahrensergebnis werden nicht umfasst[917]. Die alleine den Vorgaben des § 1 VwVfG genügenden Verfahren zur Hervorbringung sonstiger administrativer Entscheidungen mit öffentlich-rechtlichem Charakter lassen sich aber als materielle Verwaltungsverfahren qualifizieren. Darüber hinaus gibt es Verfahren, die auf den Erlass einer Entscheidung ohne administrativen Charakter durch die Verwaltung oder durch eine dieser zuzurechnenden natürlichen oder juristischen Person gerichtet sind. Es verbleibt somit lediglich das formelle Kriterium des Handelns von behördlicher Seite, weshalb von formellen Verwaltungsverfahren gesprochen werden kann.

Sind die Vorschriften des VwVfG nicht direkt anwendbar und bestehen keine Spezialregelungen, kommen ihre analoge Anwendung oder ihre sinngemäße Beachtung als allgemeine Rechtsgedanken des Verwaltungsrechts in Betracht. Die sinngemäße Beachtung erlaubt dort, wo geschriebene spezialgesetzliche Verfahrensregelungen fehlen, einen Rückgriff auf Regelungsansätze des VwVfG als Ausdruck allgemeiner Rechtsgedanken des Verwaltungsrechts[918]. Voraussetzung ist, dass inhaltlich übereinstimmende Regelungen im Sozial-, Abgaben- und Verwaltungsverfahrensrecht vorhanden sind, da durch eine solche Übereinstimmung ein Rechtsgrundsatz des allgemeinen Verwaltungs(verfahrens)rechts zum Ausdruck ge-

917 Zum Anwendungsbereich des VwVfG mit Blick auf das Vergaberecht auch *Kahl*, in: Aschke/Hase/Schmidt-De Caluwe (Hrsg.), FS von Zezwitsch, S. 154 f.

918 Ausgenommen den abschließenden Regelungssystemen des Sozialgesetzbuchs und der Abgabenordnung.

bracht wird[919]. Die Ausnahmen vom Anwendungsbereich gem. § 2 VwVfG dürfen dadurch nicht umgangen werden. Für materielle Verwaltungsverfahren wird eine analoge Anwendung der Vorschriften des VwVfG vorgeschlagen, für formelle eine Beachtung einzelner Regelungsinhalte des VwVfG als allgemeine Rechtsgedanken des Verwaltungsrechts[920].

b) Vergabeverfahren als Verwaltungsverfahren im formellen Sinne

Ein Vergabeverfahren endet regelmäßig mit dem Abschluss eines privatrechtlichen Vertrages. Es entspricht dann nicht den Vorgaben der §§ 1 und 9 VwVfG. Der Auftraggeber kann allerdings auch einen öffentlich-rechtlichen Vertrag i.S.d. §§ 54 ff. VwVfG mit dem ausgewählten Bieter abschließen. Nicht dem Vergaberecht unterfallen dabei aber aufgrund europarechtlicher Vorgaben diejenigen öffentlich-rechtlichen Verträge, die mit einer Beleihung des Vertragspartners verbunden sind, sog. Beleihungsverträge. Denn die europäischen Grundfreiheiten stellen kompetenzielle Gründe und Grundlagen für die Vergabekoordinierungsrichtlinie dar. Die hier einschlägige Dienstleistungsfreiheit (Art. 56 ff. AEUV) findet auf Tätigkeiten keine Anwendung, die dauernd oder zeitweise mit der Ausübung öffentlicher Gewalt verbunden sind, Art. 62 i.V.m. 51 UAbs. 1 AEUV, wie es eben bei der Beleihung der Fall ist[921]. Sonstige, zu Beschaffungszwecken abgeschlossene öffentlich-rechtliche Verträge fallen hingegen in den Anwendungsbereich der §§ 97 ff. GWB. Die gewählte Handlungsform ist dann eine Modalität des Verfahrens und keine konstitutive Anwendungsvoraussetzung des GWB-Vergaberechts[922]. Die §§ 97 ff. GWB und die §§ 54 ff. VwVfG kommen dabei grundsätzlich nebeneinander zur Anwendung. Denn während die Vergabevorschriften die Auswahl eines geeigneten Vertragspartners und des wirtschaftlichsten Angebots zum Gegenstand haben, regeln die Verwaltungsverfahrensvorschriften den Vertragsschluss und das Fehlerfolgenregime. In Konfliktfäl-

---

919 Zu der Figur der allgemeinen Rechtsgedanken des Verwaltungsrechts *Bonk/Schmitz*, in: Stelkens/Bonk/Sachs (Hrsg.), VwVfG, § 1 Rdnr. 276 ff. Siehe auch BVerwG, NVwZ-RR 1994, 118.

920 So *Ziekow/Siegel*, ZfBR 2004, 30 (30 f.).

921 *Dreher*, in Immenga/Mestmäcker, Wettbewerbsrecht: GWB, § 99 Rdnr. 89; *Burgi*, NZBau 2002, 57 (61 f.).

922 *Burgi*, NZBau 2002, 57 (60 f.).

len kann auf die Subsidiaritätsregel des § 1 Abs. 1 VwVfG zurückgegriffen werden, wonach im Falle von inhaltsgleichen oder entgegenstehenden Rechtsvorschriften des Bundes deren Vorrang angeordnet wird[923]. Besondere öffentlich-rechtliche Anforderungen an die Auswahl des Vertragspartners lassen sich als Spezifizierung der Eignungskriterien des § 97 Abs. 4 S. 2 GWB oder als durch Bundes- oder Landesgesetz vorgesehene andere oder weitergehende Anforderungen ansehen. Auch die Nichtigkeitsfolgen der §§ 101b Abs. 1, 115 Abs. 1 GWB[924] sind durch § 59 Abs. 1 VwVfG mit dem Verwaltungsverfahrensrecht vereinbar[925].

Für Vergabeverfahren sind somit vorrangig die §§ 97 ff. GWB maßgeblich, unabhängig davon, ob ein privatrechtlicher oder ein öffentlich-rechtlicher Vertrag geschlossen werden soll. Soll ein öffentlich-rechtlicher Vertrag geschlossen werden und genügt der öffentliche Auftraggeber dem Behördenbegriff des § 1 Abs. 4 VwVfG[926], so sind ergänzend die Vorschriften des VwVfG anzuwenden, soweit entsprechend der Subsidiaritätsklausel des § 1 Abs. 1 VwVfG keine speziellen vergaberechtlichen Regelungen bestehen.

Die weit überwiegende Zahl der Vergabeverfahren endet aber mit dem Abschluss eines privatrechtlichen Vertrags. Bei diesen Auftragsvergaben ist der Einfluss des VwVfG fraglich. Das Wettbewerbs- und Kartellrecht ist eine eigene Regelungsmaterie und das Verfahrensergebnis ein privatrechtlicher Vertrag, der sich nach den Vorschriften des BGB richtet. Diese Betrachtung ist jedoch unvollständig. Denn öffentliche Auftraggeber sind in der Regel staatliche Stellen oder dem Staat zuzurechnende juristische Personen des öffentlichen oder des privaten Rechts[927]. Die Entscheidungsfindung der Verwaltung und ihr zugeordneter Rechtssubjekte bei nichtadministrativem Handeln kann als Verwaltungsverfahren im formellen Sinne bezeichnet werden. Für Verwaltungsverfahren, die sich nach Vor-

923 Dazu *Bonk/Schmitz*, in: Stelkens/Bonk/Sachs (Hrsg.), VwVfG, § 1 Rdnr. 206 ff.

924 § 115 Abs. 1 GWB stellt nach h.M. ein Verbotsgesetz i.S.d. § 134 BGB dar; vgl. *Dreher*, in: Immenga/Mestmäcker, Wettbewerbsrecht: GWB, § 115 Rdnr. 10 ff. m.w.N.

925 *Burgi*, NZBau 2002, 57 (61).

926 Siehe zum Behördenbegriff etwa *Ziekow*, VwVfG, § 1 Rdnr. 32 ff.

927 Abgesehen von natürlichen und juristischen Personen des privaten Rechts nach § 98 Nr. 5 und 6 GWB.

schriften des Privatrechts richten, hat *Schmidt-Aßmann* den Begriff des »privatrechtlich verfassten Verwaltungsverfahrens« geprägt[928].

c) Standort der Auftragsvergabe im Koordinatensystem des Verwaltungshandelns

Das Verhältnis von Vergaberecht und allgemeinem Verwaltungsrecht hängt von der Einordnung der öffentlichen Auftragsvergabe in die Formen des Verwaltungshandelns ab. Neben die »klassische« Eingriffs- und Leistungsverwaltung sind durch gesetzgeberische und verwaltungsrechtswissenschaftliche Herausbildung neue, komplexe Verfahrenstypen getreten. Dazu gehören Qualitätssicherungsverfahren, Risikobewältigungsverfahren, Verbundverfahren und Verteilungsverfahren[929].

Der letztgenannte Verfahrenstypus ist überall dort von Bedeutung, wo begrenzte Ressourcen bei regelmäßig bestehendem Bewerberüberhang unter Beachtung grundrechtlicher Vorgaben zu verteilen sind. Beispiele sind die Bewerberauswahl im öffentlichen Dienst, die Konzessionierung und andere Formen der Vergabe von Nutzungsrechten an öffentlichen Einrichtungen, Privatisierungsvorgänge und die Vergabe öffentlicher Aufträge[930]. Diese verschiedenen Verteilungsverfahren weisen gemeinsame Strukturen auf, die sich aus den rechtsstaatlichen Anforderungen an die Rationalität und Sachgerechtigkeit solcher Verteilungsentscheidungen ergeben. Dazu gehören eine adäquate Bekanntmachung unter den potenziell interessierten Personen, die Aufstellung eines transparenten, offenen und nichtdiskriminierenden Verteilungsverfahrens, die Auswahl sachgerechter Verteilungskriterien und die Information der Verfahrensbeteiligten über das Verfahrensergebnis vor dem Ende des Verfahrens. Diese gemeinsamen Verfahrensstrukturen beruhen auf den allgemeinen Grundsätzen des Verwaltungshandelns, die unabhängig von den Eingrenzungen des VwVfG das

928 *Schmidt-Aßmann*, in: Hoffmann-Riem/ders. (Hrsg.), Verwaltungsverfahren und Verwaltungsverfahrensgesetz, S. 429 (435); zustimmend *Ziekow*, in: ders./Völlink, Vergaberecht, Einl. GWB Rdnr. 24. Ähnlich auch OLG Brandenburg, NVwZ 1999, 1142 (1146); *Knauff*, VergabeR 2008, 312 (317).

929 Zu diesen »neuen« Verfahrenstypen eingehend *Voßkuhle*, in: Hoffmann-Riem/Schmidt-Aßmann (Hrsg.), Verwaltungsverfahren und Verwaltungsverfahrensgesetz, S. 277 (290 ff.).

930 *Schmidt-Aßmann*, in: Hoffmann-Riem/ders./Voßkuhle (Hrsg.), Grundlagen des Verwaltungsrechts II, § 27 Rdnr. 77 f. m.w.N.

Handeln der öffentlichen Hand bestimmen. Aufgrund der durch Art. 1 Abs. 3 GG und dem Rechtsstaatsprinzip bestehenden Bindungen ändert sich daran auch dann nichts, wenn das Verfahrensergebnis ein privatrechtlicher Vertrag ist. Die Privatautonomie eines privaten Rechtssubjekts ist für die öffentliche Hand nicht eröffnet.

Für die Vergabe öffentlicher Aufträge normiert das GWB-Vergaberecht die genannten Verfahrensanforderungen mit einem hohen Maß an Detailliertheit. Die §§ 97 ff. GWB reglementieren wirtschaftlich bedeutsame Auftragsvergaben und schaffen rechtsstaatliche Strukturen, die einen Rückgriff auf allgemeine Schutzüberlegungen des Verwaltungsprivatrechts weitgehend überflüssig machen[931]. Vormals durch Informalität geprägte politische Gestaltungsspielräume sind damit durch Verfahrensvorgaben formalisiert worden, um demokratischen und ökonomischen Anforderungen Rechnung zu tragen[932].

Doch auch das speziell und detailliert geregelte Vergaberecht bedarf eines dogmatischen Unterbaus. Deutlich wird dies, wenn – wie für vergaberechtliche Beurteilungs- und Ermessensspielräume – gesetzliche Vorgaben fehlen. Ein Rechtsbereich, der sowohl deutliche Bezüge zum Privatrecht als auch zum öffentlichen Recht aufweist, stellt den Anwender vor besondere Herausforderungen. Die Zuordnung der Auftragsvergabe zum verwaltungsrechtlichen Verfahrenstypus des Verteilungsverfahrens öffnet die Perspektive auf das allgemeine Verwaltungsverfahrensrecht. § 40 VwVfG kodifiziert Vorgaben für die Ermessensausübung der Verwaltung als überkommene Grundsätze des Verwaltungsrechts unter Wahrung rechtsstaatlicher Anforderungen. Davon erfasst wird auch der nicht ausdrücklich erwähnte Beurteilungsspielraum[933]. Das Verfahrensermessen ist in § 10 VwVfG angelegt. Dabei darf der Begriff des öffentlichen Auftraggebers keinesfalls mit demjenigen der Behörde verwechselt werden[934].

---

931 *Schmidt-Aßmann*, Verwaltungsrecht als Ordnungsidee, S. 292.

932 *Möllers*, in: Hoffmann-Riem/Schmidt-Aßmann/Voßkuhle (Hrsg.), Grundlagen des Verwaltungsrechts I, § 3 Rdnr. 15.

933 *Sachs*, in: Stelkens/Bonk/ders. (Hrsg.), VwVfG, § 40 Rdnr. 4, 147 ff.

934 *Schmitz*, in: Stelkens/Bonk/Sachs (Hrsg.), VwVfG, § 1 Rdnr. 245. Für öffentliche Auftraggeber nach § 98 Nr. 5 und 6 GWB gilt ein identischer Anwendungs- und Prüfungsrahmen. Einerseits gelten alle Bindungen für die den Privaten einschaltende Verwaltung, andererseits werden die »privaten« öffentlichen Auftraggeber mittelbar durch die Grundrechte gebunden (vgl. oben 1. b)). Eine Lockerung zulasten der Bieter ist unzulässig. Die den Privaten einschaltende Verwaltung hat

d) Einfluss des VwVfG auf das Vergaberecht

Nach § 40 VwVfG hat die Behörde, sofern sie ermächtigt ist, nach ihrem Ermessen zu handeln, ihr Ermessen entsprechend dem Zweck der Ermächtigung auszuüben und die gesetzlichen Grenzen des Ermessens einzuhalten. Obgleich der Wortlaut eine Eingrenzung auf Verfahren zum Erlass von Verwaltungsakten nicht erzwingt, ergibt sich dies aus der systematischen Stellung im »Teil III. Verwaltungsakt« des VwVfG. Nur auf diese Verfahren ist § 40 VwVfG unmittelbar anwendbar, während für andere Verwaltungshandlungen lediglich eine analoge Anwendung möglich ist. Dies gilt auch für das Ermessen hinsichtlich des von § 9 VwVfG erfassten Abschlusses eines öffentlich-rechtlichen Vertrags[935]. Demgegenüber gelten die Vorgaben des § 10 VwVfG für das Verfahrensermessen unmittelbar auch für den Abschluss öffentlich-rechtlicher Verträge.

Die Bedeutung des Verwaltungsverfahrensrechts für das Vergaberecht ist bislang kaum geklärt, worunter unter anderem der rechtssichere Umgang mit Entscheidungsspielräumen im Vergaberecht leidet. Verschiedene Lösungsansätze in Rechtsprechung und Schrifttum haben versucht, das Verhältnis zwischen Verwaltungsverfahrensrecht und Vergaberecht zu erklären und sind dabei zu grundsätzlichen Fragen der Stellung des Vergaberechts gelangt. Darauf soll im Folgenden überblicksartig eingegangen werden.

aa) Unmittelbare Anwendung des VwVfG im Vergaberecht

Für eine unmittelbare Anwendung der Vorschriften des VwVfG neben den Verfahrensvorgaben des GWB, des Europarechts und der Vergabeordnungen hat sich *Schliesky* ausgesprochen und dies damit begründet, die Auswahlentscheidung des Auftraggebers sei als öffentlich-rechtliche Verwaltungstätigkeit zu bewerten. Hinsichtlich des konkreten Vertrages bestehe sodann ein Wahlrecht des Auftraggebers, ob er sich der Mittel des öffent-

die Einhaltung der für sie geltenden Anforderungen ebenso zu sichern wie die Nachprüfungsinstanzen.

935 *Sachs*, in Stelkens/Bonk/ders. (Hrsg.), VwVfG, § 40 Rdnr. 47; *von Zezwitsch*, NJW 1983, 1873 (1880).

lichen Rechts oder des Privatrechts bediene[936]. Unterstützend wirken die Überlegungen von *Regler*, der die vergaberechtlichen Vorschriften des GWB von vornherein nicht als privatrechtlich qualifiziert. Da die §§ 97 ff. GWB als Regelungsgegenstand einzig die Steuerung des Verfahrens bei staatlichen Bedarfsdeckungsgeschäften kennen und nur staatliche Stellen und dem Staat zuzurechnende Rechtspersonen als öffentliche Auftraggeber binden würden, sei eine Unterscheidung von den sonstigen Vorschriften des GWB feststellbar[937]. Die Eröffnung eines staatlichen Sondermarktes, die Steuerung der Zugänglichkeit und der sich daran anschließenden Auswahlentscheidung lasse eine privatrechtliche Einordnung im Wege eines Rückschlusses aus der Rechtsnatur der Ausführungshandlung nicht zu. Der Rechtsrahmen habe vielmehr überwiegend öffentlich-rechtlichen Charakter[938]. Diese Begründungsansätze sind von einer Anwendung der Zwei-Stufen-Theorie zunächst unabhängig. Diese ist verschiedentlich herangezogen worden, um Zuordnungsfragen klären zu können, dabei aber nicht ohne erhebliche Kritik geblieben[939].

Einhellige Zustimmung erfährt eine unmittelbare Anwendung des VwVfG im GWB-Vergaberecht allerdings nur bezüglich der Einordnung des Nachprüfungsverfahrens vor den Vergabekammern gem. §§ 102 ff. GWB als öffentlich-rechtliches Verwaltungsverfahren. Auf dieses sind neben den speziellen Bestimmungen des GWB auch die Verwaltungsverfahrensgesetze des Bundes und der Länder anwendbar[940]. Denn die Ver-

936 *Schliesky*, in: Knack/Henneke, VwVfG, § 1 Rdnr. 14, ausdrücklich entgegen BVerwGE 129, 9 (18 f.). Ebenso für eine öffentlich-rechtliche Einordnung des Vergabeverfahrens mit dem Zuschlag als Verwaltungsakt im Sinne des VwVfG *Willenbruch*, NVwZ 1999, 1062 (1062).

937 *Regler*, Vergaberecht zwischen öffentlichem und privatem Recht, S. 149 ff.

938 *Regler*, Vergaberecht zwischen öffentlichem und privatem Recht, S. 186 ff.

939 Ausgehend von der sog. »Lenkwaffen-Entscheidung« des VG Koblenz, NZBau 2005, 412 ist die Anwendung der Zwei-Stufen-Theorie (insbesondere im unterschwelligen) Vergaberecht diskutiert worden. Dafür ausgesprochen haben sich OVG Rh.-Pf., NZBau 2005, 411; OVG NRW, NVwZ-RR 2006, 223; SächsOVG, NZBau 2006, 393; *Niestedt/Hölzl*, NJW 2006, 3680 (3682); *Burgi*, NVwZ 2007, 737 (739 ff.). Ablehnend BVerwGE 129, 9 (18 f.); OVG Berlin, NZBau 2006, 668; NdsOVG, Beschl. v. 26. Juli 2006 – Az.: 7 OB 65/06; aus dem Schrifttum etwa *Marx*, VergabeR 2005, 763 (764 f.) (Anm. zu VG Leipzig, Beschl. v. 6. September 2005 – Az.: 5 K 1018/05); *Krohn*, NZBau 2007, 493 (494 ff.).

940 *Kopp/Ramsauer*, VwVfG, Einführung I Rdnr. 52b; *Ziekow/Siegel*, ZfBR 2004, 30 (31 f.).

gabekammern sind innerhalb der Verwaltungsorganisation angesiedelt und entscheiden durch Verwaltungsakt, vgl. § 114 Abs. 3 S. 1 GWB[941].

bb) Vergaberecht als gemeinsames Recht

Andere Ansichten bezweifeln diese eindeutig öffentlich-rechtliche Einordnung des Vergaberechts und suchen Lösungsansätze, die ohne klare Zuordnung auskommen. So identifiziert *Stelkens* als eindeutiges Primärziel der §§ 97 ff. GWB zwar die Bindung staatlicher Vergabestellen, lehnt jedoch eine klare Zuordnung zum öffentlichen Recht unter Hinweis auf die »privaten« öffentlichen Auftraggeber ab, denn soweit sich die Vorschriften an diese richten würden, seien sie Privatrecht. Das Vergaberecht stelle daher im Ergebnis sog. gemeinsames Recht dar, nämlich öffentliches Recht, soweit Verwaltungsträger verpflichtet würden, und Privatrecht, soweit es sich an Private richte[942].

cc) Privatrechtliche Zuordnung des GWB-Vergaberechts

Durch die Normierung der §§ 97 ff. GWB hat der Verwaltungsgesetzgeber die erfassten Beschaffungsvorgänge vollständig und eindeutig dem Privatrecht zugeordnet. Sie binden sowohl staatliche wie – in normierten Ausnahmefällen – »private« öffentliche Auftraggeber. Dass diese privatrechtlichen Normen (fast) ausschließlich für die Verwaltung gelten, ist dabei unschädlich[943]. Somit richtet sich nicht nur der abzuschließende Vertrag nach privatrechtlichen Vorschriften, sondern auch das auf ihn hinführende Verfahren. Der Streit um die öffentlich-rechtliche oder privatrechtliche Einordnung des Vergabeverfahrens hat nur im nicht durch das GWB erfassten Bereich unterhalb der Schwellenwerte Bedeutung und ist dort insbesondere wegen der Frage nach der Eröffnung des Verwaltungsrechtswegs von großer praktischer Relevanz.

---

941 Ausführlich dazu *Fett*, NZBau 2005, 141.

942 *Stelkens*, Verwaltungsprivatrecht, S. 414 ff. Auch *Knauff*, VergabeR 2008, 312 (317) hält eine klare Zuordnung zum öffentlichen oder privaten Recht für kaum möglich.

943 *Burgi*, in: Hoffmann-Riem/Schmidt-Aßmann/Voßkuhle (Hrsg.), Grundlagen des Verwaltungsrechts I, § 18 Rdnr. 61; *ders.* NZBau, 2007, 737 (740).

Die privatrechtliche Ausgestaltung der Vergabeverfahren oberhalb der Schwellenwerte schließt eine unmittelbare Anwendung des VwVfG aus, weil es an einer öffentlich-rechtlichen Verwaltungstätigkeit i.S.d. § 1 Abs. 1 VwVfG fehlt[944]. Die Schließung von Regelungslücken könnte durch eine analoge Anwendung verwaltungsverfahrensrechtlicher Vorschriften gelingen, da die klaren Bezüge zu sonstigen Verwaltungsverfahren unverkennbar sind. Für das Verwaltungsprivatrecht ist eine analoge Anwendung des VwVfG denkbar[945].

Strikt abgelehnt wird sie von denjenigen, die das Vergaberecht nicht als Verwaltungsprivatrecht, sondern als Vornahme fiskalischer Hilfsgeschäfte verstehen[946]. Insbesondere *Ziekow* hat vor dem Hintergrund dieser Zuordnung eine Heranziehung der rechtsstaatlich fundierten Rechtsgedanken des Verwaltungsverfahrensrechts vorgeschlagen, wie sie aus dem Verwaltungsverfahrensgesetz, dem Sozialgesetzbuch und der Abgabenordnung als allgemeine Verfahrensgrundsätze abgeleitet werden können[947].

Dieser Ansatz weist jedoch zwei Schwächen auf. Zum einen ist seine Herleitung aus allgemeinen Rechtsgedanken des Verwaltungsverfahrensrechts alleine auf der Grundlage gemeinsamer Rechtsüberzeugungen ausgesprochen vage und unspezifiziert. Zum anderen und hieran anknüpfend

944 So auch *Kahl*, in: Aschke/Hase/Schmidt-De Caluwe (Hrsg.), FS von Zezwitsch, S. 155. Alternativ wäre der Erlass eines eigenständigen Vergabegesetzes denkbar gewesen, wie es etwa in Österreich in Umsetzung der europarechtlichen Vorgaben geschehen ist; zum österreichischen Bundesgesetz über die Vergabe von Aufträgen (BVergG 2006, BGBl. I Nr. 17/2006) *Freise*, NZBau 2007, 343.

945 *Ritgen*, in: Knack/Henneke, VwVfG, Vor § 9 Rdnr. 6; Hk-VerwR/*Schwarz*, Einleitung zum Verwaltungsverfahrensgesetz Rdnr. 45

946 So etwa BeckOK Bader/Ronellenfitsch/*Gerstner-Heck* VwVfG § 9 Rdnr. 4 (»...fiskalische Hilfsgeschäfte, auf die die Vorschriften des VwVfG grundsätzlich nicht zur Anwendung kommen«); *Kopp/Ramsauer*, VwVfG, Einführung I Rdnr. 52a; Hk-VerwR/*Schwarz*, Einleitung zum Verwaltungsverfahrensgesetz Rdnr. 47; *Ziekow*, VwVfG, § 1 Rdnr. 28; *Ziekow*, in: ders./Völlink (Hrsg.), Vergaberecht, Einl. GWB Rdnr. 24; *Rittner*, ZHR 152 (1988), 318 (322 ff.); *Ziekow/Siegel*, ZfBR 2004, 30 (33 f.).

947 *Ziekow*, VwVfG, § 1 Rdnr. 28; *Ziekow/Siegel*, ZfBR 2004, 30 (33 f.). Ähnlich *Schmitz*, in: Stelkens/Bonk/Sachs (Hrsg.), VwVfG, § 1 Rdnr. 116 ff., der das Vergaberechtsverhältnis zum Verwaltungsprivatrecht zählt, darauf aber nur bestimmte allgemeine Rechtsgedanken des Verwaltungsverfahrensrechts anwenden will.

wird die Frage, welche Verfahrensgrundsätze zu diesen allgemeinen Rechtsgedanken zählen, uneinheitlich beantwortet[948].

Das BVerwG hat in jüngerer Zeit ausgeführt, die öffentlich-rechtlichen Überlagerungen der privatrechtlichen Auftragsvergabe könnten ohne Weiteres nach den Grundsätzen des Verwaltungsprivatrechts bewältigt werden, indem die ordentlichen Gerichte über Ergänzungen, Modifizierungen und Überlagerungen des Privatrechts durch öffentlich-rechtliche Bindungen mit zu entscheiden hätten[949]. Damit geht auch das BVerwG über die Annahme von Vergabevorgängen als bloße fiskalische Hilfsgeschäfte hinaus.

Eine analoge Anwendung der Vorschriften des VwVfG hat den Vorteil der Anknüpfung an das geschriebene Verwaltungsverfahrensrecht und die damit zusammenhängende Dogmatik. Eine Regelungslücke des GWB-Vergaberechts ließe sich unter Heranziehung des VwVfG mit größerer Rechtssicherheit schließen und eine Anwendungsdiskussion im Einzelfall entfallen. Es sind daher die Voraussetzungen einer analogen Anwendung der §§ 10, 40 VwVfG und der damit verbundenen Ermessenslehre zu prüfen.

948 *Ziekow*, VwVfG, § 1 Rdnr. 28; *Ziekow/Siegel*, ZfBR 2004, 30 (33 f.) zählen hierzu etwa die Wiedereinsetzung in den vorigen Stand gem. § 32 VwVfG (a.A. *Schmitz*, in: Stelkens/Bonk/Sachs (Hrsg.), VwVfG, § 1 Rdnr. 119), das Mitwirkungs- und Betätigungsverbot der §§ 20, 21 VwVfG (so auch OLG Brandenburg, NZBau 1999, 1142 [1146 f.]) und die Grundsätze der Ermessenslehre (dahingehend auch VK Münster, Beschl. v. 14. Oktober 1999 – Az.: VK 1/99, Ziff. 3.9.1 [S. 19, veris]; BeckOK Bader/Ronellenfitsch/*Aschke* VwVfG § 40 Rdnr. 1 f.); a.A. *Schmitz*, in: Stelkens/Bonk/Sachs (Hrsg.), VwVfG, § 1 Rdnr. 119). *Schmitz*, in: Stelkens/Bonk/Sachs (Hrsg.), VwVfG, § 1 Rdnr. 119 zählt weitergehend auch die Bestimmung der Amtssprache gem. § 23 VwVfG, den Untersuchungsgrundsatz gem. § 24 VwVfG, die Beratungs- und Auskunftspflichten der Behörde gem. § 25 VwVfG, den Grundsatz der Geheimhaltung gem. § 30 VwVfG sowie die Bestimmung über Fristen und Termine in § 31 VwVfG hierzu.

949 BVerwGE 129, 9 (19). *Knauff*, VergabeR 2008, 312 (317) sieht darin eine gewisse Hilflosigkeit bei der Zuordnung des Vergaberechts zum öffentlichen oder privaten Recht.

e) Die analoge Anwendung der verwaltungsrechtlichen Ermessenslehre im GWB-Vergaberecht

aa) Die Voraussetzungen der Gesetzesanalogie

Die analoge Anwendung einer Rechtsvorschrift verlangt zwei Voraussetzungen. Erstens muss eine (planwidrige) Gesetzeslücke vorliegen, die zweitens durch die Anwendung einer Rechtsnorm mit anderen Tatbestandsvoraussetzungen geschlossen werden kann, weil die zu entscheidende Interessenlage der gesetzlich geregelten so ähnlich ist, dass die Gesetzgebung die getroffene Regelung auch für den ungeregelten Sachverhalt vorsehen würde[950].

Das GWB-Vergaberecht ist lückenhaft, weil es zwar in verschiedenen Vorschriften den öffentlichen Auftraggebern Entscheidungsfreiheiten einräumt, jedoch weder das GWB noch die VgV oder die Vergabeordnungen eine Regelung über Reichweite und Kontrollierbarkeit dieser Freiheiten treffen. Auch dem europäischen Vergaberecht lassen sich keine konkreten Anhaltspunkte hierfür entnehmen[951]. Übereinstimmende Regelungen in § 40 VwVfG, § 5 AO und in dem für das Sozialrecht generell geltenden § 39 SGB I belegen[952], dass der Bundesgesetzgeber beim allgemeinen Verwaltungsverfahren ebenso wie bei anderen Spezialverfahren die Notwendigkeit einer Normierung von Umfang und Grenzen der Entscheidungsfreiheiten von Verfahrensträgern gesehen hat[953]. Die Unsicherheiten der Rechtspraxis angesichts zahlreicher vermeintlicher Entscheidungsermächtigungen im GWB-Vergaberecht hätten dies auch hier verlangt. Zudem sind die verfassungsrechtlichen Bindungen des privatrechtlichen Handelns der Verwaltung aufgrund der Art. 1 Abs. 3, 20 Abs. 3 GG zu beachten, die volle Privatautonomie für Verwaltungsträger ausschließen. Die Vergabe öffentlicher Aufträge ist grundrechtsrelevantes Staatshandeln und die Nachprüfung der Vergabeentscheidung muss insbesondere dem Grundsatz des effektiven Rechtsschutzes gem. Art. 19 Abs. 4 GG genü-

950 Zu den Voraussetzungen der Analogie überblicksartig *Rüthers/Fischer/Birk*, Rechtstheorie, § 23 Rdnr. 889; *Wank*, Auslegung von Gesetzen, S. 85 ff. und ausführlich *Larenz*, Methodenlehre, S. 370 ff.

951 Siehe oben unter I.

952 Weiterführend zu den Regelungen im Steuerrecht *Gersch*, in: Klein (Begr.), AO, § 5 und im Sozialrecht *Mrozynski*, SGB I, § 39.

953 Beachte zur gerichtlichen Kontrolle von Entscheidungsfreiräumen auch § 114 VwGO, § 102 FGO und § 54 Abs. 2 S. 2 SGG.

gen. Dieser setzt einen – unionsrechtlich zulässig – strengeren Kontrollmaßstab als das vom EuGH für das Unionsrecht geforderte Mindestmaß gerichtlicher Kontrolle voraus[954]. Das Fehlen einer § 40 VwVfG vergleichbaren Ermessensregelung begründet daher eine planwidrige Regelungslücke.

Um die solchermaßen aufgezeigte Gesetzeslücke durch Anwendung der verwaltungsrechtlichen Grundsätze des Ermessens zu schließen, muss für das Vergaberecht eine Ähnlichkeit in den für die gesetzliche Bewertung maßgebenden Hinsichten im Verhältnis zum von §§ 10, 40 VwVfG erfassten Verwaltungsverfahrensrecht gegeben sein. Der zu beurteilende Sachverhalt muss dem gesetzlich geregelten in allen diesen Hinsichten gleichen, wobei die verbleibenden Unterschiede nicht von solcher Art sein dürfen, dass sie die gesetzliche Wertung ausschließen[955]. Eine analoge Anwendung des VwVfG im Bereich des Verwaltungsprivatrechts ist nicht unumstritten, wird von den Befürwortern aber angenommen, wenn die Bestimmungen zum einen Ausdruck allgemeiner Rechtsgedanken sind und zum anderen der jeweilige Verwaltungsbereich Regelungslücken aufweist und eine vergleichbare Interessen- und Konfliktlage besteht[956]. Die Ablehnung oder restriktive Haltung gegenüber dieser Analogie wird historisch damit begründet, dass der Bund-Länderausschuss bei Erarbeitung des Musterentwurfs zum VwVfG erwogen hatte, diejenigen privatrechtlichen Tätigkeiten der Behörden, die unmittelbar der Erfüllung öffentlicher Aufgaben gegenüber einem Dritten dienen, wenigstens insoweit in das Gesetz einzubeziehen, als die Rechte und Pflichten der für eine Behörde Tätigen und der Behörden untereinander geregelt werden. Letztlich ist dies jedoch verworfen worden, weil die Frage, wann sich eine Behörde privatrechtlicher Handlungsformen unmittelbar zur Erfüllung öffentlicher Aufgaben gegenüber einem Dritten bedient, große Abgrenzungsschwie-

---

954 Vgl. oben I. 2. a).

955 Vgl. *Larenz*, Methodenlehre, S. 381 f. (»Es handelt sich bei der juristischen Analogie also allemal um einen Vorgang wertenden Denkens, nicht lediglich um eine formal-logische Gedankenoperation«).

956 Eine analoge Anwendung des VwVfG auf das Verwaltungsprivatrecht bejahend *Ritgen*, in: Knack/Henneke, VwVfG, Vor § 9 Rdnr. 6; Hk-VerwR/*Schwarz*, Einleitung zum Verwaltungsverfahrensgesetz Rdnr. 45; a.A. BeckOK Bader/Ronellenfitsch/*Gerstner-Heck* VwVfG § 9 Rdnr. 2.1; *Ziekow*, VwVfG, § 1 Rdnr. 27; einschränkend auf bestimmte Regelungen, die Ausdruck eines allgemeinen Rechtsgedankens sind, *Schmitz*, in: Stelkens/Bonk/Sachs (Hrsg.), VwVfG, § 1 Rdnr. 116 ff.; ähnlich *Ziekow/Siegel*, ZfBR 2004, 30 (34).

rigkeiten bereitet[957]. Für fiskalische Hilfsgeschäfte wird die entsprechende Anwendung hingegen von vornherein ganz überwiegend abgelehnt[958]. Der gemeinsame Senat der obersten Gerichtshöfe des Bundes hat in diesem Zusammenhang ausgeführt, die öffentliche Hand benötige zur Erfüllung ihrer gesetzlichen Aufgaben auch Waren und Leistungen, für deren Beschaffung ihr hoheitliche Mittel nicht zu Gebote stehen würden, weshalb sie sich in diesem Bereich nach den für jedermann geltenden Bestimmungen, also auf privatrechtlicher Ebene, versorgen müsse[959]. Eine analoge Anwendung des VwVfG im Vergaberecht erfordert das Aufgreifen der umstrittenen Frage nach einer Einordnung der öffentlichen Auftragsvergabe.

bb) Vergleichbare Interessenlage

(1) Inhaltliche Vergleichbarkeit. Das GWB-Vergaberecht stellt ein streng formalisiertes Verfahren zur Vergabe öffentlicher Aufträge auf, um ein Höchstmaß an Transparenz, Gleichbehandlung und Ergebnisrichtigkeit zu gewährleisten[960]. Die Bedeutung des Vergabeverfahrens geht damit über die klassische Vorstellung von der dienenden Funktion des Verfahrens hinaus. Fraglich ist, ob damit eine vergleichbare Interessenlage abzulehnen ist.

Das erscheint schon deshalb zweifelhaft, weil die klassisch dienende Funktion des Verwaltungsverfahrens bedingt durch unionsrechtliche Einflüsse längst auch in anderen Zusammenhängen durchbrochen ist[961]. Das Vergabeverfahren ist zudem deutlich an das allgemeine Verwaltungsverfahrensrecht angelehnt. Dass die Abgrenzung nicht allzu starr ist, wird

---

957 Vgl. *Schmitz*, in: Stelkens/Bonk/Sachs (Hrsg.), VwVfG, § 1 Rdnr. 117; *Kahl*, in: Aschke/Hase/Schmidt-De Caluwe (Hrsg.), FS von Zezwitsch, S. 156 f.

958 A.A. BeckOK Bader/Ronellenfitsch/*Aschke* VwVfG, § 40 Rdnr. 1.

959 GmSOGB, BGHZ 97, 312 (316). Allerdings enthält der Beschluss im Folgenden auch den Hinweis, die grundsätzliche Bindung an das Privatrecht werde ergänzt durch »gewisse Bindungen und Schranken, die für Privatpersonen nicht in entsprechender Weise gelten«.

960 So auch *Puhl*, VVDStRL 60 (2001), 458 (486).

961 Ein gutes Beispiel ist die Umweltverträglichkeitsprüfung (UVP) als neugeschaffener Verfahrensabschnitt im Bau- und Planungsrecht. Unionsrechtlich bedingt wird dabei das Verfahren als solches deutlich stärker betont, als dies bisher im Bau- und Planungsrecht bekannt war. Zur Betonung des Verfahrens im Rahmen der UVP und den Folgen *Grünewald*, NVwZ 2009, 1520 (1521 ff.).

auch durch das Nachprüfungsverfahren vor den Vergabekammern gem. §§ 107 ff. GWB aufgezeigt, welches ein nichtförmliches Verwaltungsverfahren i.S.d. § 9 VwVfG ist. Es endet mit dem Erlass eines streitentscheidenden Verwaltungsakts, § 114 Abs. 3 S. 1 GWB. Im Rahmen des Nachprüfungsverfahrens wird das Verwaltungsverfahrensgesetz ergänzend herangezogen, etwa bezüglich des Untersuchungsgrundsatzes gem. § 110 Abs. 1 GWB die Regelung des § 24 VwVfG, bezüglich des Akteneinsichtsrechts, § 111 Abs. 1 GWB, die Regelung des § 29 Abs. 1 VwVfG und auch § 128 Abs. 4 GWB erklärt das VwVfG für entsprechend anwendbar[962]. Die Ablehnung einer analogen Anwendung des VwVfG und seiner Grundsätze auf das Vergabeverfahren bliebe damit beschränkt auf das durch die §§ 97 bis 101b GWB geregelte Verfahren bis zur Zuschlagserteilung. Damit wird das GWB-Vergaberecht, dessen völlige Herauslösung aus dem Verwaltungsverfahrensrecht[963] bei gleichzeitiger Implementierung der nicht von staatlichen Stellen geschaffenen Vergabeordnungen über die VgV (sog. »Kaskadenprinzip«) ohnehin als gesetzgeberische Verkomplizierung der Rechtsgrundlagen anzusehen ist, noch weiter aufgesplittert in einen durch das Verwaltungsverfahrensrecht beeinflussten und einen autonom zu betrachtenden Teil. Die öffentliche Auftragsvergabe ist als eine durch die besonderen Umstände der Materie geprägte besondere Verfahrensart zu verstehen, auf welche die Grundsätze des Verwaltungsrechts einwirken. Die Verwaltungsgerichte wenden die verwaltungsrechtliche Dogmatik der Entscheidungsspielräume bei anderen Verteilungsentscheidungen außerhalb des Vergaberechts umfassend an[964].

Auch der Bedeutungswandel der öffentlichen Auftragsvergabe spielt eine wichtige Rolle. Die Vergabe öffentlicher Aufträge ist von einer schlicht auf die Beschaffung der für den Staatsbetrieb notwendigen Güter und Dienstleistungen unter dem haushaltsrechtlichen Verdikt des schonenden Umgangs mit öffentlichen Mitteln angelegten Verwaltungsaufgabe unter dem Einfluss des Europarechts zu einem wirtschaftlichen Vorgang unter dem Primat des Wettbewerbs mit erheblichem Steuerungspotenzial

---

962 Dazu *Kahl*, in: Hoffmann-Riem/Schmidt-Aßmann (Hrsg.), Verwaltungsverfahren und Verwaltungsverfahrensgesetz, S. 67 (77).

963 *Kahl*, in: Hoffmann-Riem/Schmidt-Aßmann (Hrsg.), Verwaltungsverfahren und Verwaltungsverfahrensgesetz, S. 67 (74 f.) spricht von einer »sträflichen Missachtung des VwVfG« bei der Neuregelung des Vergaberechts durch das Vergaberechtsänderungsgesetz.

964 Siehe oben Teil E.

in ökonomischer, ökologischer und sozialer Hinsicht geworden[965]. Neben der Normierung subjektiver Bieterrechte haben insbesondere die Privatisierungstendenzen ein Übriges beigetragen, dem Vergaberecht von einem Regime zum Ankauf von Bleistiften und Panzerfahrzeugen zu ganz neuen Bedeutungsdimensionen zu verhelfen[966]. Das mit dem Vergaberecht verbundene Potenzial zur Förderung sog. Sekundärzwecke, d.h. die Flankierung der im Vordergrund stehenden Beschaffung durch sekundäre Zielsetzungen wie etwa Frauenförderung, Umweltschutz und Innovationsförderung, auch »vergabefremde Zwecke« genannt[967], ist dabei seit langem bekannt und wird kontrovers diskutiert[968]. Der Bundesgesetzgeber hat die Berücksichtigung solcher Zwecke durch den 2009 neugefassten § 97 Abs. 4 S. 2 GWB ausdrücklich legitimiert, nachdem das europäische Vergaberecht sie schon seit dem Erlass der Vergabekoordinierungsrichtlinie als »zusätzliche Bedingungen für die Ausführung des Auftrags« (Art. 26) kennt[969]. Die im Vordergrund stehende Beschaffung wird damit durch sekundäre Zielsetzungen flankiert. Es ist damit zu rechnen, dass sekundäre Vergabezwecke weiter an Bedeutung gewinnen werden. Das »Grünbuch über die Modernisierung der europäischen Politik im Bereich des öffentlichen Auftragswesens. Wege zu einem effizienteren europäischen Markt für öffentliche Aufträge« der Europäischen Kommission vom 27. Januar 2011[970] nennt als Zielsetzung gleichrangig mit einer höheren Effizienz der

965 Laut *Europäischer Kommission*, KOM (2011) 895 endg., S. 3 wenden die öffentlichen Beschaffer in Europa etwa 18 % des Bruttoinlandsprodukts (BIP) für Liefer-, Bau- und Dienstleistungsaufträge auf, weshalb die öffentliche Auftragsvergabe ein wirkungsvoller Hebel für die Verwirklichung eines Binnenmarktes sei, der intelligentes, nachhaltiges und integratives Wachstum fördere.

966 Aussage bei *Burgi*, NZBau 2001, 601, der eingehend die Bedeutung des Vergaberechts für das kommunale Privatisierungsfolgenrecht behandelt. MünchKommBeihVgR/*Kühling/Huerkamp*, § 97 Rdnr. 297 ff. sprechen von einer »politisierten Auftragsvergabe«.

967 Kritisch zu diesem Begriff *Willems*, Die Förderung des Mittelstandes, S. 195 ff.

968 Als Auswahl seien erwähnt *Meyer*, Die Einbeziehung politischer Zielsetzungen bei der öffentlichen Beschaffung, 2002; *Krohn*, Öffentliche Auftragsvergabe und Umweltschutz, 2003; *Scharpenack*, Sekundärzwecke im Vergaberecht, 2005; *Ziekow*, Die Berücksichtigung sozialer Aspekte bei der Vergabe öffentlicher Aufträge, 2007; *Ölcüm*, Die Berücksichtigung sozialer Belange im öffentlichen Auftragswesen, 2009.

969 Siehe dazu *Steiff*, VergabeR 2009, 290; *Burgi*, NZBau 2011, 577.

970 KOM (2011), 15 endg.

Allokation öffentlicher Gelder[971] und einem Ausbau des Vergaberechts in bisher zu wenig behandelten Fragen »eine bessere Nutzung der öffentlichen Auftragsvergabe im Sinne gemeinsamer gesellschaftlicher Ziele«[972]. Der im Dezember 2011 vorgelegte Richtlinienentwurf enthält entsprechende Instrumente, um umwelt- und klimafreundliche Waren und Dienstleistungen beschaffen sowie die Innovation befördern zu können und gleichzeitig einen Beitrag zur Verbesserung der öffentlichen Gesundheit und der sozialen Rahmenbedingungen zu leisten[973]. *Burgi* sieht hier die endgültige Erweiterung der bisherigen Zwecktrias (Erledigung bestimmter Verwaltungsaufgaben, Sicherung von Wettbewerb und Verteilungsgerechtigkeit und kostengünstiger Einkauf) um die Verfolgung politischer Sachziele vornehmlich aus dem Bereich der Sozial- und Umweltpolitik[974]. Aber auch abseits dieser Bereiche kennt das GWB-Vergaberecht Instrumente zur Verfolgung weitergehender Ziele, insbesondere zur Mittelstandsförderung. Obgleich die Beschaffung von einem Großunternehmen und die Erbringung der Lieferung oder Leistung »aus einer Hand« zumeist wirtschaftlicher und unkomplizierter sind, verpflichtet § 97 Abs. 3 GWB die öffentlichen Auftraggeber zur vornehmlichen Berücksichtigung mittelständischer Interessen insbesondere durch die Aufteilung der öffent-

971 Gemeint ist erstens die Optimierung des Preis-Leistungs-Verhältnisses bei Beschaffungsvorgängen sowie zweitens die effizientere Gestaltung von Vergabeverfahren durch Verfahrensstraffungen und gezielte Vereinfachungsmaßnahmen; *Europäische Kommission*, KOM (2011), 15 endg., S. 4 f.

972 Aufgezählt werden dabei der Umweltschutz, eine höhere Ressourcen- und Energieeffizienz, die Bekämpfung des Klimawandels, die Förderung von Innovationen und sozialer Eingliederung sowie die Gewährleistung der bestmöglichen Bedingungen für die Erbringung öffentlicher Dienstleistungen von hoher Qualität; *Europäische Kommission*, KOM (2011), 15 endg., S. 5.

973 So sieht Art. 67 des Richtlinienentwurfs die Berücksichtigung der Lebenszykluskosten einer Ware oder Dienstleistung bei der Zuschlagsentscheidung vor. Nach Art. 40 Abs. 1 UAbs. 2 und Art. 66 Abs. 2 lit. d) können die öffentlichen Auftraggeber bei den technischen Spezifikationen und den Zuschlagskriterien auf alle direkt mit dem Produktionsprozess zusammenhängende Faktoren abstellen. Zudem sind die Bescheinigung von ökologischen, sozialen oder sonstigen Eigenschaften von Waren und Dienstleistungen durch spezifische Gütezeichen (Art. 41), der fakultative Ausschluss eines Bieters bei Verstoß gegen unionsrechtliche Bestimmungen des Umwelt-, Sozial- und Arbeitsrechts (Art. 55 Abs. 3 lit. a)) und ein spezielles Regime für die Vergabe sozialer und anderer besonderer Dienstleistungen (Art. 74 ff.) vorgesehen. Zur Förderung innovativer Beschaffungen wurde das Verfahren der Innovationspartnerschaft (Art. 29) neu geschaffen.

974 *Burgi*, NZBau 2011, 577 (578).

lichen Aufträge in Teil- und Fachlose[975]. In der Wirtschafts- und Finanzkrise der vergangenen Jahre ist das (unterschwellige) Vergaberecht als Instrument zur Krisenbekämpfung eingesetzt worden[976].

Angesichts der dargestellten Rahmenbedingungen ist die Einordnung der öffentlichen Auftragsvergabe als fiskalisches Hilfsgeschäft nicht mehr zeitgemäß. Diese Einordnung wirkt umso unpassender, weil die faktische Identität zwischen Hoheitsträger und Fiskus anerkannt und damit die Rechtsfigur des fiskalischen Hilfsgeschäfts nicht mehr zeitgemäß ist[977]. Mit öffentlichen Aufträgen lassen sich vielmehr zahlreiche Zielsetzungen des öffentlichen Interesses fördern und verfolgen. Es können missliebige Entwicklungen beeinflusst und zu ihrer Korrektur beigetragen werden. Vergleicht man diese Zwecksetzungen mit anderen Zwecken der öffentlichen Aufgabenerfüllung, lassen sich Unterschiede nicht feststellen. Das Vergaberecht dient ebenso – neben anderen Zielen – der Verfolgung öffentlicher Interessen verschiedener Couleur. Dann aber findet sich in der Zwecksetzung auch kein adäquates Abgrenzungskriterium zu den durch das VwVfG, die AO oder das SGB I geregelten Verfahren.

Der Einwand einer fehlenden unmittelbaren Erfüllung öffentlicher Aufgaben durch das Vergaberecht trifft nicht (mehr) zu. Durch die Anerkennung der geänderten Zwecksetzung der öffentlichen Auftragsvergabe werden die Verknüpfungen zwischen dem Verfahrensrecht für das allgemeine Verwaltungshandeln und dem Vergabeverfahrensrecht deutlich. Vergabeverfahren als »privatrechtlich verfasste Verwaltungsverfahren« (*Schmidt-*

975 Dazu ausführlich *Willems*, Die Förderung des Mittelstandes, S. 238 ff. Das europäische Sekundärvergaberecht kennt keine Pflicht zur Auftragsvergabe in Losen und gibt lediglich etwa in Erwägungsgrund 32 der VKR einen Hinweis auf die besondere Förderung kleiner und mittelständischer Unternehmen, z.B. durch die Vergabe von Unteraufträgen. Die Regelung des § 97 Abs. 3 GWB ist jedoch mit dem Europarecht vereinbar; vgl. OLG Düsseldorf, NZBau 2004, 688 (689); zustimmend Hk-VergabeR/*Tomerius*, § 2 VOL/A Rdnr. 17 und § 5 VOB/A Rdnr. 4.

976 Im Zuge des sog. »Konjunkturpakets II« sind durch Ministerialerlasse die Wertgrenzen für die Vergabe von Bau-, Liefer- und Dienstleistungsaufträgen auf Bundesebene deutlich angehoben worden, um mehr Vergaben im Wege der Beschränkten Ausschreibung oder der Freihändigen Vergabe durchführen und so Investitionen zur Stützung der Wirtschaft beschleunigen zu können. Die Bundesländer und die Kommunen sind diesem Muster überwiegend gefolgt und haben entsprechende Absenkungen der Wertgrenzen beschlossen; vgl. dazu ausführlich und kritisch *Thormann*, NZBau 2010, 14 (15 ff.).

977 *Kunert*, Vergaberecht und öffentliches Recht, S. 13 ff.

Aßmann) müssen in die verwaltungsrechtliche Verfahrenslehre mit einbezogen werden. Die Einschränkung des § 1 VwVfG ist daher zu eng[978].

(2) Vergleichbare Rahmenbedingungen. Für Überschneidungen des Vergabeverfahrensrechts mit dem allgemeinen Verwaltungsverfahrensrecht sprechen auch höherrangige rechtliche Vorgaben für beide Regelungsregime. Unabhängig von Einzelfragen gelten die Grundrechte bei der Vergabe öffentlicher Aufträge ebenso wie in Verfahren nach dem allgemeinen Verwaltungsrecht[979]. Für die Kontrollperspektive kommt dem Grundsatz des effektiven Rechtsschutzes besondere Bedeutung zu. Gleichermaßen haben die Grundfreiheiten des Unionsrechts Einfluss auf nationale Verfahrensregelungen. Sie bilden als Ausprägungen und Schärfungen des Binnenmarktkonzeptes den Anlass und die Grundlage der Herausbildung eines modernen Vergaberechts. Sie beeinflussen aber auch jedes sonstige Verwaltungsverfahren mit Bezügen zum freien Verkehr von Waren, Personen, Dienstleistungen und Kapital. Auch vor diesem Hintergrund erscheint ein unterschiedlicher Umgang mit gleichen Verfahrensphänomenen unzweckmäßig.

Eine möglichst gleichlaufende Beantwortung dieser Fragen ist rechtspolitisch wünschenswert, um die Berechenbarkeit von behördlichen Verfahren und die Effektivität der gerichtlichen Kontrolle zu erhöhen. Der zunehmend zu beobachtenden Diversifizierung der Rechtsordnung durch den Erlass autonomer Spezialgesetze für Einzelmaterien steht das Interesse nach der Herstellung und Bewahrung einheitlicher, fachgebietsübergreifender Strukturen gegenüber[980]. Mit der entsprechenden Anwendung der verwaltungsrechtlichen Grundsätze der behördlichen Letztentscheidungsbefugnis kann im Bereich des Vergaberechts diesem Ansinnen Rechnung getragen werden. Entscheidungsfreiheiten der Verwaltung sind im Interesse der Einheitlichkeit der Rechtsordnung, des Rechtsschutzes und der Vorhersehbarkeit für den Bürger möglichst einheitlich zu behandeln. Der Tendenz zur Partikularisierung der Rechtsordnung durch viele selbstständig nebeneinander existierende Sonderregelungen ist auch nach Ansicht der Rechtsprechung so weit wie möglich entgegenzuwirken, weil eine Rechtszersplitterung die Rechtssicherheit und Berechenbarkeit des (Ver-

---

978 *Schmidt-Aßmann*, in: Hoffmann-Riem/ders. (Hrsg.), Verwaltungsverfahren und Verwaltungsverfahrensgesetz, S. 429 (435).

979 Siehe oben unter 1. a).

980 *Bonk/Schmitz*, in: Stelkens/Bonk/Sachs (Hrsg.), VwVfG, § 1 Rdnr. 2.

fahrens-)Rechts beeinträchtigt[981]. Eine entsprechende Anwendung des Verwaltungsverfahrensrechts bei ungeregelten Fragen im Bereich des Vergaberechts erscheint zudem mit Blick auf die Vorzüge und Qualitäten des VwVfG durchaus wünschenswert[982].

(3) Lückenschließungsfunktion des VwVfG. Ein weiteres Argument für die ergänzende Heranziehung der §§ 10, 40 VwVfG im Vergaberecht ist die Lückenschließungsfunktion des Verwaltungsverfahrensgesetzes. Fehlen im Spezialrecht Verfahrensregelungen, so findet das VwVfG ergänzend entsprechend Anwendung. Dies gilt ebenso bei einer nur rudimentären oder unvollständigen Regelung bestimmter Verfahrensfragen im Spezialrecht[983]. Eine das VwVfG ausschließende Wirkung ist nur dort anzunehmen, wo Spezialvorschriften vorhanden sind, die ihrerseits die Rechtsfolgen abschließend regeln. Die abschließende Regelung kann sich ausdrücklich aus dem Gesetzeswortlaut ergeben oder durch Auslegung zu ermitteln sein[984]. Das VwVfG ist ferner ergänzend heranzuziehen, wenn das Spezialrecht nur Teilregelungen enthält, d.h., das VwVfG greift ein, soweit das Spezialgesetz schweigt.

Das Vergaberecht als spezielles Verfahrensrecht enthält keine Regelungen zu den Voraussetzungen einer rechtmäßigen Ermessensausübung oder zu dem Umfang gerichtlicher Kontrolle. Zweifel an einer ergänzenden Heranziehung des Verwaltungsverfahrensgesetzes zur Lückenschließung können allerdings daraus entstehen, dass das VwVfG als Dachgesetz der öffentlich-rechtlichen Verwaltungstätigkeit verstanden wird[985], um die es sich im Vergaberecht in der Regel nicht handelt. Dabei muss die besondere Stellung des Kartellvergaberechts bedacht werden, welches formal im zivilrechtlichen GWB geregelt ist, materiell aber gerade das besondere Handeln staatlicher Stellen erfasst. Die Beschränkung des Verwal-

---

981 BVerwGE 88, 130 (132 ff.).

982 *Burgi/Durner*, Modernisierung des Verwaltungsverfahrensrechts, S. 19 ff. nennen die Vereinheitlichung des Rechts zwecks Vermeidung unnötiger Auslegungsdivergenzen paralleler Bestimmungen, die Bereinigung der Normenflut, die Kanalisierung und Rationalisierung der Rechtsanwendung bei gleichzeitiger Entlastung durch Speicherung und Vermittlung von Wissen, die Erhöhung der Übersichtlichkeit und Zugänglichkeit der Normen zwecks Erhöhung von Transparenz und Orientierung, die Verarbeitung von Innovationsimpulsen bzw. Aussenden derselben und die Umsetzung fundamentaler Verfassungsprinzipien.

983 *Bonk/Schmitz*, in: Stelkens/Bonk/Sachs (Hrsg.), VwVfG, § 1 Rdnr. 223 ff.

984 BVerwGE 88, 130 (132 ff.); BVerwG, NVwZ 1987, 488 (488 f.).

985 *Bonk/Schmitz*, in: Stelkens/Bonk/Sachs (Hrsg.), VwVfG, § 1 Rdnr. 223 ff.

tungsverfahrensgesetzes auf das öffentlich-rechtliche Behördenhandeln erweist sich als zu eng. Vielmehr muss dem Umstand einer modernen Verfahrensnormierung in einer geänderten Lebenswirklichkeit Rechnung getragen werden, in welcher der Staat in erheblichem Umfang Waren, Bau- und Dienstleistungen von privaten Anbietern nach Durchführung eines formalisierten Verfahrens durch Abschluss von Verträgen beschafft und in welcher die Bieter einen Anspruch auf die Einhaltung dieser Verfahrensvorgaben haben[986]. Würde man auf der Grundlage einer formalistischen Sichtweise das Kartellvergabeverfahren von der Anwendung verwaltungsverfahrensrechtlicher Grundregeln generell ausnehmen, liefe dies dem Ziel einer Homogenität des gesamten Verfahrensrechts[987] zuwider und würde der Rechtszersplitterung Vorschub leisten.

cc) Fazit

Regelungslücken im GWB-Vergaberecht können durch die analoge Anwendung von Vorschriften und Grundsätzen des allgemeinen Verwaltungsrechts geschlossen werden. Für die Anwendung und Kontrolle vergaberechtlicher Beurteilungs- und Ermessensspielräume sind daher die §§ 10, 40 VwVfG[988] entsprechend heranzuziehen[989]. Dieses Ergebnis hat in einzelnen Gerichtsentscheidungen bereits Anklang gefunden. Erwähnenswert ist der Beschluss des OLG Brandenburg aus dem Jahre 1999 über die Vergabe von Planungs- und Bauleistungen für den Flughafen Berlin-Schönefeld[990]. Zu beurteilen waren unter anderem die Auswirkungen von Doppelmandaten, weil einige der beteiligten Personen sowohl auf Seiten der Auftraggeber als auch im Zusammenhang mit dem Konsortium

---

986 Auch das OLG Brandenburg, NVwZ 1999, 1142 (1146) stellt fest, dass das bislang dem fiskalischen Bereich zugeordnete Vergabehandeln der öffentlichen Hand zunehmend europarechtlich veranlassten Verfahrensregelungen unterworfen werde, die dem Verwaltungsverfahren nachgebildet seien.

987 *Bonk/Schmitz*, in: Stelkens/Bonk/Sachs (Hrsg.), VwVfG, § 1 Rdnr. 2.

988 Offenlassend hingegen VK Bund, Beschl. v. 27. September 2011 – Az.: VK 2-100/11, Rdnr. 67 (juris).

989 *Kahl*, in: Hoffmann-Riem/Schmidt-Aßmann (Hrsg.), Verwaltungsverfahren und Verwaltungsverfahrensgesetz, S. 67 (76).

990 OLG Brandenburg, NVwZ 1999, 1142.

des ausgewählten Bieters standen[991]. Das OLG Brandenburg sieht darin unter Heranziehung des aus § 20 VwVfG resultierenden Rechtsgedankens eine Verletzung des vergaberechtlichen Neutralitätsgebotes, wodurch der unterlegene Bieter diskriminiert werde[992]. Der Rechtsgedanke des § 20 VwVfG, der nicht nur die tatsächliche Bevorzugung eines Verfahrensbeteiligten, sondern bereits den »bösen Schein« verhindern wolle[993], der durch die Beteiligung bestimmter Personen entstehen könne, gelange lückenschließend auch im Vergaberecht zur Anwendung. Die entsprechende Heranziehung einer verwaltungsverfahrensrechtlichen Regelung im Vergaberecht ist hingegen nicht nur unbeanstandet geblieben, sondern sogar bestätigt worden[994].

f) Die analoge Anwendung des § 114 VwGO im Vergaberecht

Für die Kontrolle von Beurteilungs- und Ermessensentscheidungen öffentlicher Auftraggeber im Vergabenachprüfungsverfahren ist zu unterscheiden zwischen dem Verfahren vor der Vergabekammer gem. §§ 107 ff. GWB und der sofortigen Beschwerde gem. §§ 116 ff. GWB.

Das Verfahren vor der Vergabekammer ist ein gerichtsähnliches Verfahren, welches überwiegend Elemente des Verwaltungsverfahrens und daneben solche des Verwaltungsprozesses enthält[995]. Die §§ 107 bis 115 GWB sind keineswegs als geschlossenes Regelungssystem zu sehen, sondern weisen zahlreiche Lücken auf[996]. Diese müssen durch eine ergänzende Heranziehung von Vorschriften der Zivilprozessordnung, des Verwaltungsverfahrensgesetzes und der Verwaltungsgerichtsordnung geschlossen werden, wobei jeweils zu ermitteln ist, auf welche Verfahrensordnung im

991 So war etwa die Finanzsenatorin eines der beiden den Auftrag vergebenden Bundesländer zugleich Mitglied im Aufsichtsrat einer am Konsortium des ausgewählten Bieters beteiligten Gesellschaft.

992 OLG Brandenburg, NVwZ 1999, 1142 (1146 f.).

993 Dazu *Bonk/Schmitz*, in: Stelkens/Bonk/Sachs (Hrsg.), VwVfG, § 20 Rdnr. 1 f.

994 *Neßler*, NVwZ 1999, 1081 (1081 f.). Auch das OLG Stuttgart, NZBau 2000, 301 (304 f.) bestärkt diese Vorgehensweise dadurch, dass es die Voraussetzungen einer Analogie prüft, allerdings wegen einer fehlenden vergleichbaren Interessenlage im Ergebnis ablehnt.

995 VK Düsseldorf, Beschl. v. 30. Dezember 2010 – Az.: VK-36/2010-L, Rdnr. 42 (juris).

996 jurisPK-VergR/*Summa*, § 107 GWB Rdnr. 1 f.

Einzelfall zurückzugreifen ist[997]. Da weder das GWB noch die ZPO Vorgaben zum Prüfungsmaßstab vergaberechtlicher Entscheidungsspielräume enthalten, ist ergänzend § 114 VwGO heranzuziehen.

§ 116 GWB weist die sofortige Beschwerde einem anderen Gericht im Sinne des § 40 Abs. 1 VwGO zu[998]. Die Vorgaben der §§ 116 bis 124 GWB werden über § 120 Abs. 2 GWB durch Vorschriften über das Kartellverfahren (§§ 69 ff. GWB) ergänzt, die wiederum auf Normen des GVG und der ZPO verweisen. Unter Beachtung von § 73 Nr. 2 GWB ziehen die Oberlandesgerichte vorwiegend Bestimmungen der ZPO zur Lückenausfüllung heran. In erster Linie werden die Vorschriften über die Berufung angewandt, da die Beschwerde ein berufungsähnliches Rechtsmittel ist. Dabei wird auch ein Abgleich mit den Vorschriften der VwGO gesucht[999]. Mangels einer vergleichbaren Vorschrift im GWB, der ZPO oder dem GVG wird zur Lückenschließung insbesondere auf § 114 VwGO zurückgegriffen. Das OLG Düsseldorf hat wiederholt Mängel bei verschiedenen Wertungsentscheidungen und deren Dokumentation unter Verweis auf ein mögliches Nachschieben von Gründen unter analoger Anwendung des § 114 VwGO für unbeachtlich erklärt[1000]. Der Auftraggeber dürfe seine Erkenntnisgrundlage beständig erweitern, Beurteilungserwägungen nachschieben und absichern[1001]. Dahingehende Ergänzungen der Dokumentation seien nach der Rechtsprechung des Senats jedenfalls dann zuzulassen, wenn dadurch die Rechtsstellung des Antragstellers im Vergabeverfahren, insbesondere seine Chance auf einen Zuschlag, nicht ursächlich beeinträchtigt werde[1002]. Das Gericht bezeichnet dabei § 114 S. 2 VwGO als verallgemeinerungsfähige und auch in stark formalisierten Verfahren anwendbare Vorschrift. Der Gesetzgeber habe mit dieser Vorschrift verhindern wollen, dass ein auf Ermessensüberlegungen beruhender Verwal-

---

997 BGH, NZBau 2004, 285 (286); OLG Düsseldorf, Beschl. v. 20. Dezember 2006 – Az.: VII-Verg 109/04, Rdnr. 37 (juris); VK Düsseldorf, Beschl. v. 30. Dezember 2010 – Az.: VK-36/2010-L, Rdnr. 42 (juris); jurisPK-VergR/*Summa*, § 107 GWB Rdnr. 1 f.

998 jurisPK-VergR/*Summa*, § 116 GWB Rdnr. 3.

999 *Dicks*, in: Ziekow/Völlink (Hrsg.), Vergaberecht, Vor § 116 GWB Rdnr. 4.

1000 Etwa OLG Düsseldorf, Beschl. v. 26. November 2008 – Az.: VII-Verg 54/08, Rdnr. 54 ff. (juris); Beschl. v. 22. Oktober 2009 – Az.: VII-Verg 25/09, Rdnr. 29 (juris); NZBau 2010, 393 (399); NZBau 2010, 582 (591 f.).

1001 OLG Düsseldorf, NZBau 2010, 393 (399).

1002 OLG Düsseldorf, Beschl. v. 22. Oktober 2009 – Az.: VII-Verg 25/09, Rdnr. 29 (juris).

tungsakt allein deshalb aufgehoben werde, weil die Begründung ursprünglich fehlerhaft gewesen sei. In diesem Falle solle die Behörde fehlerfreie Erwägungen noch im laufenden Anfechtungsverfahren nachschieben können, ohne darauf angewiesen zu sein, erst nach rechtskräftigem Abschluss des Verfahrens nochmals einen Verwaltungsakt - diesmal mit fehlerfreier Begründung - zu erlassen[1003]. Dies würde auch für das Vergabenachprüfungsverfahren gelten. Es wäre vor diesem Hintergrund eine unangemessene bloße Förmelei und führe zu unnötigen Verzögerungen bei der Auftragsvergabe, wenn die Vergabenachprüfungsinstanz den Wertungsspielraum überschreitende Entscheidungen aufheben würde, obwohl die Vergabestelle inzwischen eine nicht zu beanstandende Entscheidung getroffen habe[1004]. Gleiches gelte, wenn das ursprüngliche Vergabeverfahren zwar unter Dokumentationsmängeln gelitten habe, der öffentliche Auftraggeber aber bereits im vorhergehenden Vergabenachprüfungsverfahren ausreichende Gründe vorgetragen habe, die er in einem teilweise zu wiederholenden Verfahren nunmehr niederlegen würde[1005].

g) Regelungsvorschlag für das Vergaberecht

Mit dem Inkrafttreten der drei neuen europäischen Vergaberichtlinie[1006] am 17. April 2014 hat – von einigen Ausnahmen hauptsächlich zur elektronischen Kommunikation abgesehen – die zweijährige Frist zur Umsetzung der neuen Vorgaben in das nationale Recht begonnen[1007]. Im Rahmen der nunmehr beginnenden Umsetzungsarbeiten bietet es sich an, im Interesse einer transparenten und anwendungsfreundlichen Ausgestaltung des GWB-Vergaberechts die Bestimmung der Entscheidungsspielräume öffentlicher Auftraggeber künftig nicht länger einer analogen Anwendung der Vorschriften des VwVfG und der VwGO zu überantworten, sondern

1003 OLG Düsseldorf, Beschl. v. 26. November 2008 – Az.: VII-Verg 54/08, Rdnr. 57 (juris).

1004 OLG Düsseldorf, Beschl. v. 26. November 2008 – Az.: VII-Verg 54/08, Rdnr. 58 (juris).

1005 OLG Düsseldorf, NZBau 2010, 582 (591 f.). Zustimmend zur analogen Anwendung des § 114 VwGO *Prieß/Hölzl*, NZBau 2010, 354 (357 f.); a.A. *Antweiler*, VergabeR 2011, 306 (317 ff.).

1006 Siehe dazu oben im 1. Teil unter B. II. 2.

1007 Art. 51 Abs. 1 RL 2014/23/EU, Art. 90 Abs. 1 RL 2014/24/EU und Art. 106 Abs. 1 RL 2014/25/EU.

vielmehr entsprechende Rechtsvorschriften in den §§ 97 ff. GWB zu schaffen. Dies würde die im Vergaberecht vorherrschende unklare Ausgangslage für den Umgang mit spezifischen Fragen des Handelns der öffentlichen Hand und der ihr zuzuordnenden Rechtssubjekte wesentlich erhellen.

Im Zuge der anstehenden Reform des deutschen Vergaberechts könnte ein neuer § 101c GWB lauten:

§ 101c Ermessen und Beurteilungsspielraum

(1) Ist der öffentliche Auftraggeber ermächtigt, nach seinem Ermessen zu handeln, hat er sein Ermessen entsprechend dem Zweck der Ermächtigung auszuüben und die gesetzlichen Grenzen des Ermessens einzuhalten.

(2) Dies gilt entsprechend, wenn die Anwendung eines unbestimmten Rechtsbegriffes einen Beurteilungsspielraum des öffentlichen Auftraggebers eröffnet.

Entsprechend würde ein neu einzufügender § 126a GWB bestimmen:

§ 126a Nachprüfung von Ermessens- und Beurteilungsentscheidungen

(1) [1]Soweit der öffentliche Auftraggeber ermächtigt ist, nach seinem Ermessen zu handeln, prüft die Vergabekammer oder das Gericht nur, ob die Entscheidung rechtswidrig ist, weil die gesetzlichen Grenzen des Ermessens überschritten sind oder von dem Ermessen in einer dem Zweck der Ermächtigung nicht entsprechenden Weise Gebrauch gemacht ist. [2]Der öffentliche Auftraggeber kann seine Ermessenserwägungen auch noch im Nachprüfungsverfahren ergänzen.

(2) Soweit der öffentliche Auftraggeber unbestimmte Rechtsbegriffe anwendet, prüft die Vergabekammer oder das Gericht nur, ob nach dem Gesetz eine Beurteilungsermächtigung besteht und ob ihre gesetzlichen Grenzen überschritten sind oder von ihr in einer dem Zweck der Ermächtigung nicht entsprechenden Weise Gebrauch gemacht ist.

Damit einher ginge eine Anwendung der Lehre vom Beurteilungsspielraum im Vergaberecht. Die Anerkennung von Beurteilungsspielräumen müsste zwar weiterhin den strengen Anforderungen der normativen Ermächtigungslehre genügen. Dem will die vorgeschlagene Formulierung »ob nach dem Gesetz eine Beurteilungsermächtigung besteht« Rechnung tragen. Der Gesetzgeber ist aber nicht gehindert, Beurteilungsspielräume ausdrücklich zu normieren, wie es etwa in § 71 Abs. 5 S. 2 GWB oder § 10 Abs. 2 S. 2 TKG geschehen ist. Hierdurch könnte er neben dem Prüfprogramm auch die Beurteilungsermächtigung eindeutig festlegen.

III. Ergebnis

Das Unionsrecht enthält keine restriktiven Vorgaben für die Anerkennung und Kontrolle vergaberechtlicher Entscheidungsspielräume und verbietet lediglich eine bloße Willkürkontrolle. Eine über das unionsrechtliche Maß hinausgehende Kontrolldichte ist ausdrücklich zugelassen worden. Das Sekundärvergaberecht eröffnet an zahlreichen Stellen Entscheidungsoptionen für die öffentlichen Auftraggeber. Auf der nationalen Regelungsebene sind die öffentlichen Auftraggeber über Art. 1 Abs. 3 und 20 Abs. 3 GG an verfassungsrechtliche Grundsätze und die Grundrechte gebunden. Die Kontrolle vergaberechtlicher Entscheidungsspielräume muss insbesondere Art. 3 Abs. 1 und 19 Abs. 4 GG beachten. Das Kartellvergaberecht der §§ 97 ff. GWB belässt dem Auftraggeber in Umsetzung der VKR zwar zahlreiche Entscheidungsmöglichkeiten, enthält aber keinen Prüfungsmaßstab für deren Anwendung und Kontrolle. Das allgemeine Verwaltungsrecht ist hingegen ein Schlüssel zur Beantwortung der Frage nach Bedeutung und Reichweite von Entscheidungsspielräumen im Vergaberecht. Die auf rechtswissenschaftlicher und gerichtlicher Ausformung beruhende und in § 40 VwVfG sowie § 114 VwGO geregelte Ermessenslehre und die Lehre vom Beurteilungsspielraum bieten einen brauchbaren Rahmen für eine Beantwortung vergaberechtlicher Fragestellungen. Unter steter Beachtung unionsrechtlicher Vorgaben und vergaberechtlicher Zielsetzungen ist eine analoge Anwendung der §§ 10, 40 VwVfG und des § 114 VwGO der geeignete Weg, die dargestellten Unsicherheiten und Friktionen zu beseitigen und eine konsistente und gleichbehandelnde Rechtsanwendung und Nachprüfung zu gewährleisten[1008]. Zwar sind Vergabeverfahren keine Verwaltungsverfahren im Sinne des VwVfG, jedoch lassen sich die rund um § 40 VwVfG gefundenen Grundsätze generell auf

1008 So auch *Wollenschläger*, Verteilungsverfahren, S. 564 ff. für Verteilungsverfahren insgesamt.

das Vergaberecht übertragen[1009]. Für das Verfahrensermessen öffentlicher Auftraggeber kann entsprechend § 10 VwVfG herangezogen werden. Der tatsächliche Umfang vergaberechtlicher Entscheidungsspielräume ist jeweils im Einzelfall anhand der gefundenen Parameter zu entscheiden. Die größte Rechtssicherheit und –klarheit würde allerdings eine ausdrückliche Normierung vergaberechtlicher Entscheidungsspielräume und ihrer Kontrollmaßstäbe im GWB bewirken.

1009 Auf die Sachnähe zu Verwaltungsentscheidungen weist auch *Hailbronner*, in: Byok/Jaeger (Hrsg.), Vergaberecht, § 97 GWB Rdnr. 84 hin.

G. Entscheidungsspielräume öffentlicher Auftraggeber

Eine Übertragung der verwaltungsrechtlichen Dogmatik der Entscheidungsspielräume in das Vergaberecht durch eine analoge Anwendung der §§ 10, 40 VwVfG und des § 114 VwGO lässt eine zutreffende Behandlung des Spannungsverhältnisses zwischen Entscheidungsfreiheit und Gesetzesbindung unter Beachtung höherrangigen Rechts erwarten. Zudem wird die Übereinstimmung der vergaberechtlichen Nachprüfungsergebnisse mit der Kontrolle anderer Verteilungsentscheidungen der öffentlichen Hand gefördert[1010]. Vergaberechtliche Besonderheiten müssen allerdings Beachtung finden. Auf dieser Grundlage sollen die in der vergaberechtlichen Rechtsprechung in diesem Zusammenhang häufig thematisierten Vorschriften[1011] dahingehend untersucht werden, ob sie eine gerichtliche Vollkontrolle verlangen oder eine Ermächtigung zur Letztentscheidung des öffentlichen Auftraggebers enthalten. Die Qualifizierung der Entscheidungsspielräume als Beurteilungs- oder Ermessensspielräume ist erforderlich, um die Ermächtigungsanforderungen und die jeweilige Fehlerfolgenlehre bestimmen zu können. Dies befördert Rechtsklarheit und Rechtssicherheit im Vergaberecht. Die hier aufgezeigten Prüfungs- und Begründungsansätze mögen sodann dabei helfen, offene Fragen in anderen Zusammenhängen zu beantworten.

I. Vergaberechtliche Beurteilungsspielräume

Die Bindung der öffentlichen Auftraggeber an die Grundrechte[1012] verlangt grundsätzlich eine den Vorgaben des Art. 19 Abs. 4 GG genügende vollständige richterliche Rechtskontrolle[1013]. Die Unbestimmtheit der ge-

1010 Siehe oben Teil E. Etwa bei der Vergabe von Bodenabfertigungsdiensten auf Flughäfen resultiert die Kontrolle durch die Verwaltungsgerichte wie gesehen nicht aus einer grundsätzlichen anderen Ausgangslage, sondern aus dem Bestehen eines speziellen Regelungsregimes; vgl. oben Teil E. II. 2. Solchermaßen vergleichbare Sachverhalte können sinnvollerweise nicht gänzlich unterschiedlichen Kontrollmaßstäbe unterliegen.

1011 Dazu ausführlich Teil D.

1012 Siehe oben Teil F. II. 1. a) und b).

1013 BVerfGE 88, 40 (56 ff.) zu Art. 7 Abs. 5 GG; BVerfGE 103, 142 (158) zu Art. 13 GG; *Schoch*, in: Hoffmann-Riem/Schmidt-Aßmann/Voßkuhle (Hrsg.), Grundlagen des Verwaltungsrechts III, § 50 Rdnr. 258 ff.

setzlichen Vorgaben vermag für sich alleine keine Einschränkungen der gerichtlichen Kontrollintensität zu begründen. Vergabekammern und Oberlandesgerichte haben bei der Kontrollausübung Definitionen, Tatsachenfeststellungen und Subsumtionen gleichermaßen zum Gegenstand ihrer Prüfung zu machen. Dabei sind sie an Sachverhaltsannahmen oder Wertungen der Vergabestellen grundsätzlich nicht gebunden. Der schwach ausgeprägte Grundrechtsschutz im Recht der öffentlichen Auftragsvergabe, der sich im Wesentlichen in einer Gleichbehandlung der Bieter bei der Verfahrensdurchführung und der Auswahl des Vertragspartners erschöpft[1014], eröffnet nicht per se größere Entscheidungsfreiheiten der Vergabestellen. Vielmehr ist durch Auslegung der jeweiligen Rechtsnorm der gerichtliche Kontrollauftrag zu ermitteln. Entweder erfolgt die Kontrolle nachvollziehend und vollständig oder sie wahrt deutlicher die behördliche Entscheidungsfindung, bleibt aber zugleich rahmenhaft reduziert[1015]. Für die zweite Variante muss eine normative Ermächtigung der Vergabestelle zur Letztentscheidungsbefugnis vorliegen, welche die gerichtliche Kontrolle einschränkt[1016]. Das Vorliegen solcher normativen Ermächtigungen soll im Folgenden überprüft werden.

1. Die Schätzung des Auftragswerts

Die Schätzung des Auftragswerts[1017] verlangt eine realistische, seriöse und nachvollziehbare Prognose anhand objektiver Kriterien[1018]. Fehler können hier auftreten, wenn der öffentliche Auftraggeber die Schätzung gänzlich unterlässt oder fehlerhaft oder – zur Umgehung des Kartellvergaberechts – missbräuchlich durchführt. Fraglich ist dann, ob die Nachprüfungsinstanz die Schätzung eigenständig nachholen bzw. korrigieren darf.

1014 Dazu ausführlich oben Teil F. II. 1. c).

1015 Vgl. *Schmidt-Aßmann/Groß*, NVwZ 1993, 617 (623).

1016 »Der lückenlose Rechtsschutz, den Art. 19 Abs. 4 GG gewährt, schließt [...] normativ eröffnete Gestaltungs-, Ermessens- und Beurteilungsspielräume der Verwaltung nicht von vornherein aus«; BVerfGE 88, 40 (56).

1017 Zu ihr ausführlich oben Teil D. II. 1.

1018 OLG Düsseldorf, NZBau 2002, 697 (698); VK Bund, Beschl. v. 12. Mai 2005 – Az.: VK 2 – 20/03, Rdnr. 66 (juris); *Greb*, in: Ziekow/Völlink (Hrsg.), Vergaberecht, § 3 VgV Rdnr. 4; jurisPK-VergR/*Lausen*, § 3 VgV Rdnr. 14.

a) Fehlende oder fehlerhafte Schätzung des Auftragswerts

Die Vergabekammern und Oberlandesgerichte haben trotz gelegentlicher Erwähnung eines Beurteilungsspielraums des Auftraggebers eine fehlende oder fehlerhafte Schätzung des Auftragswertes zumeist selbst im Nachprüfungsverfahren vorgenommen[1019]. Auch die vergaberechtliche Literatur erwähnt zwar teilweise einen Beurteilungsspielraum, geht aber nicht näher auf dessen Auswirkungen auf die Kontrolle der Schätzungen ein[1020].

Die Schätzung des Auftragswertes gem. § 3 VgV ist eine Prognoseentscheidung, die sich ausschließlich an objektiven Kriterien zu orientieren hat[1021]. Es ist nicht zulässig, von der Erforderlichkeit einer Prognose des öffentlichen Auftraggebers automatisch auf einen entsprechenden Beurteilungsspielraum, genauer einen Prognosespielraum als besonderem Unterfall des Beurteilungsspielraums, zu schließen, denn alleine die Unbestimmtheit der prognostischen Entscheidungssituation genügt nicht für die Rücknahme der gerichtlichen Kontrollintensität. Prognoseentscheidungen sind zudem entsprechend ihrem Entscheidungsprozess in verschiedene Etappen, nämlich Prognosebegriff, Prognosebasis und Prognosemethode, zu unterteilen[1022]. Es gilt zunächst der in Art. 19 Abs. 4 S. 1 GG angelegte Grundsatz der gerichtlichen Vollkontrolle[1023]. Es bedarf daher einer besonderen Prognoseermächtigung der Vergabestelle, um die Prognose einer umfassenden Nachprüfung zu entziehen. Der ohne weiteres angenommene Rückschluss von der Prognoseentscheidung

1019 OLG Celle, Beschl. v. 19. August 2009 – Az.: 13 Verg 4/09, Rdnr. 27 ff. (juris); VK Sachsen-Anhalt, Beschl. v. 16. August 2001 – Az.: VK Hal 14/01, Rdnr. 39 (juris); VK Rheinland-Pfalz, Beschl. v. 15. August 2007 – Az.: VK 32/07, Rdnr. 95 (juris); einschränkend auf eindeutige Schätzungen OLG Düsseldorf, Beschl. v. 30. Juli 2003 – Az.: VII-Verg 5/03, Rdnr. 3 ff. (juris); zustimmend *Kühnen*, in: Byok/Jaeger (Hrsg.), Vergaberecht, § 3 VgV Rdnr. 5.

1020 Hk-VergabeR/*Alexander*, § 3 VgV Rdnr. 5; Beck'scher VOB-Kommentar/*Kemper*, § 1a VOB/A Rdnr. 42 ff.; jurisPK-VergR/*Lausen*, § 3 VgV Rdnr. 17 u. 41 f.; ohne nähere Bestimmung und lediglich mit dem Hinweis, an die Schätzung seien keine übertriebenen Anforderungen zu stellen Kompaktkommentar VergR/*Wieddekind*, 2. Los § 3 VgV Rdnr. 3 f.

1021 So auch jurisPK-VergR/*Lausen*, § 3 VgV Rdnr. 14.

1022 *Schwabenbauer/Kling*, VerwArch 101 (2010), 231 (239 ff.).

1023 BVerfGE 88, 40 (58 ff.); *Schoch*, in: Hoffmann-Riem/Schmidt-Aßmann/Voßkuhle (Hrsg.), Grundlagen des Verwaltungsrechts III, § 50 Rdnr. 287 f.; *Schmidt-Aßmann/Groß*, NVwZ 1993, 617 (621); *Schwabenbauer/Kling*, VerwArch 101 (2010), 231 (247).

auf den Prognosespielraum findet sich allerdings auch in der verwaltungsgerichtlichen Rechtsprechung[1024]. Eine solche Annahme missachtet den Ansatz der normativen Ermächtigungslehre. Nach dieser ist die Unbestimmtheit der Gesetzeslage gerade nicht für einen exekutivischen Entscheidungsspielraum ausreichend, sondern es ist in der konkreten Rechtsnorm nach einer entsprechenden Ermächtigung zu suchen[1025]. Die zu prüfende Frage lautet somit richtigerweise, ob sich in § 3 VgV eine Prognoseermächtigung für den öffentlichen Auftraggeber findet, deren Vorliegen eine Überprüfung der Schätzung des Auftragswerts auf die Kontrolle der Wahrhaftigkeit der zugrundegelegten Tatsachen, die Beachtung des Verfahrens, die Plausibilität angewandter Schlussfolgerungsmethoden u.ä. beschränkt[1026].

aa) Prognosebegriff

Der Auftragswert als Prognosebegriff ist kein unbestimmter Rechtsbegriff, da er nicht als »Ausdruck gesteigerter Vagheit«[1027] angesehen werden kann. Im Gegenteil bestimmt das Gesetz in § 3 Abs. 1 VgV den Auftragswert als Wert der Gesamtvergütung einschließlich etwaiger Prämien oder Zahlungen an Bewerber oder Bieter unter Berücksichtigung aller Optionen oder etwaiger Vertragsverlängerungen. Der Gegenstand der Prognose ist somit klar umrissen.

bb) Prognosebasis

Als Prognosebasis bezeichnet man die Sachverhaltsermittlung. Das Gericht ist nicht an die Tatsachenfeststellungen der Behörde gebunden, sondern dazu berufen, die Entscheidungsgrundlage selbst zu ermitteln, auch

---

1024 BVerwGE 64, 238 (242); 79, 208 (213); 116, 188 (189 ff.); ablehnend aber BVerfGE 88, 40 (60); 103, 142 (157).

1025 Dazu ausführlich oben Teil C. II. 2. c). Dies umsetzend BVerwG, NVwZ-RR 2003, 7 (7 f.) zu § 165 BauGB.

1026 Zu diesem eingeschränkten Prüfprogramm *Schwabenbauer/Kling*, VerwArch 101 (2010), 231 (239).

1027 *Röhl/Röhl*, Allgemeine Rechtslehre, S. 242.

wenn es sich um ein kompliziertes Bewertungsverfahren handelt[1028]. Die von der Vergabestelle ermittelten Tatsachengrundlagen für die Schätzung des Auftragswerts kann von den Vergabekammern und Oberlandesgerichten somit vollumfänglich überprüft werden. Anderes kann allenfalls dort gelten, wo dem Gesetz ein Vorrang der Verwaltung bei der Tatsachenfeststellung zu entnehmen ist, was bei § 3 VgV nicht der Fall ist[1029]. Ein Sachverhaltsirrtum geht als rechtserheblicher Mangel zu Lasten der Vergabestelle, deren Entscheidung insoweit ein materiell-rechtliches Defizit aufweist[1030].

cc) Prognosemethode

Um ein Prognoseergebnis zu erlangen, muss eine Verwaltungsstelle Erfahrungssätze heranziehen, die eine Prognose für ein zukünftiges Geschehen erlauben. Deren nicht vollständig mögliche Rationalisierbarkeit scheint auf die Einschränkung gerichtlicher Kontrolle hinzudeuten[1031]. Je »dünner« die Prognosebasis ist, desto eher drängt sich zudem die Frage auf, ob eine gerichtliche Prognose der exekutivischen überlegen sein kann und desto zweifelhafter wird deshalb ihre Ersetzung. Doch ist auch hier Vorsicht geboten. Die verfassungsrechtliche Garantie effektiven Rechtsschutzes aus Art. 19 Abs. 4 GG setzt ein klares Gegengewicht und verbietet die pauschale Annahme eines Prognosespielraums allein unter Verweis auf die mit der Überprüfung solcher Entscheidungen verbundenen besonderen Schwierigkeiten. Probleme der Ermittlung alleine rechtfertigen keine Einschränkung des Rechtsschutzes[1032]. Auch die Annahme einer stets gegebenen besonderen Fachkunde der Exekutive und einem daraus erwachsenden Vorzug ihrer Prognose trifft nicht zu, weil ansonsten aus jeder Fachentscheidung eine Beurteilungsermächtigung zu entnehmen wäre. Zudem kann sich das Gericht mit Hilfe von Sachverständigen selbst fachkundig

---

1028 Zur Berechnung eines Ausgleichsbetrages zur Finanzierung einer Sanierung VG Frankfurt/Main, NVwZ 2000, 227 (227).

1029 Als Beispiel für einen solchen Vorrang der Verwaltung kann die Anscheinsgefahr als Folge des subjektiven Gefahrbegriffs genannt werden; vgl. *Schwabenbauer/Kling*, VerwArch 101 (2010), 231 (241), die von einer »Diagnoseermächtigung« sprechen.

1030 Zu dieser Fehlerfolge *Bamberger*, VerwArch 93 (2002), 217 (228 f.).

1031 *Schwabenbauer/Kling*, VerwArch 101 (2010), 231 (241 ff.).

1032 BVerfGE 84, 34 (55).

machen[1033]. Der für Schätzungen und Prognosen erforderliche Sachverstand ist nicht bei der Verwaltung monopolisiert[1034]. Zieht man diese Erwägungen ins Kalkül, wird der scheinbar zwingende Zusammenhang zwischen Prognoseentscheidung und behördlicher Letztentscheidungskompetenz brüchig. Führt man die normative Ermächtigungslehre in die Betrachtung ein, so wird deutlich, dass auch hier mangels offensichtlicher Kontrollrestriktion nach einer gesetzgeberischen Zuweisung der Letztentscheidungshoheit zu suchen ist. Wo diese fehlt, gilt der Grundsatz gerichtlicher Vollkontrolle zum Schutz der Rechte des Rechtsschutzsuchenden.

Demnach müsste § 3 VgV eine besondere Prognoseermächtigung zu entnehmen sein, welche die Schätzung des Auftragswertes der Korrekturkompetenz der Vergabekammern und Oberlandesgerichte entziehen würde. Eine solche Ermächtigung ist allerdings nicht anzunehmen. Im Gegenteil bestimmt die Vorschrift ausführlich, welche Parameter für die Schätzung heranzuziehen sind und trifft in den Absätzen 3 bis 8 für bestimmte Beschaffungsarten besondere Vorgaben zur Wertermittlung. Dass der Gesetzgeber der Vergabeverordnung eine gerichtlicher Kontrolle weitgehend entzogene Schätzung des Auftragswertes durch den öffentlichen Auftraggeber schaffen wollte, erscheint zweifelhaft. Die Zweifel werden bestärkt durch den effet utile-Grundsatz des Unionsrechts, der eine größtmögliche Wirksamkeit unionsrechtlicher Vorgaben verlangt, wie sie in den §§ 97 ff. GWB umgesetzt sind. Erst hierdurch wird ein effektiver Vergaberechtsschutzes gewährleistet. Eine wirksame Umsetzung dieser Vorgaben erfordert einen nicht unkontrolliert hinzunehmenden Entzug der Bieter aus dem Anwendungsbereich des § 97 Abs. 7 GWB. Die Beachtung grundrechtlicher Einflüsse[1035] bestärkt dieses Ergebnis. Das Gewicht des Art. 19 Abs. 4 GG wird dadurch erhöht, dass sich mit der Schätzung des Auftragswertes die Weichenstellung für eine Anwendung des GWB-Vergaberechts verbindet. Unterhalb der Schwellenwerte besteht verfassungsgerichtlich bestätigt kein effektiver Primärrechtsschutz für die Unternehmen[1036]. Die Bedeutung der Prognose für die Grundrechtsverwirklichung intensiviert somit die Anforderungen an eine Ermächtigung der Vergabestelle zur Letztentscheidung.

1033 BVerfGE 84, 34 (55); BVerwGE 81, 12 (17).

1034 *Tettinger*, DVBl. 1982, 421 (424).

1035 Zu ihrer Bedeutung bei der Bestimmung eines Prognosespielraums *Schwabenbauer/Kling*, VerwArch 101 (2010), 231 (246).

1036 BVerfGE 116, 135 (154 ff., 159 ff.).

dd) Auswirkungen für die vergaberechtliche Nachprüfung

Bislang herrschte in der vergaberechtlichen Rechtsprechung Uneinigkeit darüber, ob bei der Schätzung des Auftragswerts gem. § 3 VgV ein Beurteilungsspielraum des öffentlichen Auftraggebers in Form eines Prognosespielraums besteht[1037]. Dies ist zu verneinen. Vergabekammern und Oberlandesgerichte müssen den geschätzten Auftragswert somit vollumfänglich zum Gegenstand gerichtlicher Kontrolle machen. Sie werden dabei aufgrund der mit einer Prognose verbundenen Unsicherheiten keine unverhältnismäßig strengen Anforderungen an den öffentlichen Auftraggeber stellen dürfen[1038]. Sofern dessen Sachverhaltsermittlung vollständig und zutreffend war und der geschätzte Auftragswert darauf aufbauend als vertretbar anzusehen ist, ist die Schätzung als rechtmäßig zu akzeptieren. Fehlt die Schätzung des Auftragswertes ganz, hat die Nachprüfungsinstanz sie vollständig zu ersetzen. Dies ist zudem für die Feststellung der Zulässigkeit des Nachprüfungsantrags erforderlich. Wenn es den Vergabekammern und Oberlandesgerichten möglich ist, die Schätzung des öffentlichen Auftraggebers zu prüfen und zu korrigieren, so ist es ihnen erst recht möglich, mit ihrer Schätzung eine bis dahin unausgefüllte Lücke zu schließen. Denn die Kompetenzen der Vergabestelle werden hier weniger beeinträchtigt, da sie fehlerhaft eine Schätzung überhaupt gar nicht vorgenommen hat. Überschreitet der Auftrag nach der vergaberechtlichen Nachprüfung den Schwellenwert, ist er im Weiteren an den Vorgaben des Kartellvergaberechts zu messen.

1037 Dafür OLG Düsseldorf, Beschl. v. 30. Juli 2003 – Az.: VII-Verg 5/03, Rdnr. 3 ff. (juris); a.A. OLG Celle, Beschl. v. 19. August 2009 – Az.: 13 Verg 4/09, Rdnr. 27 ff. (juris); VK LSA, Beschl. v. 16. August 2001 – Az.: VK Hal 14/01, Rdnr. 39 (juris); VK Rh.-Pf., Beschl. v. 15. August 2007 – Az.: VK 32/07, Rdnr. 95 (juris).

1038 So auch BayObLG, VergabeR 2002, 657 (657 f.); Kompaktkommentar VergR/*Wieddekind*, 2. Los § 3 VgV Rdnr. 4. Für einen Beurteilungsspielraum hingegen OLG Dresden, NZBau 2012, 794 (795); OLG München, ZfBR 2013, 296 (298).

b) Missbräuchliche Schätzung des Auftragswerts oder Aufteilung des Auftrags

Die missbräuchliche Schätzung des Auftragswerts ist eine absichtlich fehlerhafte Schätzung und steht dieser daher gleich. Der Prüfungsmaßstab durch die Vergabekammern und Oberlandesgerichte ist allerdings strenger auszulegen, so dass das manipulierte Prognoseergebnis als nicht vertretbar und daher rechtsfehlerhaft zu qualifizieren ist.

Etwas anders liegt es bei der missbräuchlichen Aufteilung eines Auftrags, da hier nicht die Prognose an sich manipuliert wird, sondern die Prognosebasis in Form der aufgeteilten Aufträge. Die Prognose wird vielmehr auf dieser Basis regelmäßig zutreffend sein, da es gerade Ziel des öffentlichen Auftraggebers ist, eine zutreffende Schätzung unterhalb der Schwellenwerte zu erreichen. Da die Prognose für sich gesehen nicht zu beanstanden ist, muss vielmehr geprüft werden, ob der öffentliche Auftraggeber den Auftrag missbräuchlich aufgeteilt hat oder ob er eine ihm zustehende Freiheit bei der Bestimmung des zu vergebenden Auftrags zulässigerweise ausgeschöpft hat. In Rede steht hier die Reichweite des vergaberechtlichen Ermessens bei der Auftragsbestimmung[1039].

2. Das Vorliegen wirtschaftlicher oder technischer Gründe i.S.d. § 97 Abs. 3 S. 3 GWB

Eine Losaufteilung gem. § 97 Abs. 3 S. 2 GWB setzt die Teilbarkeit des Auftrags voraus. Die Lockerung der Pflicht zur Aufteilung in Teil- oder Fachlose hängt von der Auslegung und Anwendung der unbestimmten Rechtsbegriffe »wirtschaftliche Gründe«, »technische Gründe« und »erfordern« ab. Ob dem öffentlichen Auftraggeber bei diesen Prüfungsschritten ein Beurteilungsspielraum zukommt oder seine Einschätzungen von den Vergabekammern und Oberlandesgerichten vollumfänglich überprüft werden können, hängt nach der normativen Ermächtigungslehre vom Vorliegen einer gesetzlichen Ermächtigung zur Letztentscheidung durch die Vergabestelle ab.

Teilbar ist ein Auftrag, wenn er in Teillose, d.h. mengenmäßige oder räumliche Unterteilungen der Gesamtleistung, oder Fachlose, d.h. Unter-

1039 Siehe zum Ermessen bei der Losaufteilung und bei der Leistungsbeschreibung II. 2 a).

teilungen der Gesamtleistung in einzelne Fachgebiete oder Gewerke, zerlegt werden kann[1040]. Die Teilbarkeit ist stets zu prüfen und im Ergebnis die Regel, während Abweichungen hiervon die begründungsbedürftige und zu dokumentierende Ausnahme darstellen[1041]. Ist der Auftrag teilbar, muss er grundsätzlich auch aufgeteilt werden. Ein Beurteilungsspielraum kommt dem öffentlichen Auftraggeber hier ebenso wenig zu wie ein Ermessen.

Ist ein Auftrag zwar tatsächlich teilbar, erscheint die Aufteilung aber aus wirtschaftlichen oder technischen Gründen nicht sinnvoll, kommt § 97 Abs. 3 S. 3 GWB zum Tragen. Die Auslegung der Begriffe »wirtschaftliche Gründe«, »technische Gründe« und »erfordern« ist einer gerichtlichen Prüfung nicht entzogen. Als unwirtschaftlich ist eine Losaufteilung anzusehen, wenn ein erheblicher zusätzlicher Koordinierungsaufwand erforderlich ist, erhebliche zusätzliche personelle Ressourcen beim öffentlichen Auftraggeber abgestellt werden müssen oder mit einer starken Verzögerung oder unverhältnismäßigen Kostennachteilen zu rechnen ist, die jeweils über das übliche und in Kauf zu nehmende Maß hinausgehen[1042]. Als technische Gründe können Gründe der Verkehrssicherheit, des reibungslosen und termingerechten Bauablaufs sowie der Funktionalität ebenso in Betracht kommen wie Gründe der Eilbedurftigkeit sowie eine nicht oder nur mit unverhältnismäßigem Aufwand mögliche Sicherung der Einheitlichkeit der Leistungen, die ungewöhnliche Erschwerung der Verfolgung von Gewährleistungsansprüchen oder eine starke Verzögerung des Vorhabens, die der besonderen Interessenlage des Auftraggebers erheblich widerspricht[1043]. »Erfordern« lässt sich dahin auslegen, dass die wirtschaftlichen oder technischen Gründe eine zusammengefasste Vergabe notwendig machen, um die festgestellten Nachteile zu verhindern[1044].

Ein Beurteilungsspielraum könnte bei der Frage bestehen, ob ein oder mehrere der so beschriebenen Gründe im konkreten Einzelfall vorliegen. Erforderlich ist eine Auslegung des § 97 Abs. 3 S. 3 GWB. Der Gesetzge-

---

1040 Vgl. etwa ThürOLG, VergabeR 2003, 683 (684 f.) (»kohärente, nicht weiter zerlegbare Lose«).

1041 Hk-VergabeR/*Fehling*, § 97 GWB Rdnr. 100.

1042 OLG Düsseldorf, VergabeR 2005, 107 (109 f.); *Schranner*, in: Ingenstau/Korbion (Begr.), VOB. Teile A und B, § 5 EG VOB/A Rdnr. 4 f.; *Dreher*, NZBau 2005, 427 (430).

1043 OLG Düsseldorf, VergabeR 2005, 107 (109 f.); ThürOLG, NZBau 2007, 730 (731 ff.); *Ortner*, VergabeR 2011, 677 (682).

1044 Ähnlich *Boesen*, VergabeR 2011, 364 (368).

ber wollte mit der Neufassung des § 97 Abs. 3 GWB der Tendenz zur Bündelung der Nachfragemacht und der Zusammenfassung teilbarer Leistungen Rechnung tragen, welche insbesondere durch mittelständische Unternehmen beklagt wurden. Die Interessen der vorwiegend mittelständisch strukturierten Wirtschaft gegenüber marktstarken öffentlichen Auftraggebern sollten durch eine mittelstandsgerechte Ausgestaltung der Vergabeverfahren besser beachtet werden, um so die Nachteile der mittelständischen Wirtschaft gerade bei der Vergabe großer Aufträge mit einem Volumen, das die Kapazitäten mittelständischer Unternehmen überfordern könnte, auszugleichen[1045]. Ziel der Neuregelung war also der bessere Schutz mittelständischer Interessen bei der Vergabe insbesondere großvolumiger Aufträge aufgrund erkannter Regelungsdefizite in § 97 Abs. 3 GWB a.F. Wenn aber das beklagte Problem der Vorgängerregelung gerade in einer Praxis der wenig mittelstandsgerechten Ausgestaltung von Vergabeverfahren und der Bündelung von Nachfragemacht sowie der Zusammenfassung teilbarer Leistungen bestand, kann nicht angenommen werden, dass der Gesetzgeber den öffentlichen Auftraggebern allzu große Spielräume belassen wollte. Anderenfalls bestünde die Gefahr, dass das Regelungsziel abermals durch die Praxis ausgehebelt wird. Die vorgebrachten Gründe müssen erheblich sein, um die Ausnahme der zusammenfassenden Vergabe eröffnen zu können. Dem öffentlichen Auftraggeber sollen keine völlig unwirtschaftlichen, technisch unsinnigen oder undurchführbaren Beschaffungen aufgedrängt werden[1046]. Eine umfassende gerichtliche Kontrolle wahrt das subjektive Recht der Unternehmen aus § 97 Abs. 3 i.V.m. Abs. 7 GWB[1047]. Ein Beurteilungsspielraum bezüglich des »Ob« einer Losvergabe ist daher abzulehnen[1048]. Allerdings sind keine übertriebenen Anforderungen an den Entschluss zur zusammengefassten

1045 So die Begründung zur Änderung des § 97 Abs. 3 GWB in BT-Drs. 16/10117, S. 15.

1046 So auch *Ortner*, VergabeR 2011, 677 (681).

1047 Dazu ThürOLG, ZfBR 2007, 603 (604); VK Bund, VergabeR 2001, 143 (144 f.); VK Düsseldorf, Beschl. v. 19. März 2007 – Az.: VK – 07/2007 – B, Rdnr. 73 (juris); VK Arnsberg, Beschl. v. 25. November 2009 – Az.: VK 29/09, Rdnr. 57 ff. (juris).

1048 Ebenso *Ortner*, VergabeR 2011, 677 (680); in diese Richtung auch *Boesen*, VergabeR 2011, 364 (371); a.A. VK Münster, Beschl. 7. Oktober 2010 – Az.: VK 18/09, Rdnr. 79 ff. (juris); Hk-VergabeR/*Fehling*, § 97 GWB Rdnr. 102; jurisPK-VergR/*Summa*, § 97 GWB Rdnr. 87.

oder Gesamtvergabe zu stellen[1049]. Diese Ablehnung eines Beurteilungsspielraums bei der Prüfung der Voraussetzungen des § 97 Abs. 3 S. 3 GWB trifft keinerlei Aussage hinsichtlich der noch näher zu bestimmenden Entscheidungsfreiheit des öffentlichen Auftraggebers bei der Bestimmung des Beschaffungsbedarfs[1050].

Nachprüfungsentscheidungen, die einen Beurteilungsspielraum bei der Auslegung der Voraussetzungen des § 97 Abs. 3 S. 3 GWB angenommen haben[1051], ist zu widersprechen. Die Annahmen des öffentlichen Auftraggebers über die Voraussetzungen zur Zusammenfassung mehrerer Teil- oder Fachlose unterliegen der uneingeschränkten gerichtlichen Kontrolle.

3. Tatbestandsvoraussetzungen für die verschiedenen Verfahrensarten

Die Auswahl einer nach § 101 GWB zulässigen Verfahrensart verbindet sich insbesondere mit der Frage nach dem dabei bestehenden Ermessen des öffentlichen Auftraggebers[1052]. Die Vergabestelle muss allerdings zunächst bei der Prüfung, welche Verfahrensarten ihren Voraussetzungen nach überhaupt in Betracht kommen, eine ganze Reihe unbestimmter Rechtsbegriffe näher bestimmen und auf den Einzelfall anwenden.

§ 101 GWB benennt und charakterisiert lediglich die grundsätzlich zur Verfügung stehenden Verfahrensarten und statuiert in Abs. 7 S. 1 einen Vorrang des offenen Verfahrens, es sei denn, das Vergaberecht gestattet etwas anderes. Wann dies der Fall ist, lässt sich der Vorschrift hingegen nicht entnehmen mit der Ausnahme, dass § 101 Abs. 4 S. 1 GWB als Voraussetzung für die Durchführung eines wettbewerblichen Dialogs die Vergabe besonders komplexer Aufträge nennt. Einzelregelungen zur Ver-

---

1049 Insofern übereinstimmend mit jurisPK-VergR/*Summa*, § 97 GWB Rdnr. 85.

1050 Näher dazu *Boesen*, VergabeR 2011, 364 (369).

1051 OLG Düsseldorf, VergabeR 2004, 511 (512); Beschl. v. 30. November 2009 – Az.: VII-Verg 43/09, Rdnr. 4 (juris); VergabeR 2011, 718 (719 f.); Beschl. v. 7. März 2012 – Az.: VII-Verg 82/11, Rdnr. 53 (juris); VK Nordbayern, Beschl. v. 9. Juli 2009 – Az.: 21.VK-3194-15/09, Rdnr. 71 f. (juris); VK Saarland, Beschl. v. 7. September 2009 – Az.: 3 VK 01/09, Rdnr. 67 (juris); VK Sachsen, Beschl. v. 25. September 2009 – Az.: 1/SVK/038/09, Rdnr. 75 ff. (juris); VK Münster, Beschl. v. 7. Oktober 2009 – Az.: VK 18/09, Rdnr. 79 ff. (juris); VK Bund, Beschl. v. 4. November 2009 – Az.: 3 – 190/09, Rdnr. 112 ff.; VK Südbayern, Beschl. v. 29. Juni 2010 – Az.: Z3-3-3194-1-35-05-10, Rdnr. 66 (juris).

1052 Siehe dazu im Abschnitt über das Verfahrensermessen unter II. 1. a) und c) aa).

fahrenswahl mit zahlreichen unbestimmten Rechtsbegriffen finden sich in den Vergabeordnungen[1053].

Nach § 3 VOF (2009) werden freiberufliche Leistungen alleine im Verhandlungsverfahren mit vorheriger öffentlicher Aufforderung zur Teilnahme (Teilnahmewettbewerb) vergeben. Nicht gänzlich geklärt ist, ob über den Wortlaut der Vorschrift hinaus auch der wettbewerbliche Dialog angewendet werden kann bzw. in bestimmten Konstellationen sogar angewendet werden muss[1054].

In VOB/A-EG (2012) und VOL/A-EG (2009) sind alle vier Verfahrensarten unter näher bestimmten Voraussetzungen anwendbar. Sowohl § 3 Abs. 2 VOB/A-EG (2012) als auch § 3 Abs. 1 S. 1 VOL/A-EG (2009) sehen in Übereinstimmung mit § 101 Abs. 7 S. 1 GWB für den Regelfall die Anwendung des offenen Verfahrens vor. Sie gestatten die Durchführung eines nicht offenen Verfahrens, eines Verhandlungsverfahrens oder eines wettbewerblichen Dialogs nur, wenn die »Eigenart der Leistung« oder die »besonderen Umstände« dies rechtfertigen (VOB/A) bzw. bei Vorliegen eines »begründeten Ausnahmefalles« (VOL/A). Wann diese Ausnahmen vorliegen, wird in den folgenden Absätzen jeweils näher bestimmt.

Die Zulässigkeit eines nicht offenen Verfahrens i.S.d. § 3 Abs. 1 Nr. 2 VOB/A-EG (2012) bestimmt sich nach § 3 Abs. 3 VOB/A-EG (2012), für die Vergabe von Leistungen sind die Zulässigkeitsvoraussetzungen in § 3 Abs. 2 VOL/A-EG (2009) geregelt. Nach § 3 Abs. 3 Nr. 1 bis 4 VOB/A-EG (2012) ist ein nicht offenes Verfahren bei der Vergabe von Bauleistungen zulässig, wenn eine Bearbeitung des Angebotes wegen der Eigenart der Leistung einen »außergewöhnlich hohen Aufwand« erfordert (Nr. 1), wenn die Leistung nach ihrer Eigenart nur von einem beschränkten Kreis von Unternehmen in geeigneter Weise ausgeführt werden kann, besonders wenn »außergewöhnliche Zuverlässigkeit oder Leistungsfähigkeit (beispielsweise Erfahrung, technische Einrichtungen oder fachkundige Arbeitskräfte) erforderlich ist« (Nr. 2), wenn ein offenes oder nicht offenes Verfahren aufgehoben wurde (Nr. 3) oder wenn das offene Verfahren »aus anderen Gründen unzweckmäßig ist« (Nr. 4). § 3 Abs. 2 lit. a) bis d) VOL/A-EG (2009) stimmt damit weitgehend überein, auch wenn der außergewöhnlich hohe Aufwand hier zu einem Aufwand wird, »der zu

1053 § 3 VOB/A-EG (2012), § 3 VOL/A-EG (2009) und § 3 VOF (2009).

1054 Übersicht zum Streitstand in Kompaktkommentar VergR/*Haak/Preißinger*, 3. Los § 3 VOF Rdnr. 2 m.w.N.

dem erreichbaren Vorteil oder dem Wert der Leistung im Missverhältnis stehen würde«. In beiden Vergabeordnungen sind damit insbesondere große und außergewöhnliche Projekte gemeint, bei denen sehr umfangreiche Vergabeunterlagen zu bearbeiten sind[1055]. Eine abweichende Formulierung findet sich auch in § 3 Abs. 2 lit. c) VOL/A-EG (2009), der nicht die Aufhebung eines offenen oder nicht offenen Verfahrens verlangt, sondern dass ein offenes Verfahren »kein wirtschaftliches Angebot« hervorgebracht hat. Angeglichen werden die Vorschriften dadurch, dass Voraussetzung für den Ausnahmetatbestand des § 3 Abs. 2 lit. c) VOL/A-EG (2009) eine Aufhebung des offenen Verfahrens gem. § 20 Abs. 1 lit. c) VOL/A-EG (2009) ist, weil ein formloser Übergang in ein anderes Verfahren nicht zulässig ist[1056]. Dahingegen verweist § 3 Abs. 3 Nr. 3 VOB/A-EG (2012) nicht mehr auf einen bestimmten Aufhebungsgrund des § 17 Abs. 1 VOB/A-EG (2012). Die Vorgängerregelung des § 3 Abs. 3 Nr. 2 VOB/A (2009) hatte vorausgesetzt, dass eine Öffentliche Ausschreibung[1057] »kein annehmbares Ergebnis« gehabt hatte. Darunter wurde ein Verweis auf eine Aufhebung der Ausschreibung gem. § 17 Abs. 1 Nr. 1 und ggf. Nr. 3 VOB/A (2009) verstanden[1058]. Nicht darunter gefasst wurde eine Aufhebung aufgrund einer grundlegenden Änderung der Vergabeunterlagen gem. § 17 Abs. 1 Nr. 2 VOB/A (2009). Der nunmehr pauschale Verweis auf eine Aufhebung der Ausschreibung in § 3 Abs. 3 Nr. 3 VOB/A-EG (2012) könnte seinem Wortlaut nach aber auch diese Variante erfassen. Dafür spricht, dass in § 3 Abs. 4 Nr. 1 VOB/A-EG (2012) für die Zulässigkeit eines Verhandlungsverfahrens mit öffentlicher Vergabebekanntmachung eine Aufhebung wegen nicht annehmbarer Angebote ausdrücklich erwähnt und damit an die Begrifflichkeit aus der VOB/A (2009) angeknüpft wird. Der in § 101 Abs. 7 S. 1 GWB vorgesehene Vorrang des offenen Verfahrens zwingt allerdings zu einer zurückhaltenden Anwendung dieser Möglichkeit. In § 3 Abs. 3 Nr. 4 VOB/A-EG (2012) fehlen nunmehr die Beispiele »Dringlichkeit« und »Geheimhaltung« für die Un-

---

1055 *Kulartz*, in: ders./Marx/Portz/Prieß (Hrsg.), VOB/A, § 3 Rdnr. 61.

1056 *Hausmann/v.Hoff*, in: Kulartz/Marx/Portz/Prieß (Hrsg.), VOL/A, § 3 EG Rdnr. 37.

1057 Die Öffentliche Ausschreibung entsprach gem. § 3a Abs. 1 Nr. 1 VOB/A (2009) dem offenen Verfahren.

1058 Kompaktkommentar VergR/*Haak/Preißinger*, 3. Los § 3 VOB/A Rdnr. 34; Hk-VergabeR/*Pünder*, § 3 VOB/A Rdnr. 12; für eine Einbeziehung von § 17 Abs. 1 Nr. 3 VOB/A (2009) *Stickler*, in: Kapellmann/Messerschmidt (Hrsg.), VOB, § 3 VOB/A Rdnr. 44.

zweckmäßigkeit des offenen Verfahrens, wie § 3 Abs. 2 Nr. 3 VOB/A (2009) sie noch aufgeführt hatte. Dennoch stellen eine Dringlichkeit der Auftragsvergabe im Sinne einer objektiv zu beurteilenden Eilbedürftigkeit der Leistungserbringung, die auf äußere und unverschuldete Umstände zurückzuführen sein muss[1059], und eine aus objektiven Gesichtspunkten gebotene Geheimhaltung weiterhin Gründe für die Unzweckmäßigkeit des offenen Verfahrens dar. Daneben sind noch andere Gründe für die Unzweckmäßigkeit des offenen Verfahrens denkbar, an die aufgrund des Ausnahmecharakters der Abweichung vom offenen Verfahren hohe Anforderungen zu stellen sind[1060]. Die »außergewöhnliche Zuverlässigkeit und Leistungsfähigkeit« (VOB/A) bzw. die »außergewöhnliche Eignung« (VOL/A) setzt nach der hier angezeigten engen Auslegung von Ausnahmevorschriften voraus, dass die Leistung objektiv aus der Sicht eines neutralen Dritten nur von einem oder zumindest sehr wenigen spezialisierten Unternehmen erbracht werden kann[1061]. Außergewöhnlich meint, dass die Anforderungen objektiv über dem gewöhnlichen Anforderungsniveau an das konkret betroffene Marktsegment liegen. Die Erfüllung des Auftrags muss Spezialwissen erfordern, welches im Rahmen eines normalen Ausbildungsganges nicht vermittelt wird[1062].

Die Auftragsvergabe im Wege eines wettbewerblichen Dialogs setzt einen »besonders komplexen Auftrag« voraus, § 101 Abs. 4 S. 1 GWB. Diese Voraussetzung ist als Ausnahmevorschrift in Übereinstimmung mit unionsrechtlichen Vorgaben eng auszulegen. Die Auftragsvergabe darf in einem offenen oder nicht offenen Verfahren nicht möglich sein[1063]. Konkretisierungen finden sich in § 3 Abs. 7 Nr. 1 VOB/A-EG (2012) und § 3 Abs. 7 S. 1 VOL/A-EG (2009).

Das Verhandlungsverfahren mit öffentlicher Vergabebekanntmachung ist u.a. möglich, wenn ein offenes oder nicht offenes Verfahren wegen »nicht annehmbarer Angebote« aufgehoben wurde, § 3 Abs 4 Nr. 1 VOB/A-EG (2012). Kein annehmbares Angebot liegt vor, wenn kein Angebot eingegangen ist, das den Ausschreibungsbedingungen entspricht,

1059 *Völlink*, in: Ziekow/ders. (Hrsg.), Vergaberecht, § 3 VOB/A Rdnr. 28.

1060 Hk-VergabeR/*Pünder*, § 3 VOB/A Rdnr. 13. Als Beispiel wird etwa ein unverhältnismäßig hoher Aufwand des offenen Verfahrens genannt; vgl. *Völlink*, in: Ziekow/ders. (Hrsg.), Vergaberecht, § 3 VOB/A Rdnr. 31.

1061 OLG Naumburg, NJOZ 2004, 845 (848) zum vergleichbaren § 3 Abs. 2 lit. a) VOL/A (2002).

1062 Kompaktkommentar VergR/*Haak/Preißinger*, 3. Los § 3 VOB/A Rdnr. 44.

1063 Hk-VergabeR/*Pünder*, § 101 GWB Rdnr. 47.

§ 17 Abs. 1 Nr. 1 VOB/A-EG (2012), weil überhaupt keine Angebote abgegeben wurden, alle Angebote ausgeschlossen oder alle Bieter als ungeeignet angesehen werden mussten oder weil nur Angebote mit einem unangemessen hohen oder niedrigen Preis vorgelegt wurden[1064]. Dieser letztgenannte Grund wird zum Teil unter die anderen schwerwiegenden Gründe des § 17 Abs. 1 Nr. 3 VOB/A-EG (2012) gefasst[1065], was für die Wahl der Verfahrensart keine Auswirkungen hat. Bei der Vergabe von Leistungen erlaubt der Umstand, dass in einem offenen oder einem nicht offenen Verfahren oder einem wettbewerblichen Dialog nur Angebote abgegeben worden sind, die ausgeschlossen wurden, die Durchführung eines Verhandlungsverfahrens mit Teilnahmewettbewerb, § 3 Abs. 3 lit. a) VOL/A-EG (2009). Wurden hingegen in einem offenen oder einem nicht offenen Verfahren überhaupt keine oder »keine wirtschaftlichen Angebote« abgegeben, kann der Teilnahmewettbewerb entfallen, § 3 Abs. 4 lit. a) VOL/A-EG (2009)[1066]. Vergleichbar verlangt § 3 Abs. 5 Nr. 1 lit. a) VOB/A-EG (2012), dass bei einem offenen oder bei einem nicht offenen Verfahren[1067] »keine wirtschaftlichen Angebote« abgegeben worden sind, sofern die ursprünglichen Vertragsunterlagen nicht grundlegend geändert werden und in das Verhandlungsverfahren alle geeigneten Bieter aus dem vorausgegangenen Verfahren einbezogen werden. Ein Angebot ist nicht wirtschaftlich, wenn es unter Berücksichtigung allgemeiner Erfahrungssätze sowie der in den Ausschreibungsunterlagen genannten Wirtschaftlichkeitskriterien in einem unangemessenen Preis-Leistungsverhältnis steht[1068]. Ebenfalls im Verhandlungsverfahren ohne öffentliche Vergabebekanntmachung können Aufträge vergeben werden, wenn in einem offenen oder nicht offenen Verfahren keine Angebote oder Bewerbungen oder nur solche Angebote abgegeben worden sind, die nach § 16 Abs. 1

1064 Kompaktkommentar VergR/*Haak/Preißinger*, 3. Los § 3 VOB/A Rdnr. 34; Hk-VergabeR/*Pünder*, § 3 VOB/A Rdnr. 12.

1065 jurisPK-VergR/*Horn*, § 3 VOB/A 2009 Rdnr. 82; *Stickler*, in: Kapellmann/Messerschmidt (Hrsg.), VOB, § 3 VOB/A Rdnr. 44.

1066 Als zu großzügige Voraussetzung für diese ultima ratio der Verfahrenswahl kritisiert dies Hk-VergabeR/*Pünder*, § 3 EG VOL/A Rdnr. 16.

1067 Unter Beachtung des Art. 30 Abs. 1 lit. a) UAbs. 1 VKR gilt dies ebenso nach Durchführung eines erfolglosen wettbewerblichen Dialogs, weil keine Gründe ersichtlich sind, dass der nationale Gesetzgeber den wettbewerblichen Dialog ausnehmen wollte; vgl. Hk-VergabeR/*Pünder*, § 3a VOB/A Rdnr. 14.

1068 VK Südbayern, Beschl. v. 21. August 2003 – Az.: 120.3-3194-1-32-07/03, Rdnr. 68 (juris).

VOB/A-EG (2012) auszuschließen sind, § 3 Abs. 5 Nr. 2 VOB/A-EG (2012). Auch wenn »wegen Dringlichkeit der Leistung aus zwingenden Gründen« infolge von nicht vorhersehbaren Ereignissen vorgeschriebene Fristen nicht eingehalten werden können, kann im Verhandlungsverfahren auf die öffentliche Vergabebekanntmachung verzichtet werden[1069]. Die zwingenden und dringenden Gründe sind grundsätzlich nur anzunehmen bei akuten Gefahrensituationen und höherer Gewalt, also wenn ein sofortiges, die Einhaltung von Fristen ausschließendes Handeln zur Abwendung von Schäden für die Allgemeinheit erforderlich ist[1070]. Unvorhergesehene Ereignisse sind Umstände, mit denen objektiv nicht gerechnet werden konnte[1071]. Schließlich ist diese Verfahrensart zulässig, wenn zusätzliche Leistungen an einen Auftragnehmer vergeben werden sollen, mit dem bereits ein Vertrag besteht, die weder in dem Vertrag über den ersten Auftrag noch in dem diesem zugrunde liegenden Entwurf enthalten, jedoch wegen eines »unvorhergesehenen Ereignisses« zur Ausführung der im Hauptvertrag beschriebenen Leistung »erforderlich« sind und sich entweder aus »technischen oder wirtschaftlichen Gründen« nicht ohne wesentliche Nachteile für den Auftraggeber vom Hauptauftrag trennen lassen oder zwar getrennt werden könnten, aber für die Vollendung der im Hauptauftrag beschriebenen Leistung »unbedingt erforderlich« sind, § 3 Abs. 5 Nr. 5 VOB/A-EG (2012). Eine ähnliche Vorgabe für solche Fälle findet sich auch in § 3 Abs. 4 lit. e) VOL/A-EG (2009)[1072].

Das offene Verfahren ist das Regelverfahren zur Vergabe öffentlicher Aufträge, weil es den größtmöglichen Wettbewerb ermöglicht. Es entspricht damit am ehesten den Prinzipien der Marktwirtschaft und dem Wettbewerbs- und Transparenzgrundsatz des § 97 Abs. 1 GWB sowie dem Diskriminierungsverbot des § 97 Abs. 2 GWB[1073]. Es kann sowohl im Interesse der Bieter die Verwirklichung der unionsrechtlichen Grund-

---

1069 Ähnlich formuliert § 3 Abs. 4 lit. d) VOL/A-EG (2009).

1070 OLG Celle, NZBau 2010, 194 (200).

1071 *Völlink*, in: Ziekow/ders. (Hrsg.), Vergaberecht, § 3 VOB/A-EG Rdnr. 41.

1072 Umfassende Darstellung der Anwendungsvoraussetzungen der einzelnen Verfahrensarten bei Bauvergaben *Hausmann*, in: Kulartz/Marx/Portz/Prieß (Hrsg.), VOB/A, § 3a Rdnr. 26 ff., 39 ff. und 100 ff. Zu den Regelungen in der VOL/A *Hausmann/v.Hoff*, in: Kulartz/Marx/Portz/Prieß (Hrsg.), VOL/A, § 3 EG Rdnr. 29 ff., 49 ff., 62 ff. und 109 ff.

1073 *Antweiler*, in: Ziekow/Völlink (Hrsg.), Vergaberecht, § 101 GWB Rdnr. 13; Kompaktkommentar VergR/*Haak/Preißinger*, 3. Los § 101 GWB Rdnr. 32; *Werner*, in: Byok/Jaeger (Hrsg.), Vergaberecht, § 101 GWB Rdnr. 136 f.

freiheiten absichern als auch im Interesse der öffentlichen Auftraggeber eine optimale wirtschaftliche Beschaffung und eine sparsame Mittelverwendung fördern[1074]. Die Offenheit des Bieterkreises kann zudem wirksam Preisabsprachen entgegenwirken[1075]. Diese von allen Verfahren am weitestgehende Übereinstimmungen des offenen Verfahrens mit den Zielen des Vergaberechts begründet das Regel-Ausnahme-Verhältnis zwischen diesem und den anderen Verfahrensarten, die jeweils mit der Gefahr einer verminderten Verwirklichung der Vergabegrundsätze verbunden sind[1076]. Als Ausnahmevorschriften sind alle Regelungen über das nicht offene Verfahren, den wettbewerblichen Dialog und das Verhandlungsverfahren eng auszulegen. Ihre Voraussetzungen müssen objektiv vorliegen, auf subjektive Vorstellungen der Vergabestelle kommt es nicht an[1077]. Der öffentliche Auftraggeber hat das Vorliegen der Voraussetzungen zu prüfen, zu dokumentieren und im Nachprüfungsverfahren zu beweisen. Trotz der zahlreichen unbestimmten Rechtsbegriffe enthalten die Vorschriften keine Beurteilungsermächtigungen, weshalb Vergabekammern und Oberlandesgerichte die Auslegung der Voraussetzungen und deren Vorliegen im konkreten Einzelfall vollumfassend überprüfen müssen[1078]. Mit der Verwendung unbestimmter Rechtsbegriffe wollen die Vergabeordnungen die Voraussetzungen der einzelnen Verfahrensarten trotz der besonderen Einzelheiten jedes öffentlichen Auftrags möglichst umfassend festlegen. Das Vorliegen dieser Voraussetzungen lässt sich durch die Nachprüfungsinstanzen zumeist ohne Weiteres nachvollziehen. Davon zeugen auch die in Rechtsprechung und Literatur erfolgten Auslegungen der Begriffe. Da das offene Verfahren insbesondere auch die Gleichbehandlung der Bieter

1074 *Antweiler*, in: Ziekow/Völlink (Hrsg.), Vergaberecht, § 101 GWB Rdnr. 13; *Werner*, in: Byok/Jaeger (Hrsg.), Vergaberecht, § 101 GWB Rdnr. 137.

1075 Hk-VergabeR/*Pünder*, § 101 GWB Rdnr. 111; *Werner*, in: Byok/Jaeger (Hrsg.), Vergaberecht, § 101 GWB Rdnr. 137.

1076 Insbesondere das Verhandlungsverfahren ist mit der Gefahr verbunden, dass ein beteiligter Bieter im Rahmen von Nachverhandlungen von einem Konkurrenten unterboten wird. Ein zu Unrecht durchgeführtes Verhandlungsverfahren kann schon daher die Zuschlagschancen beeinträchtigen; vgl. EuGH, NZBau 2003, 393 (395); VergabeR 2005, 57 (59); VergabeR 2005, 176 (182); NVwZ 2008, 769; NZBau 2010, 63 (67); BGHZ 183, 95 (104); *Völlink*, in: Ziekow/ders. (Hrsg.), Vergaberecht, § 3 VOB/A-EG Rdnr. 7.

1077 *Völlink*, in: Ziekow/ders. (Hrsg.), Vergaberecht, § 3 VOB/A-EG Rdnr. 7.

1078 A.A. für die Bestimmung eines »besonders komplexen Auftrags« i.S.d. § 101 Abs. 4 GWB jurisPK-VergR/*Horn*, § 3a VOB/A Rdnr. 84; wie hier aber *Leinemann/Maibaum*, VergabeR 2004, 275 (278); *Knauff*, NZBau 2005, 249 (251).

am ehesten zu gewährleisten vermag, dient es auch der Verwirklichung des allgemeinen Gleichheitssatzes des Art. 3 Abs. 1 GG. Die Wahl des nicht offenen Verfahrens, des Verhandlungsverfahrens oder des wettbewerblichen Dialogs bedeuten daher ein Minus bei der Effektivität des Grundrechtsschutzes, da sie mehr Spielraum für Ungleichbehandlungen eröffnen. Der Wahl der Verfahrensart kommt mithin eine besondere Bedeutung zu. Bieter haben einen Anspruch auf eine zutreffende Verfahrenswahl aus § 97 Abs. 7 GWB. Liegen die Voraussetzungen für eine bestimmte Verfahrensart nicht vor, stellt ihre Wahl einen rechtserheblichen Fehler im Vergabeverfahren dar.

Zu beachten ist, dass die Voraussetzung des fehlenden annehmbaren Angebots gem. §§ 3 Abs. 3 Nr. 3 i.V.m. 17 Abs. 1 Nr. 1 VOB/A-EG (2012) unter anderem dann vorliegt, wenn alle Angebote wegen fehlender Bietereignung auszuschließen waren. Die Beurteilung der Eignung der einzelnen Bieter wirft allerdings für sich Fragen nach der Letztentscheidungskompetenz des öffentlichen Auftraggebers auf[1079]. Ein dort anzunehmender Beurteilungsspielraum ist nur anhand der Beurteilungsfehlerlehre zu überprüfen und das Ergebnis im Übrigen auch für die Zulässigkeit des nicht offenen Verfahrens zu respektieren. Gleiches gilt für das Ausbleiben wirtschaftlicher Angebote im offenen oder nicht offenen Verfahren i.S.d. § 3 Abs. 5 Nr. 1 VOB/A-EG (2012) und § 3 Abs. 4 lit. a) VOL/A-EG (2009) als Voraussetzung für die Wahl des Verhandlungsverfahrens. Die Entscheidung über die Wirtschaftlichkeit eines Angebotes gemessen an den vorab bekanntgemachten und gewichteten Wirtschaftlichkeitskriterien bildet einen eigenen, noch näher zu behandelnden Fragenkomplex[1080]. Der dort anzunehmende Beurteilungsspielraum hat auch Rückwirkungen für die Entscheidung über die Zulässigkeit des Verhandlungsverfahrens. Das Ergebnis der Wirtschaftlichkeitsprüfung ist nur eingeschränkt gerichtlich überprüfbar. Dies gilt ebenso bei anderen Entscheidungen, für die dem öffentlichen Auftraggeber die Letztentscheidungskompetenz zusteht. Mittelbar sind somit bei der Überprüfung der Verfahrenswahl doch Beurteilungsspielräume zu beachten.

1079 Siehe dazu 6.
1080 Siehe dazu 7.

Dieses Ergebnis stimmt mit Nachprüfungsentscheidungen zur Verfahrenswahl überein, weshalb eine Korrektur der Entscheidungspraxis nicht angezeigt ist[1081].

4. Die Leistungsbeschreibung

Vor der Einleitung eines Vergabeverfahrens muss der öffentliche Auftraggeber seinen Beschaffungsbedarf definieren. Ob die Bedarfsdefinition sinnvoll ist oder andere als die nachgefragten Varianten vorteilhafter oder wirtschaftlicher wären, ist nicht Gegenstand der vergaberechtlichen Nachprüfung, weil hierzu jegliche Vorgaben im Vergaberecht fehlen[1082]. Man spricht von der Beschaffungsautonomie des öffentlichen Auftraggebers[1083]. Lediglich vereinzelt finden sich bestimmte Kriterien, die Berücksichtigung finden müssen[1084].

Der öffentliche Auftraggeber hat die Möglichkeit, leistungsbezogene sekundäre Vergabezwecke wie etwa Umweltaspekte eines Produkts oder eines Produktionsprozesses oder sozialpolitische Anforderungen zu berücksichtigen (Art. 26 VKR). Voraussetzungen sind, dass ihre auftragsbezogene Festlegung nach sachgerechten Kriterien erfolgt, bereits in der Vergabebekanntmachung enthalten ist und nicht gegen höherrangiges Recht verstößt[1085]. Nach Art. 23 Abs. 3 lit. b) VKR umfassen die technischen Spezifikationen auch Umwelteigenschaften, wobei Ziff. 1 lit. a) und b) des Anhangs VI zur VKR ausdrücklich auch »Produktionsprozesse und methoden« als technische Spezifikationen benennt[1086]. Bei der Leis-

1081 Siehe etwa BGHZ 183, 95 (105 ff.); OLG Düsseldorf, VergabeR 2009, 173 (175); OLG Celle, NZBau 2010, 68 (69); VK Sachsen, Beschl. v. 20. August 2004 – Az.: 1/SVK/067-04, Rdnr. 32 ff. (juris); VK Saarland, Beschl. v. 13. März 2010 – Az.: 1 VK 01/2010, Rdnr. 56 (juris).

1082 VK Bund, Beschl. v. 8. Januar 2004 – Az.: VK 1-117/03, S. 8 f. des amtl. Umdrucks.

1083 OLG Koblenz, NZBau 2002, 699 (703); OLG Düsseldorf, NZBau 2012, 321 (322); 785 (788 ff.); VergabeR 2013, 71 (74 ff.); ZfBR 2013, 63 (66 f.); Hk-VergabeR/*Schellenberg*, § 8 EG VOL/A Rdnr. 11 ff.

1084 *Ziekow*, in: ders./Völlink (Hrsg.), Vergaberecht, § 97 GWB Rdnr. 88.

1085 Ausgehend von EuGH, Urt. v. 20. September 1988 – Rs. 31/87, Slg. 1988, 4635, Rdnr. 17 ff. – »Beentjes«. Übersichtlich zu den europarechtlichen und nationalen Vorgaben Hk-VergabeR/*Fehling*, § 97 GWB Rdnr. 146 ff.

1086 Siehe zu Umweltanforderungen an Produktionsprozesse EuGH, Urt. v. 4. Dezember 2003 – Rs. C-448/01, Slg. 2003, I-14527, Rdnr. 51 – »Wienstrom«.

tungsbeschreibung bestehen für die Einfügung solcher Aspekte im Rahmen des konkreten Beschaffungsvorhabens weite Spielräume, die lediglich am Willkürverbot zu messen sind[1087].

Die Bestimmungsfreiheit des öffentlichen Auftraggebers besteht allerdings im Interesse einer Öffnung des Vergabewesens und der Durchsetzung wettbewerblicher Grundsätze nicht grenzenlos. Zu beachten ist insbesondere das Gebot der produktneutralen Ausschreibung aus § 7 Abs. 8 VOB/A-EG (2012), § 8 Abs. 7 VOL/A-EG (2009) und § 6 Abs. 7 VOF (2009)[1088]. Es ist dem öffentlichen Auftraggeber verwehrt, seinen Beschaffungsbedarf in einer Art und Weise zu definieren, die bestimmte Leistungen, Verfahren, Produkte oder Anbieter ausschließt oder nur eine bestimmte Leistung, ein bestimmtes Verfahren oder ein bestimmtes Produkt von einem bestimmten Anbieter zuschlagsfähig ist[1089]. Dementsprechend darf im Rahmen der Leistungsbeschreibung in den technischen Anforderungen nicht auf eine bestimmte Produktion oder Herkunft oder ein besonderes Verfahren oder auf Marken, Patente, Typen, einen bestimmten Ursprung oder eine bestimmte Produktion verwiesen werden. Von diesem Grundsatz kann abgewichen werden, wenn dies durch den Auftragsgegenstand gerechtfertigt ist, wenn bestimmte Unternehmen oder bestimmte Produkte nicht begünstigt oder ausgeschlossen werden können[1090] oder wenn der Auftragsgegenstand nicht hinreichend genau und allgemein verständlich beschrieben werden kann. Im letzten Fall muss allerdings der Zusatz »oder gleichwertig« in die Leistungsbeschreibung aufgenommen werden. Denkbar ist daher, dass der Auftragsgegenstand einer produktneutralen Ausschreibung entgegensteht, z.B. um die Kompatibilität mit einer bestehenden Anlage sicherzustellen. Zudem ist möglicherweise nicht einmal mit einer ausführlichen Beschreibung ein vergleichbares Maß an Klarheit zu erlangen wie durch die Nennung einer branchenbekannten

---

1087 Hk-VergabeR/*Fehling*, § 97 GWB Rdnr. 167 f.; *Ziekow*, in: ders./Völlink (Hrsg.), Vergaberecht, § 97 GWB Rdnr. 114 ff.

1088 OLG Düsseldorf, ZfBR 2013, 63 (67 ff.). Zum Gebot der Produktneutralität ausführlich auch Hk-VergabeR/*Schellenberg*, § 8 EG VOL/A Rdnr. 57 ff.

1089 Zum Konflikt des Leistungsbestimmungsrechts mit dem Gebot produktneutraler Ausschreibung *Antweiler*, VergabeR 2011, 306 (323 f.). Zu einer auf die Deutsche Post AG zugeschnittenen Ausschreibung OLG Naumburg, NZBau 2011, 127 (127 f.).

1090 Etwa, weil nur ein einziges Unternehmen ein bestimmtes Produkt überhaupt anbietet.

Produktbezeichnung[1091]. Bei der erforderlichen Beurteilung der Gleichwertigkeit der angebotenen Produkte oder Leistungen steht der Vergabestelle ein nur begrenzt überprüfbarer Wertungsspielraum zu[1092]. Zu weitgehend ist aber die Forderung, der öffentliche Auftraggeber müsse vor jeder Bedarfsdefinition ein Markterkundungs- und analyseverfahren durchführen, um sich im Interesse der Grundsätze des Wettbewerbs und der sparsamen und wirtschaftlichen Haushaltsführung zunächst einen möglichst breiten Überblick über die in Betracht kommenden Lösungsvarianten zu verschaffen und diese nicht gleichsam ex ante auszublenden[1093]. Die vergaberechtlichen Grundsätze können nicht auf vorgelagerte Entscheidungen dergestalt einwirken, dass sie zu einem Verfahren vor dem Vergabeverfahren zwingen. Mit dem OLG Düsseldorf ist daher davon auszugehen, dass eine Vergabestelle die Grenzen ihrer Beschaffungsfreiheit einhält, wenn die Bestimmung durch den Auftragsgegenstand sachlich gerechtfertigt ist, vom Auftraggeber nachvollziehbare objektive und auftragsbezogene Gründe angegeben worden sind und die Entscheidung folglich willkürfrei erfolgt ist, solche Gründe auch tatsächlich vorhanden sind und die Bestimmung andere Wirtschaftsteilnehmer nicht diskriminiert[1094]. Die Gegenansicht führt zu einer Überbetonung wettbewerblicher Grundsätze, die auch in anderen Zusammenhängen zu beobachten ist[1095]. Das Vergaberecht droht hier, Entscheidungen rechtlich zu determinieren, die ihm überhaupt nicht unterliegen[1096]. Eine haushalterisch und verwaltungs-

1091 *Prieß*, in: Kulartz/Marx/Portz/ders. (Hrsg.), VOB/A, § 7 Rdnr. 113.

1092 So auch OLG Düsseldorf, VergabeR 2013, 599 (602).

1093 ThürOLG, VergabeR 2007, 220 (222); OLG Celle, Beschl. v. 22. Mai 2008 – Az.: 13 Verg 1/08, Rdnr. 37 ff. (juris); VK Schl.-Hol., Beschl. v. 19. Oktober 2012 – Az.: VK-SH 28/12, Rdnr. 89 (juris) (nachvollziehbare Begründung und Dokumentation unter Ausschöpfung des Beurteilungsspielraums); kritisch hinsichtlich der Praktikabilität dieser Voraussetzung bei komplexen Großvorhaben *Koehler*, VergabeR 2007, 224 (Anm. zu ThürOLG, Beschl. v. 26. Juni 2006 – Az.: 9 Verg 2/06).

1094 Siehe OLG Düsseldorf, NZBau 2012, 785 (788 ff.) m.w.N.

1095 So hat die VK Arnsberg, NZBau 2006, 332 die Vergabe eines Abwasserbeseitigungsvertrags aufgehoben, weil die Vertragslaufzeit von 25 bzw. 30 Jahren gegen den Wettbewerbsgrundsatz des § 97 Abs. 1 GWB verstoße.

1096 Kritische Auseinandersetzung bei *Scharen*, NZBau 2009, 679 (680 ff.). Dieses Phänomen der vergaberechtlichen Determinierung von Entscheidungen außerhalb des Vergaberechts ist keineswegs singulär und etwa bei der Diskussion um die Vergabepflicht von Aufgaben, die im Rahmen einer interkommunalen Kooperation erfüllt werden sollten, aufgetreten; vgl. dazu *Burgi*, Der Landkreis 2005, 468.

praktisch sinnvolle Erfüllung von Verwaltungsaufgaben wird vorschnell dem Grundsatz der wettbewerblichen Vergabe geopfert. Der im Vergaberecht schwelende Zielkonflikt bricht offen hervor[1097].

Die eingeschränkten materiell-rechtlichen Vorgaben begründen einen Beurteilungsspielraum des öffentlichen Auftraggebers, der mit den grundrechtlichen Vorgaben aus Art. 3 Abs. 1 GG vereinbar ist, solange eine diskriminierende Leistungsbeschreibung ausgeschlossen ist und alle potenziellen Bietern die gleichen Chancen auf die Erfüllung des Beschaffungsbegehrens haben.

Dieser Beurteilungsspielraum wird jedoch durch einige weitere Vorgaben eingegrenzt. So verbietet § 3 Abs. 2 VgV unter anderem, einen beabsichtigten Auftrag so aufzuteilen, dass er der Anwendung des Kartellvergaberechts entzogen wird. Eine solchermaßen missbräuchliche Bedarfsdefinition verstößt gegen das Willkürverbot und ist durch die Vergabekammer im Nachprüfungsverfahren aufzuheben. Die Beschaffungsautonomie des Auftraggebers verlangt die klare Überzeugung der Nachprüfungsinstanz von einem Verstoß gegen das Manipulationsverbot. Die Bestimmung des Beschaffungsbedarfs ist der Entscheidung über die Losaufteilung vorgelagert. Erst wenn dieser mengenmäßig, räumlich und zeitlich festgelegt ist, kann über eine Aufteilung in Teil- und Fachlose entschieden werden und können die Fragen beantwortet werden, ob der Auftrag überhaupt teilbar ist und ob wirtschaftliche oder technische Gründe vorliegen, die ausnahmsweise eine zusammengefasste Vergabe rechtfertigen, § 97 Abs. 3 S. 2 und 3 GWB. Missbräuchlich und daher unzulässig ist es dabei, den Beschaffungsbedarf bewusst so zu bestimmen, dass eine Losaufteilung nicht in Betracht kommt, obgleich sie ansonsten eigentlich möglich wäre, denn damit verstößt der Auftraggeber gegen das Gebot der Förderung des Mittelstandes aus § 97 Abs. 3 GWB.

Angesichts des weiten Freiraums des öffentlichen Auftraggebers bei der Bestimmung geht ein Angriff im Nachprüfungsverfahren, eine andere Beschaffungsvariante sei zweckmäßiger, ins Leere[1098]. Weicht ein Bieter von der Leistungsbeschreibung ab, weil er die durch ihn definierte Leistung für zweckmäßiger hält, so handelt es sich um ein Nebenangebot, welches, sofern nicht zugelassen, gem. § 16 Abs. 1 Nr. 1 lit. e) VOB/A-EG (2012) und § 19 Abs. 2 S. 2 lit. g) VOL/A-EG (2009) auszuschließen ist.

1097 Zu diesem Konflikt *Frister*, VergabeR 2011, 295 (296 f.).
1098 Hk-VergabeR/*Schellenberg*, § 8 EG VOL/A Rdnr. 11.

Erst wenn der Bedarf definiert ist, greifen vergaberechtliche Beschränkungen etwa hinsichtlich der Pflicht zur Losaufteilung, zur vollständigen und erschöpfenden Leistungsbeschreibung und zur Zulassung von Nebenangeboten, etc. ein. Die Leistungsbeschreibung ist dabei für das Vergabeverfahren von grundlegender Bedeutung, weil sie den zulässigen Inhalt der Angebote, ihre zutreffende Bewertung und die spätere Vertragsdurchführung nach der Zuschlagsentscheidung determiniert. Sie bildet das »Kernstück der Vergabeunterlagen«[1099]. Dabei unterscheiden sich § 7 VOB/A-EG (2012) und § 8 VOL/A-EG (2009) hinsichtlich der allgemeinen Grundsätze nur unwesentlich. Insbesondere verlangen beide Vorschriften, dass die Leistung so eindeutig und erschöpfend zu beschreiben ist, dass alle Bewerber sie im gleichen Sinne verstehen müssen und ihre Preise ohne umfangreiche Vorarbeiten berechnen können (§ 7 Abs. 1 Nr. 1 VOB/A-EG [2012]) bzw. miteinander vergleichbare Angebote zu erwarten sind (§ 8 Abs. 1 VOL/A-EG [2009]). Die technischen Anforderungen sind in der VOB/A deutlich umfangreicher ausgestaltet[1100]. Bei der Vergabe freiberuflicher Leistungen tritt an die Stelle der Leistungsbeschreibung die sog. Aufgabenbeschreibung, § 6 VOF (2009). Obgleich ihre Funktion vergleichbar ist, soll durch die abweichende Bezeichnung klargestellt werden, dass die VOF schon von ihrem Anwendungsbereich her keine eindeutig und erschöpfend beschreibbare Leistung zum Gegenstand hat. Vielmehr überwiegt das kreative Element. Die Anforderungen an eine klare und eindeutige Beschreibung in § 6 Abs. 1 VOF (2009) sind daher anders zu verstehen als in der VOB/A und der VOL/A[1101]. Dies entbindet jedoch nicht von der auch in der VOB/A und der VOL/A geltenden Anforderung einer Beschreibung, die von allen Bewerbern im gleichen Sinne verstanden werden kann[1102]. Anderenfalls wären die Grundsätze der Transparenz und der Gleichbehandlung aus § 97 Abs. 1 und 2 GWB verletzt. Während § 7 VOB/A-EG (2012) und § 8 VOL/A-EG (2009) sowohl

1099 VK Lüneburg, Beschl. v. 12. Januar 2007 – Az.: VgK-33/2006, Rdnr. 54 (juris); VK Südbayern, Beschl. v. 26. Juni 2008 – Az.: Z3-3-3194-1-16-04/08, Rdnr. 68 (juris); *Prieß*, NZBau 2004, 20 (21 ff.).

1100 Zum Vergleich zwischen den Bestimmungen über die Leistungsbeschreibung in VOB/A und VOL/A *Prieß*, in: Kulartz/Marx/Portz/ders. (Hrsg.), VOL/A, § 8 EG Rdnr. 8.

1101 Insofern missverständlich Kompaktkommentar VergR/*Raufeisen*, 5. Los § 6 VOF Rdnr. 5.

1102 OLG Rostock, Beschl. v. 9. Mai 2001 – Az.: 17 W 4/01, Rdnr. 120 f. (juris); Hk-VergabeR/*Schellen-berg*, § 6 VOF Rdnr. 1.

eine konstruktive als auch eine funktionale Leistungsbeschreibung[1103] zulassen, ist nach § 6 VOF (2009) die funktionale Beschreibung die einzig mögliche Aufgabenbeschreibung.

Im Rahmen der Leistungsbeschreibung ist es dem öffentlichen Auftraggeber versagt, dem Auftragnehmer ein »ungewöhnliches Wagnis« für Umstände und Ereignisse aufzubürden, auf die er keinen Einfluss hat und deren Einwirkung auf die Preise und Fristen er nicht im Voraus schätzen kann, § 7 Abs. 1 Nr. 3 VOB/A-EG (2012). Eine vergleichbare Regelung in § 8 Nr. 1 Abs. 3 VOL/A (2006)[1104] wurde im Zuge der Reform 2009 zwar gestrichen, kann aber im Lichte des Gleichbehandlungsgrundsatzes weiterhin in das Erfordernis einer eindeutigen und erschöpfenden Leistungsbeschreibung hineingelesen werden[1105]. Das Verbot ungewöhnlicher Wagnisse ist vor dem Hintergrund der Bekämpfung unlauterer Verhaltensweisen nach § 2 Abs. 1 Nr. 2 S. 2 VOB/A-EG (2012) zu sehen. Obgleich es sich um einen unbestimmten Rechtsbegriff handelt, ist eine Restriktion der gerichtlichen Kontrolldichte nicht angezeigt. Ungewöhnlich ist ein Wagnis dann, wenn es der im jeweiligen Vertragstyp üblichen Wagnisverteilung nicht entspricht und einer vernünftigen kalkulatorischen Bewertung des Auftragnehmers nicht zugänglich ist, weil es außerhalb seiner Sphäre und Verantwortung liegt[1106].

In der eindeutigen und erschöpfenden Leistungsbeschreibung hat der öffentliche Auftraggeber die technischen Anforderungen der zu beschaffenden Leistung zu formulieren. Bei den technischen Spezifikationen, die in allen drei Vergabeordnungen genannt und jeweils im Anhang TS definiert sind, handelt es sich um technische Anforderungen an den Auftragsgegenstand, mit deren Hilfe eine Bauleistung, ein Material, ein Erzeugnis oder eine Leistung so bezeichnet werden können, dass sie ihren durch den Auftraggeber festgelegten Verwendungszweck erfüllen, vgl. Nr. 1 Anhang TS. Sofern der öffentliche Auftraggeber auf die im Anhang TS definierten technischen Spezifikationen abstellt, hat er jeweils den Zusatz »oder

1103 Siehe zur Abgrenzung oben unter D. II. 4.

1104 »An die Beschaffenheit der Leistung sind ungewöhnliche Anforderungen nur so weit zu stellen, wie es unbedingt notwendig ist.«

1105 *Prieß*, in: Kulartz/Marx/Portz/ders. (Hrsg.), VOL/A, § 8 EG Rdnr. 47 ff.; ähnlich (auch für VOF und SektVO) *Brauer*, VergabeR 2012, 343 (346 f.); a.A. OLG Düsseldorf, NZBau 2013, 392 (394), welches die Ausschreibungsbedingungen nur noch unter dem Gesichtspunkt der Unzumutbarkeit prüft. Ob dies im Ergebnis überhaupt einen Unterschied macht, bleibt offen.

1106 *Bernhardt*, in: Ziekow/Völlink (Hrsg.), Vergaberecht, § 7 VOB/A Rdnr. 15.

gleichwertig« anzufügen, vgl. etwa § 7 Abs. 4 S. 2 VOB/A-EG (2012), um jede Diskriminierung bestimmter Bieter über die Leistungsbeschreibung auszuschließen. Entscheidet er sich für die Formulierung von Leistungs- und Funktionsanforderungen, um den Bietern ein größeres Maß an Gestaltungsfreiheit bei der Erstellung der Angebote zu belassen, muss er diese jedenfalls so genau fassen, dass sie den Unternehmen ein klares Bild des Auftragsgegenstandes vermitteln und dem Auftraggeber die Erteilung des Zuschlags ermöglichen, § 7 Abs. 4 Nr. 2 VOB/A-EG (2012)[1107]. Auch eine Mischung beider Arten der Beschreibung technischer Anforderungen ist denkbar, § 7 Abs. 4 Nr. 3 VOB/A-EG (2012), § 8 Abs. 2 Nr. 3 VOL/A-EG (2009), § 6 Abs. 2 Nr. 3 VOF (2009).

Als Besonderheit findet sich in § 7 Abs. 13 ff. VOB/A-EG (2012) die Leistungsbeschreibung mit Leistungsprogramm. Danach kann der öffentliche Auftraggeber abweichend von der Leistungsbeschreibung mit Leistungsverzeichnis zusammen mit der Bauausführung auch den Entwurf für die Leistung dem Wettbewerb unterstellen, um die technisch, wirtschaftlich und gestalterisch beste sowie funktionsgerechteste Lösung der Bauaufgabe zu ermitteln[1108]. Sie ist nach § 7 Abs. 13 VOB/A-EG (2012) zulässig, sofern sie »nach Abwägung aller Umstände zweckmäßig« ist. Für Baumaßnahmen des Bundes wird dies in Ziffer 4.4.1.1 VHB 2008 näher definiert. Danach ist Zweckmäßigkeit anzunehmen, wenn eine Leistungsbeschreibung mit Leistungsprogramm wegen der fertigungsgerechten Planung in Fällen notwendig ist, in denen es beispielsweise bei Fertigbauteilen wegen der Verschiedenartigkeit von Systemen den Bietern freigestellt sein muss, die Gesamtleistung so anzubieten, wie es ihrem System entspricht, oder wenn mehrere technische Lösungen möglich sind, die nicht im Einzelnen neutral beschrieben werden können, und der Auftraggeber seine Entscheidung unter dem Gesichtspunkt der Wirtschaftlichkeit und Funktionsgerechtigkeit erst aufgrund der Angebote treffen will. Der Verzicht auf die eigene gestalterische Planung durch den Auftraggeber und die Überwälzung des Planungsaufwandes auf die Bieter – wohlgemerkt ohne gesicherte Aussicht auf den späteren Zuschlag – macht die Leistungsbeschreibung mit Leistungsprogramm, an das aus Gründen der Transparenz hohe Anforderungen zu stellen sind, zur Ausnahme und in der Praxis zur seltenen Erscheinungsform, die regelmäßig nur bei nicht of-

---

1107 *Prieß*, in: Kulartz/Marx/Portz/ders. (Hrsg.), VOB/A, § 7 Rdnr. 100; *ders.*, in: Kulartz/Marx/Portz/ders. (Hrsg.), VOL/A, § 8 EG Rdnr. 89.

1108 jurisPK-VergR/*Lausen*, § 7 VOB/A 2009 Rdnr. 176.

fenen Verfahren oder Verhandlungsverfahren in Betracht kommt[1109]. Ob diese Verschiebung der Planung zulasten der Bieter zulässig ist, obliegt der gerichtlichen Vollkontrolle, weil Gründe für eine Letztentscheidungskompetenz des Auftraggebers nicht ersichtlich sind. Auch die Definition im VHB 2008 zeigt auf, dass klare Vorstellungen bestehen, wann Zweckmäßigkeit anzunehmen ist.

Die Beschaffungsautonomie des öffentlichen Auftraggebers eröffnet einen weiten Spielraum bei der Bestimmung des Beschaffungsgegenstandes, der keiner vollen gerichtlichen Kontrolle unterliegt. Ansätzen in der Rechtsprechung, diesen Spielraum durch die verpflichtende Durchführung von Markterkundungsmaßnahmen einzugrenzen, kann nicht gefolgt werden. Erst wenn der Beschaffungsgegenstand feststeht, greifen die Verfahrensvorgaben des Vergaberechts ein. Für die Leistungsbeschreibung bestehen sodann zahlreiche zu beachtende und der gerichtlichen Kontrolle unterliegende Vorgaben.

5. Der Ausschluss von Angeboten

Die Prüfung und Wertung der im offenen Verfahren eingegangenen Angebote beginnt mit der Prüfung des Vorliegens von Ausschlussgründen.

a) Die ausnahmsweise Zulassung grundsätzlich zwingend auszuschließender Bewerber oder Bieter

Zu differenzieren ist zwischen zwingenden und fakultativen Ausschlussgründen. Während die zwingenden Ausschlussgründe nach § 16 Abs. 1 Nr. 1 VOB/A-EG (2012) und § 19 Abs. 3 VOL/A-EG (2009) keine unbestimmten Rechtsbegriffe enthalten, sind die zwingenden Ausschlussgründe wegen Unzuverlässigkeit näher zu betrachten. Auszuschließen ist danach ein Unternehmen, wenn der Auftraggeber Kenntnis davon hat, dass eine Person, deren Verhalten dem Unternehmen zuzurechnen ist, rechtskräftig wegen Verstoßes gegen eine der enumerativ aufgezählten Strafta-

1109 *Kapellmann*, in: ders./Messerschmidt (Hrsg.), VOB, § 7 VOB/A Rdnr. 80; jurisPK-VergR/*Lausen*, § 7 VOB/A 2009 Rdnr. 184 ff.

ten[1110] verurteilt worden ist, § 6 Abs. 4 Nr. 1 VOB/A-EG (2012), § 6 Abs. 4 VOL/A-EG (2009) und § 4 Abs. 6 VOF (2009). Das entsprechende Verhalten einer Person ist dem Unternehmen dann zuzurechnen, wenn diese Person für das Unternehmen verantwortlich selbst gehandelt hat oder ihr ein Aufsichts- oder Organisationsverschulden gem. § 130 OWiG im Hinblick auf das Verhalten einer anderen für das Unternehmen handelnden Person zuzurechnen ist. Das Vorliegen der Voraussetzungen der hier bezeichneten Ausschlussgründe bereitet für sich zwar keine besondere Schwierigkeiten in Bezug auf ihre Auslegung und Anwendung, wohl aber für die dann folgenden Ausnahmebestimmungen, durch welche die grundsätzlich unwiderlegliche Vermutung der Unzuverlässigkeit für unerheblich bzw. für hinfällig erklärt wird. Von der Rechtsfolge eines zwingenden Ausschlusses kann danach abgesehen werden, wenn »zwingende Gründe des Allgemeininteresses« vorliegen und andere die Leistung »nicht angemessen« erbringen können oder wenn »auf Grund besonderer Umstände des Einzelfalls« der Verstoß die Zuverlässigkeit des Unternehmens nicht in Frage stellt, vgl. § 6 Abs. 4 Nr. 3 VOB/A-EG (2012), § 6 Abs. 5 VOL/A-EG (2009) und § 4 Abs. 8 VOF (2009). Es handelt sich um Ausnahmebestimmungen, die für besondere Einzelfälle ein Abweichen vom eigentlich nicht zur Disposition des Auftraggebers stehenden Ausschluss eines Bewerbers oder Bieters erlauben. Diese Abweichung verlangt eine restriktive Auslegung der vorhandenen unbestimmten Rechtsbegriffe.

Die beiden Varianten eines möglichen Absehens von der zwingenden Folge des Ausschlusses sind klar voneinander zu unterscheiden. In der ersten Variante liegen keine Gründe vor, welche die Unzuverlässigkeitsvermutung zu entkräften vermögen. Vielmehr soll in besonderen Ausnahmesituationen wie z.B. Katastrophen oder akuter Gefährdungen zentraler Rechtsgüter oder besonders wichtiger staatlicher Einrichtungen[1111] eine

1110 Bildung inländischer oder ausländischer krimineller und terroristischer Vereinigungen (§§ 129 ff. StGB); Geldwäsche und Verschleierung unrechtmäßig erlangter Vermögenswerte (§ 261 StGB); Betrug (§ 263 StGB), soweit sich die Straftat gegen den Haushalt der EU oder gegen Haushalte richtet, die von der EU oder in ihrem Auftrag verwaltet werden; mit selbiger Einschränkung auch Subventionsbetrug (§ 264 StGB); Bestechung (§ 334 StGB); Bestechung ausländischer Abgeordneter im Zusammenhang mit internationalem Geschäftsverkehr (Art. 2 § 2 des Gesetzes zur Bekämpfung internationaler Bestechung); Steuerhinterziehung (§ 370 AO).

1111 *Hausmann*, in: Kulartz/Marx/Portz/Prieß (Hrsg.), VOB/A, § 6a Rdnr. 49; Hk-VergabeR/*Tomerius*, § 6a VOB/A Rdnr. 6.

Vergabe möglich bleiben, wenn zudem kein anderer Anbieter der dringend benötigten Lieferung oder Leistung verfügbar ist. Mit dieser zweiten Vorgabe geht das nationale Recht über die Vorgaben des Unionsrechts hinaus, weil Art. 45 Abs. 1 UAbs. 3 VKR allein das Vorliegen zwingender Gründe des Allgemeininteresses für ein Absehen vom Ausschluss des Bieters oder Bewerbers zulässt. Sie bringt auch keine wesentliche Verschärfung, weil bei Vorhandensein eines zuverlässigen zweiten Anbieters selbstverständlich dieser auszuwählen ist. Allerdings erlaubt der höherrangige § 97 Abs. 4 S. 1 GWB keine Auftragsvergabe an unzuverlässige Bieter. Dem Verordnungsgeber steht grundsätzlich keine Ermächtigung zu, davon abzuweichen. Will man hier eine Vereinbarkeit der Vergabeordnungen mit höherrangigem Recht erreichen, kann man die Ausnahmeregelungen allenfalls als »Notvorschrift« für den absoluten Ausnahmefall ansehen, wenn eine Vergabe unerlässlich und weit und breit kein anderes Unternehmen verfügbar ist, den Bedarf zu decken[1112]. Eine Ermächtigung zur Letztentscheidung über das Vorliegen solcher Ausnahmefälle verbietet sich nach dieser restriktiven Auslegung.

Etwas anders ist die zweite Variante der Ausnahmebestimmung zu bewerten. Das Absehen von einem Ausschluss aufgrund besonderer Umstände des Einzelfalls, durch die der Verstoß die Zuverlässigkeit des Unternehmens nicht in Frage stellt, ist als Ausprägung des Grundsatzes der Verhältnismäßigkeit zu sehen und erfasst Fälle der sog. »Selbstreinigung«, in denen das Unternehmen durch konkrete, im Einzelfall wirksame Maßnahmen einen erneuten Verstoß ausgeschlossen oder zumindest wesentlich erschwert hat. Zu diesen Maßnahmen zählen etwa eine aktive Unterstützung der Ermittlungsbehörden bei der Aufklärung[1113], personelle und organisatorische Konsequenzen wie die Entlassung der verantwortlichen Mitarbeiter[1114] oder die Implementierung eines funktionierenden Compliance-Systems[1115] und die Wiedergutmachung eines eingetretenen Schadens[1116]. Ergebnis der Prüfung durch den Auftraggeber ist somit, ob trotz des vorliegenden schweren Verstoßes Umstände des Einzelfalls die Zuverlässigkeit des Unternehmens nicht in Frage stellen und daher die Möglich-

1112 jurisPK-VergR/*Summa*, § 6a VOB/A 2009 Rdnr. 44.

1113 OLG Düsseldorf, NZBau 2003, 578 (579 ff.).

1114 OLG Düsseldorf, NZBau 2003, 578 (579 ff.); NZBau 2008, 277 (279 f.).

1115 Zur Bedeutung von Compliance-Bemühungen für die vergaberechtliche Zuverlässigkeit eines Unternehmens *Moosmayer*, Compliance, S. 14 ff.

1116 LG Berlin, NZBau 2006, 397 (399).

keit eines Verzichts auf den Ausschluss in Rede steht[1117]. Die Prüfung der Eignung eines Bieters muss hier unter dem besonderen Vorzeichen erfolgen, dass eigentlich ein schwerwiegender Verstoß gegen Strafnormen vorliegt, welcher geeignet ist, die Unzuverlässigkeit des Bieters anzunehmen. Besondere Umstände des konkreten Falles können aber Anhaltspunkte dafür bieten, die Zuverlässigkeit dennoch anzunehmen. Es handelt sich mithin um eine Prognoseentscheidung, die bezüglich des Prognosebegriffs oder der Prognosebasis gerichtlich umfassend kontrollierbar ist, während hinsichtlich der Prognosemethode die gerichtliche Kontrolldichte reduziert ist[1118]. Der öffentliche Auftraggeber muss von dem Zeitpunkt der Entscheidung über den ausnahmsweisen Nichtausschluss eines Bewerbers oder Bieters an beurteilen, ob das Unternehmen während der in der Zukunft liegenden Auftragsdurchführung zuverlässig sein wird, d.h. konkret, keine weiteren Verstöße gegen Strafvorschriften begehen wird. Dabei darf ein Prognosespielraum nicht vorschnell angenommen werden, weil mit ihm eine eingeschränkte gerichtliche Kontrolldichte verbunden ist, welche den Rechtsschutz des betroffenen Unternehmens beschränkt. Die Ablehnung besonderer, die Zuverlässigkeit des Unternehmens trotz des Gesetzesverstoßes begründender Umstände hat einen Ausschluss vom Vergabeverfahren zur Folge, wodurch der Bewerber oder Bieter keine Chance mehr auf den Zuschlag hat. Da ihm damit allerdings lediglich die Möglichkeit der Verwirklichung einer wirtschaftlichen Chance genommen wird, auf deren Realisierung er keinen Anspruch hat, stellt die Ablehnung der Anerkennung besondere Umstände zur Zulassung zum Vergabeverfahren keinen Eingriff in das Grundrecht der Berufsfreiheit aus Art. 12 Abs. 1 GG dar. Die Rechtsschutzgarantie aus Art. 19 Abs. 4 GG gilt nur hinsichtlich des Rechts auf Gleichbehandlung, weshalb von einer besonders intensiven Grundrechtsberührung nicht gesprochen werden kann[1119]. Anders zu beurteilen ist dies nur dann, wenn der öffentliche Auftraggeber eine Auftragssperre verhängt und damit die Teilnahme an künftigen Vergabeverfahren von vornherein ausschließt[1120]. Kontrollmaßstab des Art. 3 Abs. 1 GG im Vergaberecht ist eine Willkürkontrolle[1121], die auch bei Anwendung der Beurteilungsfehlerlehre erfolgt. Die Anerkennung eines

1117 Siehe dazu noch unten II. 2. a).
1118 Zum gerichtlichen Kontrollumfang der Eignungsprüfung unten 6.
1119 Vgl. BVerfGE 35, 382 (402); 67, 43 (61 f.); 69, 315 (363 f.).
1120 Vgl. dazu sogleich.
1121 Siehe dazu Teil F. II. 1. c) cc).

Prognosespielraums gestattet daher keine willkürlichen Entscheidungen der Vergabestelle. Für die Annahme spricht zudem, dass die Eignungsprognose des Auftraggebers auf einer ganzen Reihe von Umständen, möglicherweise auch Vorerfahrung mit dem betroffenen Unternehmen, beruht. Der auftraggeberischen Einschätzung muss daher ein besonderes Gewicht zugestanden werden. Auch das Gericht kann das weitere Verhalten des Bewerbers oder Bieters lediglich abschätzen. Der Auftraggeber aber entscheidet darüber, wer möglicherweise sein Vertragspartner werden wird. Wenn er so gewichtige Einzelumstände anerkennt, die selbst einen Gesetzesverstoß auszugleichen vermögen und den Bewerber oder Bieter als potenziellen Vertragspartner erscheinen lassen, muss dies respektiert werden. Durch den gerichtlich bestimmten Ausschluss eines Unternehmens aus dem Vergabeverfahren wird dem Auftraggeber eine Auswahlmöglichkeit genommen und dadurch der von § 97 Abs. 1 GWB beabsichtigte Wettbewerb verkürzt.

Daher ist bei der Beurteilung, ob aufgrund besonderer Umstände des Einzelfalls ein begangener Gesetzesverstoß die Zuverlässigkeit des Unternehmens nicht in Frage stellt, ein Prognosespielraum des öffentlichen Auftraggebers zu akzeptieren. Vergabekammern und Oberlandesgerichte überprüfen nur, ob der Auftraggeber einen zutreffenden Sachverhalt zugrundgelegt, das erforderliche Verfahren korrekt durchgeführt, das anzuwendende Recht richtig ausgelegt und die allgemein gültigen Bewertungsmaßstäbe beachtet hat und sich nicht von sachfremden Erwägungen hat leiten lassen[1122]. Im Übrigen obliegt die Belassung des Unternehmens im Vergabeverfahren der Letztentscheidungskompetenz der Vergabestelle, nach deren Prognose von der Zuverlässigkeit des Unternehmen während der Vertragsdurchführung auszugehen ist[1123].

b) Der Ausschluss aufgrund einer schweren Verfehlung

Ein fakultativer Ausschluss eines Bewerbers oder Bieters ist u.a. denkbar, wenn er »nachweislich« eine »schwere Verfehlung« begangen hat, die seine Zuverlässigkeit als Bewerber in Frage stellt, § 16 Abs. 1 Nr. 2 lit. c)

1122 *Schoch*, in: Hoffmann-Riem/Schmidt-Aßmann/Voßkuhle (Hrsg.), Grundlagen des Verwaltungsrechts III, § 50 Rdnr. 296.

1123 Im Ergebnis konkret für die Beurteilung einer »Selbstreinigung« ebenso *Völlink*, in: Ziekow/ders. (Hrsg.), Vergaberecht, § 6 VOB/A-EG Rdnr. 20.

VOB/A-EG (2012)[1124], § 6 Abs. 6 lit. c) VOL/A-EG (2009) und § 4 Abs. 9 lit. c) VOF (2009)[1125]. Der unbestimmte Rechtsbegriff der schweren Verfehlung verlangt eine nähere Ausgestaltung. Die Verfehlung muss hinreichend schwer und geeignet sein, Zweifel an der Zuverlässigkeit zu wecken. Sie muss dafür in einem Zusammenhang mit dem ausgeschriebenen Auftrag stehen. Zu denken ist nicht nur an die Erfüllung von Straftatbeständen, sondern auch an Verurteilungen wegen anderer Verstöße etwa gegen kartellrechtliche Bestimmungen, welche die berufliche Zuverlässigkeit in Frage stellen[1126]. Zum Teil sind selbst Manipulationsversuche eines Bieters in einem Aufklärungsgespräch für ausreichend gehalten worden, eine schwere Verfehlung anzunehmen[1127]. Unter »nachweislich« ist zwar nicht nur die erfolgte Verurteilung zu verstehen, ein reiner Verdacht genügt jedoch auch nicht. Vielmehr muss ein begründeter Verdacht vorliegen, sofern die Tat belegende, erhärtende, konkrete und seriöse Indizien, Zeugenaussagen oder Schriftstücke vorliegen[1128]. Mangels spezieller Regelung im Vergaberecht des Bundes[1129] wird hierunter auch die sog. Auftragssperre gefasst. Eine Auftragssperre ist der befristete oder unbefristete Ausschluss eines Unternehmens von weiteren Vergabeverfahren wegen vorangegangenen Fehlverhaltens und daraus resultierender Unzuverlässigkeit[1130]. Zudem kann eine Auftragssperre für Vergabeverfahren desselben Auftraggebers (individuelle Auftragssperre) oder auch anderer Auftraggeber (koordinierte Auftragssperre) erfolgen[1131].

Bei der Überprüfung des Vorliegens einer normativen Ermächtigung für eine Letztentscheidungskompetenz des Auftraggebers hinsichtlich des Vorliegens einer schweren, die Zuverlässigkeit in Frage stellenden Verfehlung ist zwischen dem einmaligen Ausschluss in einem bestimmten Vergabeverfahren und der Auftragssperre zu differenzieren.

1124 Kritisch zur systematischen Stellung der fakultativen Ausschlussgründe in § 16 Abs. 1 Nr. 2 VOB/A-EG (2012) jurisPK-VergR/*Summa*, § 16 VOB/A 2009 Rdnr. 214 ff.

1125 Basierend auf Art. 45 Abs. 2 lit. d) VKR.

1126 Hk-VergabeR/*Tomerius*, § 16 VOB/A Rdnr. 32 f.

1127 OLG Düsseldorf, VergabeR 2005, 207 (210).

1128 Hk-VergabeR/*Tomerius*, § 16 VOB/A Rdnr. 34.

1129 In Landesgesetzen und Verwaltungsvorschriften finden sich hingegen Regelungen zur Auftragssperre; vgl. nur § 13 Abs. 1 und 2 TVgG – NRW. Kritisch hinsichtlich des Vorbehalts des Gesetzes außerhalb dieser Spezialermächtigungen Hk-VergabeR/*Fehling*, § 97 GWB Rdnr. 128.

1130 Beck'scher VOB-Kommentar/*Pietzcker*, Systematische Darstellung VIII Rdnr. 1.

1131 Hk-VergabeR/*Martini*, § 4 VOF Rdnr. 33.

aa) Der konkrete Ausschluss

Die Ausfüllung der unbestimmten Rechtsbegriffe »nachweislich« und »schwere Verfehlung« und die Subsumtion des Sachverhalts hierunter im Einzelfall ist gerichtlich uneingeschränkt überprüfbar. Bei der sodann erforderlichen Prognose, ob der Bieter die notwendige Zuverlässigkeit besitzt, welche unter Berücksichtigung aller in Betracht kommenden Umstände des Einzelfalls die ordnungsgemäße und vertragsgerechte Ausführung des ausgeschriebenen Auftrags einschließlich der Erbringung von Gewährleistungen erwarten lässt, steht dem öffentlichen Auftraggeber hingegen ein Beurteilungsspielraum zu. Es kann hier im Wesentlichen auf das zu den besonderen Umständen des Einzelfalls im Sinne der §§ 6 Abs. 4 Nr. 3 VOB/A-EG (2012), 6 Abs. 5 VOL/A-EG (2009) und 4 Abs. 8 VOF (2009) verwiesen werden.Anhand der nachweislich vorliegenden Verfehlung liegt es in der Einschätzung der Vergabestelle, ob diese so schwer wiegt, dass nicht von der Zuverlässigkeit des Unternehmens während der Vertragsdurchführung auszugehen ist. Das Prognoseergebnis ist nur eingeschränkt gerichtlich überprüfbar[1132].

bb) Der generelle Ausschluss, sog. Auftragssperre

Etwas anderes gilt, wenn der öffentliche Auftraggeber eine Auftragssperre verhängen will. Durch eine solche Sperre wird ein Unternehmen über einen bestimmten Zeitraum, möglicherweise sogar unbefristet, von der Vergabe öffentlicher Aufträge ausgeschlossen. Damit wird es von vornherein um die Verwirklichung von Chancen bei der Vergabe öffentlicher Aufträge gebracht. Die Möglichkeit chancengleicher Teilnahme am Wettbewerb wird insgesamt zunichte gemacht[1133]. Der folgerichtig anzunehmende Eingriff in die Berufsfreiheit schließt eine Auftragssperre zwar nicht aus, verlangt aber eine Rechtfertigung anhand der Drei-Stufen-Lehre des Bundesverfassungsgerichts[1134], insbesondere die Wahrung des Grundsatzes

1132 Ebenso OLG München, NZBau 2013, 261 (262 f.).

1133 So auch Hk-VergabeR/*Fehling*, § 97 GWB Rdnr. 128; dahingehend auch *Dietlein*, in: Stern, StaatsR IV/1, S. 1867 f.

1134 BVerfGE 7, 377 (397 ff.); dazu BeckOK Epping/Hillgruber/*Ruffert* GG Art. 12 Rdnr. 93 ff.

der Verhältnismäßigkeit[1135]. Daneben bewirkt der Eingriff in die Berufsfreiheit, dass der effektive Rechtsschutz des Art. 19 Abs. 4 GG sich nunmehr auch hierauf beziehen muss. Je nach den Umständen des betroffenen Marktsegments und des Einzelfalls kann der Eingriff in Form einer Berufsausübungsregelung in seiner Intensität einer subjektiven Berufswahlregelung nahekommen. Dies ist nicht unzulässig, verlangt aber entsprechende Rechtfertigungsbemühungen. Andererseits erscheint die Entscheidung in solchen Fällen nicht derart komplex, dass eine gerichtliche Nachprüfung an ihre Funktionsgrenzen stößt. Da der Bundesgesetzgeber die Auftragssperre im GWB-Vergaberecht nicht ausdrücklich geregelt hat, kann auch nicht von einer normativen Ermächtigung zur Letztentscheidung der Vergabestelle bei derart tiefgreifenden Beeinträchtigungen der wirtschaftlichen Chancenverwertung einzelner Unternehmen ausgegangen werden. Die Entscheidung über die Verhängung einer Auftragssperre ist daher gerichtlich vollständig überprüfbar.

6. Die Eignungsprüfung

Die Eignungsprüfung dient als bieterbezogener Prüfungsschritt der Feststellung, welche Bieter die erforderliche Fachkunde, Leistungsfähigkeit sowie Gesetzestreue und Zuverlässigkeit besitzen, den zu vergebenden Auftrag ordnungsgemäß durchzuführen und diejenigen auszuschließen, bei denen dies nicht anzunehmen ist, § 97 Abs. 4 S. 1 GWB[1136].

a) Die Bestimmung der Eignungsanforderungen

Bieter, deren Angebot inhaltlich geprüft und gewertet werden soll, müssen fachkundig, leistungsfähig sowie gesetzestreu und zuverlässig sein[1137]. Fachkunde, Leistungsfähigkeit und Zuverlässigkeit sind unbestimmte Rechtsbegriffe. »Gesetzestreue« ist an sich kein unbestimmter Rechtsbe-

---

1135 Diese ist abhängig von den Umständen des Einzelfalls; vgl. Beck'scher VOB-Kommentar/*Pietzcker*, Systematische Darstellung VIII Rdnr. 56 ff.

1136 Hk-VergabeR/*Fehling*, § 97 GWB Rdnr. 106 spricht von einem »Vorfilter«, mit dem Angebote ausgeschlossen werden sollen, die bestimmte grundlegende Voraussetzungen für eine ordnungsgemäße Auftragsausführung nicht erfüllen.

1137 EuGH, Urt. v. 16. Dezember 2008 – Rs.: C-213/07, Slg. 2008, I-9999, Rdnr. 37 ff. – »Michaniki«.

griff, der eine besondere Auslegung und Ausgestaltung verlangen würde. Allerdings handelt es sich um einen Kerngehalt des unbestimmten Rechtsbegriffs der Zuverlässigkeit, der aus Klarstellungsgründen nunmehr besondere Erwähnung findet.

Für den zu vergebenden Auftrag müssen diese Begriffe inhaltlich näher bestimmt werden. Dabei muss der öffentliche Auftraggeber überlegen, welche inhaltlichen Anforderungen an die Fachkunde, Leistungsfähigkeit und Zuverlässigkeit eines Bewerbers oder Bieters zu stellen sind, der den Auftrag durchführen soll. Die Eignungskriterien sind »individuell und auftragsbezogen«[1138]. Von ihrer inhaltlichen Bestimmung hängen sowohl die zu verlangenden Eignungsnachweise als auch die abschließende Beurteilung der Eignung ab. So kann etwa bzgl. der Leistungsfähigkeit die Bonität eines Unternehmens oder das Vorhandensein bestimmter Maschinen bzw. die Anwendung bestimmter Produktions- und Verfahrensabläufe abgefragt werden[1139]. Im Rahmen der Fachkunde kann das Vorliegen spezieller Qualifikationen wie das Bestehen einer Meisterprüfung und hinsichtlich der Zuverlässigkeit einschließlich Gesetzestreue das Nichtvorliegen von Vorstrafen geprüft werden. Diese inhaltliche Bestimmung wird notwendig durch die Bestimmung des Beschaffungsbedarfs beeinflusst. Sie hat zugleich Auswirkungen auf die Zuschlagsentscheidung und die Auftragsdurchführung, weil geringe Eignungsanforderungen mehr Bietern eine Teilnahme am Verfahren ermöglichen und damit die wettbewerbliche Vergabe befördern. Zugleich können sie aber auch einen erhöhten Überwachungsaufwand bei der späteren Auftragsdurchführung erforderlich machen. Sehr hohe Eignungsanforderungen haben den gegenteiligen Effekt, reduzieren also die Zahl der teilnehmenden Bieter. Andererseits führen sie aber häufig zu einer qualitativ hochwertigeren Auftragsdurchführung, die weniger Überwachung verlangt. Keinesfalls darf ein Auftraggeber bei der Vergabe eines recht einfach zu erfüllenden Vertrags übermäßige Anforderungen an die Bietereignung stellen, um spätere Überwachung zu vermeiden und Schlechtleistungen (beinahe) auszuschließen. Die Anforderungen an die Bietereignung müssen angesichts des zu vergebenden

1138 *Burgi*, VergabeR 2007, 457 (464). Dies meint wohl auch der VÜA Bund, Beschl. v. 1. Oktober 1998, WuW/E Verg 211 (212), wenn er etwas missverständlich von einer »Gewichtung der einzelnen Vergabekriterien wie Fachkunde, Leistungsfähigkeit und Zuverlässigkeit der Bewerber« spricht.

1139 Vgl. etwa VK Bund, Beschl. v. 11. Januar 2005 – Az.: VK 2 – 220/04, Rdnr. 49 (juris).

Auftrags verhältnismäßig sein, weil die Vergabeordnungen nur in diesem Umfang das Verlangen von Eignungsnachweisen gestatten.

Hinsichtlich der Verfolgung sekundärer Vergabezwecke im Rahmen der Eignungsprüfung ist zu differenzieren. Umweltbezogene Aspekte können jedenfalls im Rahmen der technischen Leistungsfähigkeit über die Angabe sog. Umweltmanagementmaßnahmen Beachtung finden, vgl. § 6 Abs. 9 Nr. 1 VOB/A-EG (2012), § 7 Abs. 11 VOL/A-EG (2009) und § 5 Abs. 8 VOF (2009). Die Einführung sozialer Aspekte über die Zuverlässigkeit eines Bieters (z.B. Beachtung der IAO-Kernarbeitsnormen als Bestandteil der deutschen Rechtsordnung) oder über die technische Leistungsfähigkeit ist hingegen äußerst problematisch[1140].

b) Der Umfang der geforderten Eignungsnachweise

Auf der inhaltlichen Bestimmung gründet die Festlegung der beizubringenden Eignungsnachweise. So lässt sich die Bonität durch Bankauszüge, die spezielle Qualifikation durch einen Meisterbrief und das Nichtvorliegen von Vorstrafen durch einen Auszug aus dem Bundeszentralregister nachweisen. Für die Leistungsfähigkeit in fachlicher und technischer Hinsicht bietet sich etwa der Nachweis durch eine Liste der wesentlichen in den letzten drei Jahren erbrachten Leistungen mit Angaben des Rechnungswertes, der Leistungszeit sowie der öffentlichen und privaten Auftraggeber mit näher bestimmten Bescheinigungen an, sog. »Referenzen«, vgl. § 7 Abs. 3 lit. a) VOL/A-EG (2009)[1141]. Nach § 6 Abs. 5 Nr. 1 VOB/A-EG (2012) müssen der Umfang der geforderten Eignungsnachweise sowie die gegebenenfalls gestellten Mindestanforderungen an die Leistungsfähigkeit des Bewerbers oder Bieters mit dem Auftragsgegenstand in sachlichem Zusammenhang stehen und ihm angemessen sein. Diese Formulierung entspricht Art. 44 Abs. 2 UAbs. 2 VKR, während § 7 Abs. 1 S. 1 VOL/A-EG (2009) und § 5 Abs. 1 S. 1 VOF (2009) lediglich von einer Rechtfertigung durch den Gegenstand des Auftrags sprechen. Die unionsrechtliche Vorgabe gestattet zur Wahrung eines verhältnismäßigen Aufwandes für die Bewerber oder Bieter keine hinter dem Maß der Angemessenheit zurückbleibenden Anforderungen an die Bestimmung der

1140 Vgl. die Darstellung bei *Ziekow*, in: ders./Völlink (Hrsg.), Vergaberecht, § 97 GWB Rdnr. 130 ff.

1141 Dazu *Gröning*, VergabeR 2008, 721.

Eignungsnachweise. Nach allen drei Vergabeordnungen dürfen somit nur solche Unterlagen und Angaben verlangt werden, die geeignet und erforderlich sind, die Fachkunde, Leistungsfähigkeit, Gesetzestreue und Zuverlässigkeit eines Bewerbers oder Bieters im Hinblick auf den konkret ausgeschriebenen Auftragsgegenstand nachzuweisen[1142]. Grundsätzlich sind als Nachweise Eigenerklärungen zu verlangen. Abweichungen sind begründungsbedürftige Ausnahmen, § 7 Abs. 1 S. 2 VOL/A-EG (2009), § 5 Abs. 2 VOF (2009). Bei öffentlichen Bauauftragsvergaben ernennt § 6 Abs. 3 Nr. 2 VOB/A-EG (2012) zur Minimierung des Aufwands die Präqualifikation zum vorrangigen Nachweis der Eignung[1143]. In einem Präqualifikationsverfahren werden vorab und ohne Bezug zu einem konkreten Vergabeverfahren Fachkunde, Leistungsfähigkeit und Zuverlässigkeit eines Unternehmens anhand der in § 6 Abs. 3 S. 2 lit. a) bis i) VOB/A-EG (2012) vorgegebenen Angaben geprüft. Alternativ können Unternehmen diese Nachweise auch durch Einzelnachweise erbringen, wobei Eigenerklärungen hier anders als in der VOL/A und VOF nicht der Regelfall sind. Bedient sich der Auftraggeber den Angaben in der allgemein zugänglichen Liste des Vereins für die Präqualifikation von Bauunternehmen (e.V.), dem sog. Präqualifikationsverzeichnis[1144], so darf er hierüber zusätzliche Einzelnachweise nicht mehr verlangen[1145]. Wohl aber kann er gem. § 6 Abs. 3 Nr. 3 VOB/A-EG (2012) andere, auf den konkreten Auftrag bezogene zusätzliche Angaben verlangen.

Die Angemessenheit des aufgestellten Eignungsprofils und des Umfangs der geforderten Eignungsnachweise sowie der gegebenenfalls gestellten Mindestanforderungen an die Leistungsfähigkeit des Bewerbers oder Bieters sind unbestimmte Rechtsbegriffe. Bei deren Konkretisierung sind sowohl die Interessen des öffentlichen Auftraggebers als auch die Interessen der Bewerber oder Bieter zu beachten. Der Auftraggeber muss diejenigen Nachweise diskriminierungsfrei von allen Bietern fordern, die ihm eine Prüfung der inhaltlich bestimmten Eignungsanforderungen erlauben, um ungeeignete Bieter vom weiteren Vergabeverfahren auszuschließen. Andererseits ist die Vorlage von Nachweisen für die Bieter

1142 OLG Düsseldorf, NZBau 2012, 321 (322).

1143 In § 7 Abs. 4 VOL/A-EG (2009) werden Eignungsnachweise, die durch Präqualifizierungsverfahren erworben werden, lediglich als durch den Auftraggeber bei Bedarf zuzulassende Variante erwähnt.

1144 Dazu *Schranner*, in: Ingenstau/Korbion (Begr.), VOB. Teile A und B, § 6 VOB/A Rdnr. 102 ff.

1145 *Hänsel*, in: Ziekow/Völlink (Hrsg.), Vergaberecht, § 6 VOB/A Rdnr. 18.

oftmals mit nicht unerheblichem Aufwand verbunden, der insbesondere kleinere und mittlere Unternehmen vor Schwierigkeiten stellen kann Diese sind innerhalb kurzer Bearbeitungsfristen kaum in der Lage, umfangreiche Nachweise zu beschaffen und vorzulegen. Ihre Nichtteilnahme am Vergabeverfahren schwächt aber den Wettbewerb bei der Auftragsvergabe[1146]. Die Eignungsanforderungen ebenso wie die Eignungsnachweise müssen geeignet, erforderlich und angemessen sein, um diesen Interessen möglichst gerecht zu werden. Die Einhaltung des Grundsatzes der Verhältnismäßigkeit ist sowohl im allgemeinen Verwaltungsrecht als auch in der übrigen Rechtsordnung gerichtlich voll überprüfbar[1147]. Auch im Vergaberecht ist – zumal angesichts recht umfangreicher Regelungen sowohl in Art. 45 bis 50 VKR als auch in § 6 VOB/A-EG (2012), § 7 VOL/A-EG (2009) und § 5 VOF (2009) – insoweit nicht von einem Beurteilungsspielraum des öffentlichen Auftraggebers auszugehen[1148]. Bestärkt wird dieses Ergebnis durch einen Vergleich mit dem Wortlaut des § 6 Abs. 5 Nr. 2 VOB/A-EG (2012)[1149]. Bei § 6 Abs. 5 Nr. 1 VOB/A-EG (2012), der die Angemessenheit ausdrücklich erwähnt, handelt es sich zudem eher um eine Klarstellung dessen, was auch in der Basisvorschrift des § 6 Abs. 3 VOB/A (2009) angelegt ist[1150]. Die inhaltliche Bestimmung der auftragsbezogenen Eignungskriterien und die Festlegung der angemessenen Eignungsnachweise ist weder so komplex noch mit einer besonderen Wertung verbunden, dass eine Einschränkung des Grundsatzes der effektiven gerichtlichen Kontrolle nach Art. 19 Abs. 4 GG zu rechtfertigen wäre. Dies gilt auch für die Festlegung von Kriterien für die Auswahl der Bewerber in einem Teilnahmewettbewerb im Zuge eines nicht offenen Verfahrens, eines wettbewerblichen Dialogs oder eines Verhandlungsverfahrens, sofern der Auftraggeber die Zahl der Teilnehmer begrenzen will, § 6 Abs. 2 Nr. 4 VOB/A-EG (2012) (»objektive, nicht diskriminierende und auftragsbezogene Kriterien«) und § 3 Abs. 5 VOL/A-EG (2009). Ebenso eröffnet die Vergleichbarkeit der Ausführung von Leistungen in den letzten drei Geschäftsjahren mit der nun zu vergebenden Leistung nach § 7 Abs. 3 Nr. 2 lit. a) VOB/A-EG (2012) keinen Beurteilungsspielraum der Verga-

1146 Zu diesem Spannungsverhältnis der verschiedenen Interessen auch *Hausmann/v.Hoff*, in: Kulartz/Marx/Portz/Prieß (Hrsg.), VOL/A, § 7 EG Rdnr. 6.

1147 *Burgi*, VergabeR 2007, 457 (465).

1148 *Noch*, Vergabe Navigator 2/2011, 27 geht hier von einem Ermessensspielraum aus.

1149 Vgl. sogleich.

1150 Kompaktkommentar VergR/*Werner*, 4. Los § 6a VOB/A Rdnr. 20.

bestelle. Auch hier dürfen die von der Unternehmerseite zu erbringenden Nachweise nicht überspannt werden, indem sie einen unzumutbaren Zeitaufwand und hohe Kosten verursachen[1151].

Und schließlich unterliegt aus den genannten Gründen auch die Bewertung des »berechtigten Grundes« für die Nichtbeibringung geforderter Nachweise nach § 6 Abs. 5 Nr. 2 VOB/A-EG (2012) der vollen gerichtlichen Kontrolle, zumal der Tatbestand als Ausnahmevorschrift restriktiv auszulegen ist[1152]. Die Vorschrift beruht auf der Umsetzung von Art. 47 Abs. 5 VKR, der sich nur auf die wirtschaftliche und finanzielle Leistungsfähigkeit bezieht, während eine entsprechende Regelung in Art. 48 VKR über die technische und berufliche Leistungsfähigkeit fehlt. Daher muss § 6 Abs. 5 Nr. 2 VOB/A-EG (2012) europarechtskonform auf Nachweise über die wirtschaftliche und finanzielle Leistungsfähigkeit begrenzt werden[1153]. Nach dem Wortlaut des § 6 Abs. 5 Nr. 2 VOB/A-EG (2012) a.E. besteht ein Beurteilungsspielraum hinsichtlich der Geeignetheit alternativ vorgelegter Eignungsnachweise (»…, die der Auftraggeber für geeignet hält«)[1154]. Anders als die Vorgängerregelung des § 6a Abs. 7 Nr. 2 VOB/A (2009) handelt es sich auch nicht mehr um eine wortwörtliche Übernahme aus Art. 47 Abs. 5 VKR, weshalb von einer bewussten Entscheidung der Verfasser der VOB/A Ausgabe 2012 zugunsten eines Beurteilungsspielraums auszugehen ist. Diese erklärt sich wohl aus dem Bestreben, dem Auftraggeber die Entscheidung zu überlassen, ob er sich im Falle der Nichtvorlage verlangter Nachweise mit den alternativ vorgelegten in der Lage sieht, die Eignung ausreichend prüfen zu können. Die Formulierung grenzt sich deutlich von § 6 Abs. 5 Nr. 1 VOB/A-EG (2012) ab, nach dem die Nachweise dem Auftragsgegenstand angemessen sein müssen, womit kein Beurteilungsspielraum verbunden ist. Ebenso steht dem Auftraggeber nach § 6 Abs. 3 Nr. 1 VOB/A-EG (2012) [1155] ein Beurteilungsspielraum hinsichtlich der ihm geeignet erscheinenden Nachweise der wirtschaftlichen und finanziellen Leistungsfähigkeit zu,

1151 *Schranner*, in: Ingenstau/Korbion (Begr.), VOB. Teile A und B, § 6 VOB/A Rdnr. 113.

1152 *Schranner*, in: Ingenstau/Korbion (Begr.), VOB. Teile A und B, § 6 EG VOB/A Rdnr. 25; zu möglichen berechtigten Gründen auch jurisPK-VergR/*Summa*, § 6a VOB/A 2009 Rdnr. 90 f.

1153 jurisPK-VergR/*Summa*, § 6a VOB/A 2009 Rdnr. 87.

1154 Ebenso jurisPK-VergR/*Summa*, § 6a VOB/A 2009 Rdnr. 89; Hk-VergabeR/*Tomerius*, § 6a VOB/A Rdnr. 19.

1155 Dazu *Hausmann*, in: Kulartz/Marx/Portz/Prieß (Hrsg.), VOB/A, § 6 Rdnr. 184 f.

nicht hingegen bezüglich des Vorliegens »stichhaltiger Gründe«. Der Wortlaut (»...wenn er feststellt, dass stichhaltige Gründe dafür bestehen«) würde zwar die Annahme eines Beurteilungsspielraums möglich erscheinen lassen, jedoch handelt es sich hier ebenso wie bei § 6 Abs. 5 Nr. 2 VOB/A-EG (2012) um eine »Härtefallklausel«[1156], die im Zweifel eng auszulegen ist. Durch die europarechtskonforme Reduktion des § 6 Abs. 5 Nr. 2 VOB/A-EG (2012) auf Nachweise zur wirtschaftlichen und finanziellen Leistungsfähigkeit entsteht Deckungsgleichheit mit § 6 Abs. 3 Nr. 4 VOB/A-EG (2012), der die europarechtlich gebotene Einschränkung von vornherein umsetzt und ebenfalls Fälle erfassen soll, in denen ein Bewerber oder Bieter stichhaltige Gründe vortragen kann, warum der konkret verlangte Beleg nicht vorgelegt werden kann. Die Regelungssystematik des § 6 Abs. 3 und 5 VOB/A-EG (2012) wirkt äußerst inhomogen, teils gedoppelt, teils widersprüchlich, was wohl darauf zurückzuführen ist, dass es sich in der Ausgabe 2009 noch um Basisnorm (§ 6 Abs. 3 Nr. 4 VOB/A [2009], jetzt § 6 Abs. 3 Nr. 4 VOB/A-EG [2012]) und a-Paragraph (§ 6a Abs. 7 Nr. 2 VOB/A [2009], jetzt § 6 Abs. 5 Nr. 2 VOB/A-EG [2012]) handelte. Die nächste Überarbeitung sollte in jedem Fall eine einheitliche und klare Regelung anderer geeigneter Nachweise für den Fall vorsehen, dass ein Bewerber oder Bieter aus nachvollziehbaren Gründen nicht in der Lage ist, die verlangten Eignungsnachweise vorzulegen. Bis dahin erscheint ein Gleichlauf beider Vorschriften hinsichtlich der Entscheidungsspielräume der Vergabestellen systematisch angezeigt, um Regelungswidersprüche zu vermeiden. Diese Erwägungen gelten ebenso für die vergleichbaren Vorgaben der §§ 7 Abs. 5 S. 2 VOL/A-EG (2009) und 5 Abs. 4 S. 2 VOF (2009)[1157].

c) Die Feststellung der Bietereignung

Anhand der eingereichten Eignungsnachweise muss der öffentliche Auftraggeber die Fachkunde, Leistungsfähigkeit, Gesetzestreue und Zuverlässigkeit der Bewerber oder Bieter konkret feststellen. Davon hängt nach § 97 Abs. 4 S. 1 GWB die weitere Beteiligung am Vergabeverfahren ab. Ähnlich der Zuverlässigkeitsprüfung im Rahmen des § 35 Abs. 1 S. 1

1156 *Hausmann*, in: Kulartz/Marx/Portz/Prieß (Hrsg.), VOB/A, § 6 Rdnr. 184.

1157 Vgl. Kompaktkommentar VergR/*Harr*, 9. Los § 5 VOF Rdnr. 26 ff.; *Hausmann/v.Hoff*, in: Kulartz/Marx/Portz/Prieß (Hrsg.), VOL/A, § 7 EG Rdnr. 70 ff.

GewO[1158] richtet sich die Entscheidung im Zeitpunkt der Prüfung der Unterlagen auf einen zukünftigen Zeitraum, nämlich die Zeit der Durchführung des Auftrags. Es handelt sich um die Prognose, ob ein Unternehmen anhand der vorliegenden Nachweise über sein bisheriges Verhalten im Wirtschaftsverkehr die Gewähr dafür bietet, den zu vergebenden Auftrag ordnungsgemäß auszuführen und allen vereinbarten Pflichten nachzukommen. Diese Prognose eröffnet eine Einschätzungsprärogative des Auftraggebers, der zu entscheiden hat, welcher Bewerber oder Bieter diese Anforderungen erfüllen kann[1159]. Indem er andererseits die Ungeeignetheit eines Unternehmens feststellt, schließt er dieses zugleich als Vertragspartner aus. Eine Aufhebung dieser Entscheidung drängt der Vergabestelle einen Anbieter auf, den sie selbst für nicht befähigt hält. Die Zuschlagsentscheidung begründet dabei ein Vertragsverhältnis mit dem ausgewählten Unternehmen und damit eine engere Bindung, die der Einschätzung des Auftraggebers ein besonderes Gewicht verleiht. Die Einschätzung der Bietereignung hängt von zahlreichen Faktoren und Eindrücken ab, die sich in einem Nachprüfungsverfahren nicht ohne weiteres nachvollziehen lassen. Prägend ist die Abschätzung zukünftiger Entwicklungen, deren exakten Verlauf niemand zu bestimmen vermag. Zutreffenderweise kann der Verwaltung insoweit ein »Bewertungs- oder Entscheidungsvorrang« eingeräumt werden[1160]. Dem entspricht es, dass eine Änderung der Sachlage nach Ablauf der Angebotsfrist von der Vergabestelle nicht unberücksichtigt gelassen werden darf. Unter Wahrung des Grundsatzes der Gleichbehandlung hat der Auftraggeber eine entfallene Eignung eines Bieters zu berücksichtigen, um nicht mit der eindeutigen Vorgabe des § 97 Abs. 4 S. 1 GWB in Konflikt zu geraten. Es spielt auch keine Rolle, ob die Tatsachen im Zeitpunkt der Prognose noch nicht vorlagen oder ob sie bereits vorlagen und dem Auftraggeber erst später bekannt werden. Umgekehrt ist für den Fall, dass die Eignung begründende Umstände nachträglich eintreten oder bekannt werden, folgendes zu differenzieren. Lagen die Tatsachen im Zeitpunkt der Prognose noch nicht vor, muss der Auftraggeber wieder in die Eignungsprüfung eintreten und seine Prognoseentscheidung

---

1158 Zum Vergleich mit dem Wirtschaftsverwaltungsrecht Hk-VergabeR/*Fehling*, § 97 GWB Rdnr. 108, der auf die dort von der Verwaltungsrechtsprechung angenommene vollständige gerichtliche Kontrolle hinweist.

1159 In der Rechtsprechung ist hingegen gelegentlich zu Unrecht eine Ermessensentscheidung angenommen worden; vgl. OLG Naumburg, VergabeR 2004, 387 (390 ff.); OLG Celle, VergabeR 2004, 542 (544 f.); VergabeR 2009, 609 (610 f.).

1160 *Wolff/Bachof/Stober/Kluth*, VerwR I, § 31 Rdnr. 21.

anpassen. Werden die Tatsachen hingegen erst später bekannt, weil sie sich aus den insofern unvollständigen Eignungsnachweisen nicht ergeben haben, so ist die Prognose nicht zu revidieren, weil die Möglichkeit der Nachreichung von Unterlagen zu diesem Zeitpunkt nicht mehr besteht, vgl. § 16 Abs. 1 Nr. 3 VOB/A-EG (2012), § 19 Abs. 2 VOL/A-EG (2009)[1161]. Im Vergleich etwa zur Beurteilung der Zuverlässigkeit im Gewerberecht sind im Vergaberecht andere Rahmenbedingungen zu beachten. Grundlegender Unterschied ist die abweichende Ausgangslage. Die Gewerbeuntersagung gegenüber einem als unzuverlässig eingeschätzten Gewerbetreibenden ist ein Akt der Eingriffsverwaltung, mit dem eine Beeinträchtigung des Art. 12 Abs. 1 GG verbunden ist. Bei der Vergabe öffentlicher Aufträge handelt es sich um einen Vorgang der Verteilungsverwaltung, der im Regelfall nicht zu einer Verletzung der Berufsfreiheit führt[1162]. Effektiver Rechtsschutz muss daher nicht hinsichtlich der beruflichen Freiheit, sondern alleine hinsichtlich der Gleichbehandlung aller an der Auftragsvergabe interessierter Unternehmen gewährleistet werden. Es ist daher ein Prognosespielraum des öffentlichen Auftraggebers anzuerkennen[1163]. Der Kontrollumfang der Vergabekammern und –senate beschränkt sich demnach auf die vollständige Erfassung des zugrundeliegenden Sachverhalts als Prognosebasis, die Durchführung eines ordnungsgemäßen Verfahrens, die zutreffende Auslegung des anzuwendenden Rechts, die Berücksichtigung allgemein gültiger Bewertungsmaßstäbe und die Vermeidung sachfremder Erwägungen (»Willkür«)[1164].

1161 Dazu *Ziekow*, in: ders./Völlink (Hrsg.), Vergaberecht, § 97 GWB Rdnr. 95.

1162 Siehe oben Teil F II. 1. c) aa).

1163 Wie hier BayObLG, VergabeR 2002, 63 (68); OLG Düsseldorf, NZBau 2012, 321 (322); OLG Schl.-Hol., ZInsO 2012, 1374 (1377 f.); VK Schl.-Hol., NZBau 2006, 600; Hk-VergabeR/*Fehling*, § 97 GWB Rdnr. 108; *Hailbronner*, in: Byok/Jaeger (Hrsg.), Vergaberecht, § 97 GWB Rdnr. 83 f.; jurisPK-VergR/*Summa*, § 97 GWB Rdnr. 131; *Ziekow*, in: ders./Völlink (Hrsg.), Vergaberecht, § 97 GWB Rdnr. 87; *Gröning*, VergabeR 2008, 721 (721); *Kaiser*, VergabeR 2011, 864.

1164 *Schoch*, in: Hoffmann-Riem/Schmidt-Aßmann/Voßkuhle (Hrsg.), Grundlagen des Verwaltungsrechts III, § 50 Rdnr. 296. Im Ergebnis wie hier *Dreher*, in: Immenga/Mestmäcker, Wettbewerbsrecht: GWB, § 97 Rdnr. 138 ff. Der Formulierungsvorschlag »Beurteilungsspielraum mit Nachprüfbarkeit auf Beurteilungsfehler« ist allerdings überflüssig, weil ein gerichtlicher Kontrolle vollständig entzogener Beurteilungsspielraum nicht mit Art. 19 Abs. 4 GG zu vereinbaren wäre.

d) Auswirkungen für die vergaberechtliche Nachprüfung

Für einen zutreffenden Maßstab bei der Kontrolle der Eignungsprüfung kommt es entscheidend auf die Differenzierung der Verfahrensschritte an[1165]. Denn während bei der inhaltlichen Begriffsbestimmung der Eignungskriterien Fachkunde, Leistungsfähigkeit und Zuverlässigkeit ebenso wie bei der Festlegung der zu verlangenden Eignungsnachweise eine volle gerichtliche Kontrolle angezeigt ist, steht dem öffentlichen Auftraggeber bei der Feststellung der Bietereignung ein Beurteilungsspielraum zu. Dogmatisch verfehlt ist es, hier von einem Ermessensspielraum auszugehen[1166].

7. Die Wertung der Angebote

Hinter der Wertung der Angebote verbergen sich mehrere, voneinander zu trennende Verfahrensschritte.

a) Die Unangemessenheit des Preises

Es ist der Vergabestelle untersagt, den Zuschlag auf ein Angebot mit einem unangemessen hohen oder niedrigen Preis zu erteilen, § 16 Abs. 6 Nr. 1 VOB/A-EG (2012), bzw. auf Angebote, deren Preise in einem offenbaren Missverhältnis zur Leistung stehen, § 19 Abs. 6 S. 2 VOL/A-EG (2009). Im Falle eines unangemessenen bzw. ungewöhnlich niedrigen Preises verlangt Art. 55 VKR, umgesetzt in § 16 Abs. 6 Nr. 2 VOB/A-EG (2012) und § 19 Abs. 6 S. 1 VOL/A-EG (2009), zunächst eine Aufklärung über die Einzelposten des Angebots. Diese Aufklärung ist verpflichtend, ein Ermessen steht der Vergabestelle nicht zu[1167]. Lassen sich die Preise nicht nachvollziehbar begründen, muss das Angebot abgelehnt werden.

1165 Eine Unterteilung in formale und materielle Eignungsprüfung findet sich nur in wenigen Entscheidungen, etwa OLG München, ZfBR 2010, 702 (706 f.); ThürOLG, VergabeR 2010, 509 (511); OLG Düsseldorf, NZBau 2011, 54 (56).

1166 So aber etwa OLG Celle, VergabeR 2004, 542 (544); VergabeR 2009, 609 (610 f.); OLG München, VergabeR 2009, 65 (74 f.); ThürOLG, VergabeR 2010, 509 (513).

1167 Hk-VergabeR/*Ruhland*, § 16 VOB/A Rdnr. 103.

Die unbestimmten Rechtsbegriffe »unangemessen« bzw. »ungewöhnlich« müssen konkretisiert werden. Als Faustregel besteht der Verdacht einer Unangemessenheit des Preises regelmäßig dann, wenn die prozentuale Abweichung zu den Angeboten anderer Bieter mehr als 10 % beträgt. Eine Abweichung von weniger als 10 % verlangt in der Regel keine weitere Aufklärung der Preise[1168]. Jedoch können diese Zahlen allenfalls eine grobe Orientierung liefern. Die Umstände des Einzelfalls können eine andere Beurteilung rechtfertigen, etwa wenn aufgrund der Kapazitätsauslastung bewusst auf Kostendeckung verzichtet wird oder sich ein Newcomer durch Preiszugeständnisse Zugang zu einem Markt verschaffen will[1169]. Zudem ist der Vergleichsmaßstab nicht immer einfach zu ermitteln, da andere Bieter ihre Preise unseriös festgesetzt haben können, z.B. durch Preisabsprachen untereinander oder durch Abänderung der Verdingungsunterlagen.

Zwei Aspekte erscheinen hier entscheidend dafür zu sein, dass dem öffentlichen Auftraggeber bei der Beurteilung der Unangemessenheit bzw. Ungewöhnlichkeit des Angebotspreises eine Letztentscheidungskompetenz zusteht. Erstens dient das Verbot der Zuschlagserteilung auf unangemessen niedrige Angebote in erster Linie dem Schutz des öffentlichen Auftraggebers und weniger dem Schutz der anderen Bieter, jedenfalls solange nicht von einem unlauteren Verdrängungswettbewerb auszugehen ist. Die Schutzbedürftigkeit des öffentlichen Auftraggebers ergibt sich aus unseriösen Dumpingangeboten, die hohe Risiken für die ordnungsgemäße Auftragsdurchführung in sich bergen. Grundrechtliche Erwägungen des Art. 3 Abs. 1 und 19 Abs. 4 GG treten hier in den Hintergrund. Zweitens stellt der Preis eines der im Rahmen der inhaltlichen Angebotswertung zulässigen Zuschlagskriterien dar. Bei der endgültigen Zuschlagsentscheidung kommt dem öffentlichen Auftraggeber ebenso ein Beurteilungsspielraum zu, wie noch zu zeigen sein wird. Wenn der Preis Gegenstand der Letztentscheidungskompetenz der Vergabestelle ist, erscheint es nicht nachvollziehbar, warum seine Beurteilung auf dieser vorgelagerten Prüfungsstufe nicht ebenso behandelt werden sollte[1170]. Sofern der öffentliche Auftraggeber nach seiner Prognose beurteilungsfehlerfrei davon ausgehen

---

1168 *Vavra*, in: Ziekow/Völlink (Hrsg.), Vergaberecht, § 16 VOB/A Rdnr. 45.

1169 Ein solches Vorgehen ist wettbewerblich nicht zu beanstanden; vgl. OLG Düsseldorf, Beschl. v. 12. Oktober 2005 – Az.: VII-Verg 37/05, Rdnr. 23 (juris).

1170 In diese Richtung auch VK B.-W., Beschl. v. 30. April 2002 – Az.: 1 VK 17/02; VK Schl.-Hol., ZfBR 2003, 817 (820).

kann, dass trotz Unterdeckung eine vertragsgemäße Ausführung des Auftrags nicht zweifelhaft erscheint, kann er den Zuschlag auch auf ein Angebot mit einem besonders niedrigen Preis erteilen[1171].

b) Die Auswahl des wirtschaftlichsten Angebots

Der öffentliche Auftraggeber hat die Zuschlagskriterien auszuwählen und zu gewichten oder, sofern dies nach seiner Ansicht aus nachvollziehbaren Gründen nicht möglich ist, in der absteigenden Reihenfolge ihrer Bedeutung anzugeben und diese Gewichtung oder Reihenfolge den Bewerbern oder Bietern in der Bekanntmachung oder den Verdingungsunterlagen vorab mitzuteilen, vgl. Art. 53 Abs. 2 VKR[1172]. Anhan dieser Kriterien ist das wirtschaftlichste Angebot zu ermitteln.

aa) Die Auswahl der Zuschlagskriterien

Die Kriterienkataloge in den Vergabeordnungen nennen zwar wesentliche Zuschlagskriterien, sind aber keineswegs abschließend. So können etwa auch Präsentationen und praktische Vorführungen, sog. Teststellungen, als Zuschlagskriterien Anwendung finden[1173]. Zudem können die genannten Kriterien durch Unterkriterien weiter konkretisiert werden. Zu wählen sind objektive Kriterien, welche die Einhaltung der Grundsätze der Transparenz, der Nichtdiskriminierung und der Gleichbehandlung gewährleisten und sicherstellen, dass die Angebote unter wirksamen Wettbewerbsbedingungen objektiv bewertet werden[1174]. Der öffentliche Auftraggeber muss dabei verschiedene Gesichtspunkte berücksichtigen. Erstens muss er unter Wahrung des Transparenz- und Wettbewerbsgebots die Kriterien so genau bestimmen, dass die Bieter ihre Angebote sinnvoll daran ausrichten können. Mit dem pauschalen Hinweis, die Angebote würden nach ihrer Qualität bewertet, kann ein Bieter wenig anfangen, zumal dieses Kriterium

---

1171 VK Berlin, Beschl. v. 27. Juli 2009 – Az.: VK-B 1-18/09, Rdnr. 83 ff. (juris); jurisPK-VergR/*Summa*, § 16 VOB/A 2009 Rdnr. 370.

1172 Umgesetzt in §§ 8 Abs. 2 Nr. 1, 12 Abs. 2 Nr. 2 VOB/A-EG (2012), §§ 9 Abs. 2, 15 Abs. 1 VOL/A-EG (2009) und § 11 Abs. 4 VOF (2009).

1173 *Dreher/Aschoff*, NZBau 2006, 144.

1174 Vgl. Erwägungsgrund 46 der VKR.

deutliche Überschneidungen mit anderen genannten Kriterien wie technischer Wert, Kundendienst oder Zweckmäßigkeit aufweist. Der Auftraggeber kann das Kriterium Qualität neben diese anderen Kriterien stellen und damit näher eingrenzen oder es alleine als Oberkriterium belassen und mit Unterkriterien ausfüllen. Zu anspruchsvolle oder zu enge Wertungskriterien wirken wiederum wettbewerbshemmend. Bei der Festlegung der Kriterien ist zu beachten, dass den Bietern nur solche Angaben abverlangt werden dürfen, deren Richtigkeit vom Auftraggeber auch kontrolliert werden kann[1175]. Der Preis kann in Fällen der Beschaffung vollständig standardisierter Güter mit geringer Komplexität ein besonders großes Gewicht erlangen[1176]. Sobald der Beschaffungsgenstand ein gewisses Maß an Komplexität aufweist, müssen andere Kriterien hinzutreten, um diese Umstände im Rahmen der Wirtschaftlichkeitsbewertung abzubilden[1177]. Andererseits kann der Preis seine Bedeutung als Zuschlagskriterium auch gänzlich einbüßen, wenn etwa eine Vergütung nach Gebühren- und Honorarordnung vorgegeben ist[1178]. Der Begriff der Wirtschaftlichkeit darf nicht dazu verleiten anzunehmen, § 97 Abs. 5 GWB erlaube nur ökonomische Kriterien. Vielmehr können umweltbezogene und soziale Aspekte der Leistungsbeschreibung auch als abgestufte Zuschlagskriterien verwandt werden. Auch die aus Art. 53 Abs. 1 VKR in die Vergabeordnungen übernommenen Kriterien wie Ästhetik oder Umwelteigenschaften belegen, dass solche Aspekte bei der Zuschlagsentscheidung sehr wohl Berücksichtigung finden dürfen[1179]. Limitiert ist die Verfolgung von Sekundärzwecken durch den zwingend zu verlangenden Bezug zum Auftragsgegenstand. So können etwa weder eine als überwiegend umweltfreundlich eingeschätzte Produktpalette des Bieters, die Unterschreitung einer bestimmten Gesamtemissionsmenge, die Tariftreue oder die Verhinderung von

1175 EuGH, Urt. v. 4. Dezember 2003 – Rs. C-448/01, Slg. 2003, I-14527, Rdnr. 51 – »Wienstrom«.

1176 So etwa OLG Düsseldorf, VergabeR 2009, 956 (962); OLG Frankfurt, NZBau 2012, 719 (720 ff.).

1177 *Burgi*, VergabeR 2007, 457 (472).

1178 Hk-VergabeR/*Fehling*, § 97 GWB Rdnr. 185.

1179 Dazu *Dreher*, in: Immenga/Mestmäcker, Wettbewerbsrecht: GWB, § 97 Rdnr. 244 ff.

Kinderarbeit bei der Produktion Berücksichtigung finden, weil all diesen Kriterien der notwendige Auftragsgegenstandsbezug fehlt[1180].

Die Aufnahme funktionaler Elemente in die Leistungsbeschreibung verlangt die Formulierung entsprechender Zuschlagskriterien für die eingereichten Konzepte[1181].

Nicht anders als bei der Bestimmung der zu verlangenden Bietereignung geht es auch bei der Wahl der Zuschlagskriterien um Fragen der Geeignetheit und Erforderlichkeit in Hinsicht auf den konkreten Beschaffungsgegenstand, die der vollständigen, wenn auch zurückhaltenden, gerichtlichen Kontrolle unterliegen. Es liegt nicht in der Kompetenz der Vergabekammer oder des Vergabesenats, dem Auftraggeber Zuschlagskriterien vorzugeben, sondern die ausgewählten Kriterien auf ihre Vereinbarkeit mit den soeben dargelegten Vorgaben zu prüfen, insbesondere auf eine angemessene Relation zum Auftragsgegenstand[1182]. Eine besondere Komplexität oder ein hohes Maße an Wertungsgebundenheit ist nicht feststellbar und daher eine umfassende Überprüfung angezeigt. Die Vergabeordnungen enthalten mit den nicht abschließenden Kriterienkatalogen Hinweise, welche Aspekte von der Vergabestelle berücksichtigt werden können. Sind die gewählten Kriterien geeignet und erforderlich, das wirtschaftlichste Angebot zu ermitteln, ist dem nichts hinzuzufügen.

bb) Die Gewichtung der ausgewählten Zuschlagskriterien

Die ausgewählten Zuschlagskriterien muss der öffentliche Auftraggeber gewichten, d.h. ihnen eine bestimmte Bedeutung im Verhältnis zu den anderen Kriterien zuweisen. Häufig geschieht dies durch Prozentangaben oder Punktesysteme[1183], bei denen angemessene Margen verbleiben dürften, sofern die Wertung hinreichend transparent und nachprüfbar bleibt[1184]. Auf diesem Wege können qualitative Merkmale in einem gewissen Umfang quantitativ messbar gemacht werden. Der Grundsatz der

1180 *Ziekow*, in: ders. Völlink (Hrsg.), Vergaberecht, § 97 Rdnr. 139 f. Siehe etwa aus der Rechtsprechung EuGH, Urt. v. 27. Oktober 2005 – Rs. C-234/03, Slg. 2005, I-9315, Rdnr. 69 ff. – »Insalud«.

1181 *Burgi*, Der Landkreis 2009, 177 (183).

1182 *Burgi*, VergabeR 2007, 457 (473).

1183 Punktesysteme können etwa in Form von Scoring-Listen oder Matrix-Systemen genutzt werden; vgl. Hk-VergabeR/*Fehling*, § 97 GWB Rdnr. 188.

1184 *Braun/Kappenmann*, NZBau 2006, 544 (546 f.).

Transparenz verlangt eine vorherige Bekanntmachung der Gewichtung sowohl der Zuschlags- als auch ihrer Unterkriterien, wie sich unionsrechtskonform auch § 16 Abs. 7 S. 1 VOB/A-EG (2012) und § 19 Abs. 8 VOL/A-EG (2009) entnehmen lässt[1185].

Bei der Gewichtung und der Wahl der Gewichtungsmethode kommt dem öffentlichen Auftraggeber anders als bei der Auswahl der Zuschlagskriterien ein gerichtlich nicht vollständig überprüfbarer Beurteilungsspielraum zu[1186]. Die Vergabeordnungen machen hinsichtlich der Gewichtung keine Vorgaben, die gewählte Gewichtungsmethode muss jedoch eine Gesamtwürdigung der Kriterien ermöglichen, die der Ermittlung des wirtschaftlich günstigsten Angebots dient[1187]. Mit der Gewichtung bestimmt der Auftraggeber, auf welche Kriterien es bei der Zuschlagsentscheidung in besonderem Maße ankommen soll und welche eine geringere Bedeutung haben. Die Bindung an den Auftragsgegenstand ist bei der Gewichtung geringer als bei der Auswahl der Kriterien. Der Gewichtung liegen interne Bewertungen des Auftraggebers anhand ganz verschiedener Gesichtspunkte zugrunde, mit denen eine eingeschränkte gerichtliche Kontrolle korrespondiert. Neben den anderen Vergabegrundsätzen verlangt insbesondere der Grundsatz der Gleichbehandlung Beachtung[1188], der es verbietet, dass eine Gewichtung auf einen bestimmten Bieter zugeschnitten wird, um eine Auftragsvergabe an ihn zu rechtfertigen.

cc) Die Auswahl des wirtschaftlichsten Angebots

Schließlich ist anhand der rechtsfehlerfrei ausgewählten und gewichteten Kriterien das wirtschaftlichste Angebot auszuwählen, auf das der Zuschlag nach § 97 Abs. 5 GWB zu erteilen ist. Die Zuschlagskriterien müssen als unbestimmte Rechtsbegriffe hierfür konkretisiert und ausgelegt werden. Bei dieser abschließenden Entscheidung ist der Beurteilungsspielraum des öffentlichen Auftraggebers am größten. Er erstreckt sich auch auf die Aus-

1185 EuGH, Urt. 12. Dezember 2002 – Rs. C-470/99, Slg. 2002, I-11617, Rdnr. 97; OLG Brandenburg, NZBau 2007, 332 (335).

1186 Anders Hk-VergabeR/*Fehling*, § 97 GWB Rdnr. 193, der von einem Auswahlermessen spricht. Unklar jurisPK-VergR/*Summa*, § 16 VOB/A 2009 Rdnr. 406.

1187 *Steinberg*, NVwZ 2006, 1349 (1353).

1188 Siehe auch *Pietzcker*, Die Zweiteilung des Vergaberechts, S. 44 mit ausdrücklichem Hinweis auf Art. 3 Abs. 1 GG.

füllung der Margen bei der Anwendung[1189]. Wendet der öffentliche Auftraggeber ein Punktesystem an, so kommt ihm bei der Vergabe der Punkte für einzelne Kriterien ein Beurteilungsspielraum zu[1190]. Dabei ist zu beachten, dass der Auftraggeber eine Entscheidung mit prognostischen Elementen zu treffen hat. Er muss einschätzen, welches Angebot die größte Aussicht auf eine optimale Vertragsdurchführung verspricht. Seine Entscheidung ist geprägt durch interne Wertungsvorgänge und Absichten, die einer gerichtlichen Nachprüfung weitgehend nicht zugänglich sind. Besonders deutlich wird dies, wenn Präsentationen oder sonstige Gespräche zwischen Auftraggeber und Bietern stattgefunden haben, bei denen auch ein persönlicher Eindruck entstanden ist, der zwangsläufig in die Beurteilung einfließt. Insbesondere erfahrene Mitarbeiter öffentlicher Auftraggeber verfügen hier über ein hohes Maß an Erfahrung, welches Berücksichtigung finden muss. Die gesetzlichen Vorgaben sind dabei bewusst sehr reduziert, da die inhaltliche Wertung der Angebote ein stark einzelfallabhängiger Vorgang ist. Durch seine Entscheidung werden zwar die unterlegenen Konkurrenten im Vergleich zum erfolgreichen Bieter schlechter gestellt, es handelt sich aber um ein auch sonst übliches Risiko des Marktgeschehens, weshalb eine Verletzung der Berufsfreiheit zu verneinen ist[1191]. Die Beschränkung des Art. 19 Abs. 4 GG ist hingegen angesichts der normativen Ermächtigung des öffentlichen Auftraggebers zur letztverbindlichen Entscheidung über das auszuwählende Angebot hinzunehmen. Der allgemeine Gleichheitssatz des Art. 3 Abs. 1 GG verlangt eine willkürfreie Entscheidung[1192]. Hält sich seine Entscheidung im Beurteilungsrahmen, ist sie rechtlich nicht zu beanstanden. Der Vergabestelle darf kein anderes Angebot einem Kontrahierungszwang ähnlich aufgedrängt werden. Die Auswahlentscheidung liegt in ihrer Kompetenz. Allerdings führt dieser Beurteilungsspielraum nicht zu Kontrollfreiheit, von der bislang teilweise ausgegangen worden ist. Die rechtsstaatlichen Grenzen jeglicher Entscheidungsspielräume der Verwaltung sind einzuhalten[1193]. Vergabekammern und Oberlandesgerichte prüfen daher auch hier, ob der Auftraggeber den Sachverhalt zutreffend erfasst hat, das Verfahren ordnungsge-

1189 Hk-VergabeR/*Fehling*, § 97 GWB Rdnr. 195.

1190 Vgl. etwa OLG Naumburg, Beschl. v. 12. April 2012 – Az.: 2 Verg 1/12, Rdnr. 136 ff. (juris).

1191 Siehe oben Teil F. II. 1. c) aa).

1192 *Pietzcker*, Die Zweiteilung des Vergaberechts, S. 44.

1193 *Burgi*, VergabeR 2007, 457 (474).

mäß durchgeführt worden ist, das geltende Recht zutreffend ausgelegt worden ist, allgemeingültige Bewertungsmaßstäbe gewahrt wurden und keine sachfremden Erwägungen bei der Entscheidung eine Rolle gespielt haben[1194]. Dabei sind insbesondere die allgemeinen Grundsätze der Transparenz und Gleichbehandlung zu beachten. Sind diese Vorgaben eingehalten, ist die Zuschlagsentscheidung rechtmäßig[1195].

c) Auswirkungen für die vergaberechtliche Nachprüfung

Auch bei der Wertung der Angebote kommt es somit entscheidend darauf an, die einzelnen Schritte auseinanderzuhalten. Eine solchermaßen differenzierte Betrachtung fehlt in den meisten Nachprüfungsentscheidungen, obgleich die korrekte Zuordnung über den anzuwendenden Kontrollmaßstab entscheidet. Die Auswahl der Zuschlagskriterien unterliegt der vollständigen gerichtlichen Kontrolle. Bei der Gewichtung und der Wahl der Gewichtungsmethode ebenso wie bei der Auswahl des wirtschaftlichsten Angebots bestehen hingegen Entscheidungsspielräume. Es handelt sich dabei Beurteilungs-, nicht um Ermessensspielräume[1196].

8. Ausführungsbedingungen

Die Vergabe öffentlicher Aufträge hat eine hohe Anziehungswirkung für über die wirtschaftliche Beschaffung hinausgehende Interessen, insbesondere umwelt- und sozialpolitische Zielsetzungen. Die große Nachfragemacht staatlicher Auftraggeber bedingt ein enormes Steuerungspotenzial

---

1194 *Schoch*, in: Hoffmann-Riem/Schmidt-Aßmann/Voßkuhle (Hrsg.), Grundlagen des Verwaltungsrechts III, § 50 Rdnr. 296.

1195 Wie hier auch *Bungenberg*, in: Loewenheim/Meessen/Riesenkampff, Kartellrecht, § 97 GWB Rdnr. 70; *Dreher*, in: Immenga/Mestmäcker, Wettbewerbsrecht: GWB, § 97 Rdnr. 224 ff.; Hk-VergabeR/*Fehling*, § 97 GWB Rdnr. 194 f.

1196 Ebenso OLG Naumburg, Beschl. v. 29. Oktober 2001 – Az.: 1 Verg 11/01, Rdnr. 10 (juris); OLG Düsseldorf, NZBau 2005, 597 (599); OLG Celle, VergabeR 2007, 650 (656 f.); OLG München, VergabeR 2008, 574 (577); SaarlOLG, NZBau 2009, 265 (266); für einen Ermessensspielraum hingegen OLG Frankfurt, Beschl. v. 8. Dezember 2009 – Az.: 11 Verg 6/09, Rdnr. 54 (juris).

im Wirtschaftssektor[1197]. Diese Erkenntnis hat zu einer jahrzehntelangen Auseinandersetzung über dessen rechtmäßige Nutzung bei der Auftragsvergabe und einer stetigen Ausweitung der Möglichkeiten geführt[1198]. Mittlerweile verknüpft die *Europäische Kommission* umwelt- und sozialpolitische Aspekte (»gemeinsame gesellschaftliche Ziele«) offen und gleichrangig mit anderen Zielen und will diese im Rahmen einer erneuten Reform des europäischen Vergaberechts deutlich stärker gewichten[1199].

In der zurzeit geltenden Fassung eröffnet Art. 26 VKR die Möglichkeit für öffentliche Auftraggeber, für die Ausführung eines Auftrags zusätzliche Bedingungen, insbesondere soziale und umweltbezogene Aspekte betreffend, vorzuschreiben, sofern diese mit dem Unionsrecht vereinbar sind und in der Bekanntmachung oder in den Verdingungsunterlagen angegeben werden.[1200].

Der deutsche Gesetzgeber hat diese Richtlinienbestimmung im Zuge der Reform 2009 unter Erweiterung auf innovative Aspekte in § 97 Abs. 4 S. 2 GWB regelungstechnisch unglücklich umgesetzt. Es handelt es sich nicht um Zuschlagskriterien, sondern neben diesen und den Eignungskriterien um eine dritte Kategorie[1201]. Schon deshalb ist die Einfügung in die

---

1197 So hat *Höpfl*, WISO 27 (2004), Nr. 2, 105 (124) noch für die alte EU-15 ein Volumen von 80 Mrd. Euro ermittelt, wenn auch nur 5 % der öffentlichen Aufträge nach sozialpolitischen Gesichtspunkten vergeben würden. Darin noch nicht enthalten sind Einsparungen ansonsten aufzubringender Sozialleistungen, die durch eine soziale Auftragsvergabe verringert werden oder entfallen könnten.

1198 Siehe schon EuGH, Urt. v. 20. September 1988 – Rs. 31/87, Slg. 1988, 4635, Rdnr. 17 ff. – »Beentjes«. Aus der Literatur seien erwähnt *Meyer*, Die Einbeziehung politischer Zielsetzungen bei der öffentlichen Beschaffung, 2002; *Kröhn*, Öffentliche Auftragsvergabe und Umweltschutz, 2003; *Scharpenack*, Sekundärzwecke im Vergaberecht, 2005; *Ziekow*, Die Berücksichtigung sozialer Aspekte bei der Vergabe öffentlicher Aufträge, 2007; *Ölcüm*, Die Berücksichtigung sozialer Belange im öffentlichen Auftragswesen, 2009.

1199 *Europäische Kommission*, Grünbuch über die Modernisierung der europäischen Politik im Bereich des öffentlichen Beschaffungswesens, KOM (2011), 15 endg., S. 5. Siehe nun auch den Vorschlag für eine Richtlinie des Europäischen Parlaments und des Rates über die öffentliche Auftragsvergabe vom 20. Dezember 2011, KOM (2011) 896 endg., Begründung S. 2 f. sowie etwa Art. 61, 66, 67 und 70.

1200 Zu europarechtlichen Zweifeln an der Schaffung des Art. 26 VKR entgegen der vorherigen Rechtsprechung des EuGH *Ziekow*, in: ders./Völlink (Hrsg.), Vergaberecht, § 97 GWB Rdnr. 141.

1201 Vgl. jurisPK-VergR/*Summa*, § 97 GWB Rdnr. 164.

Vorschrift über die Eignung als verfehlt anzusehen[1202]. Vorzugswürdig wäre in jedem Fall eine eigenständig strukturierte Regelung gewesen.

Solche zusätzlichen Anforderungen an die Auftragsausführung sind als Vertragsbedingungen zu verstehen, die aber erst mit der Zuschlagsentscheidung in der anschließenden Vertragsdurchführung relevant werden. Der Bieter kann vorab durch die Unterzeichnung entsprechender Erklärungen auf ihre Einhaltung verpflichtet werden. Ein Fehlen dieser Erklärungen stellt dann einen zwingenden Ausschlussgrund dar, § 16 Abs. 1 Nr. 3 S. 4 VOB/A-EG (2012) und § 19 Abs. 3 lit. a) VOL/A-EG (2009)[1203]. Zum Teil wird auch ein Ausschluss bei erkennbarer Unfähigkeit oder Unwilligkeit zur Erfüllung der zusätzlichen Bedingungen angenommen[1204]. Der Auftraggeber muss sich jedenfalls die spätere Durchsetzung der aufgestellten Bedingungen vertraglich vorbehalten[1205]. Die zusätzlichen Bedingungen müssen konkrete Verhaltensanweisungen an das Unternehmen für die Ausführung des Auftrags darstellen[1206]. Allgemeine Anforderungen an die Unternehmens- und Geschäftspolitik eines Unternehmens lassen sich damit nicht vereinbaren[1207]. Erforderlich ist stets der Zusammenhang mit dem Auftragsgegenstand, vgl. § 97 Abs. 4 S. 2 GWB.

Noch unklarer ist die Bedeutung des neuen § 97 Abs. 4 S. 3 GWB, der als § 97 Abs. 4 Hs. 2 GWB a.F. systematisch klar nur Ausnahmen auf der Stufe der Eignungsprüfung erlaubte, während die neue Vorschrift nach dem Willen des Gesetzgebers wohl darüber hinausgehen soll[1208]. Durch Bundes- oder Landesgesetz können »andere oder weitergehende Anforderungen« an die Auftragnehmer gestellt werden, die nicht mit dem Auftragsgegenstand notwendig in Zusammenhang stehen müssen. Dies führt

1202 Äußerst kritisch zu der gesamten Regelung auch jurisPK-VergR/*Summa*, § 97 GWB Rdnr. 155 ff.

1203 VK Stuttgart, VergabeR 2010, 713 (716). Zustimmend *Ziekow*, in: ders./Völlink (Hrsg.), Vergaberecht, § 97 GWB Rdnr. 143.

1204 Hk-VergabeR/*Fehling*, § 97 GWB Rdnr. 161.

1205 *Ziekow*, in: ders./Völlink (Hrsg.), Vergaberecht, § 97 GWB Rdnr. 144.

1206 BT-Drs. 16/10117, S. 16.

1207 jurisPK-VergR/*Summa*, § 97 GWB Rdnr. 170 ff.

1208 »Allgemeine Anforderungen an die Unternehmens- und Geschäftspolitik ohne konkreten Bezug zum Auftrag«, vgl. BT-Drs. 16/10117, S. 16 f. Europarechtliche Bedenken mit Blick auf die Privilegierung bestimmter Aspekte in Art. 26 VKR bei *Ziekow*, in: ders./Völlink (Hrsg.), Vergaberecht, § 97 Rdnr. 104, 150 ff.

zu einer ganzen Reihe rechtlicher Folgeprobleme, auf die vorliegend nicht im Einzelnen eingegangen werden kann[1209].

Entscheidend ist alleine, dass auch die Bestimmung zusätzlicher Anforderungen nach § 97 Abs. 4 S. 2 oder 3 GWB ebenso wie die Konkretisierung der Eignungs- und Zuschlagskriterien geeignet, erforderlich und angemessen sein müssen. Dazu zählt hier insbesondere die Vereinbarkeit mit höherrangigem, insbesondere europäischem Recht. Ein Beurteilungsspielraum kommt dem öffentlichen Auftraggeber auch hier nicht zu, obgleich die Vergabekammern und –senate keine Kompetenz haben, ihm bestimmte Anforderungen aufzuzwingen. Die gewählten Anforderungen können aber gerichtlich voll überprüft werden.

9. Die Aufhebung der Ausschreibung aus anderen schwerwiegenden Gründen

Sowohl VOB/A als auch VOL/A enthalten den Auffangtatbestand der »schwerwiegenden Gründe« für die Aufhebung des Vergabeverfahrens. Dieser unbestimmte Rechtsbegriff begründet keinen Beurteilungsspielraum der Vergabestelle. Die Begründung ergibt sich insbesondere aus der Systematik der Vergabeordnungen. Diese sehen als Regelfall die Zuschlagserteilung vor. Der Grundsatz der culpa in contrahendo, wonach Vertragsverhandlungen kurz vor Vertragsschluss nur noch aus absolut zwingenden Gründen abgebrochen werden dürfen, um den Vertragspartner zu schützen[1210], wird durch § 17 VOB/A-EG (2012) und § 20 VOL/A-EG (2009) auf das gesamte Ausschreibungsverfahren ausgedehnt, um das Vertrauen (potenzieller) Bieter auf eine Vergabe zu schützen und leichtfertige Ausschreibungen öffentlicher Aufträge zu unterbinden[1211]. Es handelt sich daher um eng auszulegende Ausnahmetatbestände[1212]. Andere

---

1209 Vgl. die umfassende Behandlung bei *Hailbronner*, in: Byok/Jaeger (Hrsg.), Vergaberecht, § 97 GWB Rdnr. 116 ff. So hat etwa der EuGH, Urt. v. 3. April 2008 – Rs. C-346/06, Slg. 2008, I-1989 – »Rüffert« eine allgemeine Tariftreueerklärung als unvereinbar mit den Grundfreiheiten erklärt. Als Beispiel für die Durchsetzung sozialer Aspekte mittels Landesgesetz sei auf das Tariftreue- und Vergabegesetz des Landes Nordrhein-Westfalen (TVgG – NRW) vom 10. Januar 2012 verwiesen (GVBl. NRW., S. 17).

1210 Palandt/*Heinrichs*, BGB, § 311 Rdnr. 30.

1211 *Herrmann*, in: Ziekow/Völlink (Hrsg.), Vergaberecht, Vor § 17 VOB/A Rdnr. 2.

1212 OLG Düsseldorf, NZBau 2007, 462 (464 f.).

schwerwiegende Gründe müssen von ihren Auswirkungen auf die Ausschreibung her den Tatbeständen der § 17 Abs. 1 Nr. 1 und 2 VOB/A-EG (2012) bzw. § 20 Abs. 1 lit. a) bis c) VOL/A-EG (2009) entsprechen[1213]. Hierzu hat sich eine recht umfangreiche Kasuistik gebildet[1214]. Diese Vergleichbarkeitsanforderung engt die Bestimmung der anderen schwerwiegenden Gründe deutlich ein. Das Vorliegen eines Aufhebungsgrundes bedingt zugleich die Möglichkeit der Aufhebung des Vergabeverfahrens und damit der Vernichtung der Zuschlagschancen aller Bieter. Auch vor diesem Hintergrund ist eine volle gerichtliche Überprüfung im Lichte des Art. 19 Abs. 4 GG angezeigt.

In der vergaberechtlichen Nachprüfungsentscheidungen gehen mehrheitlich von einem Entscheidungsspielraum des öffentlichen Auftraggebers bei der Aufhebung des Verfahrens aus schwerwiegenden Gründen aus, trennen dabei aber vielfach nicht hinreichend zwischen der Bestimmung des Vorliegens schwerwiegender Gründe, welche einer vollen gerichtlichen Kontrolle unterliegt, und der Entscheidung über die Aufhebung des Verfahrens, welche im Ermessen der Vergabestelle steht[1215].

10. Die Gleichwertigkeit von Nebenangeboten

Mit Einführung der Pflicht zur Bestimmung von Mindestanforderungen für zugelassene Nebenangebote (§ 8 Abs. 2 Nr. 3 lit. b) VOB/A-EG [2012] und § 9 Abs. 5 S. 3 VOL/A-EG [2009]) ist die Notwendigkeit einer allgemeinen Gleichwertigkeitsprüfung entfallen. Denn durch die Aufstellung solcher Mindestanforderungen legt der öffentliche Auftraggeber unter Beachtung der Gebote von Transparenz und Gleichbehandlung fest, welche Anforderungen ein Nebenangebot erfüllen muss, das in die inhaltliche Wertung einbezogen wird, weil es den Beschaffungsbedarf ebenso zu befriedigen vermag wie der Amtsvorschlag[1216]. Allerdings kann der Auftraggeber in den Mindestbedingungen konkrete Gleichwertigkeitserfordernisse aufstellen, die in Bezug auf das konkrete Nebenangebot zu

---

1213 OLG Koblenz, VergabeR 2003, 448 (452 f.); OLG München, VergabeR 2006, 537 (545); *Portz*, in: Ingenstau/Korbion (Begr.), VOB. Teile A und B, § 17 VOB/A Rdnr. 29.

1214 Vgl. die Übersicht bei jurisPK-VergR/*Summa*, § 17 VOB/A 2009 Rdnr. 71 ff.

1215 Vgl. II. 1. a).

1216 So zutreffend *Frister*, in: Kapellmann/Messerschmidt (Hrsg.), VOB, § 16 VOB/A Rdnr. 162.

berücksichtigen sind. Ebenso müssen bei der Formulierung funktionaler Mindestbedingungen im Rahmen der Funktionalitätsprüfung Gleichwertigkeitsgesichtspunkte abgewogen werden[1217]. Die »Gleichwertigkeit« ist ein unbestimmter Rechtsbegriff, der einen Beurteilungsspielraum eröffnet[1218]. Denn die Formulierung von Gleichwertigkeitserfordernissen ebenso wie von funktionalen Mindestbedingungen ist verknüpft sowohl mit der Beschaffungsautonomie des Auftraggebers als auch mit der inhaltlichen Wertung der vorliegenden Angebote. Auf beiden Verfahrensstufen bestehen wie gezeigt Beurteilungsspielräume. Wenn der Auftraggeber nach seiner individuellen Einschätzung davon ausgeht, dass sein Beschaffungsbedarf nicht nur durch den Amtsvorschlag, sondern auch durch die die Mindestbedingungen erfüllenden Nebenangebote befriedigt werden kann und wenn er bei der Angebotsprüfung zu der Auffassung gelangt, dass ein bestimmtes Nebenangebot die von ihm formulierten Gleichwertigkeitserfordernisse erfüllt und daher in die Ermittlung des wirtschaftlichsten Angebots eintreten soll, so fehlt den Nachprüfungsinstanzen die Kompetenz, die von außen möglicherweise auch nur schwer vollständig nachvollziehbare Einschätzung zu korrigieren. Anderenfalls käme dies einer Fremdbestimmung der Vergabestelle gleich. Der im Rahmen der eingeschränkten Kontrolldichte verbleibende Prüfungsumfang genügt, um evident fehlerhafte Entscheidungen zu erkennen und zu revidieren[1219].

Die Nachprüfungsentscheidungen gehen in der Regel ebenfalls vom Bestehen eines Entscheidungsspielraums der Vergabestelle bei der Bestimmung der Gleichwertigkeit aus, weisen jedoch Unsicherheiten bei der dogmatischen Zuordnung auf[1220].

1217 *Frister*, in: Kapellmann/Messerschmidt (Hrsg.), VOB, § 16 VOB/A Rdnr. 162; a.A. OLG Brandenburg, Beschl. v. 17. Mai 2011 – Az.: Verg W 16/10, Rdnr. 66 ff. (juris).

1218 So mit überzeugender Darstellung auch VK M.-V., Beschl. v. 21. Februar 2012 – Az.: 1 VK 07/11, Rdnr. 352 (juris).

1219 So etwa auch aus jüngerer Zeit OLG Koblenz, ZfBR 2010, 708 (709); OLG Celle VergabeR 2010, 1014 (1019 ff.); VK Bund, Beschl. v. 9. Juni 2010 – Az.: VK 2 – 38/10, Rdnr. 147 ff. (juris); VK Rh.-Pf., Beschl. v. 4. Januar 2011 – Az.: VK 2-48/10, Rdnr. 75 (juris).

1220 Wie hier BayObLG, VergabeR 2003, 207 (214 f.); OLG Koblenz, VergabeR 2003, 72 (74); OLG Celle, VergabeR 2010, 1014 (1019 ff.); VK Münster, Beschl. v. 11. Dezember 2009 – Az.: VK 23/09, Rdnr. 42 (juris); VK M.-V., Beschl. v. 21. Februar 2012 – Az.: 1 VK 07/11, Rdnr. 379 (juris). Ohne klare dogmatische Zuordnung hingegen OLG Brandenburg, VergabeR 2009, 222 (226); OLG Koblenz, Beschl. v. 2. Februar 2011 – Az.: 1 Verg 1/11, Rdnr. 28

II. Vergaberechtliches Ermessen

Während die Bestimmung vergaberechtlicher Beurteilungsspielräume jeweils eine eingehende Auslegung der vorhandenen unbestimmten Rechtsbegriffe erfordert, lässt sich das vergaberechtliche Ermessen vergleichsweise leicht ermitteln. In der Regel ist es dem Wortlaut einer Vorschrift zu entnehmen, wenn auf der Rechtsfolgenseite Begriffe wie »kann«, »ist befugt« und »darf« auftauchen. Die Formulierung »soll« eröffnet immerhin im Interesse der Einzelfallgerechtigkeit ein Ermessen in atypischen Entscheidungssituationen[1221]. Diese Ausgangslage macht eine Untersuchung jeder einzelnen Ermessensermächtigung entbehrlich und erlaubt, den Blick auf Besonderheiten zu richten. Den Unternehmen steht, sofern die Ermessensvorschrift nicht nur dem öffentlichen Interesse an einer wirtschaftlichen und sparsamen Beschaffungstätigkeit der öffentlichen Hand, sondern – zumindest auch – den Interessen der einzelnen Bieter zu dienen bestimmt ist und ihnen die Rechtsmacht verleiht, diese geschützten Interessen gegenüber den öffentlichen Auftraggebern durchzusetzen[1222]. Für alle Ermessensermächtigungen gilt, dass das Ermessen in den Grenzen einer analogen Anwendung des § 40 VwVfG eingeräumt wird und die Vergabekammern und Oberlandesgerichte bei der Überprüfung der Ermessensentscheidungen § 114 VwGO analog anzuwenden haben. Das vergaberechtliche Ermessen muss somit entsprechend dem Zweck der Ermächtigung ausgeübt und die gesetzlichen Grenzen des Ermessens müssen eingehalten werden. Damit wird gewährleistet, dass die Letztentscheidungskompetenz der öffentlichen Auftraggeber gewahrt wird und zugleich eine Kontrolle auf das Vorliegen von Ermessensfehlern stattfindet. Die im Vergaberecht anzuwendende Ermessensfehlerlehre stimmt mit derjenigen des allgemeinen Verwaltungsverfahrensrechts[1223] überein, weil die gleichen Fehler denkbar sind. Der Umstand, dass das Kartellvergaberecht der §§ 97 ff. GWB dem Vollzug unionsrechtlicher Vorgaben und Ziele dient, spricht aufgrund der Verfahrensautonomie der Mitgliedstaaten und des

---

(juris); VK Rh.-Pf., Beschl. v. 4. Januar 2011 – Az.: VK 2-48/10, Rdnr. 75 (juris).

1221 Übersicht zur Ermessenseinräumung bei *Wolff/Bachof/Stober/Kluth*, VerwR I, § 31 Rdnr. 46 f.

1222 Zur sog. »Schutznormlehre« oder »Schutznormtheorie« und Ansätzen zu ihrer Weiterentwicklung *Scherzberg*, in: Erichsen/Ehlers (Hrsg.), Allg. VerwR, § 12 Rdnr. 9 ff.

1223 Dazu übersichtlich *Maurer*, Allg. VerwR, § 7 Rdnr. 19 ff.

Subsidiaritätsprinzips nichts dagegen, die Ermessensfehlerleher auch im Vergaberecht anzuwenden[1224].

Übt der öffentliche Auftraggeber sein Ermessen nicht aus, weil er aus Nachlässigkeit oder irrtümlich annimmt, er sei zu einem bestimmten (Nicht-)Handeln verpflichtet, liegt ein Ermessensnichtgebrauch[1225] vor. Ein Ermessensfehlgebrauch[1226] ist anzunehmen, wenn sich der öffentliche Auftraggeber nicht ausschließlich vom Zweck der Ermächtigung leiten, sondern andere (sachfremde) Erwägungen in seine Entscheidung einfließen lässt. So wäre etwa eine Ermessensentscheidung, die nicht auf den Grundsätzen des Vergaberechts nach § 97 Abs. 1 und 2 GWB basiert, als fehlerhaft anzusehen. Mit der Ermessensüberschreitung werden die Entscheidungen erfasst, die sich nicht mehr im Rahmen der gesetzlichen Grenzen des Ermessens halten. Hierunter sind auch die Fälle zu fassen, in denen die Entscheidung des öffentlichen Auftraggebers gegen Grundrechte oder die allgemeinen Grundsätze des Verwaltungshandelns, insbesondere den Verhältnismäßigkeitsgrundsatz, verstößt[1227]. Allerdings können einzelne Verstöße auch als Ermessensfehlgebrauch angesehen werden, so vor allem die sachlich nicht gerechtfertigte Ungleichbehandlung der Bieter und damit der Verstoß gegen Art. 3 Abs. 1 GG.

Zu differenzieren ist zwischen dem Verfahrensermessen und dem Ermessen bei materiellen Vergabeentscheidungen, da sich möglicherweise Unterschiede bei der Behandlung von Ermessensfehlern ergeben können.

1. Verfahrensermessen

a) Vergaberechtliches Verfahrensermessen

Dem Verfahrensermessen zuzuordnen sind u.a. folgende Entscheidungen der Vergabestellen:

1224 Vgl. *Kadelbach*, Allgemeines Verwaltungsrecht unter europäischem Einfluss, S. 110 ff. u. 453.

1225 Zum Teil auch als »Ermessensunterschreitung« bezeichnet.

1226 Auch unter der Bezeichnung »Ermessensmissbrauch« bekannt.

1227 Anders *Maurer*, Allg. VerwR, § 7 Rdnr. 23, der diese Konstellation gesondert aufzählt. Wie hier *Jestaedt*, in: Erichsen/Ehlers (Hrsg.), Allg. VerwR, § 11 Rdnr. 61; *Wolff/Bachof/Stober/Kluth*, VerwR I, § 31 Rdnr. 57 ff.

- Die Wahl der richtigen Verfahrensart, sofern das offene Verfahren (und ggf. auch das nicht offene Verfahren) aus den in den Vergabeordnungen aufgezählten Gründen ausscheidet bzw. unbeachtet bleiben kann, vgl. § 101 GWB, § 3 Abs. 3, 4, 5 und 7 Nr. 1 VOB/A-EG (2012) und § 3 Abs. 2, 3, 4 und 7 VOL/A-EG (2009). Die teilweise verwendete Formulierung »ist zulässig« belässt dem Auftraggeber dabei ebenso wie »Die Auftraggeber können…« die Möglichkeit, dennoch eine Verfahrensart zu wählen, die dem Wettbewerbsgrundsatz näher kommt.
- Die Bestimmung der vorzulegenden Eignungsnachweise nach § 6 Abs. 3 VOB/A-EG (2012), § 7 VOL/A-EG (2009) und § 5 VOF (2009). Hinsichtlich der Art der zu erbringenden Eignungsnachweise sind Unterschiede zwischen den Vergabeordnungen zu beachten (siehe unten).
- Die Forderung anderer als der in § 6 Abs. 3 Nr. 2 VOB/A-EG (2012) verlangten, auf den konkreten Auftrag bezogenen zusätzlichen, insbesondere für die Prüfung der Fachkunde geeigneten Angaben, § 6 Abs. 3 Nr. 3 VOB/A-EG (2012). Erscheinen dem Auftraggeber andere Nachweise der wirtschaftlichen und finanziellen Leistungsfähigkeit geeignet, wird er auch diese zulassen, wenn er feststellt, dass stichhaltige Gründe dafür bestehen, § 6 Abs. 3 Nr. 4 VOB/A-EG (2012).
- Die Aufforderung zur Vervollständigung oder Erläuterung der vorgelegten Nachweise gem. § 7 Abs. 13 VOL/A-EG (2012)[1228].
- Die Nachforderung von Erklärungen und Nachweisen, die auf Anforderung des Auftraggebers bis zum Ablauf der Angebotsfrist nicht vorgelegt wurden, bis zum Ablauf einer zu bestimmenden Nachfrist, § 19 Abs. 2 S. 1 VOL/A-EG (2009) und § 11 Abs. 3 VOF (2009)[1229]. Bei der Vergabe von Bauleistungen sind fehlende angebots- wie eignungsbezogene Erklärungen und Nachweise des Bieters oder Dritter gem. § 16 Abs. 1 Nr. 3 VOB/A-EG (2012) zwingend nachzufordern, wenn nicht bereits ein Ausschlussgrund nach § 16 Abs. 1 Nr. 1 und 2 VOB/A-EG (2012) vorliegt. Werden die fehlenden Unterlagen nicht

1228 Eine entsprechende Regelung fehlt in der VOB/A, vgl. Kompaktkommentar VergR/*Werner*, 4. Los § 7 VOL/A EG Rdnr. 30.

1229 Dazu etwa VK Bund, Beschl. v. 15. März 2012 – Az.: VK 1 – 10/12, Rdnr. 105 (juris). Das OLG Karlsruhe, ZfBR 2012, 301 (303 f.) weist darauf hin, dass kein Anspruch der Bieter auf die Nachforderung fehlender Erklärungen und Nachweise besteht.

nachgereicht, ist das Angebot zwingend auszuschließen[1230]. Der zwingende Ausschluss von Angeboten, die nicht die geforderten oder nachgeforderten Erklärungen und Nachweise enthalten, ist ebenso bei der Vergabe von Leistungen vorgesehen, § 19 Abs. 3 lit. a) VOL/A-EG (2009). Großzügiger verlangt § 4 Abs. 9 lit. e) VOF (2009) keinen zwingenden Ausschluss.

- Die Aufhebung der Ausschreibung gem. § 17 Abs. 1 VOB/A-EG (2012) und § 20 Abs. 1 VOL/A-EG (2009) oder der Verzicht auf die Auftragserteilung gem. § 11 Abs. 7 Alt. 2 VOF (2009).
- Die Einschaltung von Sachverständigen und Projektanten, wobei deren spätere Teilnahme am Vergabeverfahren den Wettbewerb nicht verfälschen darf, § 6 Abs. 7 VOB/A-EG (2012), § 6 Abs. 7 VOL/A-EG (2009) und § 4 Abs. 5 VOF (2009). Der öffentliche Auftraggeber hat in pflichtgemäßer Ausübung seines Verfahrensermessens Egalisierungsmaßnahmen zu ergreifen, um einen fairen Wettbewerb sicherzustellen und einen etwaigen Informationsvorsprung des Sachverständigen oder Projektanten gegenüber anderen Bewerbern oder Bietern auszugleichen[1231].
- Die Bestimmung einer angemessenen Frist, innerhalb der die Bieter an ihre Angebote gebunden sind (Bindefrist), § 12 Abs. 1 S. 2 VOL/A-EG (2009), und die Bestimmung angemessener bzw. entsprechender Fristverlängerungen gem. § 10 Abs. 1 Nr. 5 und 6, Abs. 2 Nr. 7 VOB/A-EG (2012), § 12 Abs. 9 VOL/A-EG (2009) und § 7 Abs. 4 VOF (2009).
- Die Aufklärung über den Angebotsinhalt sowie die Eignung eines Bieters, § 15 Abs. 1 Nr. 1 VOB/A-EG (2012) und § 18 S. 1 VOL/A-EG (2009). Die Formulierung (»…darf der Auftraggeber […] nur Aufklärung verlangen, …«) spricht zwar zunächst vor allem eine Einschränkung des Aufklärungsumfangs an, beinhaltet aber zugleich die Ermächtigung des Auftraggebers, in diesem Umfang nach seinem Ermessen das Angebot aufzuklären. Gleiches gilt für die eingeschränkte Gestattung von Nachverhandlungen gem. § 15 Abs. 3 VOB/A-EG (2012), wenn sie bei Nebenangeboten oder Angeboten aufgrund eines Leistungsprogramms nötig sind, um unumgängliche technische

---

1230 Dazu *Frister*, in: Kapellmann/Messerschmidt (Hrsg.), VOB, § 16 VOB/A Rdnr. 43 ff.

1231 *Völlink*, in: Ziekow/ders. (Hrsg.), Vergaberecht, § 6 VOB/A-EG Rdnr. 24 f.

Änderungen geringen Umfangs und daraus sich ergebende Änderungen der Preise zu vereinbaren[1232].

Die Entscheidung über die Eröffnung eines Vergabeverfahrens unterliegt keinem Verfahrensermessen des öffentlichen Auftraggebers. Ob und in welchem Umfang ein Beschaffungsbedarf vorliegt, entscheidet die Vergabestelle im Rahmen ihrer Beschaffungsfreiheit[1233]. Wenn die anschließende Schätzung des Auftragswerts gem. § 3 VgV einen Auftragswert der beabsichtigten Beschaffung oberhalb der Schwellenwerte ergibt, hat der Auftraggeber die Beschaffung im Wege eines Vergabeverfahrens nach §§ 97 ff. GWB durchzuführen. Einzige Alternative wäre, im Rahmen seiner Beschaffungsfreiheit auf die Auftragsvergabe zu verzichten.

b) Folgen einer fehlerhaften Ausübung des vergaberechtlichen Verfahrensermessens

Bei Erlass eines Verwaltungsaktes kann ein Fehler bei der Ausübung des Verfahrensermessens gem. § 45 Abs. 1 Nr. 3 bis 5 VwVfG geheilt werden oder, sofern offensichtlich ist, dass er die Entscheidung in der Sache nicht beeinflusst hat, gem. § 46 VwVfG unbeachtlich sein. Eine analoge Anwendung dieser Vorschriften bei der Vergabe öffentlicher Aufträge setzt die Vereinbarkeit mit den unionsrechtlichen Grundlagen des Vergaberechts voraus. Die Ablehnung einer Analogie würde dazu führen, dass im Unterschied zum allgemeinen Verwaltungsrecht jeder Verfahrensermessensfehler beachtlich und nach Maßgabe der §§ 107 ff. GWB i.V.m. § 114 VwGO analog aufzuheben wäre.

Die für eine analoge Anwendung des § 40 VwVfG vorgebrachten Gründen ließen sich hier wiederum zumindest teilweise ins Feld führen[1234]. Das Unionsverwaltungsrecht trifft keine Aussage zum Fehlerfolgenregime der Mitgliedstaaten für Ermessensentscheidungen. Auch der EuGH hat sich mit der Unionsrechtskonformität der §§ 45, 46 VwVfG

1232 In der VOL/A ist diese vormals in § 24 Nr. 2 Abs. 2 VOL/A (2006) vorgesehene Möglichkeit ersatzlos gestrichen worden, weshalb der Ausnahmetatbestand nicht mehr gegeben ist; vgl. Hk-VergabeR/*Christiani*, § 18 EG VOL/A Rdnr. 21.

1233 Dazu ausführlich oben unter I. 4.

1234 Dazu oben Teil F. II. 3. e).

bislang nicht befasst[1235]. Anerkannt ist, dass bei Wahrung der Grundsätze der Nichtdiskriminierung und der Effektivität Verfahrensfehler auch beim indirekten Vollzug von Unionsrecht durch die Mitgliedstaaten heilbar oder unbeachtlich sein können, weil sich der Verwaltungsvollzug nach nationalem Verfahrensrecht richtet[1236]. Diese Beurteilung fällt allerdings anders aus, wenn es um den Vollzug unionsrechtlicher oder unionsrechtlich determinierter Verfahrensvorschriften geht. Ob Heilung und Negierung eines Aufhebungsanspruchs hier zur Anwendung gelangen, hängt davon ab, ob die Verfahrensvorschriften Raum dafür lassen. Will der europäische Gesetzgeber ihre Einhaltung unbedingt sichern, ist dies abzulehnen[1237]. Ein anderes Ergebnis wäre mit dem Grundsatz der Effektivität des Unionsrechts nicht zu vereinbaren, wenn nicht die einheitliche Rechtsdurchsetzung in den Mitgliedstaaten in Gefahr geraten soll. Besondere Bedeutung erlangt dies in Regelungsbereichen, die in besonderem Maße durch die Einhaltung von Verfahrensvorgaben geprägt sind, weil gerade der ordnungsgemäßen Verfahrensdurchführung eine besondere Richtigkeitsgewähr zugetraut wird[1238]. So liegt es auch im Vergabeverfahrensrecht, das in weiten Teilen Verfahrensvorgaben macht, während die materiellen Entscheidungen teilweise nur rudimentär angesprochen werden. Weder der Vergabekoordinierungsrichtlinie oder der Rechtsmittelrahmenrichtlinie noch den sie umsetzenden Vorschriften des GWB, der VgV oder der Vergabeordnungen lässt sich entnehmen, dass Fehler bei (bestimmten) Verfahrensentscheidungen heilbar oder unbeachtlich sein sollen. Im Gegenteil ordnet § 114 Abs. 1 GWB die Vornahme geeigneter Maßnahmen an, um eine Rechtsverletzung (§ 97 Abs. 7 GWB: »Bestimmungen über das Vergabeverfahren«) zu beseitigen und eine Schädigung der betroffenen Interessen zu verhindern, um so unabhängig von den gestellten Anträgen auf

---

1235 *Schoch*, in: Hoffmann-Riem/Schmidt-Aßmann/Voßkuhle (Hrsg.), Grundlagen des Verwaltungsrechts III, § 50 Rdnr. 308.

1236 *Kopp/Ramsauer*, VwVfG, § 45 Rdnr. 5b; *Sachs*, in: Stelkens/Bonk/ders. (Hrsg.), VwVfG, § 45 Rdnr. 167; BeckOK Bader/Ronellenfitsch/*Schemmer* VwVfG § 46 Rdnr. 17.

1237 Vom Ansatz her offener für Heilung und Unbeachtlichkeit *Sachs*, in: Stelkens/Bonk/ders. (Hrsg.), VwVfG, § 45 Rdnr. 168 f.

1238 Nicht zu überzeugen vermag daher die Annahme der Unbeachtlichkeit eines Verstoßes gegen Vorschriften über die Umweltverträglichkeitsprüfung (UVP) durch BVerwGE 100, 238 (247); zu Recht a.A. daher *Kopp/Ramsauer*, VwVfG, § 46 Rdnr. 5b f.

die Rechtmäßigkeit des Vergabeverfahrens hinzuwirken[1239]. Zulässig ist danach etwa die Anordnung, das Vergabeverfahren zurückzustufen und bestimmte Abschnitte oder das gesamte Verfahren zu wiederholen[1240]. Teilweise werden für den Ausschluss von Heilungs- und Unbeachtlichkeitsvorschriften »besondere Anhaltspunkte« für einen unbedingten Geltungsanspruch der unionsrechtlich determinierten Verfahrensregeln verlangt, während regelmäßig das nationale Verfahrensrecht gelten soll[1241]. Die angeführten Erwägungen zu den Heilungs- und Unbeachtlichkeitsmöglichkeiten ermessensfehlerhafter Verfahrensentscheidungen im Vergaberecht genügen auch diesen strengeren Anforderungen.

Die fehlerhafte Ausübung des Verfahrensermessens durch den öffentlichen Auftraggeber führt somit zur nicht heilbaren Rechtswidrigkeit seiner Entscheidung, welche durch die Vergabekammer im Nachprüfungsverfahren zu beseitigen ist[1242].

c) Einzelbetrachtungen

Im Folgenden soll noch auf einige zu beachtende Besonderheiten bei der Ausübung des Verfahrensermessens bei bestimmten Verfahrensschritten eingegangen werden.

aa) Die Verfahrenswahl

Bei der Ausübung des Verfahrensermessens hinsichtlich der Wahl einer der in § 101 GWB aufgezählten Verfahrensarten ist die Rangfolge der

1239 § 114 Abs. 1 S. 1 Hs. 2 GWB entspricht beinahe wörtlich Art. 2 Abs. 1 lit. a) RMRL.

1240 *Byok*, in: ders./Jaeger (Hrsg.), Vergaberecht, § 114 GWB Rdnr. 6.

1241 *Sachs*, in: Stelkens/Bonk/ders. (Hrsg.), VwVfG, § 45 Rdnr. 169.

1242 Dieses Ergebnis stimmt überein mit den allgemeinen Überlegungen von BeckOK Bader/Ronellenfitsch/*Schemmer* VwVfG § 46 Rdnr. 18 ff.; *Bumke*, in: Hoffmann-Riem/Schmidt-Aßmann/Voßkuhle (Hrsg.), Grundlagen des Verwaltungsrechts II, § 35 Rdnr. 202 ff.; *Wahl*, DVBl. 2003, 1285 (1290); *Kment*, AöR 2005, 570 (584 ff., 612 ff.), die übereinstimmend und unter Verweis auf die Rechtsprechung des EuGH zu Heilungsmöglichkeiten die Zurückhaltung bei der Korrektur von Verfahrensfehlern kritisch sehen.

Verfahren zu beachten. Während Art. 28 UAbs. 2 VKR das offene und das nicht offene Verfahren gleichrangig nebeneinander stellt, ordnen § 101 Abs. 7 S. 1 GWB sowie § 3 Abs. 2 VOB/A-EG (2012) und § 3 Abs. 1 S. 1 VOL/A-EG (2009) den Vorrang des offenen Verfahrens an. Da aber das offene Verfahren die Ziele von Objektivität, Transparenz und Wettbewerb am besten zu erfüllen vermag, begegnet diese Abweichung von den europarechtlichen Vorgaben keinen Bedenken[1243]. Unter den anderen drei Verfahrensarten ist bei Vorliegen der Voraussetzungen bevorzugt das nicht offene Verfahren aufgrund seiner Vorrangstellung gegenüber dem wettbewerblichen Dialog und dem Verhandlungsverfahren in Art. 28 UAbs. 2 VKR zu wählen. Dies ergibt sich auch aus den wesentlich enger gefassten Verfahrensvoraussetzungen der beiden letztgenannten Verfahrensarten. Das Verhandlungsverfahren mit öffentlicher Vergabebekanntmachung hat wiederum Vorrang vor dem Verhandlungsverfahren ohne öffentliche Vergabebekanntmachung[1244]. Nicht eindeutig beantwortet ist die Frage, ob der wettbewerblicher Dialog und das Verhandlungsverfahren gleichrangig nebeneinander stehen und der Auftraggeber nach seinem Ermessen wählen kann oder ob eine der beiden Verfahrensarten Vorrang genießt[1245]. Die Vergabekoordinierungsrichtlinie regelt lediglich die Anwendungsvoraussetzungen des wettbewerblichen Dialogs in Art. 29 VKR und des Verhandlungsverfahrens mit Veröffentlichung einer Bekanntmachung in Art. 30 VKR und ohne eine solche Bekanntmachung in Art. 31 VKR, ohne dass hieraus ein Rangverhältnis zu entnehmen wäre. Die Gesetzesbegründung zu § 101 GWB macht ebenfalls keine näheren Angaben[1246]. Da für andere Konstellationen das Rangverhältnis in der VKR, im GWB sowie in der VOB/A oder VOL/A ausdrücklich bestimmt ist, besteht zwischen dem wettbewerblichen Dialog und dem Verhandlungsverfahren

1243 *Knauff*, in: Müller-Wrede (Hrsg.), GWB-Vergaberecht, § 101 Rdnr. 62; *Werner*, in: Byok/Jaeger (Hrsg.), Vergaberecht, § 101 GWB Rdnr. 139.

1244 Siehe zu diesen Abstufungen *Werner*, in: Byok/Jaeger (Hrsg.), Vergaberecht, § 101 Rdnr. 136. Zur Subsidiarität des wettbewerblichen Dialogs auch *Knauff*, VergabeR 2004, 287 (289).

1245 Es sind allerdings ohnehin zahlreiche Konstellationen denkbar, in denen nur eines der beiden Verfahren zulässig ist; vgl. *Europäische Kommission*, Erläuterungen – Wettbewerblicher Dialog – Klassische Richtlinie vom 5. Oktober 2005 (CC/2005/04_rev1), S. 4 Anm. 8; ähnlich *Pünder/Franzius*, ZfBR 2006, 20 (24).

1246 BT-Drs. 15/5668, S. 11 ff.

Gleichrangigkeit und ein damit verbundenes Wahlrecht zugunsten der öffentlichen Auftraggeber[1247].

Zwar findet sich in Nachprüfungsentscheidungen bisweilen der Hinweis auf ein Ermessen des Auftraggebers bei der Verfahrenswahl[1248]. Dabei erfolgt aber weder eine differenzierte Betrachtung des Stufenverhältnisses noch wird die Rechtsfigur des Verfahrensermessens zum Gegenstand der Prüfung gemacht.

bb) Die Bestimmung der vorzulegenden Eignungsnachweise

Das Verfahrensermessen zur Bestimmung der vorzulegenden Eignungsnachweise ist in verschiedener Hinsicht eingeschränkt.

Zunächst muss die Vergabestelle bei der Ermessensausübung beachten, dass sie nur sachlich mit dem Auftragsgegenstand zusammenhängende Eignungsnachweise in angemessenem Umfang (§ 6 Abs. 5 Nr. 1 VOB/A-EG [2012]) bzw. durch den Auftragsgegenstand gerechtfertigte Unterlagen und Angaben (§ 7 Abs. 1 S. 1 VOL/A-EG [2009] und § 5 Abs. 1 S. 1 VOF [2009]) verlangen darf. Damit werden unverhältnismäßige Anforderungen an die Bieter verhindert[1249], ohne dass bereits durch die Bestimmung eines angemessenen bzw. gerechtfertigten Umfangs alle für die Ermessensausübung relevanten Gesichtspunkte berücksichtigt wären[1250]. Innerhalb des zulässigen Rahmens müssen die konkret vorzulegenden Nachweise bestimmt werden.

Bei der Vergabe von Bauleistungen hat der Auftraggeber, sofern möglich, die Eignung der Bieter jedenfalls hinsichtlich der in § 6 Abs. 3 Nr. 2 S. 1 lit. a) bis i) VOB/A-EG (2012) genannten Regelangaben grundsätzlich durch den Abruf der Eintragung des Bewerbers oder Bieters in das

1247 Ebenso *Dreher*, in: Immenga/Mestmäcker, Wettbewerbsrecht: GWB, § 101 Rdnr. 44; *Kus*, VergabeR 2006, 851 (853 f.); *Schröder*, NZBau 2007, 216 (217). Für einen Vorrang des wettbewerblichen Dialogs hingegen *Bungenberg*, in: Loewenheim/Meessen/Riesenkampff, Kartellrecht, § 101 Rdnr. 32; *Knauff*, VergabeR 2004, 287 (289); für ein intendiertes Ermessen zugunsten des wettbewerblichen Dialogs *Fritz*, VergabeR 2008, 379 (382).

1248 Etwa OLG Düsseldorf, VergabeR 2009, 173 (175).

1249 Hk-VergabeR/*Tomerius*, § 6a VOB/A Rdnr. 18.

1250 Es liegt daher kein Ermessensschwund vor; vgl. *Maurer*, Allg. VerwR, § 7 Rdnr. 49 zum Ermessensschwund bei Koppelungsvorschriften.

Präqualifikationsverzeichnis festzustellen[1251]. Die Bewerber oder Bieter wiederum können diese Angaben gem. § 6 Abs. 3 Nr. 2 S. 2 VOB/A-EG (2012) auch durch Einzelnachweise erbringen. Der Auftraggeber kann zur Vereinfachung und Beschleunigung in diesen Fällen nach seinem Ermessen zunächst Eigenerklärungen genügen lassen, welche nur von denjenigen Bietern, die in die engere Auswahl kommen, durch Bescheinigungen zuständiger Stellen (z.B. des Finanzamtes) bestätigt werden müssen. Im Rahmen des sachlichen Zusammenhangs und des angemessenen Umfangs kann die Vergabestelle nach § 6 Abs. 3 Nr. 3 VOB/A-EG (2012) weitere Angaben, die insbesondere für die Prüfung der Fachkunde geeignet sind, fordern. Auch diese Entscheidung steht in ihrem pflichtgemäßen Ermessen und ist dem Umstand geschuldet, dass die Angaben nach § 6 Abs. 3 Nr. 2 S. 1 VOB/A-EG (2012) abstrakt für alle Bauaufträge nützlich sein sollen, während im Einzelfall gegebenenfalls weitere Angaben notwendig sind. Nach § 6 Abs. 3 Nr. 4 VOB/A-EG (2012) muss der Auftraggeber zudem andere ihm geeignet erscheinende Nachweise der wirtschaftlichen und finanziellen Leistungsfähigkeit zulassen, wenn er feststellt, dass stichhaltige Gründe dafür bestehen. Liegen die Tatbestandsvoraussetzungen vor, steht dem Auftraggeber kein Ermessen zu. Vielmehr muss er zugunsten des Wettbewerbs die Alternativbelege zulassen.

Nach § 7 Abs. 1 S. 2 u. 3 VOL/A-EG (2009) und für bestimmte Nachweise nach § 5 Abs. 2 VOF (2009) sind Eigenerklärungen als Regelfall vorgesehen, während die Forderung anderer Nachweise in der Dokumentation zu begründen ist. Diese bilden die nach pflichtgemäßem Ermessen des Auftraggebers begründungsbedürftige Ausnahme[1252]. Nach § 7 Abs. 4 VOL/A-EG (2009) kann der Auftraggeber nach seinem Ermessen auch Eignungsnachweise, die durch Präqualifizierungsverfahren erworben werden, zulassen. Hingegen steht die Anerkennung von Bescheinigungen der zuständigen Berufskammern nach § 5 Abs. 9 VOF (2009) nicht im Ermessen der Vergabestelle.

1251 *Schranner*, in: Ingenstau/Korbion (Begr.), VOB. Teile A und B, § 6 VOB/A Rdnr. 102.

1252 Kompaktkommentar VergR/*Harr*, 9. Los § 5 VOF Rdnr. 11 f., der klarstellt, dass die von § 5 Abs. 2 S. 1 VOF (2009) nicht erfassten Nachweise nicht als Eigenerklärungen erbracht werden können; *Hausmann/v.Hoff*, in: Kulartz/Marx/Portz/Prieß (Hrsg.), VOL/A, § 7 EG Rdnr. 26 f., die darauf hinweisen, dass dadurch eine wesentliche »Entförmlichung« der Vergabe von Leistungen erreicht worden ist, die sich allerdings in der VOB/A nicht vergleichbar wiederfindet, wodurch eine neue Unübersichtlichkeit entstanden ist.

Bei der Bestimmung der vorzulegenden Eignungsnachweise erfolgt in der Rechtsprechung wiederum keine hinreichende Differenzierung der Entscheidungsspielräume und keine Auseinandersetzung mit der Rechtsfigur des Verfahrensermessens[1253].

2. Materielles Ermessen

a) Vergaberechtliches Ermessen bei materiellen Entscheidungen

Dem materiellen Ermessen zuzuordnen sind u.a. folgende Entscheidungen der Vergabestellen:

- Die konkrete Aufteilung eines Auftrags in Teil- oder Fachlose (»Wie« der Aufteilung) gem. § 97 Abs. 3 S. 1 GWB sowie die Zusammenfassung mehrerer Teil- oder Fachlose, wenn wirtschaftliche oder technische Gründe dies erfordern, § 97 Abs. 3 S. 2 GWB (»dürfen«). Zu beachten ist bei der Entscheidung über die zusammenfassende Vergabe von Teil- oder Fachlosen, dass bei Vorliegen wirtschaftlicher Gründe i.S.d. § 97 Abs. 3 S. 2 GWB eine Ermessensreduzierung auf Null eintreten kann, wenn unter Beachtung der Grundsätze der Wirtschaftlichkeit und Sparsamkeit eine schonende Verwendung von Haushaltsmitteln die Zusammenfassung zwingend gebietet.
- Die Leistungsbeschreibung mit Leistungsprogramm, wenn es nach Abwägen aller Umstände zweckmäßig ist, abweichend vom Regelfall der Leistungsbeschreibung mit Leistungsverzeichnis zusammen mit der Bauausführung auch den Entwurf für die Leistung dem Wettbewerb zu unterstellen, um die technisch, wirtschaftlich und gestalterisch beste sowie funktionsgerechteste Lösung der Bauaufgabe zu ermitteln, § 7 Abs. 13 VOB/A-EG (2012). Da der öffentliche Auftraggeber den Umfang der Ausschreibung auf Planungsleistungen er-

1253 Das OLG München, VergabeR 2010, 267 (270) spricht von einem »Gestaltungsermessen« des Auftraggebers. Ebenso VK Bund, Beschl. v. 23. Dezember 2010 – Az.: VK 3-132/10, Rdnr. 76 (juris); VK Lüneburg, Beschl. v. 31. Januar 2012 – Az.: VgK-58/2011, Rdnr. 51 (juris). Von einem Beurteilungsspielraum sprechen OLG Düsseldorf, Beschl. v. 16. Mai 2011 – Az.: VII-Verg 44/11, Rdnr. 33 (juris); VK Bund, Beschl. v. 16. November 2010 – Az.: VK 3-111/10, Rdnr. 75 (juris).

streckt, die er ansonsten selbst erbringen würde, handelt es sich um eine materielle Entscheidung.

- Die Festlegung einer Höchstzahl von auszuwählenden Bewerbern und ihre konkrete Auswahl im Teilnahmewettbewerb, da hier anders als bei der Eignungsprüfung im offenen Verfahren nicht alle geeigneten Bewerber zugelassen werden müssen, vgl. § 6 Abs. 2 Nr. 2 u. 3 VOB/A-EG (2012) und § 3 Abs. 5 u. 7 S. 2 lit. a) VOL/A-EG (2009).
- Der fakultative Ausschluss von Angeboten gem. § 16 Abs. 1 Nr. 2 lit. a) bis e) VOB/A-EG (2012), §§ 19 Abs. 4 i.V.m. 6 Abs. 6 VOL/A-EG (2009) und § 4 Abs. 9 VOF (2009)[1254]. Anders als in der VOB/A und VOL/A steht der Ausschluss eines Bewerbers oder Bieters von der Teilnahme am Vergabeverfahren bei der Vergabe freiberuflicher Leistungen auch dann im Ermessen des Auftraggebers, wenn sich der Bewerber oder Bieter bei der Erteilung von Auskünften, die nach §§ 4, 5 und 10 VOF (2009) eingeholt werden können, in erheblichem Maß falscher Erklärungen schuldig gemacht oder diese Auskünfte unberechtigterweise nicht erteilt haben, § 4 Abs. 9 lit. e) VOF (2009).
- Das Absehen von einem obligatorischen Ausschluss nach § 6 Abs. 4 Nr. 1 VOB/A-EG (2012), sofern zwingende Gründe des Allgemeininteresses vorliegen und andere die Leistung nicht angemessen erbringen können oder sofern auf Grund besonderer Umstände des Einzelfalls der Verstoß die Zuverlässigkeit des Unternehmens nicht in Frage stellt, § 6 Abs. 4 Nr. 3 VOB/A-EG (2012).

Die Einschätzung, ob und in welchem Umfang ein Bedarf vorliegt, der durch einen Vertragsschluss mit einem Anbieter am Markt gedeckt werden kann, sog. »make or buy«-Freiheit oder Beschaffungsfreiheit, steht in der Dispositionsbefugnis des öffentlichen Auftraggebers[1255]. Ob dieser eine Leistung am Markt vermittels der Vergabe eines öffentlichen Auftrags beschaffen will, unterliegt seiner Vertragsinhaltsfreiheit, die im Gegensatz zur Auswahl des Vertragspartners als Teil der Vertragsabschlussfreiheit,

1254 Nach Ansicht des OLG München, NZBau 2013, 261 (263) steht der Vergabestelle trotz des Wortlauts des § 16 Abs. 1 Nr. 2 VOB/A-EG (2012) kein Ermessen zu, wenn sie nach ordnungsgemäßer Prognoseentscheidung zu dem Ergebnis kommt, dass ein Bieter die für den ausgeschriebenen Auftrag erforderliche Zuverlässigkeit nicht besitzt. Tatsächlich dürfte dann regelmäßig eine Ermessensreduzierung auf Null vorliegen, welche das Gericht in seiner Begründung allerdings nicht erwähnt.

1255 *Dreher*, in: Immenga/Mestmäcker, Wettbewerbsrecht: GWB, § 99 Rdnr. 8 f.

durch das Vergaberecht grundsätzlich nicht beschränkt wird[1256]. Mangels Bieterrechten findet keine Überprüfung dieser Entscheidung durch die Vergabenachprüfungsinstanzen statt[1257]. Davon zu unterscheiden ist eine Kontrolle des öffentlichen Auftraggebers durch Rechnungshöfe und andere Aufsichtsorgane hinsichtlich einer ordnungsgemäßen und effizienten Mittelverwendung.

Ausdrücklich kein Ermessen steht dem öffentlichen Auftraggeber zu, wenn er sich für eine Beschaffung am Markt entschieden hat und seine Schätzung des Auftragswertes gem. § 3 VgV zu einer Summe oberhalb der in § 2 VgV festgelegten Schwellenwerte führt. Hier sind zwingend die Vorgaben der §§ 97 ff. GWB zu beachten. Ebenfalls kein Ermessen kommt ihm bei der Behandlung ungeeigneter Bewerber oder Bieter zu, diese sind vom weiteren Verfahren auszuschließen, arg. ex § 97 Abs. 4 S. 1 GWB[1258]. Im offenen Verfahren sind geeignete Bieter wiederum im Verfahren zu belassen, während die Durchführung eines Teilnahmewettbewerbs auch eine Reduzierung unter den grundsätzlich geeigneten Bewerbern erlaubt. Und auch bei der Zuschlagsentscheidung gem. § 97 Abs. 5 GWB besteht kein Ermessensspielraum des Auftraggebers. Das nach den von ihm ausgewählten, gewichteten und für die Beurteilung verwandten Zuschlagskriterien wirtschaftlichste Angebot ist auszuwählen. Grundsätzlich ist es unzulässig, den Zuschlag auf ein weniger wirtschaftliches Angebot zu erteilen.

b) Folgen einer fehlerhaften Ausübung des materiellen Ermessens

Unterläuft dem öffentlichen Auftraggeber bei der Ausübung des materiellen Ermessens ein Fehler, ist die getroffene Entscheidung ermessensfehlerhaft und damit wegen Verstoßes gegen § 40 VwVfG analog rechtswidrig. Die Vergabekammer hat dies unter Beachtung der entsprechenden Vorgaben des § 114 VwGO analog zu prüfen. Auch die Oberlandesgerichte haben § 114 VwGO analog heranzuziehen, um die Vergabeentschei-

---

1256 Vgl. die Ausführungen unter I. 4.

1257 Nicht zu verwechseln ist dies mit der diskriminierenden Bestimmung des Beschaffungsbedarfs, welche etwa durch die Bezugnahme der Technischen Spezifikationen auf europäische anstatt auf nationale Normen vermieden werden soll; vgl. *Opitz*, VergabeR 2004, 421 (422).

1258 *Kulartz*, in: ders./Kus/Portz (Hrsg.), GWB-Vergaberecht, § 97 Rdnr. 101.

dung auf Ermessensfehler zu überprüfen. Weitere Besonderheiten bestehen nicht.

c) Einzelbetrachtungen

aa) Die Auswahl geeigneter Bewerber im Teilnahmewettbewerb

Bei der Durchführung eines nicht offenen Verfahrens, eines Verhandlungsverfahrens oder eines wettbewerblichen Dialogs mit Teilnahmewettbewerb kann der öffentliche Auftraggeber nach seinem Ermessen eine Höchstzahl an zuzulassenden Bewerbern festlegen, § 6 Abs. 2 Nr. 2 und 3 VOB/A-EG (2012) und § 3 Abs. 5 u. 7 S. 2 lit. a) VOL/A-EG (2009). Das Ermessen wird begrenzt durch die Vorgabe, dass im nicht offenen Verfahren mindestens fünf und im Verhandlungsverfahren sowie im wettbewerblichen Dialog mindestens drei Bewerber zuzulassen sind. Unionsrechtlich gefordert ist zudem, dass die Zahl der eingeladenen Bewerber ausreichend hoch sein muss, damit ein echter Wettbewerb gewährleistet ist, Art. 44 Abs. 3 UAbs. 2 VKR[1259].

Im Rahmen seiner Auswahlentscheidung ist es dem Auftraggeber gestattet, auch geeignete Unternehmen vom weiteren Vergabeverfahren auszuschließen. Er trifft seine Entscheidung nach pflichtgemäßem Ermessen anhand der Einschätzung, welche der geeigneten Unternehmen die wirtschaftlichste Auftragsdurchführung erwarten lassen, sowie gegebenenfalls anhand vorab festgelegter Kriterien, durch welche er sich bei seiner Entscheidung selbst bindet. Dabei ist es zulässig, im Rahmen des Teilnahmewettbewerbs angebotsspezifische und bei der Zuschlagsentscheidung zu berücksichtigende Angaben zu bewerten. Dies dient gerade dazu, aus dem Bewerberfeld diskriminierungsfrei den Kreis der zur Angebotsabgabe aufzufordernden Bieter zu generieren[1260]. Die ansonsten ausgeschlossene Beachtung eines »Mehr an Eignung« ist hier gerade zulässig und notwendig. Ein Rechtsanspruch auf eine Auswahl zur Angebotsabgabe besteht nicht,

---

1259 So auch § 6 Abs. 2 Nr. 2 S. 2 VOB/A-EG (2012). Im Übrigen gilt diese Vorgabe im deutschen Vergaberecht unmittelbar aus Art. 44 Abs. 3 UAbs. 2 VKR.

1260 OLG Düsseldorf, VergabeR 2012, 193.

sondern lediglich ein Anspruch auf eine ermessensfehlerfreie Auswahlentscheidung[1261].

Die vergaberechtliche Rechtsprechung erkennt Entscheidungsspielräume des öffentlichen Auftraggebers bei der Gestaltung des Teilnahmewettbewerbs an. Bei der dogmatischen Zuordnung bestehen aber große Unsicherheiten. Eine Qualifizierung als materielle Ermessensausübung erfolgt nur teilweise[1262].

bb) Das Absehen von zwingenden Ausschlussgründen gem. § 6 Abs. 4 Nr. 3 VOB/A-EG (2012)

Das Vorliegen einer Ausnahme von einem an sich zwingenden Ausschluss des Unternehmens wegen Unzuverlässigkeit in Abweichung der Rechtsfolge des § 6 Abs. 4 Nr. 1 VOB/A-EG (2012) nach § 6 Abs. 4 Nr. 3 Var. 2 VOB/A-EG (2012) belässt die Entscheidung über das Absehen von einem Ausschluss dem Wortlaut nach im Ermessen der Vergabestelle. Dieses Ermessen ist jedoch unter Beachtung des Grundsatzes der Verhältnismäßigkeit auf Null reduziert, wenn die Zuverlässigkeit angenommen wird. Ein zuverlässiger Bieter darf unter Beachtung des § 97 Abs. 4 S. 1 GWB nicht vom Verfahren ausgeschlossen werden.

Eine ausführliche Auseinandersetzung der Nachprüfungsinstanzen mit einem Absehen von zwingenden Ausschlussgründen steht soweit ersichtlich noch aus, müsste sich jedoch an den hier dargelegten Erwägungen zur Dogmatik der Entscheidungsspielräume orientieren.

1261 BayObLG, VergabeR 2005, 532 (534); OLG Bremen, VergabeR 2005, 537 (540 f.).

1262 Wie hier OLG Frankfurt, Beschl. v. 27. August 2008 – Az.: 11 Verg 12/08, Rdnr. 13 ff. (juris); OLG Celle, VergabeR 2009, 609 (612 f.). Von einem Beurteilungsspielraum gehen OLG Düsseldorf, ZfBR 2008, 79 (80 f.); OLG München, VergabeR 2007, 684 (689); VK Südbayern, Beschl. v. 29. Juni 2001 – Az.: 120.3-3194-1-16-05/01, Rdnr. 53 (juris); VK Sachsen, Beschl. v. 29. Mai 2002 – Az.: 1/SVK/044-02, Rdnr. 66 ff. (juris) aus. Ohne klare dogmatische Zuordnung BayObLG, VergabeR 2005, 532 (534 ff.); VK Arnsberg, Beschl. v. 1. Februar 2006 – Az.: VK 28/05, Rdnr. 67 ff. (juris).

4. Teil Fazit

1. Das Vergaberecht der §§ 97 ff. GWB wird von einer Zwecktrias bestimmt. Die Vergabe öffentlicher Aufträge mit europaweiter Bedeutung soll sowohl einer effizienten Verwendung staatlicher Haushaltsmittel als auch einem offenen, transparenten und nichtdiskriminierenden Wettbewerb im Sinne des europäischen Binnenmarktes und der Beschaffung der für die bestmögliche Erledigung von Verwaltungsaufgaben erforderlichen Mittel dienen. Das europäische Vergaberecht legt den Schwerpunkt auf die wettbewerbliche Vergabe, weshalb das Wettbewerbsprinzip zum dominanten Regelungszweck aufgestiegen ist[1263]. In jüngerer Zeit haben auch soziale, umweltpolitische und innovative Gesichtspunkte bei der öffentlichen Auftragsvergabe an Bedeutung gewonnen[1264]. Die *Europäische Kommission* formuliert diese erweiterte Zielsetzung für die anstehende Reform des europäischen Vergaberechts offen als ein Mittel zur Umsetzung der Strategie »Europa 2020« (»bessere Nutzung der öffentlichen Auftragsvergabe im Sinne gemeinsamer gesellschaftlicher Ziele«)[1265].

2. Die starren Vorgaben zur Verwirklichung des Wettbewerbsgrundsatzes tragen die Gefahr in sich, dass die mit einer wettbewerblichen Vergabe einhergehenden Vorteile zunichte gemacht werden, weil die Verfahren länger dauern, kostenintensiver und aufgrund ihrer Komplexität anwender-, insbesondere mittelstandsfeindlich sind[1266]. Ein Ausbau der Beachtung ökologischer, sozialer und ähnlicher Belange droht diese Nachteile noch zu verstärken. Das Regelungssystem des deutschen Vergaberechts bestehend aus GWB, VgV und Vergabeordnungen erhöht den Grad der Komplexität weiter.

1263 Zu den innerhalb dieser Zwecktrias auftretenden Bedeutungsverschiebungen *Burgi*, NZBau 2009, 609 (612 ff.).

1264 *Burgi*, NZBau 2011, 577 (578).

1265 Siehe den Vorschlag der Europäischen Kommission für eine Richtlinie über die Vergabe öffentlicher Aufträge vom 20. Dezember 2011, KOM (2011) 896 endg., S. 2 f.

1266 *Frister*, VergabeR 2011, 295 (296).

3. Durch die Einräumung von Entscheidungsspielräumen können Flexibilität, Effizienz und Zügigkeit im Vergabeverfahren gestärkt werden. Dem öffentlichen Auftraggeber würde eine umfassendere Gestaltungsbefugnis anvertraut, um das bestmögliche Verhältnis von Kosten und Nutzen zu erreichen. Das Vergaberecht weist schon heute zahlreiche unbestimmte Rechtsbegriffe und Entscheidungsoptionen auf. Die tatsächlich damit verbundene Entscheidungsfreiheit und Reduzierung gerichtlicher Kontrolle ist allerdings unklar. Auch die Gefahr unerwünschter Nebeneffekte auftraggeberischer Freiheiten wie Vetternwirtschaft und Korruption dürfen nicht aus den Augen verloren werden.

4. Das allgemeine Verwaltungsrecht kennt neben anderen insbesondere die Rechtsfiguren des Beurteilungsspielraums und des Ermessens. Beide sind Gegenstand ausführlicher verwaltungsrechtswissenschaftlicher Untersuchung. Entgegen der Forderung nach einem einheitlichen Ermessensbegriff sind beide Figuren von Unterschieden geprägt, die ihre differenzierte Behandlung verlangen. Während das Ermessen in § 40 VwVfG und § 114 VwGO geregelt ist, fehlt eine Kodifikation des unbestimmten Rechtsbegriffs. Auch lässt sich eine Ermessensermächtigung zumeist schon dem Wortlaut einer Norm entnehmen, während die Ermittlung eines unbestimmten Rechtsbegriffs eine gründliche Auslegung verlangt. Trotz jahrzehntelanger Befassung mit Beurteilungsspielräumen fehlt bis heute eine allgemein akzeptierte Lehre zur Bestimmung von Beurteilungsspielräumen. Es lässt sich jedoch aus den verschiedenen Ansätzen in Rechtsprechung und Literatur ein Prüfungsraster entnehmen, welches die Bestimmung erleichtern kann. Wo Entscheidungsspielräume vorliegen, reduziert sich die gerichtliche Kontrolldichte auf bestimmte zu überprüfende Fehler. Im Übrigen liegt die Letztentscheidungskompetenz bei der Verwaltung.

5. Die Entscheidungen der Vergabekammern und Vergabesenate sind im Umgang mit Entscheidungsspielräumen der Auftraggeber von dogmatischen Unsicherheiten, Ungenauigkeiten und widersprüchlichen Ergebnissen geprägt. Auch die vergaberechtliche Fachliteratur vermag kaum Licht ins Dunkel zu bringen. Eine Auseinandersetzung mit den im allgemeinen Verwaltungsrecht vorhandenen Figuren findet nur selten statt und erreicht nicht einmal im Ansatz die Tiefe der dort angestellten Überlegungen. Zumeist bleibt offen, worauf sich die vergaberechtlichen Nachprüfungsinstanzen beziehen. Darunter leiden die Rechtssicherheit und das

Rechtsschutzinteresse der Unternehmen. Im Vergleich zu Verteilungsentscheidungen außerhalb des Vergaberechts, insbesondere der durch die Verwaltungsgerichte kontrollierten, treten diese Defizite ganz offen zu Tage, da der Umgang mit Entscheidungsspielräumen staatlicher Stellen dort weit konsequenter und mit nachvollziehbaren Ergebnissen an der verwaltungsrechtlichen Dogmatik der Entscheidungsspielräume ausgerichtet wird.

6. Das europäische Verwaltungsrecht kennt großzügige Entscheidungsspielräume. Der EuGH sieht die Grenze erst dort überschritten, wo eine reine Willkürkontrolle stattfindet. Strengere Kontrollmaßstäbe in den Mitgliedstaaten als im Unionsrecht hat der Gerichtshof aber ebenso akzeptiert. Die Vergabekoordinierungsrichtlinie enthält zahlreiche unbestimmte Rechtsbegriffe und Entscheidungsoptionen, schweigt aber zu deren Grenzen und der gerichtlichen Kontrolldichte. Auch der Rechtsmittelrichtlinie, den Grundfreiheiten, den Unionsgrundrechten und der EMRK lassen sich keine weiteren Einschränkungen entnehmen. Die Ausgestaltung der Entscheidungsspielräume obliegt somit weitgehend dem nationalen Verfahrensrecht.

7. Die öffentlichen Auftraggeber sind Grundrechtsadressaten oder doch wenigstens mittelbar an die Beachtung der Grundrechte gebunden. Die Vergabe eines öffentlichen Auftrags greift grundsätzlich nicht in die Berufsfreiheit der konkurrierenden Bieter nach Art. 12 Abs. 1 GG ein. Der allgemeine Gleichheitssatz des Art. 3 Abs. 1 GG ist zwar zu beachten, geht allerdings einerseits einfachrechtlich in dem Grundsatz der Gleichbehandlung nach § 97 Abs. 2 GWB auf und ist andererseits nur in seiner Dimension als Willkürverbot betroffen, da die Differenzierung weder personengruppenspezifisch erfolgt noch die Ausübung von Freiheitsrechten beeinträchtigt. Entscheidende grundrechtliche Vorgaben für Entscheidungsspielräume sind weniger Freiheits- oder Gleichheitsrechte als vielmehr die Garantie effektiven Rechtsschutzes aus Art. 19 Abs. 4 GG. Diese verlangt zwingend die Einräumung einer Beurteilungs- oder Ermessensermächtigung in der konkreten Rechtsvorschrift, welche gegebenenfalls durch Auslegung zu ermitteln ist. Auch der Vorbehalt des Gesetzes verlangt eine solche gesetzgeberische Ermächtigung. Wo diese nicht feststellbar ist, kommt den Gerichten eine umfassende Kontrollkompetenz zu.

8. Vergabeverfahren lassen sich dem Oberbegriff der Verteilungsentscheidungen der öffentlichen Hand zuordnen. Obgleich regelmäßig Verwaltungsbehörden öffentliche Aufträge vergeben, kommt das VwVfG (subsidiär zum GWB) unmittelbar nur bei Abschluss eines öffentlich-rechtlichen Vertrags und im Übrigen mangels der Voraussetzungen der §§ 1 und 9 VwVfG nicht direkt zur Anwendung. Dies befreit die Beschaffungstätigkeit der öffentlichen Hand jedoch nicht von den Grundsätzen des Verwaltungsrechts. Dort, wo das Vergaberecht Regelungslücken enthält, müssen diese unter Beachtung dieser Grundsätze geschlossen werden. Da Regelungen für das Verfahrensermessen und das materielle Ermessen in den §§ 97 ff GWB fehlen, kommt eine analoge Anwendung der §§ 10 und 40 VwVfG in Betracht. Diese ist zu bejahen, weil eine planwidrige Regelungslücke bei vergleichbarer Interessenlage besteht. Folgerichtig lässt sich die verwaltungsrechtliche Dogmatik der Entscheidungsspielräume in das Vergaberecht übertragen. Ferner ist § 114 VwGO analog anzuwenden, der mangels Normierung in der ZPO oder im GVG ohnehin regelmäßig herangezogen wird. Die praktische Durchführbarkeit dieser Lösung wird durch die Anwendung der Dogmatik bei Verteilungsentscheidungen außerhalb des Vergaberechts belegt. Dieses Ergebnis liegt auch im Interesse einer Einheitlichkeit der Rechtsprechung.

9. Die Anwendung der Dogmatik von den Beurteilungs- und Ermessensspielräumen im Vergaberecht zeigt, dass die zahlreich vorhandenen Entscheidungsoptionen angemessen angewandt und kontrolliert werden können. Die Ermittlung von Ermessensspielräumen ist zumeist anhand des Wortlauts einer Vorschrift möglich. Wo ein Ermessensspielraum besteht, ermöglicht die Ermessensfehlerlehre eine ausreichende gerichtliche Überprüfung bei gleichzeitiger Wahrung der vorhandenen Entscheidungsfreiräume. Das Vorliegen von Beurteilungsspielräumen bereitet hingegen erhebliche Schwierigkeiten.

10. Im Vergaberecht ist ebenso wie im allgemeinen Verwaltungsrecht zur Ermittlung von Beurteilungsspielräumen die normative Ermächtigungslehre heranzuziehen. Die dann erforderliche Auslegung der konkreten Rechtsvorschriften unter Beachtung grundrechtlicher Vorgaben, insbesondere der Garantie des effektiven Rechtsschutzes aus Art. 19 Abs. 4 GG, führt weit seltener zur Annahme eines Beurteilungsspielraums, als dies in der vergaberechtlichen Judikatur angenommen wird. Dies ist mit

Blick auf die Rechtsstellung der bietenden Unternehmen nicht hinnehmbar. Es erfordert daher weit höhere Begründungsanstrengungen durch die Nachprüfungsinstanzen, als dies bislang der Fall ist. Bei den zentralen Entscheidungen des Vergabeverfahrens (Bestimmung des Beschaffungsbedarfs, Beurteilung der Bietereignung, Gewichtung der Zuschlagskriterien und Wertung der einzelnen Angebote) sind bei Anwendung der normativen Ermächtigungslehre Beurteilungsspielräume eröffnet. Diese Entscheidungen sind nur auf das Vorliegen bestimmter Beurteilungsfehler hin überprüfbar.

11. Durch die Schaffung vergaberechtlicher Rechtsvorschriften für die Überprüfung von Beurteilungsspielräumen und Ermessen könnte eine Regelungslücke geschlossen und die analoge Anwendung der §§ 10 und 40 VwVfG sowie des § 114 VwGO überflüssig werden. Zudem würde die ausdrückliche Normierung von Beurteilungsermächtigungen die Rechtssicherheit und –klarheit bei der Durchführung von Vergabeverfahren weiter erhöhen. Die anstehende Umsetzung der neuen europäischen Vergaberichtlinien ist eine vortreffliche Gelegenheit, auch diese Regelungsvorschläge in Gesetzesform zu gießen. Eine Verfahrensvereinfachung und Steigerung der Verfahrenseffizienz im Vergaberecht liegt somit in der Hand des Gesetzgebers.

Literaturverzeichnis

Antweiler, Clemens, Bieterrechtsschutz unter Zumutbarkeitsvorbehalt?; VergabeR 2011, S. 306.

Bachof, Otto, Begriff und Wesen des sozialen Rechtsstaats; VVDStRL 12 (1954), S. 37.

ders., Beurteilungsspielraum, Ermessen und unbestimmter Rechtsbegriff im Verwaltungsrecht; JZ 1955, S. 97.

ders., Zur Frage des Unterschieds zwischen Ermessensspielraum und Beurteilungsspielraum; JZ 1958, S. 290.

ders., Neue Tendenzen in der Rechtsprechung zum Ermessen und zum Beurteilungsspielraum; JZ 1972, S. 641.

ders., Aussprache Verwaltungsverantwortung und Verwaltungsgerichtsbarkeit; VVDStRL 34 (1976), S. 295.

Bader, Johann / Ronellenfitsch, Michael (Hrsg.), Beck'scher Online-Kommentar. VwVfG; Stand: 1.4.2014, Edition: 23, München.

Badura, Peter, Gestaltungsfreiheit und Beurteilungsspielraum der Verwaltung, bestehend aufgrund und nach Maßgabe des Gesetzes, in: Püttner, Günter (Hrsg.), Festschrift für Otto Bachof zum 70. Geburtstag am 6. März 1984; München 1984.

Bamberger, Christian, Behördliche Beurteilungsermächtigungen im Lichte der Bereichsspezifik des Verwaltungsrechts. –Die gerichtliche Kontrolle der Zulassung bundesweiter Fernsehveranstaltungen– ; VerwArch 93 (2002), S. 217.

Battis, Ulrich, Bundesbeamtengesetz: BBG; 4. Auflage, München 2009.

Battis, Ulrich / Krautzberger, Michael / Löhr, Rolf-Peter, Baugesetzbuch: BauGB; 12. Auflage, München 2014.

Bauer, Hartmut / Kahl, Wolfgang, Europäische Unionsbürger als Träger von Deutschen-Grundrechten?; JZ 1995, S. 1077.

Baumeister, Hubertus / Klinger, Daniela, Perspektiven des Vergaberechts im straßengebundenen ÖPNV durch die Novellierung der Verordnung (EWG) Nr. 1191/69; NZBau 2005, S. 601.

Beaucamp, Guy / Seifert, Jens, Wann lohnt sich die Anfechtung einer Prüfungsentscheidung? – Ein Überblick anhand der jüngeren obergerichtlichen Rechtsprechung; NVwZ 2008, S. 261.

Behrens, Hans-Werner, Zulassung zum Vergabewettbewerb bei vorausgegangener Beratung des Auftraggebers. Zur Projektantenproblematik auf der Grundlage der Neuregelung des § 4 V VgV; NZBau 2006, S. 752.

Bethge, Herbert, Mittelbare Grundrechtsbeeinträchtigungen, in: Merten, Detlef / Papier, Hans-Jürgen (Hrsg.), Handbuch der Grundrechte in Deutschland und Europa. Band III. Grundrechte in Deutschland: Allgemeine Lehren II; Heidelberg 2009.

Bickenbach, Christian, Grundfälle zu Art. 19 IV GG; JuS 2007, S. 910.

Blümel, Willi / Merten, Detlef / Quaritsch, Helmut (Hrsg.), Verwaltung im Rechtsstaat. Festschrift für Carl Hermann Ule zum 80. Geburtstag am 26. Februar 1987; Köln u.a. 1987.

Boesen, Arnold, Getrennt oder zusammen? – Losaufteilung und Gesamtvergabe nach der Reform des GWB in der Rechtsprechung; VergabeR 2011, S. 364.

Bogdandy, Armin von / Bast, Jürgen (Hrsg.), Europäisches Verfassungsrecht. Theoretische und dogmatische Grundzüge; 2. Auflage, Berlin u.a. 2009.

Bohne, Jochen / Heinbuch, Holger, Die Dienstleistungskonzession als Privatisierungsmodell in der kommunalen Abwasserbeseitigung; NVwZ 2006, S. 489.

Brauer, Eva, Die Behandlung ungewöhnlicher Wagnisse nach der Neufassung der VOL/A; VergabeR 2012, S. 343.

Braun, Christian, Zulassung auf Märkten und Veranstaltungen; NVwZ 2009, S. 747.

Braun, Joachim / Kappenmann, Jürgen, Die Bestimmung des wirtschaftlichsten Bieters nach den Zuschlagskriterien der Richtlinie 2004/18/EG; NZBau 2006, S. 544.

Breloer, Carolin Eva, Europäische Vorgaben und das deutsche Vergaberecht; Frankfurt am Main 2004.

Breuer, Rüdiger, Konditionale und finale Rechtsetzung; Archiv des öffentlichen Rechts, Band 127 (2002), S. 523.

ders., Freiheit des Berufs, in: Isensee, Josef / Kirchhof, Paul (Hrsg.), Handbuch des Staatsrechts der Bundesrepublik Deutschland. Band VIII. Grundrechte: Wirtschaft, Verfahren, Gleichheit; 3. Auflage, Heidelberg 2010, § 170.

ders., Staatliche Berufslenkung und Wirtschaftslenkung, in: Isensee, Josef / Kirchhof, Paul (Hrsg.), Handbuch des Staatsrechts der Bundesrepublik Deutschland. Band VIII. Grundrechte: Wirtschaft, Verfahren, Gleichheit; 3. Auflage, Heidelberg 2010, § 171.

Brinkmann, Annemarie, Private in gerichtlichem Auftrag. Verfahren, Kriterien, und Rechtsschutz bei der Vergabe an Insolvenzverwalter, Sachverständige und Dolmetscher; Baden-Baden 2006.

Brinktrine, Ralf, Verwaltungsermessen in Deutschland und England. Eine rechtsvergleichende Untersuchung von Entscheidungsspielräumen der Verwaltung im deutschen und englischen Verwaltungsrecht; Heidelberg 1998.

Brohm, Winfried, Situative Gesetzesanpassung durch die Verwaltung; NVwZ 1988, S. 794.

ders., Ermessen und Beurteilungsspielraum im Grundrechtsbereich. Zugleich ein Beitrag zu den Genehmigungsvorbehalten zur Sicherung von Stadtfunktionen (§§ 22, 172 BauGB), JZ 1995, S. 369.

Bullinger, Martin, Das Ermessen der öffentlichen Verwaltung. Entwicklung, Funktionen, Gerichtskontrolle; JZ 1984, S. 1001.

ders., Flexibilität moderner Verwaltung und Gerichtsschutz des Bürgers, in: Geis, Max-Emanuel / Lorenz, Dieter (Hrsg.), Staat – Kirche – Verwaltung. Festschrift für Hartmut Maurer zum 70. Geburtstag; München 2001, S. 565.

Bumke, Christian, Verwaltungsakte, in: Hoffmann-Riem, Wolfgang / Schmidt-Aßmann, Eberhard / Voßkuhle, Andreas (Hrsg.), Grundlagen des Verwaltungsrechts. Band II. Informationsordnung, Verwaltungsverfahren, Handlungsformen; 2. Auflage, München 2012, § 35.

Bungenberg, Marc, Vergaberecht im Wettbewerb der Systeme. Eine rechtsebenenübergreifende Analyse des Vergaberechts; Tübingen 2007.

Burgi, Martin, Funktionale Privatisierung und Verwaltungshilfe. Staatsaufgabendogmatik – Phänomenologie – Verfassungsrecht; Tübingen 1999.

ders., Vergabefremde Zwecke und Verfassungsrecht; NZBau 2001, S. 64.

ders., Der Verwaltungsvertrag im Vergaberecht; NZBau 2002, S. 57.

ders., Die Ausschreibungsverwaltung. Dogmatische Herausforderungen des Verwaltens mit Dienstleistungskonzessionen; DVBl. 2003, S. 949.

ders., Interkommunale Zusammenarbeit und Vergaberecht; Der Landkreis 2005, S. 468.

ders., Mittelstandsfreundliche Vergabe – Möglichkeiten und Grenzen; NZBau 2006, S. 606 und S. 693.

ders., Vergaberechtliche Probleme der Privatfinanzierung von Fernstraßen; DVBl. 2007, S. 649.

ders., Von der Zweistufenlehre zur Dreiteilung des Rechtsschutzes im Vergaberecht; NVwZ 2007, S. 737.

ders., Kriterien für die Vergabe von Postdienstleistungen im Gewährleistungsstaat. Zugleich ein Beitrag zum Regime von Leistungsbeschreibung, Eignungs- und Zuschlagskriterien; VergabeR 2007, S. 457.

ders., Die künftige Bedeutung der Freiheitsgrundrechte für staatliche Verteilungsentscheidungen; Wirtschaft und Verwaltung 2007, S. 173.

ders., Das Vergaberecht als Gestaltungsmittel der Kommunalpolitik. Leistungsbeschreibung, Eignungs- und Zuschlagskriterien; Der Landkreis 2009, S. 177.

ders, Die Zukunft des Vergaberechts; NZBau 2009, S. 609.

ders., Entwicklungslinien, in: Erichsen, Hans-Uwe / Ehlers, Dirk (Hrsg.), Allgemeines Verwaltungsrecht; 14. Auflage, Berlin u.a. 2010, § 10.

ders., Die Förderung sozialer und technischer Innovationen durch das Vergaberecht; NZBau 2011, S. 577.

ders., Kommunalrecht; 4. Auflage, München 2012.

Burgi, Martin / Durner, Wolfgang, Modernisierung des Verwaltungsverfahrensrechts durch Stärkung des VwVfG. Transparenz, Bürgerfreundlichkeit und Perspektiven der Bürgerbeteiligung insbesondere in Verfahren der Eröffnungskontrolle; Baden-Baden 2012.

Byok, Jan, Die Entwicklung des Vergaberechts seit 2008; NJW 2009, S. 644.

ders., Die Entwicklung des Vergaberechts seit 2010; NJW 2011, S. 975.

Byok, Jan / Jaeger, Wolfgang (Hrsg.), Kommentar zum Vergaberecht. Erläuterungen zu den vergaberechtlichen Vorschriften des GWB und der VgV; 3. Auflage, Frankfurt am Main 2011.

Calliess, Christian / Ruffert, Matthias (Hrsg.), EUV / AEUV. Das Verfassungsrecht der Europäischen Union mit Europäischer Grundrechtecharta. Kommentar; 4. Auflage, München 2011.

Cremer, Wolfram, Gewinnstreben als öffentliche Unternehmen legitimierender Zweck: Die Antwort des Grundgesetzes; DÖV 2003, S. 921.

Dauses, Manfred A. (Hrsg.), Handbuch des EU-Wirtschaftsrechts; Stand: Februar 2014, München.

Danwitz, Thomas von, Europäisches Verwaltungsrecht; Berlin u.a. 2008.

Diehr, Matthias, »Vergabeprimärrecht« nach der An-Post-Rechtsprechung des EuGH; VergabeR 2009, S. 719.

Dietlein, Johannes, Berufs-, Arbeitsplatz- und Ausbildungsfreiheit, in: Stern, Klaus, Das Staatsrecht der Bundesrepublik Deutschland. Band IV/1. Die einzelnen Grundrechte. Der Schutz und die freiheitliche Entfaltung des Individuums; München 2006, § 111.

Dietlein, Johannes / Burgi, Martin / Hellermann, Johannes, Öffentliches Recht in Nordrhein-Westfalen. Verfassungsrecht. Kommunalrecht. Polizei- und Ordnungsrecht. Öffentliches Baurecht. Eine prüfungsorientierte Darstellung; 5. Auflage, München 2014.

Dörr, Oliver, Das deutsche Vergaberecht unter dem Einfluß von Art. 19 Abs. 4 GG; DÖV 2001, S. 1014.

ders., Verfassungsrechtliche Grundlagen des Vergaberechtsschutzes; WiVerw 2007, S. 211.

Donhauser, Christoph, Neue Akzentuierungen bei der Vergabe von Standplätzen auf gemeindlichen Volksfesten und Märkten; NVwZ 2010, S. 931.

Dreher, Meinrad, Der Rechtsschutz bei Vergabeverstößen nach »Umsetzung« der EG-Vergaberichtlinien; ZIP 1995, S. 1869.

ders., Die Zukunft des untergesetzlichen Vergaberechts. Zur Neuordnung von Vergabeverordnung und Verdingungsordnungen; NVwZ 1999, S. 1265.

ders., Politische Vorgaben bei der Vergabe öffentlicher Aufträge aus rechtswissenschaftlicher Sicht; ZVgR 1999, S. 289.

ders., Die Berücksichtigung mittelständischer Interessen bei der Vergabe öffentlicher Aufträge; NZBau 2005, S. 427.

Dreher, Meinrad / Aschoff, Jürgen, Präsentationen und Vorführungen von Leistungen in Vergabeverfahren. – Unter besonderer Berücksichtigung der Teststellung bei der IT-Beschaffung –; NZBau 2006, S. 144.

Dreher, Meinrad / Stockmann, Kurt, Kartellvergaberecht. Auszug aus Immenga/Mestmäcker, Wettbewerbsrecht, 4. Auflage; München 2008.

Dreier, Horst (Hrsg.), Grundgesetz. Kommentar. Band III. Art. 83-146; 2. Auflage, Tübingen 2008.

Egger, Alexander, Europäisches Vergaberecht; Baden-Baden 2008.

Ehlers, Dirk (Hrsg.), Europäische Grundrechte und Grundfreiheiten; 3. Auflage, Berlin 2009.

ders., Rechtsquellen und Rechtsnormen der Verwaltung, in: Erichsen, Hans-Uwe / Ehlers, Dirk (Hrsg.), Allgemeines Verwaltungsrecht; 14. Auflage, Berlin u.a. 2010, § 2.

Ehmke, Horst, »Ermessen« und »unbestimmter Rechtsbegriff« im Verwaltungsrecht; Recht und Staat in Geschichte und Gegenwart. Eine Sammlung von Vorträgen und Schriften aus dem Gebiet der gesamten Staatswissenschaften. Heft 230/231 (1960).

Englisch, Joachim, Effektiver Primärrechtsschutz bei der Vergabe öffentlicher Aufträge; VerwArch 98 (2007), S. 410.

Epping, Volker / Hillgruber, Christian (Hrsg.), Beck'scher Online Kommentar. GG; Stand: 1.6.2014, Edition: 21, München.

Ewer, Wolfgang, Beschränkung der verwaltungsgerichtlichen Kontrolldichte bei der Anwendung unbestimmter Rechtsbegriffe – Zulässiges und geeignetes Mittel zur Beschleunigung behördlicher und gerichtlicher Verfahren?; NVwZ 1994, S. 140.

Eyermann, Erich / Fröhler, Ludwig (Begr.), Verwaltungsgerichtsordnung. Kommentar; 14. Auflage, München 2014.

Fehling, Michael / Kastner, Berthold / Wahrendorf, Volker (Hrsg.), Verwaltungsrecht. VwVfG – VwGO. Handkommentar; 3. Auflage, Baden-Baden 2013.

Fett, Bernhard, Die Hauptsacheentscheidung durch die Vergabekammer; NZBau 2005, S. 141.

Fleiner, Fritz, Institutionen des Deutschen Verwaltungsrechts; 8. Auflage, Tübingen 1928.

Forsthoff, Ernst, Der Staat als Auftraggeber. Unter besonderer Berücksichtigung des Bauauftragswesens; Stuttgart 1963.

Franzius, Claudio, Modalitäten und Wirkungsfaktoren der Steuerung durch Recht, in: Hoffmann-Riem, Wolfgang / Schmidt-Aßmann, Eberhard / Voßkuhle, Andreas (Hrsg.), Grundlagen des Verwaltungsrechts. Band I. Methoden · Maßstäbe · Aufgaben · Organisation; 2. Auflage, München 2012, § 4.

Freise, Harald, Das österreichische Bundesgesetz über die Vergabe von Aufträgen 2006. Neue Anregungen für die Weiterentwicklung des deutschen Vergaberechts; NZBau 2007, S. 343.

Frenz, Walter, Handbuch Europarecht. Band 3. Beihilfe- und Vergaberecht; Berlin u.a. 2007.

ders., Handbuch Europarecht. Band 5. Wirkungen und Rechtsschutz; Berlin u.a. 2010.

ders., Handbuch Europarecht. Band 1. Europäische Grundfreiheiten; 2. Auflage, Berlin u.a. 2012.

Frister, Anne-Christin, Entrechtlichung und Vereinfachung des Vergaberechts; VergabeR 2011, S. 295.

Fritz, Aline, Erfahrungen mit dem Wettbewerblichen Dialog in Deutschland; VergabeR 2008, S. 379.

Frotscher, Werner, Das Gesetz zur Änderung der Gewerbeordnung und sonstiger gewerberechtlicher Vorschriften vom 23.11.1994; NVwZ 1996, S. 33.

Frotscher, Werner / Kramer, Urs, Wirtschaftsverfassungs- und Wirtschaftsverwaltungsrecht. Eine systematische Einführung anhand von Grundfällen; 6. Auflage, München 2013.

Gabriel, Marc, Die Vergaberechtsreform 2009 und die Neufassung des vierten Teils des GWB; NJW 2009, S. 2011.

Gandenberg, Otto, Die Ausschreibung. Organisierte Konkurrenz um öffentliche Aufträge; Heidelberg 1961.

Geppert, Martin / Piepenbrock, Hermann-Josef / Schütz, Raimund / Schuster, Fabian (Hrsg.), Beck'scher TKG-Kommentar; 4. Auflage, München 2013.

Glos, Alexander, Die deutsche Berufsfreiheit und die europäischen Grundfreiheiten. Ein Strukturvergleich; Frankfurt am Main 2003.

Grabenwarter, Christoph / Pabel, Katharina, Europäische Menschenrechtskonvention; 5. Auflage, München u.a. 2012.

Grabitz, Eberhard, Freiheit und Verfassungsrecht. Kritische Untersuchungen zur Dogmatik und Theorie der Freiheitsrechte; Tübingen 1976.

Grabitz, Eberhard / Hilf, Meinhard / Nettesheim, Martin (Hrsg.), Das Recht der Europäischen Union. EUV/AEUV; Stand: Januar 2014, München.

dies. (Hrsg.), Das Recht der Europäischen Union. Band IV. Sekundärrecht, Wolf, Manfred (Hrsg.), A. Verbraucher- und Datenschutzrecht; Hailbronner, Kay (Hrsg.), B. Öffentliches Auftragswesen; Stand: Oktober 2009, München 2009.

Grzeszick, Bernd, Vergaberecht zwischen Markt und Gemeinwohl; DÖV 2003, S. 649.

Gröning, Jochem, Referenzen und andere Eignungsnachweise; VergabeR 2008, S. 721.

ders., Die VOB/A 2009 – ein erster Überblick; VergabeR 2009, S. 117.

ders., Mögliche Tendenzen der nationalen Rechtsprechung zum Vergaberecht; VergabeR 2010, S. 762.

Grote, Rainer u.a. (Hrsg.), Die Ordnung der Freiheit. Festschrift für Christian Starck zum siebzigsten Geburtstag; Tübingen 2007.

Grünewald, Benedikt, Subjektive Verfahrensrechte als Folge der Europäisierung des Bauplanungsrechts; NVwZ 2009, S. 1520.

Grupp, Klaus / Ronellenfitsch, Michael (Hrsg.), Planung – Recht – Rechtsschutz. Festschrift für Willi Blümel zum 70. Geburtstag am 6. Januar 1999; Berlin 1999.

Gundel, Jörg, Der grundrechtliche Status der Ausländer, in: Isensee, Josef / Kirchhof, Paul (Hrsg.), Handbuch des Staatsrechts der Bundesrepublik Deutschland. Band IX. Allgemeine Grundrechtslehren; 3. Auflage, Heidelberg 2011, § 198.

Heiermann, Wolfgang / Zeiss, Christopher / Blaufuß, Jörg (Hrsg.), juris PraxisKommentar Vergaberecht. GWB – VgV – SektVO – VOB/A; 3. Auflage, Saarbrücken 2011.

Herdegen, Matthias, Beurteilungsspielraum und Ermessen im strukturellen Vergleich; JZ 1991, S. 747.

ders., Europarecht; 16. Auflage, München 2014.

Hesse, Konrad, Grundzüge des Verfassungsrechts der Bundesrepublik Deutschland; 20. Auflage, Heidelberg 1995.

Hill, Hermann, Verfahrensermessen der Verwaltung; NVwZ 1985, S. 449.

Hobe, Stephan / von Ruckteschell, Nicolai (Hrsg.), Kölner Kompendium des Luftrechts. Werk in drei Bänden. Band 2. Luftverkehr; Köln 2009.

Höpfl, Thomas, Soziale Auftragsvergabe – Entscheidung zwischen Pflicht- und Kürprogramm im öffentlichen Beschaffungswesen?; WISO 27. Jg. (2004), Nr. 2, S. 105.

Holoubek, Michael, Grundrechtsschutz im österreichischen Beschaffungswesen unter besonderer Berücksichtigung der EMRK; WiVerw 2008, S. 273.

Huber, Peter M., Konkurrenzschutz im Verwaltungsrecht. Schutzanspruch und Rechtsschutz bei Lenkungs- Verteilungsentscheidungen der öffentlichen Verwaltung; Tübingen 1991.

ders., Der Schutz des Bieters im öffentlichen Auftragswesen unterhalb der sog. Schwellenwerte; JZ 2000, S. 877.

Huerkamp, Florian, Die grundfreiheitlichen Beschränkungsverbote und die Beschaffungstätigkeit des Staates; EuR 2009, S. 563.

ders., Gleichbehandlung und Transparenz als gemeinschaftsrechtliche Prinzipien der staatlichen Auftragsvergabe; Tübingen 2010.

Hufen, Friedhelm, Verwaltungsprozessrecht; 9. Auflage, München 2013.

ders., Staatsrecht II. Grundrechte; 4. Auflage, München 2014.

Ibler, Martin, Rechtspflegender Rechtsschutz im Verwaltungsrecht. Zur Kontrolldichte bei wertenden Behördenentscheidungen – vom Preussischen Oberverwaltungsgericht bis zum modernen Gerichtsschutz im Prüfungsrecht; Tübingen, 1999.

Immenga, Ulrich / Mestmäcker, Ernst-Joachim (Hrsg.), Wettbewerbsrecht. Band 2. GWB. Kommentar zum Europäischen Kartellrecht; 4. Auflage, München 2007.

Ingenstau, Heinz / Korbion, Hermann (Begr.), VOB. Teile A und B. Kommentar; 18. Auflage, Köln 2013.

Ipsen, Jörn, Staatsrecht II. Grundrechte; 16. Auflage, München 2013.

Jaeger, Wolfgang, Die neue Basisvergaberichtlinie der EU vom 26.2.2014 – ein Überblick; NZBau 2014, S. 259.

Jarass, Hans D., Charta der Grundrechte der Europäischen Union unter Einbeziehung der vom EuGH entwickelten Grundrechte und der Grundrechtsregelungen der Verträge. Kommentar; 2. Auflage, München 2013.

Jarass, Hans D. / Pieroth, Bodo, Grundgesetz für die Bundesrepublik Deutschland. Kommentar; 12. Auflage, München 2012.

Jellinek, Walter, Gesetz, Gesetzesanwendung und Zweckmäßigkeitserwägung. Zugleich ein System der Ungültigkeitsgründe von Polizeiverordnungen und –verfügungen; Tübingen 1913.

Jestaedt, Matthias, Maßstäbe des Verwaltungshandelns, in: Erichsen, Hans-Uwe / Ehlers, Dirk (Hrsg.), Allgemeines Verwaltungsrecht; 14. Auflage, Berlin u.a. 2010, § 11.

Kahl, Wolfgang, Das Verwaltungsverfahrensgesetz zwischen Kodifikationsidee und Sonderrechtsentwicklung, in: Hoffmann-Riem, Wolfgang / Schmidt-Aßmann, Eberhard (Hrsg.), Verwaltungsverfahren und Verwaltungsverfahrensgesetz; Baden-Baden 2003, S. 67.

ders., Privatrechtliches Verwaltungshandeln und Verwaltungsverfahrensgesetz am Beispiel des Vergaberechts, in: Aschke, Manfred / Hase, Friedhelm / Schmidt-De Caluwe (Hrsg.), Selbstbestimmung und Gemeinwohl. Festschrift zum 70. Geburtstag von Professor Dr. Friedrich von Zezwitsch; Baden-Baden 2005.

Kapellmann, Klaus D. / Messerschmidt, Burkhard, VOB. Teile A und B. Vergabe- und Vertragsordnung für Bauleistungen mit Vergabeverordnung (VgV); 4. Auflage, München 2013.

Kau, Marcel, Vergaberechtliches Kaskadenprinzip und europäisches Gemeinschaftsrecht; EuZW 2005, S. 492.

Kellner, Hugo, Zum Beurteilungsspielraum. Zugleich ein Beitrag zu den Verhandlungen der öffentlich-rechtlichen Abteilung des Deutschen Juristentages 1962 über Zusagen in der öffentlichen Verwaltung; DÖV 1962, S. 572.

Kempen, Bernhard, Grundrechtsverpflichtete, in: Merten, Detlef / Papier, Hans-Jürgen (Hrsg.), Handbuch der Grundrechte in Deutschland und Europa. Band II. Grundrechte in Deutschland: Allgemeine Lehren I; Heidelberg 2006.

Kingreen, Thorsten, Die Struktur der Grundfreiheiten des Europäischen Gemeinschaftsrechts; Berlin 1999.

Kirch, Thomas / Leinemann, Eva-Dorothee, Der Einkauf von Produkten mit Alleinstellungsmerkmalen; VergabeNews 2010, S. 86.

Kment, Martin, Zur Europarechtskonformität der neuen baurechtlichen Planerhaltungsregeln; AöR 130 (2005), S. 570.

Klein, Franz (Begr.), Abgabenordnung. -einschließlich Steuerstrafrecht-; 12. Auflage, München 2014.

Kloepfer, Michael, Umweltrecht; 3. Auflage, München 2004.

ders, Verfassungsrecht I. Grundlagen, Staatsorganisationsrecht, Bezüge zum Völker- und Europarecht; München 2011.

Kluth, Winfried, Das Grundrecht der Berufsfreiheit – Art. 12 Abs. 1 GG; Jura 2001, S. 371.

Knack, Hans Joachim / Henneke, Hans-Günter, Verwaltungsverfahrensgesetz (VwVfG); 9. Auflage, Köln 2010.

Knauff, Matthias, Neues europäisches Vergabeverfahrensrecht: Der wettbewerbliche Dialog; VergabeR 2004, S. 287.

ders., Im wettbewerblichen Dialog zur Public Private Partnership?; NZBau 2005, 249.

ders., Vertragsschließende Verwaltung und verfassungsrechtliche Rechtsschutzgarantie; NVwZ 2007, S. 546.

ders., Das System des Vergaberechts zwischen Verfassungs-, Wirtschafts- und Haushaltsrecht; VergabeR 2008, S. 312.

ders., Das Kaskadensystem im Vergaberecht – ein Regelungsmodell mit Zukunft?; NZBau 2010, S. 657.

Knauff, Matthias / Streit, Thomas, Die Reform des EU-Vergaberechtsschutzes. Überblick unter Berücksichtigung des Entwurfs des Vergaberechtsmodernisierungsgesetzes; EuZW 2009, S. 37.

Kniesel, Michael / Müllensiefen, Wolfgang, Die Entwicklung des Gentechnikrechts seit der Novellierung 1993; NJW 1999, S. 2564.

Koch, Frauke, Flexibilisierungspotenziale im Vergabeverfahren. Nachverhandlungen und Nebenangebote; Baden-Baden 2013.

Koch, Hans-Joachim / Rüßmann, Helmut, Juristische Begründungslehre. Eine Einführung in Grundprobleme der Rechtswissenschaft; München 1982.

Kopp, Ferdinand O. / Schenke, Wolf-Rüdiger, Verwaltungsgerichtsordnung. Kommentar; 20. Auflage, München 2014.

Kopp, Ferdinand / Ramsauer, Ulrich, Verwaltungsverfahrensgesetz; 14. Auflage, München 2013.

Kratzenberg, Rüdiger, Der Begriff des »Öffentlichen Auftraggebers« und der Entwurf des Gesetzes zur Modernisierung des Vergaberechts; NZBau 2009, S. 103.

Krohn, Wolfram, Öffentliche Auftragsvergabe und Umweltschutz. Die Berücksichtigung von Umweltschutzbelangen bei der öffentlichen Auftragsvergabe nach europäischem und deutschem Vergaberecht; Köln u.a. 2003.

ders., Ende des Rechtswegwirrwarrs: Kein Verwaltungsrechtsschutz unterhalb der Schwellenwerte; NZBau 2007, S. 493.

Kulartz, Hans-Peter / Kus, Alexander / Portz, Norbert (Hrsg.), Kommentar zum GWB-Vergaberecht; 2. Auflage, Köln 2009.

Kulartz, Hans-Peter / Marx, Fridhelm / Portz, Norbert / Prieß, Hans-Joachim (Hrsg.), Kommentar zur VOB/A; Köln 2010.

Kulartz, Hans-Peter / Marx, Fridhelm / Portz, Norbert / Prieß, Hans-Joachim (Hrsg.), Kommentar zur VOL/A; 2. Auflage, Köln 2011.

Kunert, Franz-Josef, Staatliche Bedarfsdeckungsgeschäfte und öffentliches Recht; Berlin 1977.

Kunert, Oliver, Vergaberecht und öffentliches Recht. Zur öffentlichen Auftragsvergabe in sicherheitssensiblen Rechtsbereichen; Köln u.a. 2003.

Kus, Alexander, Die richtige Verfahrensart bei PPP-Modellen, insbesondere Verhandlungsverfahren und Wettbewerblicher Dialog; VergabeR 2006, S. 851.

ders., Inhalt und Reichweite des Begriffs der Gesetzestreue in § 97 Abs. 4 GWB 2009; VergabeR 2010, S. 321.

Landmann / Rohmer, Gewerbeordnung und ergänzende Vorschriften. Band I. Gewerbeordnung – Kommentar; Stand: 65. Ergänzungslieferung, September 2013, München.

Lange, Klaus, Ermessens- und Beurteilungsspielräume als Transformatoren von Innen- und Außenrecht; NJW 1992, S. 1193.

Larenz, Karl, Methodenlehre der Rechtswissenschaft; 6 Auflage, Berlin u.a. 1991.

Laws, Jutta, Insolvenzverwaltervorauswahl – Neue Maßstäbe für das Verfahren nach den §§ 23 ff. EGGVG?; NZI 2011, S. 279.

Leinemann, Ralf / Maibaum, Thomas, Die neue europäische einheitliche Vergabekoordinierungsrichtlinie für Lieferaufträge, Dienstleistungsaufträge und Bauaufträge – ein Optionsmodell; VergabeR 2004, S. 275.

Leppin, Angelika, Schadensersatz wegen Nichtbeförderung und Inzidentkontrolle dienstlicher Beurteilungen vor dem Hintergrund aktueller Rechtsprechung; NVwZ 2007, S. 1241.

Lerche, Peter, Übermass und Verfassungsrecht. Zur Bindung des Gesetzgebers an die Grundsätze der Verhältnismäßigkeit und der Erforderlichkeit; Köln u.a. 1961.

Loewenheim, Ulrich / Meessen, Karl / Riesenkampff, Alexander (Hrsg.), Kartellrecht; 2. Auflage, München 2009.

Mangoldt, Hermann von / Klein, Friedrich / Starck, Christian (Hrsg.), Kommentar zum Grundgesetz. Band 1: Präambel, Artikel 1 bis 19; 6. Auflage, München 2010.

dies. (Hrsg.), Kommentar zum Grundgesetz. Band 2: Artikel 20 bis 82; 6. Auflage, München 2010.

Marx, Fridhelm, Anmerkung zu VG Leipzig, Beschluss vom 6. September 2005 – Az.: 5 K 1018/05 – »Verkehrszeichen«; VergabeR 2005, S. 763.

Maunz, Theodor / Dürig, Günter, Grundgesetz. Kommentar. Band I. Art. 1 – 5; Stand: 70. Ergänzungslieferung, Dezember 2013, München.

dies., Grundgesetz. Kommentar. Band III. Art. 17 – 27; Stand: 70. Ergänzungslieferung, Dezember 2013, München.

Maurer, Hartmut, Staatsrecht I. Grundlagen. Verfassungsorgane. Staatsfunktionen; 6. Auflage, München 2010

ders., Allgemeines Verwaltungsrecht; 18. Auflage, München 2011.

Menger, Christian-Friedrich / Erichsen, Hans-Uwe, Höchstrichterliche Rechtsprechung zum Verwaltungsrecht; VerwArch 58. Band (1967), S. 278.

Metzner, Richard, Gaststättengesetz. Kommentar; 6. Auflage, München 2002.

Meyer, Nina, Die Einbeziehung politischer Zielsetzungen bei der öffentlichen Beschaffung. Zur Zulässigkeit der Verwendung sogenannter »beschaffungsfremder Kriterien« unter besonderer Berücksichtigung der Tariftreueerklärung; Berlin 2002.

Meyer-Ladewig, Jens, EMRK. Europäische Menschenrechtskonvention. Handkommentar; 3. Auflage, Baden-Baden 2011.

Möllers, Christoph, Methoden, in: Hoffmann-Riem, Wolfgang / Schmidt-Aßmann, Eberhard / Voßkuhle, Andreas (Hrsg.), Grundlagen des Verwaltungsrechts. Band I. Methoden – Maßstäbe – Aufgaben – Organisation; 2. Auflage, München 2012, § 3.

Mohn, Astrid Sybille, Der Gleichheitssatz im Gemeinschaftsrecht. Differenzierungen im europäischen Gemeinschaftsrecht und ihre Vereinbarkeit mit dem Gleichheitssatz; Kehl am Rhein u.a. 1990.

Moosmayer, Klaus, Compliance. Praxisleitfaden für Unternehmen; 2. Auflage, München 2012.

Motzke, Gerd / Pietzcker, Jost / Prieß, Hans-Joachim, Beck'scher VOB-Kommentar. Verdingungsordnung für Bauleistungen Teil A. Mit Gesetz gegen Wettbewerbsbeschränkungen. Teil 4: Vergabe öffentlicher Aufträge; München 2001.

Mrozynski, Peter, Sozialgesetzbuch. -Allgemeiner Teil (SGB I)-; 5. Auflage, München 2014.

Müller, Hermann / Schulz, Gerhard, Bundesfernstraßengesetz mit Autobahnmautgesetz. Kommentar; München 2008.

Müller-Wrede, Malte (Hrsg.), GWB-Vergaberecht; Köln u.a. 2009.

ders. (Hrsg.), Vergabe- und Vertragsordnung für Leistungen. VOL/A. Kommentar; 3. Auflage, Köln 2010.

ders., Das Verhandlungsverfahren im Spannungsfeld zwischen Beurteilungsspielraum und Willkür; VergabeR 2010, S. 754.

Münchener Kommentar zur Insolvenzordnung. Band 1. §§ 1 – 102. Insolvenzrechtliche Vergütungsverordnung (InsVV), herausgegeben von Kirchhof, Hans-Peter / Lwowski, Hans-Jürgen / Stürner, Rolf; 3. Auflage, München 2013.

Münchener Kommentar zum Europäischen und Deutschen Wettbewerbsrecht (Kartellrecht). Band 3. Beihilfe und Vergaberecht, herausgegeben von Montag, Frank / Säcker, Franz Jürgen; München 2011.

Nerlich, Jörg / Römermann, Volker (Hrsg.), Insolvenzordnung (InsO). Kommentar; Stand: 25. Ergänzungslieferung, Juli 2013; München.

Neßler, Volker, Der Neutralitätsgrundsatz im Vergaberecht; NVwZ 1999, S. 1081.

Neumann, Holger, Freier Zugang zu Bodenabfertigungsdiensten auf europäischen Flughäfen; NVwZ 2004, S. 60.

Neun, Andreas / Otting, Olaf, Die Entwicklung des europäischen Vergaberechts in den Jahren 2011/2012; EuZW 2012, S. 566.

Niestedt, Marian / Hölzl, Franz Josef, Zurück aus der Zukunft? Verfassungsmäßigkeit der Primärrechtsschutzbeschränkungen im Vergaberecht oberhalb bestimmter Schwellenwerte; NJW 2006, S. 3680.

Noch, Rainer, Weiter Spielraum bei Teilnehmer-Auswahl. Realisierungswettbewerb: Bewerber haben kaum Chancen, sich einzuklagen; Vergabe Navigator 5/2010, S. 29.

ders., Verhältnismäßig frei. Im Check: Welche Eignungsnachweise darf die Vergabestelle fordern?; Vergabe Navigator 2/2011, S. 27.

Nolte, Martin / Tams, Christian J., Grundfälle zu Art. 12 I GG; JuS 2006, S. 31.

Ölcüm, Ipek, Die Berücksichtigung sozialer Belange im öffentlichen Auftragswesen; Berlin 2009.

Ortner, Roderic, Das Gebot der Berücksichtigung mittelständischer Interessen im Vergaberecht; VergabeR 2011, S. 677.

Ossenbühl, Fritz, Ermessen, Verwaltungspolitik und unbestimmter Rechtsbegriff; DÖV 1970, S. 84.

ders., Vom unbestimmten Gesetzesbegriff zur letztverbindlichen Verwaltungsentscheidung; DVBl. 1974, S. 309.

ders., Gedanken zur Kontrolldichte in der verwaltungsgerichtlichen Rechtsprechung, in: Bender, Bernd / Breuer, Rüdiger / Ossenbühl, Fritz / Sendler, Horst (Hrsg.), Rechtsstaat zwischen Sozialgestaltung und Rechtsschutz. Festschrift für Konrad Redeker zum 70. Geburtstag; München 1993, S. 55.

Pabst, Heinz-Joachim, Intendiertes Ermessen und Normauslegung; VerwArch 93. Band (2002), S. 540.

Pache, Eckhard, Tatbestandliche Abwägung und Beurteilungsspielraum. Zur Einheitlichkeit administrativer Entscheidungsfreiräume und zu deren Konsequenzen im verwaltungsgerichtlichen Verfahren – Versuch einer Modernisierung; Tübingen 2001.

Palandt, Otto (Begr.), Bürgerliches Gesetzbuch: BGB; 73. Auflage, München 2014.

Papier, Hans-Jürgen, Rechtsschutzgarantie gegen die öffentliche Gewalt, in: Isensee, Josef / Kirchhof, Paul (Hrsg.), Handbuch des Staatsrechts der Bundesrepublik Deutschland. Band VIII. Grundrechte: Wirtschaft, Verfahren, Gleichheit; 3. Auflage, Heidelberg 2010, § 177.

Pielow, Johann-Christian (Hrsg.), Beck'scher Online-Kommentar Gewerberecht; Stand: 1.3.2014, Edition: 26; München.

Pieroth, Bodo / Schlink, Bernhard, Grundrechte. Staatsrecht II; 29. Auflage, Heidelberg u.a. 2013.

Pieroth, Bodo / Schlink, Bernhard / Kniesel, Michael, Polizei- und Ordnungsrecht mit Versammlungsrecht; 7. Auflage, München 2012.

Pietzcker, Jost, Rechtsbindungen der Vergabe öffentlicher Aufträge; AöR 107 (1982), S. 61.

ders., Die neue Gestalt des Vergaberechts; ZHR 162 (1998), S. 427.

ders., Die Zweiteilung des Vergaberechts. Subjektive Rechte – Rechtsschutz – Reform; Baden-Baden 2001.

ders., Vergaberechtliche Sanktionen und Grundrechte; NZBau 2003, S. 242.

ders., Gerichtsschutz im Unterschwellenbereich und Tariftreueklauseln – zwei klärende Entscheidungen des Bundesverfassungsgerichtes; ZfBR 2007, S. 131.

ders., Grenzen des Vergaberechts; NVwZ 2007, S. 1225.

Pinkenburg, Günther / Kirch, Thomas, Teilnahmewettbewerb und Nachunternehmereinsatz; Vergabe News 2011, S. 70.

Polster, Julian / Naujok, Karin, Vergaberechtsreform 2009/2010. Überblick über die wichtigsten Änderungen und deren Auswirkungen auf die Praxis; NVwZ 2011, S. 786.

Portz, Norbert, Beschaffungsautonomie erhält mehr Gewicht; Städte- und Gemeinderat 11/2012, S. 28.

Prieß, Hans-Joachim, Ausschreibungspflicht für Verkehrsverträge im Schienenpersonennahverkehr?; NZBau 2002, S. 539.

ders., Die Leistungsbeschreibung – Kernstück des Vergabeverfahrens (Teil 1); NZBau 2004, S. 20.

ders., Handbuch des europäischen Vergaberechts. Gesamtdarstellung der EU/EWR-Vergaberegeln mit Textausgabe; 3. Auflage, Köln u.a. 2005.

Prieß, Hans-Joachim / Niestedt, Marian, Rechtsschutz im Vergaberecht. Praxishandbuch für den Rechtsschutz bei der Vergabe öffentlicher Aufträge oberhalb und unterhalb der EG-Schwellenwerte; Köln u.a. 2006.

Prieß, Hans-Joachim / Hölzl, Franz Josef, Kein Wunder: Architektenwettbewerb »Berliner Schloss« vergaberechtskonform; NZBau 2010, S. 354.

Proelss, Alexander, Das Regulierungsermessen – eine Ausprägung des behördlichen Letztentscheidungsrechts?; AöR Band 136 (2011), S. 402.

Pünder, Hermann, Zu den Vorgaben des grundgesetzlichen Gleichheitssatzes für die Vergabe öffentlicher Aufträge; VerwArch 95 (2004), S. 38.

ders., Grundlagen, in: Erichsen, Hans-Uwe / Ehlers, Dirk (Hrsg.), Allgemeines Verwaltungsrecht; 14. Auflage, Berlin u.a. 2010, § 13.

ders., Grundmodell des Verwaltungsverfahrens, in: Erichsen, Hans-Uwe / Ehlers, Dirk (Hrsg.), Allgemeines Verwaltungsrecht; 14. Auflage, Berlin u.a. 2010, § 14.

Pünder, Hermann / Franzius, Ingo, Auftragsvergabe im wettbewerblichen Dialog; ZfBR 2006, S. 20.

Pünder, Hermann / Schellenberg, Martin (Hrsg.), Vergaberecht. GWB - VgV - SektVO - VOL/A - VOB/A - VOF - Haushaltsrecht - Öffentliches Preisrecht. Handkommentar; Baden-Baden 2011.

Puhl, Thomas, Der Staat als Wirtschaftssubjekt und Auftraggeber; VVDStRL 60 (2001), S. 456.

Pukall, Kirstin, Die Neuregelung des Vergaberechts – Stand und Perspektiven; VergabeR 2006, S. 586.

Ramsauer, Ulrich, Rechtsschutz durch nachvollziehende Kontrolle. Bemerkungen zu Methodik und Technik verwaltungsgerichtlicher Entscheidungsfindung; in: Schmidt-Aßmann, Eberhard / Sellner, Dieter / Hirsch, Günter / Kemper, Gerd-Heinrich / Lehmann-Grube, Hinrich (Hrsg.), Festgabe 50 Jahre Bundesverwaltungsgericht, Köln u.a. 2003.

Rechten, Stephan / Junker, Maike, Das Gesetz zur Modernisierung des Vergaberechts – oder: Nach der Reform ist vor der Reform; NZBau 2009, S. 490.

Regler, Rainer, Das Vergaberecht zwischen öffentlichem und privatem Recht; Berlin 2007.

Reuß, Hermann, Der unbestimmte Rechtsbegriff; DVBl. 1953, S. 649.

ders., Gegenäußerung auf die Erwiderung von Schütz; DÖV 1954, S. 557.

Rittner, Fritz, Öffentliches Auftragswesen und Privatrecht; ZHR 152 (1988), S. 318.

ders., Die »sozialen Belange« i.S. der EG-Kommission und das inländische Vergaberecht, in: Schwarze, Jürgen (Hrsg.), Die Vergabe öffentlicher Aufträge im Lichte des europäischen Wirtschaftsrechts; Baden-Baden 2000, S. 87.

Rode, Lars-Henrik, § 40 VwVfG und die deutsche Ermessenslehre; Frankfurt a.M. 2003.

Röhl, Klaus F. / Röhl, Hans Christian, Allgemeine Rechtslehre. Ein Lehrbuch; 3. Auflage, Köln u.a. 2008.

Römermann, Volker, Neues Insolvenz- und Sanierungsrecht durch das ESUG; NJW 2012, S. 645.

Röwekamp, Hendrik / Fandrey, Alexander, Ein Schritt vor, ein Schritt zurück. Die VOB/A 2009 schafft neue Möglichkeiten zur Manipulation von Vergabeverfahren; NZBau 2011, S. 463.

Rozek, Jochen, Neubestimmung der Justitiabilität von Prüfungsentscheidungen. Der prüfungsrechtliche Bewertungsspielraum in der Rechtsprechung des BVerfG; NVwZ 1992, 343.

Rüfner, Wolfgang, Grundrechtsadressaten, in: Isensee, Josef / Kirchhof, Paul (Hrsg.), Handbuch des Staatsrechts der Bundesrepublik Deutschland. Band IX. Allgemeine Grundrechtslehren; 3. Auflage, Heidelberg 2011, § 197.

Rüthers, Bernd / Fischer, Christian / Birk, Axel, Rechtstheorie. Begriff, Geltung und Anwendung des Rechts; 7. Auflage, München 2013.

Ruhland, Bettina, Die Dienstleistungskonzession. Begriff, Standort und Rechtsrahmen der Vergabe; Baden-Baden 2006.

Rupp, Hans Heinrich, Ermessenspielraum und Rechtsstaatlichkeit; NJW 1969, S. 1273.

ders., Anmerkung zu BVerfG: Verfassungsmäßigkeit der Beschränkung des Brief-, Post- und Fernmeldegeheimnisses durch Notstandsgesetzgebung; NJW 1971, S. 275.

Rux, Johannes, Die Prüfungs-Entscheidung des Bundesverfassungsgerichts vom 17. April 1991 (1 BvR 419/81, 1 BvR 213/83, 1 BvR 1529/84, 1 BvR 138/87); MDR 1991, S. 711.

Sachs, Michael (Hrsg.), Grundgesetz. Kommentar; 6. Auflage, München 2011.

Sauer, Ralf / Hollands, Martin, Mangelnder Rechtsschutz im Unterschwellenbereich. Verfassungsrechtliche Zweifel und politischer Handlungsbedarf; NZBau 2006, S. 763.

Schäfer, Peter W., EU-Vergaberecht 2010/11 – zwischen Konsolidierung, Fragmentierung und Kohärenz; VergabeR 2011, S. 275.

Scharen, Uwe, Vertragslaufzeit und Vertragsverlängerung als vergaberechtliche Herausforderung; NZBau 2009, S. 679.

Scharpenack, Gerald, Sekundärzwecke im Vergaberecht. Eine rechtsvergleichende Untersuchung anhand der Affirmative Action Policy der USA und der Verfolgung »vergabefremder« Ziele im Rahmen der Auftragsvergabe in der Bundesrepublik Deutschland; Frankfurt am Main 2005.

Scherzberg, Arno, Subjektiv-öffentliche Rechte, in: Erichsen, Hans-Uwe / Ehlers, Dirk (Hrsg.), Allgemeines Verwaltungsrecht; 14. Auflage, Berlin u.a. 2010, § 12.

Scheuing, Dieter H., Zur Grundrechtsbindung der EU-Mitgliedstaaten; EuR 2005, S. 162.

Schippel, Helmut / Bracker, Ulrich, Bundesnotarordnung. Kommentar; 9. Auflage, München 2011.

Schmidt, Reiner (Hrsg.), Öffentliches Wirtschaftsrecht. Besonderer Teil 1; Berlin u.a. 1995.

Schmidt-Aßmann, Eberhard, Verwaltungsverantwortung und Verwaltungsgerichtsbarkeit; VVDStRL 34 (1976), S. 221.

ders., Verwaltungsverfahren und Verwaltungsverfahrensgesetz: Perspektiven der Systembildung, in: Hoffmann-Riem, Wolfgang / ders. (Hrsg.), Verwaltungsverfahren und Verwaltungsverfahrensgesetz; Baden-Baden 2002, S. 429.

ders., Das allgemeine Verwaltungsrecht als Ordnungsidee. Grundlagen und Aufgaben der verwaltungsrechtlichen Systembildung; 2. Auflage, Berlin u.a. 2004.

ders., Der Verfahrensgedanke im deutschen und europäischen Verwaltungsrecht, in: Hoffmann-Riem, Wolfgang / ders. / Voßkuhle, Andreas, Grundlagen des Verwaltungsrechts. Band II. Informationsordnung – Verwaltungsverfahren – Handlungsformen; 2. Auflage, München 2012, § 27.

Schmidt-Aßmann, Eberhard / Groß, Thomas, Zur verwaltungsgerichtlichen Kontrolldichte nach der Privatgrundschul-Entscheidung des BVerfG; NVwZ 1993, S. 617.

Schmidt-Bleibtreu, Bruno / Hofmann, Hans / Hopfauf, Axel, GG. Kommentar zum Grundgesetz; 11. Auflage, Köln u.a. 2008.

Schmidt-Salzer, Joachim, Die normstrukturelle und dogmatische Bedeutung der Ermessensermächtigungen; VerwArch 60. Band (1969), S. 261.

Schneider, Jens-Peter, Strukturen und Typen von Verwaltungsverfahren, in: Hoffmann-Riem, Wolfgang / Schmidt-Aßmann, Eberhard / Voßkuhle, Andreas, Grundlagen des Verwaltungsrechts. Band II. Informationsordnung – Verwaltungsverfahren - Handlungsformen; 2. Auflage, München 2012, § 28.

Schneider, Tobias, Primärrechtsschutz nach Zuschlagserteilung bei einer Vergabe öffentlicher Aufträge. Der oberhalb der Schwellenwerte bestehende vergaberechtliche Primärrechtsschutz des nichtberücksichtigten Bieters nach Zuschlagserteilung; Berlin 2007.

Schoch, Friedrich, Gerichtliche Verwaltungskontrolle, in: Hoffmann-Riem, Wolfgang / Schmidt-Aßmann, Eberhard / Voßkuhle, Andreas (Hrsg.), Grundlagen des Verwaltungsrechts. Band III. Personal – Finanzen – Kontrolle – Sanktionen – Staatliche Einstandspflichten; 2. Auflage, München 2013, § 50.

Schoch, Friedrich / Schneider, Jens-Peter / Bier, Wolfgang (Hrsg.), Verwaltungsgerichtsordnung. Kommentar. Band 1 und 2; Stand: 25. Ergänzungslieferung, April 2013, München.

Schramm, Theodor, Beurteilungen im Prüfungs-, Schul- und Beamtenrecht; Köln u.a. 1975.

Schröder, Holger, Voraussetzungen, Strukturen und Verfahrensabläufe des Wettbewerblichen Dialogs in der Vergabepraxis; NZBau 2007, S. 216.

Schulze-Fielitz, Helmut, Neue Kriterien für die verwaltungsgerichtliche Kontrolldichte bei der Anwendung unbestimmter Rechtsbegriffe; JZ 1993, S. 772.

Schuppert, Gunnar Folke, Self-Restraints der Rechtsprechung; DVBl. 1988, S. 1191.

ders., Verwaltungswissenschaft. Verwaltung, Verwaltungsrecht, Verwaltungslehre; Baden-Baden 2000.

Schwarze, Jürgen, Europäisches Verwaltungsrecht. Entstehung und Entwicklung im Rahmen der Europäischen Gemeinschaft; 2. Auflage, Baden-Baden 2005.

Seebass, Friedrich, Die Prüfung – ein rechtsschutzloser Freiraum des Prüfers?; NVwZ 1985, S. 521.

ders., Eine Wende im Prüfungsrecht? – Zur Rechtsprechung des BVerfG und ihren Folgen; NVwZ 1992, S. 609.

Segeth, Markus, Rahmenvereinbarungen. Rechtsentwicklung, Systematische Entfaltung, Vergabe; Baden-Baden 2010.

Seidel, Martin, Der EWG-rechtliche Begriff der »Maßnahme gleicher Wirkung wie eine mengenmäßige Beschränkung«; NJW 1967, S. 2081.

Selmer, Peter, Zur Grundrechtsberechtigung von Mischunternehmen, in: Merten, Detlef / Papier, Hans-Jürgen, Handbuch der Grundrechte in Deutschland und Europa. Band II. Grundrechte in Deutschland: Allgemeine Lehren I; Heidelberg 2006.

Sendler, Horst, Die öffentliche Verwaltung zwischen Scylla und Charybdis; NJW 1986, S. 1084.

ders., Die neue Rechtsprechung des Bundesverfassungsgerichts zu den Anforderungen an die verwaltungsgerichtliche Kontrolle; DVBl. 1994, S. 1089.

Siebert, Wolfgang, Privatrecht im Bereich öffentlicher Verwaltung. Zur Abgrenzung und Verflechtung von öffentlichem Recht und Privatrecht, in: Rechts- und Staatswissenschaftliche Fakultät zu Göttingen (Hrsg.), Festschrift für Hans Niedermeyer zum 70. Geburtstag, 30. November 1953; Göttingen 1953.

Steiff, Jakob, Vergabefremde Aspekte – eine Zwischenbilanz; VergabeR 2009, S. 290.

Steinberg, Philipp, Die neue Vergabe- und Vertragsordnung für Bauleistungen – europarechtliche Genese und nationale Umsetzung; NVwZ 2006, S. 1349.

Stelkens, Ulrich, Verwaltungsprivatrecht. Zur Privatrechtsbindung der Verwaltung, deren Reichweite und Konsequenzen; Berlin 2005.

Stelkens, Paul / Bonk, Heinz Joachim / Sachs, Michael (Hrsg.), Verwaltungsverfahrensgesetz. Kommentar; 8. Auflage, München 2014.

Stern, Klaus, Das Staatsrecht der Bundesrepublik Deutschland. Band I. Grundbegriffe und Grundlagen des Staatsrechts, Strukturprinzipien der Verfassung; 2. Auflage, München 1984.

ders., Das Staatsrecht der Bundesrepublik Deutschland. Band III. Allgemeine Lehren der Grundrechte. 1. Halbband; München 1988.

Stober, Rolf, Handbuch des Wirtschaftsverwaltungs- und Umweltrechts; Stuttgart u.a. 1989.

Streinz, Rudolf, Primär- und Sekundärrechtsschutz im Öffentlichen Recht; VVDStRL 61 (2002), S. 300.

ders., Europarecht; 9. Auflage, Heidelberg 2012.

Stüer, Bernhard, Handbuch des Bau- und Fachplanungsrechts. Planung - Genehmigung – Rechtsschutz; 4. Auflage, München 2009.

Suermann, Ansgar, Die Kontrolle von unbestimmten Rechtsbegriffen bei der Angebotswertung im Vergaberecht; Hamburg 2005.

Summa, Hermann, Die Entscheidung über die Auftragsvergabe – Ein Ausblick auf das künftige Unionsrecht; NZBau 2012, S. 729.

Tettinger, Peter J., Überlegungen zu einem administrativen »Prognosespielraum«; DVBl. 1982, S. 421.

Tettinger, Peter J. / Wank, Rolf / Ennuschat, Jörg, Gewerbeordnung; 8. Auflage, München 2011.

Tettinger, Peter J. / Stern, Klaus, Kölner Gemeinschaftskommentar zur Europäischen Grundrechte-Charta; München 2006.

Thormann, Martin, Vergaberecht: in der Krise suspendiert? Zur Erhöhung der Wertgrenzen für Beschränkte Ausschreibungen und Freihändige Vergaben im Rahmen des Konjunkturpakets II; NZBau 2010, S. 14.

Ule, Carl Hermann, Zur Anwendung unbestimmter Rechtsbegriffe im Verwaltungsrecht, in: Bachof, Otto / Drath, Martin / Gönnewein, Otto / Walz, Erwin (Hrsg.), Forschungen und Berichte aus dem öffentlichen Recht. Band 6. Gedächtnisschrift für Walter Jellinek. 12. Juli 1885 – 9. Juni 1955; München 1955.

ders., Unbestimmte Begriffe und Ermessen im Umweltschutzrecht; DVBl. 1973, S. 756.

ders., Rechtsstaat und Verwaltung; VerwArch 76 (1985), S. 1.

Unger, Brigitte, Rechtsfragen im Zusammenhang mit der Vergabe öffentlicher Aufträge; BauR 1984, S. 465.

Vesting, Thomas, Rechtstheorie. Ein Studienbuch; München 2007.

Voppel, Reinhard / Osenbrück, Wolf / Bubert, Christoph, VOF. Verdingungsordnung für freiberufliche Leistungen; 3. Auflage, München 2012.

Voßkuhle, Andreas, Beteiligung Privater an der Wahrnehmung öffentlicher Aufgaben und staatlicher Verantwortung; VVDStRL 62 (2003), S. 266.

ders., Grundwissen – Öffentliches Recht: Entscheidungsspielräume der Verwaltung (Ermessen, Beurteilungsspielraum, planerische Gestaltungsfreiheit); JuS 2008, S. 117.

Wahl, Rainer, Das Verhältnis von Verwaltungsverfahren und Verwaltungsprozessrecht in europäischer Sicht; DVBl. 2003, S. 1285.

Wank, Rolf, Die Auslegung von Gesetzen; 5. Auflage, München 2011.

Weyand, Rudolf, Vergaberecht. Praxiskommentar zu GWB, VgV, SektVO, VSVgV, VOB/A 2012, VOL/A, VOF mit sozialrechtlichen Vorschriften; 4. Auflage, München 2013.

Willems, Heiko, Die Förderung des Mittelstands – wirtschaftsverfassungsrechtliche Legitimation und vergaberechtliche Realisierung; Köln u.a. 2003.

Willenbruch, Klaus, Vorbeugender und vorläufiger Rechtsschutz nach dem Vergaberechtsänderungsgesetz (§§ 97-129 GWB); NVwZ 1999, S. 1062.

Willenbruch, Klaus / Wieddekind, Kristina (Hrsg.), Kompaktkommentar Vergaberecht; 2. Auflage, Köln 2011.

Wolff, Hans J. / Bachof, Otto / Stober, Rolf / Kluth, Winfried, Verwaltungsrecht I. Ein Studienbuch; 12. Auflage, München 2007.

Wolff, Heinrich Amadeus / Nacimiento, Grace, Verfassungsrechtliche Vorgaben bei der Verteilung knapper Güter. Außergesetzliche Frequenzvergabe nach behördlichem Ermessen?; CR 2011, S. 648.

Wollenschläger, Ferdinand, Vergaberechtsschutz unterhalb der Schwellenwerte nach der Entscheidung des BVerfG vom 13. Juni 2006: verfassungs- und verwaltungsrechtliche Determinanten; DVBl. 2007, S. 589.

ders., Verteilungsverfahren. Die staatliche Verteilung knapper Güter: verfassungs- und unionsrechtlicher Rahmen, Verfahren im Fachrecht, bereichsspezifische verwaltungsrechtliche Typen- und Systembildung; Tübingen 2010.

v. Zezwitsch, Friedrich, Rechtsstaatliche und prozessuale Probleme des Verwaltungsprivatrechts; NJW 1983, S. 1873.

Ziegenhorn, Gero, Kontrolle von mitgliedstaatlichen Gesetzen »im Anwendungsbereich des Unionsrechts« am Maßstab der Unionsgrundrechte; NVwZ 2010, S. 803.

Ziekow, Jan, Die Berücksichtigung sozialer Aspekte bei der Vergabe öffentlicher Aufträge; Köln u.a. 2007.

ders., Verwaltungsverfahrensgesetz. Kommentar; 3. Auflage, Stuttgart 2013.

ders., Öffentliches Wirtschaftsrecht; 3. Auflage, München 2013.

Ziekow, Jan / Völlink, Uwe-Carsten (Hrsg.), Vergaberecht. Gesetz gegen Wettbewerbsbeschränkungen – 4. Teil, Vergabeverordnung, Sektorenverordnung, Vergabe- und Vertragsordnung für Bauleistungen, Vergabe- und Vertragsordnungen für Leistungen, Verordnung über öffentliche Personenverkehrsdienste. Kommentar; 2. Auflage, München 2013.